COLECCIÓN
INNOVACIÓN DOCENTE EN CIENCIAS SOCIALES Y JURÍDICAS

3

LA INNOVACIÓN EDUCATIVA EN DERECHO

Un compromiso continuo con la docencia

Esta obra ha sido financiada con cargo al Proyecto de innovación educativa «LEXTALKS (Qualidret IV)» (referencia: 52951/24), concedido por la Unitat de Formació i Innovació Educativa (UFIE) de la Universitat Jaume I, en la convocatoria para el curso 2023/2024.

UNIVERSITAT JAUME I
Unitat de Formació
i Innovació Educativa · UFIE

COLECCIÓN
INNOVACIÓN DOCENTE EN CIENCIAS SOCIALES Y JURÍDICAS

COLECCIÓN
INNOVACIÓN DOCENTE EN CIENCIAS SOCIALES Y JURÍDICAS

3

LA INNOVACIÓN EDUCATIVA EN DERECHO

Un compromiso continuo con la docencia

Directores

Pedro Chaparro Matamoros
Carlos Pedrosa López
Belén Andrés Segovia

COLEX 2024

Calle Costa Rica, número 5, 3.º B (local comercial)
A Coruña, 15004, A Coruña (Galicia)
info@colex.es
www.colex.es

I. S. B. N.: 978-84-1194-750-3
Depósito legal: C 1710-2024

SUMARIO

INTRODUCCIÓN

PRIMERA PARTE
LA IMPORTANCIA DE LA CONSOLIDACIÓN DE LOS CONCEPTOS TEÓRICOS EN DERECHO

LA NECESARIA PREDISPOSICIÓN DE DOCENTE Y ESTUDIANTE HACIA EL PROCESO DE ENSEÑANZA-APRENDIZAJE EN EL MARCO DEL ESPACIO EUROPEO DE EDUCACIÓN SUPERIOR (EEES)

Pedro Chaparro Matamoros

Pág. 31

REFLEXIONES SOBRE LOS TRABAJOS DE FINAL DE GRADO

Federico Arnau Moya

Pág. 49

APLICACIÓN DE LA INTERPRETACIÓN JURÍDICA COMO ESTRATEGIA DIDÁCTICA: SOBRE SU «UTILIDAD FUNCIONAL»

Romina Santillán Santa Cruz

Pág. 63

EL RECURSO AL GLOSARIO JURÍDICO COMO MÉTODO DE INNOVACIÓN DOCENTE

Gonzalo Muñoz Rodrigo

Pág. 87

LA LECTURA COMO MOTOR DEL APRENDIZAJE EN EL GRADO EN DERECHO

Covadonga López Suárez

Pág. 97

SEGUNDA PARTE
LA ENSEÑANZA PRÁCTICA DEL DERECHO

LA VIVIENDA EN EL AULA: APRENDIZAJE TRANSVERSAL Y PRÁCTICO

M.ª Dolores Mas Badía

Pág. 109

INNOVACIÓN DOCENTE EN EL DERECHO TRIBUTARIO: USO DE RECURSOS DIGITALES DE LA AGENCIA TRIBUTARIA EN EL ANÁLISIS DE CASOS PRÁCTICOS

Fernando Hernández Guijarro y Vicente Gomar Giner

Pág. 125

INNOVACIÓN EDUCATIVA A TRAVÉS DEL SISTEMA DE CASOS: LA CRIMINALIDAD ECONÓMICA Y ECOLÓGICA (CRIMECO²)

Esteban Morelle Hungría y Anna Raga i Vives

Pág. 135

LA SIMULACIÓN DEL JUICIO EN EL AULA

Isabel Josefa Rabanete Martínez

Pág. 145

EL PROCEDIMIENTO CONTENCIOSO-ADMINISTRATIVO DESDE UNA PERSPECTIVA PRÁCTICA

Isabel Fabregat Aragonés

Pág. 159

DINÁMICAS DE TRABAJO EN EQUIPO PARA EL APRENDIZAJE DEL DERECHO CIVIL

Álvaro Bueno Biot

Pág. 171

LA SIMULACIÓN DE ACTOS DE MEDIACIÓN COMO MÉTODO DE INNOVACIÓN DOCENTE

Raquel Alamà Perales

Pág. 181

TERCERA PARTE
EL RECURSO A LOS MEDIOS DE COMUNICACIÓN EN LA ENSEÑANZA DEL DERECHO

«CASOS Y COSAS DE DERECHO INTERNACIONAL PRIVADO» O COMO LA RADIO UNIVERSITARIA SE CONVIERTE EN UNA FORMA DE INNOVACIÓN DOCENTE EN DERECHO INTERNACIONAL PRIVADO (EN LA UNIVERSIDAD MIGUEL HERNÁNDEZ DE ELCHE)

Alfonso Ortega Giménez

Pág. 193

APROXIMACIÓN AL DERECHO ADMINISTRATIVO A TRAVÉS DE LOS MEDIOS DE COMUNICACIÓN

Marta Oller Rubert

Pág. 201

EL USO DE PLATAFORMAS DIGITALES EN DERECHO DE LA COMUNICACIÓN

Belén Andrés Segovia

Pág. 209

ELABORACIÓN DE UNA REVISTA JURÍDICA CON EL ALUMNADO DE PERIODISMO: UN PROYECTO PARA MEJORAR EL LENGUAJE JURÍDICO Y LA COMPRENSIÓN DEL DERECHO

Julia Ammerman Yebra

Pág. 229

APRENDIZAJE DEL DERECHO MERCANTIL A TRAVÉS DE LA PRENSA DIGITAL

Pablo Tortajada Chardí

Pág. 239

CUARTA PARTE
METODOLOGÍAS INNOVADORAS EN LA DOCENCIA DEL DERECHO

VENTANAS DE APRENDIZAJE EN DERECHO CIVIL: VIAJE A LA VIDA REAL Y VIRTUAL EN LAS ENSEÑANZAS DEL DERECHO

Pilar María Estellés Peralta

Pág. 253

COORDINACIÓN DOCENTE EN EL DISEÑO DE ACTIVIDADES COLABORATIVAS Y GAMIFICACIÓN EN EL AULA UNIVERSITARIA

M.ª Esther Camarasa Gimeno y David Aviñó Belenguer

INNOVACIÓN DOCENTE Y DERECHO CIVIL: EJEMPLOS DE GAMIFICACIÓN COMO MÉTODO DE APRENDIZAJE

Manuel Ortiz Fernández

APRENDIZAJE COLABORATIVO INTERNACIONAL EN LÍNEA (COIL) Y HERRAMIENTAS PARA SU MEJORA Y PERFECCIONAMIENTO

M.ª Salomé Lorenzo Camacho

Pág. 295

EL AULA INVERTIDA EN LA ENSEÑANZA DEL DERECHO CIVIL

Teresa López Tur

Pág. 307

EL *MENTORING* COMO ELEMENTO PARA LA TRANSMISIÓN DE CONOCIMIENTOS Y HABILIDADES

Almudena Carrión Vidal

Pág. 319

EL MÉTODO DE APRENDIZAJE COOPERATIVO Y EL USO DE LAS HERRAMIENTAS DIGITALES EN EL AULA

Víctor Moreno Soler

Pág. 331

LAS COMPETICIONES JURÍDICAS INTERNACIONALES DE ESTUDIANTES COMO MÉTODO DE APRENDIZAJE INNOVADOR

Paula Granell Ramírez

Pág. 339

QUINTA PARTE
LAS NUEVAS TECNOLOGÍAS EN LA ENSEÑANZA DEL DERECHO

UNA HISTORIA EN INSTAGRAM COMO FACTOR DE MOTIVACIÓN DEL ESTUDIANTADO UNIVERSITARIO

Cristina López Sánchez

Pág. 351

APUNTES SOBRE LA APLICACIÓN DE LAS REDES SOCIALES EN EL APRENDIZAJE DEL DERECHO CIVIL. EL PROYECTO *IURISLOVERS*

Borja del Campo Álvarez

Pág. 365

LA APLICACIÓN DE LAS NUEVAS TECNOLOGÍAS EN LA ASIGNATURA DE DERECHO MERCANTIL

Eduardo Miranda Ribera

Pág. 373

LA UTILIDAD DE LAS IMÁGENES EN LA INNOVACIÓN EDUCATIVA

José María Cardós Elena

Pág. 385

TÉCNICAS DE INNOVACIÓN DOCENTE PARA LA ENSEÑANZA DEL USO DE LAS SEDES ELECTRÓNICAS DE LAS ADMINISTRACIONES PÚBLICAS Y OTRAS NUEVAS TECNOLOGÍAS

María José Fabregat Aragonés

Pág. 397

SEXTA PARTE
EL RESPETO A LOS VALORES EN LA EDUCACIÓN SUPERIOR

LA GESTIÓN DE LA DIVERSIDAD CULTURAL EN EL AULA

María Elena Cobas Cobiella

Pág. 407

LA INNOVACIÓN DOCENTE ALINEADA CON LOS OBJETIVOS DE DESARROLLO SOSTENIBLE

Carlos Pedrosa López

Pág. 419

ACCIÓN FORMATIVA EN OBJETIVOS DE DESARROLLO SOSTENIBLE A TRAVÉS DEL DERECHO ADMINISTRATIVO

María Lidón Lara Ortiz

Pág. 431

EL IMPULSO DE LOS VALORES FUNDAMENTALES EN EL EEES

Sara Sistero Ródenas

Pág. 441

LA INTELIGENCIA EMOCIONAL Y LA EDUCACIÓN EN VALORES COMO HERRAMIENTAS DE INNOVACIÓN DOCENTE EN EL ENTORNO DIGITAL

Patricia Marco Vila

Pág. 461

EL *FEEDBACK* DEL ALUMNADO COMO HERRAMIENTA DOCENTE EN EL ÁMBITO DEL DERECHO

Jesús Palomares Bravo

Pág. 473

INTRODUCCIÓN

La obra que tengo el honor de presentar constituye el relato de muy variadas experiencias docentes que tienen en común haberse realizado en el marco de las enseñanzas de Derecho. Se compone de seis partes cuya división obedece, básicamente, a fines pedagógicos, al efecto de que el lector pueda localizar rápidamente la parte que más le interese, aunque debo matizar que la clasificación no puede considerarse perfecta, pues algunos de los capítulos tienen cabida en más de una de las partes de que se compone la presente obra.

Más allá de la estructura de la obra, mis primeras palabras deben ser para los escépticos de la innovación educativa (entre los que yo mismo me incluyo), habida cuenta el tenor que ha adquirido la materia, banalizada en muchas ocasiones (cualquier matiz parece ya innovación) y degradada a un simple mérito curricular valorable por la ANECA. El producto que tiene el lector entre manos no es una apología de la innovación docente. No lo puede ser. No se trata de «innovar por innovar». La innovación en la enseñanza, como he tenido ocasión de subrayar en algún trabajo anterior, no es un fin en sí misma. No debemos obsesionarnos con implementar técnicas que constituyan alguna variación respecto de la tradicional lección magistral. De lo que se trata es de que cada docente adopte la técnica o metodología que considere más efectiva para la transmisión de conocimientos teóricos y para fomentar la adquisición de habilidades y competencias por el estudiantado.

Sin embargo, le hemos dado la vuelta a la tortilla: la innovación docente, surgida como un medio que podía paliar la distancia Universidad-empresa y que podía mejorar las competencias comunicativas y relacionales de los alumnos (destinada por tanto a una mejora de su formación y empleabilidad), se utiliza como un medio que sirve al profesorado para su promoción académica. ¿Resulta esto incompatible? Es decir, ¿puede la innovación docente al mismo tiempo beneficiar a docente y estudiante? Bien entendida, sí, pero, cuando se valora curricularmente para el docente como se hace en la actualidad, de una forma cuantitativa (y no cualitativa), la respuesta no puede ser sino negativa: el grado de compromiso con la misma será el justo y necesario para obtener el mérito y la puntuación asociada al mismo.

Y, llegados a este punto, la siguiente pregunta que el lector se formulará, si sigue el hilo, es la relativa a por qué se ha de valorar la innovación docente.

¿Mejora necesariamente la formación del estudiante? ¿Supone una manifestación *iuris et de iure* de la calidad docente? ¿No es acaso mejor una lección magistral participativa en la que se expongan con meridiana claridad todos los conceptos teóricos y los estudiantes puedan formular preguntas, rebatir ideas, debatir entre ellos cuando sea necesario, etc.?

Coincidirá el lector en que la respuesta a esto último debe ser afirmativa. Por ello, la obra que tengo el gusto de presentar contiene una parte (Parte Primera: «La importancia de la consolidación de los conceptos teóricos en Derecho») dedicada precisamente a no olvidar que el alumno que estudia una carrera debe, ante todo, adquirir los conocimientos teóricos de la misma. Y ello, pese a que hablamos de Derecho, no debe ser necesariamente aburrido. Y para muestra un botón: léase, por ejemplo, la interesante experiencia de la prof.ª López Suárez, de la Universidad de Cádiz, sobre el uso de la lectura en el Grado en Derecho.

A continuación, la Parte Segunda («La enseñanza práctica del Derecho») contiene un conjunto de relatos docentes que tienen como hilo conductor el aprendizaje de las materias partiendo de una visión práctica de los contenidos de las asignaturas. Así, se pueden encontrar algunos ejemplos que podríamos considerar ya clásicos en materia de innovación, como la simulación del juicio en el aula (prof.ª Rabanete Martínez, de la Universitat de València), y otros que tratan de acercar el Derecho a los alumnos mediante temas de rabiosa actualidad que afectan a un porcentaje importante de familias españolas, como el capítulo de la prof.ª Mas Badía, de la Universitat de València, dedicado a la vivienda y su problemática.

Una de las partes más importantes de la obra es, a mi juicio, la Tercera («El recurso a los medios de comunicación en la enseñanza del Derecho»). El Derecho es la ciencia social por excelencia: todas las noticias que aparecen en los medios de comunicación tienen relación, de una manera u otra, con alguna rama o especialidad jurídica. De esto debe ser consciente el alumnado de Derecho, que participa de la misma desidia y desinterés respecto del mundo que les rodea que sus colegas de otras disciplinas menos apegadas a la realidad social. Huelga decir que el contenido que consumen los alumnos es eminentemente visual, y tiene que ver, no con hechos o noticias de trascendencia social, sino con el peinado que tal líder de opinión o *(influencer)* se ha hecho o el lugar en el que está pasando sus vacaciones uno de sus ídolos. Así las cosas, el consumo provechoso de medios de comunicación es una práctica que debe reputarse no solo como beneficiosa, sino como absolutamente necesaria para toda persona que aspire a tener una opinión libremente formada. Al hilo de lo anterior, me parece especialmente interesante la experiencia de la prof.ª Ammerman Yebra, de la Universidad de Santiago de Compostela, relativa a la creación de una revista jurídica por el alumnado de Periodismo, lo que seguramente redundará en una mejora de la creatividad de los estudiantes en el marco de una era dominada por la Inteligencia Artificial y, en particular, por ChatGPT y otras plataformas de corte similar.

La Parte Cuarta («Metodologías innovadoras en la docencia del Derecho») sea, quizás, un cajón de sastre en la que podrían incluirse todos los capítulos de la obra. Sin embargo, en ella se incluyen aquellas experiencias que suponen metodologías decididamente innovadoras, y no adaptaciones puntuales en el aula de una determinada metodología tradicional.

Algo parecido podría decirse de la Parte Quinta («Las nuevas tecnologías en la enseñanza del Derecho»), en la que, sin duda, tendrían cabida también capítulos que se encuentran clasificados en otras partes de la obra. No obstante, el criterio para incluir los capítulos en esta parte ha sido el de la importancia de las nuevas tecnologías en la experiencia docente de que se trate: esto es, los capítulos que constituyen esta parte encuentran su razón de ser en las nuevas tecnologías, a diferencia de otros capítulos de la obra en que aquéllas son un componente meramente accesorio, de apoyo, de una práctica docente determinada. Especialmente interesante me parece, en este sentido, el uso de redes sociales de consumo diario por los alumnos para la transmisión de los conocimientos (X, Instagram, etc.), pues en estos casos existe un componente de motivación intrínseca que no cabe menospreciar.

Last but not least, la Parte Sexta («El respeto a los valores en la educación superior») se compone de 6 capítulos que reflexionan sobre la importancia de la educación en valores en el contexto de la educación superior. Como he tenido ocasión de reflexionar en trabajos anteriores, el respeto a los valores y a los Objetivos de Desarrollo Sostenible (ODS) debe fomentarse en etapas previas a los estudios universitarios, pero no por ello el docente debe desmarcarse o prescindir de la enseñanza en valores. El profesor universitario debe ser un modelo de conducta y, aunque cada vez lo es menos, es también un líder de opinión cuyas actitudes pueden ser interiorizadas, para bien o para mal, por los alumnos, por lo que no debe descuidar este aspecto en la formación de los estudiantes.

Por último, no puedo dejar de referirme en estas palabras introductorias a los proyectos de innovación docente que han contribuido a que esta obra sea posible, y que son los siguientes: «Proyecto bianual de Innovación Educativa *Lextalks*» (Qualidret IV), financiado por la Convocatòria d'ajudes a la innovació educativa de la Universitat Jaume I per a l'any 2023 (ref. 52951/24) y dirigido por Sara Sistero Ródenas; GIE Practius Proyecto (ref. 52079/24), «Materials innovadors per a la pràctica jurídica», dirigido por María Lidón Lara Ortiz; «La innovación docente inmersa en la digitalización y el debate jurídico para alcanzar los ODS» *(UV-SFPIE_PIEE-2735215)* dirigido por José Carlos Pedrosa López; y «La ludoteca jurídica» *(UV-SFPIE_PIEC-2734629)*, dirigido por quien suscribe estas líneas. Igualmente, quiero expresar, en nombre de los codirectores de esta obra, nuestra gratitud a la editorial Colex por dar eco a las iniciativas docentes que queremos compartir con el lector y por mantenerse a la vanguardia en esta materia.

Dr. Pedro Chaparro Matamoros
Profesor Titular de Derecho Civil
Universitat de València

PRIMERA PARTE

La importancia de la consolidación de los conceptos teóricos en Derecho

LA NECESARIA PREDISPOSICIÓN DE DOCENTE Y ESTUDIANTE HACIA EL PROCESO DE ENSEÑANZA-APRENDIZAJE EN EL MARCO DEL ESPACIO EUROPEO DE EDUCACIÓN SUPERIOR (EEES)[1]

Pedro Chaparro Matamoros
Profesor Titular de Derecho Civil
Universitat de València

RESUMEN: En la actualidad, estamos asistiendo a una crisis del modelo competencial, cuyo éxito requiere, por una parte, de un esfuerzo del docente que trascienda la mera explicación de contenidos teóricos de la asignatura, y, por otra, de un compromiso del estudiante con la materia que no se limite a la realización de los ejercicios evaluables y a la observancia estricta de la ley del mínimo esfuerzo.

---

1 El presente trabajo se enmarca en el Grupo Consolidado de Innovación Docente «Ludoteca Jurídica» (LUDOJUR) de la Universitat de València (ref. GCID23_2585659) y en el *Proyecto de Innovación Educativa Consolidado* «La ludoteca jurídica», concedido por la Universitat de València (ref. UV-SFPIE_PIEC-2734629), de los cuales es coordinador el prof. Pedro Chaparro Matamoros.

1. Consideraciones preliminares

Al tiempo de que vea la luz este trabajo se habrán cumplido ya 25 años (¼ de siglo) de la «Declaración de Bolonia» (19 de junio de 1999), la cual, como es sabido, marcó un antes y un después en el modo de entender la formación de los estudiantes universitarios, orientada desde entonces a la adquisición de ciertas competencias y habilidades comunicativas relacionadas con la práctica que trascienden el contenido meramente teórico de las materias.

Sin embargo, sucede en nuestros días que el modelo competencial se halla en crisis, como consecuencia de diversos factores imputables a partes iguales a docentes y estudiantes, y entre los que se pueden referir, señaladamente, la falta de capacidad para motivar a los alumnos de los primeros y el desinterés de los segundos. Ello ha conllevado un vaciado progresivo de las aulas[2] (en especial, a raíz de la pandemia) y constantes peticiones de los alumnos de búsqueda de alternativas a un sistema de evaluación que les dificulta sobremanera aprobar si no siguen la evaluación continua.

Sea como fuere, lo que no admite dudas es que algo falla en el sistema. Por ello, en las siguientes líneas trataré de exponer, a mi juicio, qué características (relativas a docentes y estudiantes) requiere el modelo competencial para poder ser efectivo en todas las enseñanzas y no únicamente en aquellas que, por estar más apegadas a la realidad práctica, resultan más permeables a las nuevas metodologías docentes.

2. El rol del (buen) docente en el Espacio Europeo de Educación Superior (EEES)

Huelga decir que el tradicional rol desempeñado por el docente en las aulas universitarias no se compadece bien con los objetivos que se propuso el Espacio Europeo de Educación Superior (EEES), por tratarse de una enseñanza basada en la mera transmisión de contenidos y conocimientos, con descuido de la formación en competencias, lo que alejaba al estudiante formado en la Universidad del complejo mercado laboral (la tan manida distancia Universidad-empresa). Llegados a este punto, cabe plantearse cuál debe ser el rol del docente en la Universidad actual, caracterizada no solo por la adquisición de conocimientos, sino también por la asimilación de competencias y la asunción (o consolidación) de los denominados valores atemporales.

2 Esta impresión que comparto con muchos otros compañeros se ve confirmada a la luz de los datos del informe «Datos y cifras del Sistema Universitario Español», correspondiente al curso 2022/2023 y elaborado por el Ministerio de Universidades (disponible en https://www.universidades.gob.es/wp-content/uploads/2023/04/DyC_2023_web_v2.pdf; fecha de consulta: 20 de mayo de 2024). En él, se contienen unas cifras de abandono de estudios que resultan alarmantes. Así, en la cohorte de nuevo ingreso de 2016/2017, la cifra de abandono del estudio en las universidades públicas asciende al 33'6 %, que se desglosa del siguiente modo: 26'9 % en las universidades presenciales y 72'1 % en las universidades no presenciales.

Sea como fuere, una cosa es segura: con el cambio de paradigma, la función docente es, en términos generales, de mayor calidad, ya que, por mínimo que sea el cambio experimentado, la práctica totalidad de los profesores ha asumido algunos de los postulados del Espacio Europeo de Educación Superior (EEES) y los ha incorporado a sus clases, repercutiendo ello, en consecuencia, en una docencia más acorde al proceso de convergencia europea.

En cuanto a las funciones que, a mi juicio, caracterizan a un buen docente, deben enumerarse las siguientes.

2.1. El docente como transmisor de contenidos

Aun admitiendo que el docente ha de asumir nuevas funciones en el Espacio Europeo de Educación Superior (EEES), creo que existe consenso en torno al hecho de que la función propiamente docente sigue siendo la principal. A este respecto, cabe tener en cuenta que la adquisición de una competencia por el estudiante presupone una base previa de conocimientos, de la que aquél elige el que cree más conveniente para aplicarlo en un contexto y situación determinados.

Desde luego, la investigación es fundamental en esta tarea, ya que proporciona al docente una visión panorámica de los retos de la disciplina y permite estructurar de una forma más ordenada el conocimiento, obteniendo así un mayor dominio de la materia. Una vez dominada la materia, es necesario plantearse si se está transmitiendo de forma efectiva al alumno. En este sentido, todo proceso de reflexión del docente debe comenzar por enfocar cómo puede mejorar la transmisión de los contenidos propios de la asignatura. Por ello, tanto o más importante que la investigación es la formación pedagógica y didáctica del profesorado universitario, una cuestión que, siendo trascendental para el buen ejercicio de la tarea docente, sorprendentemente se ofrece en la mayoría de las universidades con carácter meramente opcional para aquellos profesores que lo deseen[3].

3 Numerosos escritos han incidido en la necesidad de dotar al docente universitario de una formación pedagógica y didáctica general, habida cuenta que el docente está formado teóricamente en cuanto al ámbito de estudio de su disciplina, pero no está formado para transmitir conocimientos. Es decir, su capacitación se limita al ámbito investigador, en el mejor de los casos.
Así, FORTES DEL VALLE, M.ª DEL C., «El proyecto docente como herramienta de calidad en la docencia universitaria» (disponible en https://www.uv.es/arbelaez/v2n202proyectodocente.htm#_ftn1; fecha de consulta: 20 de mayo de 2024), pone de manifiesto que «los profesores están formados en contenidos y no en estrategias metodológicas».
Igualmente, MAYOR RUIZ, C. y SÁNCHEZ MORENO, M., *El reto de la formación de los docentes universitarios. Una experiencia con profesores noveles*, Universidad de Sevilla, Editorial Kronos, 2000, pág. 11, explicaban en el año 2000 que la formación pedagógica de los profesores de universidad no ha sido históricamente una preocupación vinculada a la en-

2.2. El docente como conductor o facilitador del aprendizaje autónomo (o autodirigido) de los estudiantes

Una de las preocupaciones del Espacio Europeo de Educación Superior (EEES) es fomentar el aprendizaje autónomo (o autodirigido) de los estudiantes[4]. Por regla general, los estudiantes que llegan a la Universidad no están acostumbrados al aprendizaje autónomo, sino que, por el contrario, la figura del docente tiene un papel absolutamente central en la enseñanza en las etapas preuniversitarias.

La importancia de la función de conductor o facilitador del aprendizaje del docente es de por sí considerable, pero lo es todavía más en un contexto educativo que tiende a la reducción de la docencia presencial en las aulas y a poner el foco no tanto en la transmisión de contenidos, como en la formación en competencias y valores.

Siendo realistas, resulta inviable explicar la totalidad de los contenidos de la disciplina al tiempo que programar actividades para la formación en competencias, en cuya resolución deban intervenir todos (o casi todos) los alumnos (pues, en caso contrario, únicamente unos pocos desarrollarían las competencias previstas). No hay tiempo material para llevar a cabo (o, al menos, para llevar a cabo con ciertas garantías) ambas tareas[5], por lo

---

señanza en la universidad, contando ésta con un personal docente «con una intensa preparación como especialistas en las diferentes áreas disciplinares, pero que por el contrario presentan una deficiente formación pedagógica y en habilidades sociales».
En esta misma línea, Rubio Núñez, R., «La enseñanza virtual de un Derecho global», en Cotino Hueso, L. y Presno Linera, M. Á. (coords.), *Innovación educativa en Derecho constitucional: reflexiones, métodos y experiencias de los docentes*, PUV (Servei de Publicacions de la Universitat de València), Valencia, 2010, pág. 40, afirma que «Existe la sensación de que basta con saber para lograr transmitir el conocimiento, como si la teoría física de los vasos comunicantes se pudiera trasladar a cualquier aspecto de la vida».
Por ello, Amarante, A. M.ª y Daura, F. T., «Una propuesta académica de formación de profesores universitarios», en Maquilón Sánchez, J. J., García Sanz, M. P. y Belmonte Almagro, M.ª L. (coords.), *Innovación educativa en la enseñanza formal*, Asociación Universitaria de Formación del Profesorado, Servicio de Publicaciones de la Universidad de Murcia, 2011, pág. 138, advierten que «No es suficiente poseer un perfil profesional adecuado para enseñar», sino que «es necesario tener un perfil profesional docente, fruto de una previa formación específica, que prepare para el ejercicio de esta función».

4 Muñoz San Roque, I., «El perfil del profesor en el Espacio Europeo de Educación Superior (EEES)», *Miscelánea Comillas: Revista de Ciencias Humanas y Sociales*, vol. 64, núm. 124, 2006, pág. 43, sostiene que «Debemos acabar con la tradición que impera en las aulas universitarias en las que el profesor presenta un producto acabado a los alumnos que no debe modificarse y que los alumnos ni se plantean modificar».

5 Martínez Alarcón, M.ª L., «Algunas reflexiones sobre la revisión del modelo docente universitario», en Cotino Hueso, L. y Presno Linera, M. Á. (coords.), *Innovación educativa en Derecho constitucional: reflexiones, métodos y experiencias de los docentes*, PUV (Servei

que deviene fundamental que el alumno adquiera la capacidad de aprender de forma autónoma (formulando sus propias teorías y concepciones, esto es, siendo capaz de pensar por sí mismo) y permita al profesor centrar sus esfuerzos en la explicación de aquellos contenidos de mayor complejidad.

Sin embargo, la práctica pone de manifiesto la dificultad de esta labor, pues la generalidad de los estudiantes únicamente dedica tiempo fuera del aula a estudiar aquello que va a tener una (mayor o menor) repercusión en la nota final, y no aquello que sería recomendable que conocieran para que el profesor pudiera focalizar sus esfuerzos en el aula en abordar las cuestiones más problemáticas de la materia que enseña.

2.3. El docente como motivador

A nadie se le escapa que no todos los contenidos son igual de atractivos para el estudiante (algunos en el ámbito del Derecho son especialmente áridos), ni todos son igualmente útiles o provechosos para su futuro profesional.

Desde esta perspectiva, el docente ha de actuar como motivador, persuadiendo a los alumnos de la necesidad de estudiar la asignatura e involucrarse con la misma. Para ello, debe tratar de llegar a las emociones del alumno, vinculando el contenido de la materia a problemas de actualidad económica, política o social, lo que sí resulta viable atendida la influencia del Derecho en todos los ámbitos de la sociedad[6].

Igualmente, y suponiendo el éxito del proceso de motivación, el docente debe tener las habilidades sociales necesarias para crear un espacio de diálogo con el alumno que permita a ambos sentirse cómodos en el intercambio de ideas, opiniones o juicios de valor[7]. Esta mayor interacción con el alumno

---

de Publicacions de la Universitat de València), Valencia, 2010, pág. 53, apunta en este sentido que la masificación (aunque ya muy mitigada) en las aulas y la falta de tiempo dificultan, toda vez que no impiden completamente, «enfocar la enseñanza y el aprendizaje universitarios desde este punto de vista».

6 Uno de los principales hándicaps en relación con la motivación es que no todos los estudiantes de Derecho cursan la carrera por elección propia, sino por descarte, lo que dificulta que mantengan un grado de motivación suficiente para obtener el máximo provecho de sus estudios. Sobre la importancia de la motivación en el proceso de enseñanza-aprendizaje, v. ANDRÉS SEGOVIA, B., «La innovación docente dentro y fuera de las aulas de Derecho», en ANDRÉS SEGOVIA, B., PEDROSA LÓPEZ, C., CHAPARRO MATAMOROS, P. y GÓMEZ ASENSIO, C. (dirs.), *Innovación docente en Derecho: herramientas digitales, nuevos desarrollos y perspectiva global*, Colex, A Coruña, 2023, págs. 31-32.

7 MUÑOZ SAN ROQUE, I., «El perfil del profesor en el Espacio Europeo de Educación Superior (EEES)», cit., pág. 50, sugiere a este respecto que es necesario «crear un clima de confianza en el que los alumnos se sientan a gusto para poder preguntar y resolver todas sus dudas».
En un sentido similar, BARANDIARAN GALDÓS, M., BARRENETXEA AYESTA, M., CARDONA RODRÍGUEZ, A., MIJANGOS DEL CAMPO, J. J. y OLASKOAGA LARRAURI, J., «El perfil del profesor

debe expresarse en términos tanto de frecuencia como calidad, huyendo de aprendizajes basados en modelos asimétricos caracterizados por un exceso de control y de dominio de la figura del profesor[8].

2.4. La coordinación docente con el resto de profesores

La necesidad de la coordinación docente entre profesores se presenta, al menos, desde una triple perspectiva:

a) En primer lugar, el profesor debe ser consciente de que, para que los estudiantes dediquen tiempo a su asignatura en casa, deben tener tiempo material para hacerlo. Parece de perogrullo pero, en ocasiones, el docente carece de una visión realista del esfuerzo que el alumno dedica fuera del aula al estudio de su carrera.

En este sentido, lo ideal sería la adopción por el alumno de una rutina que incorporara hábitos de estudio similares a la duración de una jornada laboral, para facilitar su adaptación a la transición Universidad-empresa. Sin embargo, la práctica demuestra que el alumno universitario destina menos tiempo del deseado en casa al estudio de la carrera, que centra sus esfuerzos en aquellas asignaturas en las que existe una evaluación continua más exigente y que siempre prioriza lo inmediato, es decir, aquellas tareas cuya entrega son más próximas en el tiempo. Con estos condicionantes, resulta fundamental que los profesores dediquen una parte de su tiempo a coordinarse entre sí en cuanto a la planificación de las actividades que van a exigir a los estudiantes, al objeto de evitar hacer coincidir en el tiempo (por ejemplo, en la misma semana) la entrega de trabajos o, al menos, de trabajos de cierta envergadura[9].

---

universitario para la cooperación y el desarrollo humano y social en el siglo XXI», en MAQUILÓN SÁNCHEZ, J. J., MIRETE RUIZ, A. B., ESCARBAJAL FRUTOS, A. y GIMÉNEZ GUALDO, A. M.ª (coords.), *Cambios educativos y formativos para el desarrollo humano y sostenible*, Asociación Universitaria de Formación del Profesorado, Servicio de Publicaciones de la Universidad de Murcia, 2011, pág. 24, se refieren a la capacidad de empatía necesaria con los alumnos «para que ellos encuentren la motivación intrínseca para el aprendizaje y sean conscientes de su propia capacidad de aprender». Sobre la necesaria empatía con los estudiantes, v. también GARCÍA GARCÍA, E. y MARÍN GÓMEZ, P., «La responsabilidad moral del profesor ante el EEES», en MAQUILÓN SÁNCHEZ, J. J., GARCÍA SANZ, M. P. y BELMONTE ALMAGRO, M.ª L. (coords.), *Innovación educativa en la enseñanza formal*, Asociación Universitaria de Formación del Profesorado, Servicio de Publicaciones de la Universidad de Murcia, 2011, pág. 582.

8 CUADRADO GORDILLO, I. y FERNÁNDEZ ANTELO, I., «Nuevas competencias del profesor en el EEES: una experiencia de innovación docente», *Revista Electrónica de Teoría de la Educación*, vol. 9, núm. 1, 2008, págs. 201-202.

9 V. en este sentido DELGADO GARCÍA, A. M.ª y OLIVER CUELLO, R., «Ventajas e inconvenientes de un sistema de evaluación continua», en Tortosa Ybáñez, M.ª T., Álvarez Teruel, J. D. y Pellín Buades, N. (coords.), *VIII Jornadas de Redes de Investigación en Docencia Uni-*

En línea de principio, cabe tener en cuenta que no se trata de una empresa sencilla, pues la previsión en las Guías Docentes de las diferentes asignaturas de diversas pruebas computables en la evaluación continua hace que, siguiendo una lógica temporal, estas actividades se lleven a cabo en las semanas 5, 10 y 15 del cuatrimestre, aproximadamente, lo que hace que se produzca una concentración de faena para el estudiante que al final va en detrimento del esfuerzo (o, en su caso, del éxito) en todas las asignaturas, priorizando unas materias sobre otras.

b) En otro orden de ideas, la coordinación docente entre profesores que imparten docencia en un mismo grupo es necesaria en lo que se refiere al contenido de las materias, para evitar solapamientos de temas cuya explicación puede ser común a diversas asignaturas (por ejemplo, las fuentes del Derecho) y para ofrecer una visión integral de las instituciones que trascienden de una concreta rama del Derecho[10].

c) En fin, la coordinación docente también es necesaria para que los profesores que impartan clase en un mismo grupo intercambien experiencias docentes y puedan depurar sus metodologías partiendo de la idiosincrasia del grupo al objeto de ofrecer una docencia de mayor calidad[11].

2.5. El docente como modelo de conducta

Por último, el docente ha de actuar en el aula como un modelo de conducta a seguir por los estudiantes. Esta característica se aprecia más en los maestros de escuela y de enseñanzas tempranas, por la tendencia de los niños a la imitación de conductas ajenas.

En cualquier caso, también es posible convertirse en un modelo de conducta en la etapa universitaria, haciendo que los estudiantes acaben viendo a ese inicial «enemigo», que les va a evaluar de manera rigurosa y estricta, como un profesional formado que realiza su trabajo de manera seria, competente y solvente, y con el que se puedan sentir identificados. Para ello, el docente debe actuar a lo largo del cuatrimestre (o del curso) impartiendo una docencia que motive al alumno, con coherencia y respeto a lo establecido en

versitaria: Nuevas titulaciones y cambio universitario, 2010, pág. 486; y MARTÍNEZ GINER, L. A., «La evaluación de las competencias en el Espacio Europeo de Educación Superior. La evaluación continuada como paradigma», en GRAU COMPANY, S. y GÓMEZ LUCAS, M.ª C. (coords.), *Evaluación de los aprendizajes en el Espacio Europeo de Educación Superior*, Universitat d'Alacant, Marfil, Alicante, 2010, pág. 54.

10 V. en un sentido similar BARANDIARAN GALDÓS, M., BARRENETXEA AYESTA, M., CARDONA RODRÍGUEZ, A., MIJANGOS DEL CAMPO, J. J. y OLASKOAGA LARRAURI, J., «El perfil del profesor universitario para la cooperación y el desarrollo humano y social en el siglo XXI», cit., pág. 25; y GARCÍA GARCÍA, E. y MARÍN GÓMEZ, P., «La responsabilidad moral del profesor ante el EEES», cit., pág. 582.

11 V. en este sentido MUÑOZ SAN ROQUE, I., «El perfil del profesor en el Espacio Europeo de Educación Superior (EEES)», cit., págs. 47-48.

la Guía Docente, de forma que las consecuencias del esfuerzo del estudiante sean previsibles en la nota final de la asignatura. En definitiva, el profesor debe impartir la asignatura «del modo en que le hubiera gustado recibirla».

Asimismo, junto a la conducta que podría resultar imitable desde el punto de vista profesional, hay que tener en cuenta que el profesor universitario también puede, con sus actos, moldear la parte humana del estudiante, pese a la existencia de ciertas costumbres indeseables adquiridas. En realidad, no se trata de hacer nada especial, sino únicamente recurrir a la lógica de los comportamientos cívicos más elementales. Gestos como recorrer media clase para depositar un pequeño trozo de papel en una papelera, apagar las luces del aula al abandonarla, sugerir a los alumnos que empleen el menor papel posible, entregar folios de actividades impresos a doble cara, etc., pueden ser pequeñas acciones que queden grabadas en el subconsciente de aquellos alumnos menos comprometidos con el desarrollo sostenible del planeta y el bienestar de las próximas generaciones.

Una vez explicadas las funciones que, a mi parecer, caracterizan a un buen docente, cabe hacer referencia, para concluir este apartado, a dos elementos que, sin ser funciones *stricto sensu*, también deben concurrir en todo docente comprometido con su profesión.

El primero de ellos es la preocupación por la docencia propia y la búsqueda constante de una mejora metodológica. Este compromiso con la docencia se manifiesta a través de una reflexión continua sobre la docencia impartida, con el objetivo de depurarla de un curso (o de un cuatrimestre) para otro y ofrecer, en consecuencia, una docencia de mayor calidad[12]. Entre las herramientas para llevar a cabo la mejora metodológica, el profesor dispone, señaladamente, de los diferentes cursos de formación docente que ofrecen los servicios de formación de las universidades. A través de ellos puede tener conocimiento o entrar en contacto con metodologías que puedan resultar singularmente útiles en la explicación de los contenidos de su materia.

Además, hay que tener en cuenta que, igual que el estudiante debe formarse a lo largo de toda su vida, también lo debe hacer el docente desde un punto de vista pedagógico, pues las teorías sobre el aprendizaje evolucionan, al tiempo que cambian las competencias demandadas por el mercado laboral, por lo que el buen profesor debe ser capaz de reaccionar y adaptarse a las nuevas exigencias de la sociedad.

Por otra parte, y aunque es una cuestión que dejará de valorarse con el tiempo para pasar a ser una competencia básica profesional del docente, el dominio de las nuevas Tecnologías de la Información y la Comunicación (TIC) constituye un elemento que puede contribuir a ofrecer una docencia de mayor calidad[13] (e,

12 García García, E. y Marín Gómez, P., «La responsabilidad moral del profesor ante el EEES», cit., pág. 582.

13 Romero Medina, A., «El apoyo de las plataformas virtuales al aprendizaje en asignaturas universitarias (aprendizaje mixto presencial-virtual): análisis conceptual y evidencia com-

incluso, en tiempos recientes, se podría decir que ha permitido proseguir con la docencia, a causa de la crisis sanitaria provocada por la COVID-19, en la que únicamente los docentes más comprometidos con su profesión y aventajados en el manejo de las nuevas tecnologías han continuado impartiendo docencia).

Desarrollando esta idea de una docencia de mayor calidad, cabe precisar que, con ella, lógicamente no me refiero a poseer la capacidad necesaria para elaborar un documento *Power Point* que utilizar en el aula, o a dominar el uso del correo electrónico, sino a la capacidad para aprovechar todas las potencialidades que ofrece la red con un propósito docente; en especial, obtener la máxima utilidad de la plataforma de «Aula Virtual»[14], con el objetivo de compartir contenido formativo a los alumnos (como puede ser colgar un vídeo educativo, abrir un *blog* para crear un hilo de debate al socaire de una noticia de actualidad[15], etc.), o, incluso, evaluar a los estudiantes a través de «Cuestionarios» programados en la propia plataforma.

---

parativa en Moodle y Suma», en MAQUILÓN SÁNCHEZ, J. J., GARCÍA SANZ, M. P. y BELMONTE ALMAGRO, M.ª L. (coords.), *Innovación educativa en la enseñanza formal*, Asociación Universitaria de Formación del Profesorado, Servicio de Publicaciones de la Universidad de Murcia, 2011, pág. 304, considera «imprescindible» formar al profesorado universitario en la correcta y eficiente utilización de las Tecnologías de la Información y la Comunicación, «en general y específicamente en su aplicación a la enseñanza».

14 ROMERO MEDINA, A., «El apoyo de las plataformas virtuales al aprendizaje en asignaturas universitarias (aprendizaje mixto presencial-virtual): análisis conceptual y evidencia comparativa en Moodle y Suma», cit., pág. 304, observa que «es evidente que hay todavía una gran infrautilización de todas las potencialidades que técnicamente ya son posibles en estas plataformas». El autor explica que «Prácticamente en todas las universidades se dispone de plataformas virtuales de uno u otro tipo», si bien el uso que se da a las mismas es mínimo, sirviendo exclusivamente como «tablón de avisos, tutorías, y para bajarse archivos con los contenidos en PDF del profesor».
V. también, sobre las posibilidades educativas que ofrecen las TIC para apoyar el aprendizaje, ÁLVAREZ-CUBERO, M. J., CHING-LÓPEZ, A., GÓMEZ-MARTÍN, A., HERNÁNDEZ-RODRÍGUEZ, J., MARTÍNEZ-GONZÁLEZ, L. J., SAIZ-GUINALDO, M., ÁLVAREZ, J. C. y LORENTE, J. A., «Desarrollo de nuevas estrategias de enseñanza a través de la aplicación de las NTIC», en MAQUILÓN SÁNCHEZ, J. J., GARCÍA SANZ, M. P. y BELMONTE ALMAGRO, M.ª L. (coords.), *Innovación educativa en la enseñanza formal*, Asociación Universitaria de Formación del Profesorado, Servicio de Publicaciones de la Universidad de Murcia, 2011, pág. 345; BAELO, R. y ARIAS, A. R., «Formación del profesorado Universitario en Tecnologías de la Información y la Comunicación (TIC)», en MAQUILÓN SÁNCHEZ, J. J., GARCÍA SANZ, M. P. y BELMONTE ALMAGRO, M.ª L. (coords.), *Innovación educativa en la enseñanza formal*, Asociación Universitaria de Formación del Profesorado, Servicio de Publicaciones de la Universidad de Murcia, 2011, pág. 348; BARANDIARAN GALDÓS, M., BARRENETXEA AYESTA, M., CARDONA RODRÍGUEZ, A., MIJANGOS DEL CAMPO, J. J. y OLASKOAGA LARRAURI, J., «El perfil del profesor universitario para la cooperación y el desarrollo humano y social en el siglo XXI», cit., pág. 25; y MARTÍNEZ ABAD, F., HERNÁNDEZ RAMOS, J. P. y OLMOS MIGUELÁÑEZ, S., «Evolución del empleo de la Wiki como herramienta formativa en entornos virtuales: estudio de caso», en MAQUILÓN SÁNCHEZ, J. J., GARCÍA SANZ, M. P. y BELMONTE ALMAGRO, M.ª L. (coords.), *Innovación educativa en la enseñanza formal*, Asociación Universitaria de Formación del Profesorado, Servicio de Publicaciones de la Universidad de Murcia, 2011, pág. 314.

15 Sobre el *blog* jurídico, puede verse la experiencia en sus clases de MORENO SOLER, V., «Herramientas para mejorar la argumentación jurídica en el aula universitaria: fortalezas y

3. El rol del (buen) estudiante en el Espacio Europeo de Educación Superior (EEES)

Es momento ahora de explicar qué características definen a un buen estudiante en el contexto del Espacio Europeo de Educación Superior (EEES).

En términos generales, estas características se corresponden con los objetivos principales del proceso de convergencia europea. Es decir, un buen estudiante es aquel que reúne las cualidades valoradas y potenciadas en el Proceso de Bolonia: compromiso y motivación con su propia formación y empleabilidad; capacidad para el aprendizaje autónomo; liderazgo y capacidad para el trabajo en equipo y, por último, compromiso con el entorno económico y social y con el desarrollo sostenible del planeta.

3.1. Compromiso y motivación con su propia formación y empleabilidad

El estudiante debe considerar su propio proceso de formación como una inversión en su futuro, y no como un periodo previo a su incorporación al mercado laboral que debe disfrutar y exprimir por tratarse de los últimos años en que no va a tener responsabilidades laborales[16].

La sociedad de hoy en día se halla en un momento socioeconómico singular, caracterizado por el hecho de que la generación de jóvenes actual, según todos los indicadores macroeconómicos, va a tener peores condiciones de vida (peor nivel adquisitivo) que sus progenitores. A ello contribuyen diversos factores, que se pueden sintetizar, básicamente, en tres:

a) de un lado, la eliminación de los puestos de trabajo que resultaban más prescindibles, en especial a raíz de la crisis económico-financiera mundial de 2008, lo que ha generado una preocupante tasa de paro estructural (de alrededor del 15 % de la población activa) que no se ha podido reducir pese a las diversas políticas gubernamentales de incentivos a la contratación de capital humano por las empresas;

---

debilidades», en Andrés Segovia, B., Pedrosa López, C., Chaparro Matamoros, P. y Gómez Asensio, C. (dirs.), *Innovación docente en Derecho: herramientas digitales, nuevos desarrollos y perspectiva global*, Colex, A Coruña, 2023, págs. 143-144; y Pedrosa López, C., «Modulación de técnicas analógicas a digitales para incentivar el aprendizaje», en Andrés Segovia, B., Pedrosa López, C., Chaparro Matamoros, P. y Gómez Asensio, C. (dirs.), *Innovación docente en Derecho: herramientas digitales, nuevos desarrollos y perspectiva global*, Colex, A Coruña, 2023, págs. 67-75.

16 En relación con esta cuestión, Rubio Núñez, R., «La enseñanza virtual de un Derecho global», cit., pág. 33, considera fundamental «educar la capacidad de abstracción», habida cuenta que las «que las horas que se pasan frente a la televisión, los videojuegos o la pantalla del ordenador superan ampliamente a las horas de lectura o de simple conversación».

b) de otro lado, a la precarización de los empleos, tanto en términos de reducción de la jornada de trabajo, como en términos de remuneración neta por hora trabajada, lo que dificulta la independencia económica de los jóvenes; y

c) como un efecto colateral de las variables anteriores, los (afortunados) jóvenes que trabajen tendrán que soportar una mayor carga impositiva para pagar no solo las pensiones de jubilación de un tramo de población muy numeroso en la pirámide poblacional española como es la generación del *baby boom*, sino también las prestaciones por desempleo de todos aquellos (que no son pocos) que se hallen en el paro, con lo cual sus ingresos netos disminuyen respecto a épocas anteriores, aproximándose a los ingresos de las personas desempleadas, con la consiguiente falta de incentivos para la búsqueda de empleo por parte de éstos.

Centrándome en las cuestiones que, a su vez, explican el paro estructural, cabe tener en cuenta que asistimos al momento histórico en que más graduados salen de nuestras aulas[17], al tiempo que, pese al proceso de terciarización de la economía española (es decir, el paso de una economía basada en la agricultura, ganadería, pesca e industria, a una economía basada en el sector terciario, esto es, los servicios), no existe todavía un tejido de empresas con suficiente capacidad de absorción de todos ellos, por lo que muchos de estos egresados se hallan en paro o han de dedicarse (a la espera de un futuro mejor) a empleos que no requieren cualificación, o que requieren una cualificación menor que la que ostentan, lo cual les genera un sentimiento de impotencia y frustración.

Desde luego, todos estos ingredientes son suficientes para poner en alerta a los jóvenes y acabar definitivamente con el sentimiento generalizado (empero, cada vez menos arraigado) de que con estudiar en la Universidad será suficiente para obtener un empleo bien remunerado. El estudiante ha de tomar conciencia sobre la importancia del proceso formativo en su futuro laboral, y dedicarle el tiempo y la atención que merece, a costa de sacrificar, en parte, los divertimentos propios de la edad. La toma de conciencia pasa, necesariamente, por un mayor compromiso en el estudio de la carrera elegida, adquiriendo hábitos de estudio similares a la duración de una jornada laboral[18], de manera que el estudiante dé valor al proceso de aprendizaje y no,

---

17 Según datos de la Encuesta de Población Activa (E.P.A.) del año 2023, el 57'68 % de la población de nacionalidad española de 25 a 34 años tiene un nivel de formación de Educación Superior (2'61 puntos porcentuales más que en 2022), continuando con la tendencia ascendente de años anteriores y en valores máximos de la serie histórica. Analizando los datos incluyendo a la población en edad laboral y comparándolos con los de la UE, el 43'50 % de la población de nacionalidad española de 25 a 64 años tenía un nivel de formación de Educación Superior en 2022, frente al 34'30 % de la población de la misma franja de edad en la UE (27 países).

18 Al hilo de esta cuestión, Viñarás Abad, M. y Cabezuelo Lorenzo, F., «El protagonismo de la comunicación interpersonal en la relación alumno-profesor en el nuevo escenario del

exclusivamente, a la superación de la asignatura, comportamiento que, pese al tiempo transcurrido desde la implantación definitiva del Espacio Europeo de Educación Superior (EEES), se encuentra todavía muy extendido[19].

Junto al estudio de los contenidos propios de la carrera, el alumno ha de formarse también en aquellas competencias y habilidades exigidas por un mercado laboral cada vez más competitivo y que, en general, no se enseñan en las aulas universitarias, como podrían ser los idiomas, básicos hoy en día para diferenciarse del resto de estudiantes y obtener una ventaja competitiva respecto de ellos. Y no hablo exclusivamente del inglés, en la medida en que éste está pasando a convertirse, con el tiempo, en una competencia básica profesional (es decir, aquella que se requiere para el desempeño de una profesión determinada). Al margen de los idiomas, cabría incluir en este apartado la realización de cursos de formación y manejo de determinados programas informáticos (el simple manejo de Internet y de los programas de «ofimática» se presume en los llamados «nativos digitales»).

En definitiva, el alumno ha de ser consciente de que la mera posesión de una titulación ha perdido valor en el mercado respecto a décadas anteriores, debiendo complementar los conocimientos que ha adquirido con otras competencias que puedan aumentar su empleabilidad en el mercado laboral.

3.2. Capacidad para el aprendizaje autónomo

He tenido ocasión ya de insistir, en líneas anteriores de este trabajo, sobre la conveniencia de que el alumno desarrolle herramientas que le permitan alcanzar un aprendizaje autónomo.

Como puede fácilmente intuirse, y teniendo en cuenta que el Espacio Europeo de Educación Superior (EEES) propugna un aprendizaje permanente, esto es, un «aprendizaje a lo largo de toda la vida» del estudiante, la capacidad para el aprendizaje autónomo (o autodirigido) deviene fundamental, en la medida en que el estudiante dejará de ser estudiante cuando finalice la carrera, pero no dejará de tener la necesidad de formarse en el campo propio

EEES», en Tortosa Ybáñez, M.ª T., Álvarez Teruel, J. D. y Pellín Buades, N. (coords.), *VIII Jornadas de Redes de Investigación en Docencia Universitaria: Nuevas titulaciones y cambio universitario*, 2010, pág. 1423, sostienen que el alumno, junto al protagonismo que adquiere, también debe asumir «una mayor responsabilidad», de forma que «valores como el esfuerzo y la constancia sean el referente de los jóvenes que se incorporan a la formación superior, donde se van a encontrar una enseñanza que ellos mismos deben crear, por lo que deben estar comprometidos con ellos mismos y su futuro».

19 Así lo pone de manifiesto Fernández Pérez, N., «La evaluación de las competencias en el Grado de Derecho», en Tortosa Ybáñez, M.ª T., Álvarez Teruel, J. D. y Pellín Buades, N. (coords.), *VIII Jornadas de Redes de Investigación en Docencia Universitaria: Nuevas titulaciones y cambio universitario*, 2010, pág. 739, quien señala que «la evaluación se percibe, incluso se concibe, más para aprobar que para aprender».

de su especialización, por lo que ha de desarrollar procesos e instrumentos que le permitan alcanzar el conocimiento por sí mismo[20] (búsqueda de las fuentes adecuadas, capacidad para discriminar la información principal de la secundaria o accesoria, capacidad para sintetizar y procesar la información, capacidad para estructurar la información que se aprende en la base de conocimientos que se tiene, etc.).

Los beneficios del aprendizaje autónomo en la Universidad han sido puestos de manifiesto por muchos pedagogos y son evidentes:

a) por un lado, el alumno se involucra más en su propio aprendizaje, lo que aumenta su motivación y le invita a plantearse «el porqué de las cosas», pudiendo formular teorías, concepciones y ejemplos propios sobre el objeto de estudio[21], lo que es especialmente útil en el ámbito de las ciencias jurídicas, donde, como se suele repetir como un mantra, todo es opinable y no hay verdades absolutas;

b) asimismo, se estimula la creatividad del alumno, en la medida en que ha de realizar un mayor esfuerzo para comprender la disciplina; y

c) le capacita para ser independiente a la hora de planificar y estructurar temporalmente su aprendizaje, así como para cubrir sus necesidades formativas futuras en el marco de una sociedad y de un mercado laboral cambiantes y flexibles, que demandan nuevos conocimientos y competencias[22].

---

20 En este sentido, García García, E. y Marín Gómez, P., «La responsabilidad moral del profesor ante el EEES», cit., pág. 583, defienden que «No se puede vivir ya vivir de las rentas de conocimientos adquiridos en los años de formación», sino que «Es obligado aprender a lo largo de toda la vida de la persona», por lo que «La enseñanza-aprendizaje en la universidad debe capacitar a las personas para ese aprendizaje permanente».

21 Rubio Núñez, R., «La enseñanza virtual de un Derecho global», cit., pág. 33, pone de manifiesto la incapacidad de los alumnos para extraer la enseñanza que fundamenta un determinado ejemplo, pues aquéllos «se agarran a los ejemplos y los repiten con o sin motivo, incapaces de asimilar las ideas subyacentes a los mismos».
En un sentido similar, Danvila del Valle, I., Moya Velasco, J., Carabante Muntada, J. M.ª y Velayos Vega, J., «El papel de la clase teórica en el Espacio Europeo de Educación Superior», *Estudios sobre el Mensaje Periodístico*, vol. 19, núm. especial abril 2013, pág. 703, se refieren a la «incapacidad abstractiva» como una de las deficiencias de los alumnos que se incorporan a la Universidad.

22 Rubio Núñez, R., «La enseñanza virtual de un Derecho global», cit., págs. 40-41, apunta con acierto que lo que hoy en día interesa es que «el alumno sepa orientarse en situaciones jurídicas nuevas puesto que vivimos en un mundo jurídico sometido a constantes transformaciones, o, aún más, que sea capaz de generarlas buscando en la norma nuevas soluciones más adecuadas».
También, en este mismo sentido, Viñarás Abad, M. y Cabezuelo Lorenzo, F., «El protagonismo de la comunicación interpersonal en la relación alumno-profesor en el nuevo escenario del EEES», cit., pág. 1422, consideran que «Lo importante es dotar al alumno de unas competencias para la solución de problemas específicos más allá de dotarle de una preparación abstracta que no le capacite para salir airoso de retos académicos y profesionales».

3.3. Liderazgo y capacidad para el trabajo en equipo

No menos importante que las cuestiones anteriores se presenta el liderazgo y la capacidad para el trabajo en equipo de los estudiantes.

El mercado laboral actual se caracteriza por una tendencia a la especialización, de manera que, cuando se trata de llevar a cabo trabajos o tareas multidisciplinares, es necesaria la presencia simultánea de diversos profesionales, cada uno de los cuales tiene asignada una labor y responsabilidad concreta. Cuando ello sucede, es posible que surjan puntos de vista diferentes, roces e incluso conflictos, por lo que es necesario tener la suficiente empatía y flexibilidad para buscar puntos de encuentro con los que se pueda llegar a acuerdos en lo referente a la tarea llevada a cabo. Es por ello que las empresas valoran este tipo de perfiles y personalidades, por oposición a caracteres narcisistas, ególatras y menos flexibles que no son capaces de ver más allá de su propia postura.

Estas capacidades se poseen de manera innata en muchos casos, pero también pueden «entrenarse» por los docentes. Por ejemplo, proponiendo actividades a realizar por grupos, debiendo el equipo llegar a una solución conjunta. La efectividad de la mejora de estas competencias será tanto mayor cuanto menos predeterminada esté la respuesta ideal[23]; es decir, el liderazgo y el trabajo en equipo se fomentarán más cuando existan diversas posibles respuestas válidas en función del punto de vista que se adopte, exigiendo el ejercicio, en consecuencia, una labor de consenso de los integrantes del grupo a la hora de ofrecer una solución común al mismo.

3.4. Compromiso con el entorno económico y social y con el desarrollo sostenible del planeta

He tenido ocasión de exponer que, junto al aprendizaje de conocimientos y, especialmente, competencias, el Espacio Europeo de Educación Superior (EEES) también postula «la concienciación de los valores compartidos y de la pertenencia a un espacio social y cultural común»[24] (Declaración de Bolonia, 19 de junio de 1999).

23 Haciendo propia la expresión de un magistrado de carrera de la Audiencia Provincial de Castellón, el profesor ARNAU MOYA, F., «El método del caso en la docencia del Derecho Civil», en ANDRÉS SEGOVIA, B., PEDROSA LÓPEZ, C., CHAPARRO MATAMOROS, P. y GÓMEZ ASENSIO, C. (dirs.), *Innovación docente en Derecho: herramientas digitales, nuevos desarrollos y perspectiva global*, Colex, A Coruña, 2023, pág. 205, se refiere a estos supuestos como «casos calcetín», porque «pueden enrollarse del revés al derecho o viceversa», tal y como sucede con la referida prenda.

24 Esta preocupación se ha puesto de manifiesto también en el marco de los «Objetivos de Desarrollo Sostenible» (ODS), mediante la llamada «Educación para el Desarrollo Sostenible» (EDS), un enfoque que persigue «una pedagogía transformadora y orientada a la acción, y se caracteriza por aspectos tales como el aprendizaje autodidacta, la

La preocupación por la concienciación de los «valores compartidos» surge en un contexto de teorías individualistas, que propugnan la maximización y optimización del interés del individuo por encima de la colectividad. Estas teorías, llevadas al extremo, en la práctica pueden dar lugar a la suma de un conjunto de comportamientos individuales que acaben propiciando algunas de las lacras de la sociedad del siglo XXI, tales como el desempleo, la pobreza, la marginación, el endeudamiento, la exclusión social, la discriminación, la explotación, la hambruna, la degradación del medio ambiente y la polarización de la sociedad y del conocimiento.

Es por ello que, junto a la formación técnica y en competencias de los estudiantes, no se puede dejar de lado la formación en valores[25], tanto en aquellos que son atemporales (basados en los ideales de democracia, justicia, equidad, solidaridad, etc.), como en aquellos valores objetivos (comúnmente aceptados) propios de la sociedad que impera en el momento actual. La formación en valores es fundamental para modelar profesionales concienciados con la sociedad y con el entorno que les rodea, creando en ellos la convicción de que todos formamos parte de un mismo espacio sin fronteras que debe ser preservado y que, por esa pertenencia a un espacio común, no existen diferencias entre ciudadanos que justifiquen un trato desigual[26]. Estas cuestiones son fundamentales para trabajar en empresas cada vez más globalizadas y con empleados de diversa procedencia, nacionalidad, condición económica, etc.

---

participación y la colaboración, la orientación hacia los problemas, la inter y transdisciplinariedad, y la creación de vínculos entre el aprendizaje formal e informal» (documento «Educación para los Objetivos de Desarrollo Sostenible. Objetivos de aprendizaje», pág. 7). Sobre la puesta en práctica de este enfoque, puede verse Gómez Asensio, C., «Innovación docente en Derecho concursal y ODS», en Andrés Segovia, B., Pedrosa López, C., Chaparro Matamoros, P. y Gómez Asensio, C. (dirs.), *Innovación docente en Derecho: herramientas digitales, nuevos desarrollos y perspectiva global*, Colex, A Coruña, 2023, págs. 170-175.

25 A diferencia de lo que sucedía con la L.O.U., de la formación en valores sí se hace eco la Ley Orgánica 2/2023, de 22 de marzo, del Sistema Universitario (conocida como L.O.S.U.), al contemplar en su art. 2.h), como una más de las funciones del sistema universitario, «La formación de la ciudadanía a través de la transmisión de los valores y principios democráticos».

26 García García, E. y Marín Gómez, P., «La responsabilidad moral del profesor ante el EEES», cit., págs. 585-586, ponen de manifiesto la necesidad de que los estudiantes «aprendan a convivir», pues «Los modelos violentos en la familia, escuela, empresa, medios de comunicación de masas, están alcanzando cotas alarmantes». Los autores añaden, a este respecto, que «Aprender a convivir no es un conocimiento meramente declarativo, sino también y sobre todo procedimental», que se adquiere practicándolo.

Bibliografía

Álvarez-Cubero, M. J., Ching-López, A., Gómez-Martín, A., Hernández-Rodríguez, J., Martínez-González, L. J., Saiz-Guinaldo, M., Álvarez, J. C. y **Lorente, J. A.**, «Desarrollo de nuevas estrategias de enseñanza a través de la aplicación de las NTIC», en Maquilón Sánchez, J. J., García Sanz, M. P. y Belmonte Almagro, M.ª L. (coords.), *Innovación educativa en la enseñanza formal*, Asociación Universitaria de Formación del Profesorado, Servicio de Publicaciones de la Universidad de Murcia, 2011.

Amarante, A. M.ª y **Daura, F. T.**, «Una propuesta académica de formación de profesores universitarios», en Maquilón Sánchez, J. J., García Sanz, M. P. y Belmonte Almagro, M.ª L. (coords.), *Innovación educativa en la enseñanza formal*, Asociación Universitaria de Formación del Profesorado, Servicio de Publicaciones de la Universidad de Murcia, 2011.

Andrés Segovia, B., «La innovación docente dentro y fuera de las aulas de Derecho», en Andrés Segovia, B., Pedrosa López, C., Chaparro Matamoros, P. y Gómez Asensio, C. (dirs.), *Innovación docente en Derecho: herramientas digitales, nuevos desarrollos y perspectiva global*, Colex, A Coruña, 2023.

Arnau Moya, F., «El método del caso en la docencia del Derecho Civil», en Andrés Segovia, B., Pedrosa López, C., Chaparro Matamoros, P. y Gómez Asensio, C. (dirs.), *Innovación docente en Derecho: herramientas digitales, nuevos desarrollos y perspectiva global*, Colex, A Coruña, 2023.

Baelo, R. y **Arias, A. R.**, «Formación del profesorado Universitario en Tecnologías de la Información y la Comunicación (TIC)», en Maquilón Sánchez, J. J., García Sanz, M. P. y Belmonte Almagro, M.ª L. (coords.), *Innovación educativa en la enseñanza formal*, Asociación Universitaria de Formación del Profesorado, Servicio de Publicaciones de la Universidad de Murcia, 2011.

Barandiaran Galdós, M., Barrenetxea Ayesta, M., Cardona Rodríguez, A., Mijangos del Campo, J. J. y **Olaskoaga Larrauri, J.**, «El perfil del profesor universitario para la cooperación y el desarrollo humano y social en el siglo XXI», en Maquilón Sánchez, J. J., Mirete Ruiz, A. B., Escarbajal Frutos, A. y Giménez Gualdo, A. M.ª (coords.), *Cambios educativos y formativos para el desarrollo humano y sostenible*, Asociación Universitaria de Formación del Profesorado, Servicio de Publicaciones de la Universidad de Murcia, 2011.

Cuadrado Gordillo, I. y **Fernández Antelo, I.**, «Nuevas competencias del profesor en el EEES: una experiencia de innovación docente», *Revista Electrónica de Teoría de la Educación*, vol. 9, núm. 1, 2008.

Danvila del Valle, I., Moya Velasco, J., Carabante Muntada, J. M.ª y **Velayos Vega, J.**, «El papel de la clase teórica en el Espacio Europeo de Educación Superior», *Estudios sobre el Mensaje Periodístico*, vol. 19, núm. especial abril 2013.

Delgado García, A. M.ª y **Oliver Cuello, R.**, «Ventajas e inconvenientes de un sistema de evaluación continua», en Tortosa Ybáñez, M.ª T., Álvarez Teruel, J. D. y Pellín Buades, N. (coords.), *VIII Jornadas de Redes de Investigación en Docencia Universitaria: Nuevas titulaciones y cambio universitario*, 2010.

Fernández Pérez, N., «La evaluación de las competencias en el Grado de Derecho», en Tortosa Ybáñez, M.ª T., Álvarez Teruel, J. D. y Pellín Buades, N. (coords.), *VIII Jornadas de Redes de Investigación en Docencia Universitaria: Nuevas titulaciones y cambio universitario*, 2010.

Fortes del Valle, M.ª del C., «El proyecto docente como herramienta de calidad en la docencia universitaria», disponible en https://www.uv.es/arbelaez/v2n202proyectodocente.htm#_ftn1.

García García, E. y **Marín Gómez, P.**, «La responsabilidad moral del profesor ante el EEES», en Maquilón Sánchez, J. J., García Sanz, M. P. y Belmonte Almagro, M.ª L. (coords.), *Innovación educativa en la enseñanza formal*, Asociación Universitaria de Formación del Profesorado, Servicio de Publicaciones de la Universidad de Murcia, 2011.

Gómez Asensio, C., «Innovación docente en Derecho concursal y ODS», en Andrés Segovia, B., Pedrosa López, C., Chaparro Matamoros, P. y Gómez Asensio, C. (dirs.), *Innovación docente en Derecho: herramientas digitales, nuevos desarrollos y perspectiva global*, Colex, A Coruña, 2023.

Martínez Abad, F., Hernández Ramos, J. P. y **Olmos Migueláñez, S.**, «Evolución del empleo de la Wiki como herramienta formativa en entornos virtuales: estudio de caso», en Maquilón Sánchez, J. J., García Sanz, M. P. y Belmonte Almagro, M.ª L. (coords.), *Innovación educativa en la enseñanza formal*, Asociación Universitaria de Formación del Profesorado, Servicio de Publicaciones de la Universidad de Murcia, 2011.

Martínez Alarcón, M.ª L., «Algunas reflexiones sobre la revisión del modelo docente universitario», en Cotino Hueso, L. y Presno Linera, M. Á. (coords.), *Innovación educativa en Derecho constitucional: reflexiones, métodos y experiencias de los docentes*, PUV (Servei de Publicacions de la Universitat de València), Valencia, 2010.

Martínez Giner, L. A., «La evaluación de las competencias en el Espacio Europeo de Educación Superior. La evaluación continuada como paradigma», en Grau Company, S. y Gómez Lucas, M.ª C. (coords.), *Evaluación de los aprendizajes en el Espacio Europeo de Educación Superior*, Universitat d'Alacant, Marfil, Alicante, 2010.

Mayor Ruiz, C. y **Sánchez Moreno, M.**, *El reto de la formación de los docentes universitarios. Una experiencia con profesores noveles*, Universidad de Sevilla, Editorial Kronos, 2000.

Moreno Soler, V., «Herramientas para mejorar la argumentación jurídica en el aula universitaria: fortalezas y debilidades», en Andrés Segovia, B., Pedrosa López, C., Chaparro Matamoros, P. y Gómez Asensio, C. (dirs.), *Innovación docente en Derecho: herramientas digitales, nuevos desarrollos y perspectiva global*, Colex, A Coruña, 2023.

Muñoz San Roque, I., «El perfil del profesor en el Espacio Europeo de Educación Superior (EEES)», *Miscelánea Comillas: Revista de Ciencias Humanas y Sociales*, vol. 64, núm. 124, 2006.

Pedrosa López, C., «Modulación de técnicas analógicas a digitales para incentivar el aprendizaje», en Andrés Segovia, B., Pedrosa López, C., Chaparro Matamoros, P. y Gómez Asensio, C. (dirs.), *Innovación docente en Derecho: herramientas digitales, nuevos desarrollos y perspectiva global*, Colex, A Coruña, 2023.

Romero Medina, A., «El apoyo de las plataformas virtuales al aprendizaje en asignaturas universitarias (aprendizaje mixto presencial-virtual): análisis conceptual y evidencia comparativa en Moodle y Suma», en Maquilón Sánchez, J. J., García Sanz, M. P. y Belmonte Almagro, M.ª L. (coords.), *Innovación educativa en la enseñanza formal*, Asociación Universitaria de Formación del Profesorado, Servicio de Publicaciones de la Universidad de Murcia, 2011.

Rubio Núñez, R., «La enseñanza virtual de un Derecho global», en Cotino Hueso, L. y Presno Linera, M. Á. (coords.), *Innovación educativa en Derecho constitucional: reflexiones, métodos y experiencias de los docentes*, PUV (Servei de Publicacions de la Universitat de València), Valencia, 2010.

Viñarás Abad, M. y **Cabezuelo Lorenzo, F.**, «El protagonismo de la comunicación interpersonal en la relación alumno-profesor en el nuevo escenario del EEES», en Tortosa Ybáñez, M.ª T., Álvarez Teruel, J. D. y Pellín Buades, N. (coords.), *VIII Jornadas de Redes de Investigación en Docencia Universitaria: Nuevas titulaciones y cambio universitario*, 2010.

REFLEXIONES SOBRE LOS TRABAJOS DE FINAL DE GRADO

Federico Arnau Moya
Profesor Contratado Doctor de Derecho Civil
Universitat Jaume I

RESUMEN: Este trabajo pretende ser una guía que permita a los distintos centros comprobar la enorme diferencia existente entre ellos respecto de los requisitos exigidos para realizar los Trabajos de Final de Grado. Vamos a realizar una comparativa entre varias universidades que se centrará en los aspectos más polémicos de este tipo de prueba. Es sorprendente como la figura del tutor tenga una distinta intervención en la evaluación del alumnado, hasta el punto de que en algunas universidades forma parte de la comisión de evaluación y en otras no. También existen diferencias entre algunas universidades donde la valoración del tutor es decisiva para la puntuación final del TFG mientras que en otras apenas cuenta para nada. Finalmente, se incide en la generalizada falta de competencias del alumnado para la realización de este tipo de trabajos y se proponen algunas soluciones.

1. Introducción

Una de las consecuencias de la integración de España en el Espacio Europeo de Educación Superior (EEES) ha sido la reestructuración de las titulaciones. Con ese fin, se promulgó el Real Decreto 1393/2007, de 29 de octubre, por el que se establece la ordenación de las enseñanzas universitarias oficiales. Entre las numerosas novedades que introdujo dicha norma, estaba la obligatoriedad de realizar un Trabajo de Fin de Grado (TFG), como parte de un nuevo sistema que pretendía el aseguramiento de la calidad dentro de la nueva concepción de la Educación Superior[1].

El objeto de este trabajo consiste en una reflexión sobre el TFG en el grado de Derecho una vez transcurridos casi diecisiete años desde su implantación. El TFG ha sido una materia que ha originado polémica desde un primer momento tanto en los aspectos meramente normativos (reconocimiento de créditos, papel del tutor, objeto del TFG y evaluación) pero también por la falta de habilidades de gran parte del alumnado para su realización. En la elaboración de este trabajo me baso en mi experiencia a lo largo de la tutorización de más de 25 TFG, así como la relativa a la evaluación de los mismo por haber formado parte de innumerables comisiones de evaluación.

No es ningún secreto que los TFG pueden originar situaciones de descontento entre el profesorado que participan en los mismos[2]. Por un lado, están los profesores-tutores que han sido los que han hecho el seguimiento de los trabajos y por otro están los profesores-evaluadores. La tensión es más fácil que se produzca en aquellos centros en los que los profesores evaluadores o comisiones de evaluación cuentan con un alto grado de discrecionalidad para valorar el TFG; lo anterior va acompañado de la circunstancia de que el informe del tutor se limite a tener una valor orientativo o consultivo, de modo que puede no ser tenido en cuenta para establecer la nota. Como veremos, más adelante una buena medida para evitar esta situación es que el tutor también forme parte de la comisión evaluadora y/o que su informe tenga un peso decisivo en la nota final. A fin de cuentas, nadie como el tutor conoce el trabajo que va a ser sometido a examen. De ese modo se evitan situaciones, escasas pero posibles, en las que los miembros de la comisión evaluadora se han limitado a ojear el trabajo y la evaluación queda limitada al acto de la defensa oral, así como a los defectos de forma del trabajo que, para quienes tantos años estamos en estas lides, son fáciles de detectar. De la necesidad de una normativa que regule de manera objetiva como se tiene que valorar el trabajo y que se establezca unos criterios de evaluación sobre cada uno de los ítems se hace necesaria. Estos criterios de evaluación perfectamente delimitados son necesarios para una equitativa valoración de los alumnos y como una cuestión de respeto a los tutores que en la mayoría de los casos invierten en cada TFG muchas más horas de las que les corresponde por carga docente.

---

1 DONOSO ANES, J. A. y SERRANO DOMÍNGUEZ, F., «Los Trabajos de Fin de Grado: reflexiones y perspectivas de futuro», en *Actas de las Jornadas Conjuntas de Innovación Docente, Investigación y Transferencia*, VI Jornadas de Innovación e Investigación Docente 2014, pág. 7. Ver en: http://hdl.handle.net/11441/43237. Fecha de última consulta: 04.04.2024.

2 DONOSO ANES, J. A. y SERRANO DOMÍNGUEZ, F., «Los Trabajos de Fin de Grado», cit., pág. 7.

2. Normativa aplicable a los TFG

2.1. Antecedentes

En contra de lo que pudiéramos pensar los TFG no han supuesto ninguna novedad en nuestro país puesto que existían desde 1957, si bien únicamente en el ámbito de las carreras técnicas bajo el nombre de proyecto de fin de carrera[3]. El también conocido como trabajo de fin de carrera tenía por objeto un trabajo original dirigido a demostrar que el estudiante había adquirido las competencias y habilidades necesarias para el ejercicio profesional de la carrera estudiada. Así pues, este trabajo tenía una función habilitante sin la cual un arquitecto no podía trabajar como tal[4]. El precedente del proyecto de fin de carrera ha resultado muy útil para la inclusión de los TFG en los grados técnicos[5]. En el ámbito de titulaciones no técnicas existía una figura parecida al trabajo de fin de carrera, conocida como «memoria de licenciatura». Sin embargo, a diferencia de lo que sucedía en las carreras técnicas la realización de esta memoria no era obligatoria para poder ejercer la profesión, sino que se establecía como un requisito para acceder a los estudios de tercer ciclo[6].

2.2. Normativa estatal

La primera regulación del TFG se debió al Real Decreto 1393/2007, de 29 de octubre, por el que se establece la ordenación de las enseñanzas universitarias oficiales de Grado, Master Universitario y Doctorado[7]. En el artículo 12.3 y 7 se regulaba de manera muy somera el TFG al decir que las enseñanzas oficiales de Grado concluirán con la elaboración y defensa de un

---

3 La Ley de 20 de julio de Ordenación de las Enseñanzas Técnicas señalaba en su art. 112 que «como complemento del último curso cada alumno deberá efectuar un proyecto de fin de carrera en el que acredite la formación adquirida. Su aprobación será precisa para la colación del Grado de Arquitecto o Ingeniero».

4 Donoso Anes, J. A. y Serrano Domínguez, F., «Los Trabajos de Fin de Grado», cit., pág. 7.

5 Valderrama, E., Rullán, M., Sánchez, F., Pons, J., Cores, F. y Bisbal, J., «La evaluación de las competencias en los Trabajos de Fin de Estudios», *XV Jornadas de Enseñanza Universitaria en Informática*. Barcelona 8-10 de julio 2009. Ver en: http://jenui2009.fib.upc.edu/. Última consulta: 01.03.2024

6 Donoso Anes, J. A. y Serrano Domínguez, F., «Los Trabajos de Fin de Grado», cit., pág. 7.

7 El RD 1393/2007 supuso la concreción del despliegue del EEES anunciado primero en el artículo 37 de la Ley Orgánica 6/2001, de 21 de diciembre, de Universidades, y fue posteriormente ratificado en la Ley Orgánica 4/2007, de 12 de abril, por la que se modifica la Ley Orgánica 6/2001, de 21 de diciembre, de Universidades. El RD 1393/2007, ha sido modificado hasta en nueve ocasiones y ha sido derogado por la disposición derogatoria única del R.D. 822/2021, de 28 de septiembre, por el que se establece la organización de las enseñanzas universitarias y del procedimiento de aseguramiento de su calidad.

Trabajo de Fin de Grado (TFG) que tendrá entre 6 y 30 créditos, que deberá realizarse en la fase final del plan de estudios y está orientado a la evaluación de competencias asociadas al título[8]. Esta parca regulación fue objeto de críticas puesto que el citado decreto no establecía ningún criterio respecto a la estructura de los TFG, ni tampoco el modo en que tenía que ser tutelado, ni mucho menos de cómo debía ser evaluado[9]. En consecuencia, debían de ser las Universidades las que regularan todas esas cuestiones.

En la actualidad el TFG está regulado por el Real Decreto 822/2021, de 28 de septiembre, por el que se establece la organización de las enseñanzas universitarias y del procedimiento de aseguramiento de su calidad. En este real decreto se mantiene la estructura básica de la oferta académica que actualmente está configurada en las tres etapas de todos conocidas: Grado, Máster y Doctorado. En el art. 14.6 (Directrices generales para el diseño de los planes de estudios de las enseñanzas de Grado) se establece que: «El trabajo de fin de Grado, de carácter obligatorio y cuya superación es imprescindible para la obtención del título oficial, tiene como objetivo esencial la demostración por parte del o la estudiante del dominio y aplicación de los conocimientos, competencias y habilidades definitorios del título universitario oficial de Grado. Este trabajo de fin de Grado dispondrá de un mínimo de 6 créditos para todos los títulos, y un máximo de 24 créditos para los títulos de 240 créditos, de 30 créditos en los títulos de 300 créditos y de 36 créditos en los títulos de 360 créditos. Deberá desarrollarse en la fase final del plan de estudios, siguiendo los criterios que cada universidad o centro establezca. Asimismo, los trabajos de fin de Grado deberán ser defendidos en un acto público, siguiendo la normativa que a tal efecto establezca el centro o en su caso la universidad.

La nueva regulación, que sigue siendo muy básica, introduce varias novedades: en primer lugar, no sólo han de evaluarse las competencias asociadas al título sino también los «conocimientos, y habilidades» del alumnado. En segundo lugar, se establece la obligatoriedad de que el TFG se defienda en acto público. Por el contrario, en la anterior nada se establecía al respecto, de modo que se podía reservar la defensa pública del TFG únicamente para aquellos alumnos que querían optar a sobresaliente. En tercer lugar, en el nuevo texto también se establece que el desarrollo del TFG se hará teniendo en cuenta los criterios que cada universidad o centro establezca. En la anterior regulación nada se establecía al respecto si bien cada universidad, igual

8 La última versión del art. 12 fue redactada por el apartado dos del artículo primero del RD 43/2015, de 2 de febrero, por el que se modifica el RD 1393/2007, de 29 de octubre, por el que se establece la ordenación de las enseñanzas universitarias oficiales, y el RD 99/2011, de 28 de enero, por el que se regulan las enseñanzas oficiales de doctorado.

9 El Real Decreto no establece ningún principio orientador de cómo deben estructurarse los TFG, ni la manera de ser tutelado ni evaluado; por lo que, en buena lógica estos trabajos deben tener su referente en los ya consolidados de las grados técnicos o bien inspirados en lo realizado en otras Universidades de referencia en el entorno del EEES.

que ahora, establecía su particular regulación dentro del amplio margen que la norma permitía.

2.3. Normativa universitaria equilibrada

Hemos comentado que cada universidad tiene capacidad para establecer su normativa de TFG siempre que se respete el contenido mínimo del art. 14 del Real Decreto 822/2021. Entre los objetivos de este trabajo, como hemos anunciado, está la de encontrar un prototipo de regulación lo más equilibrada posible. En nuestra opinión el equilibrio pasa, en primer lugar, por salvaguardar el informe del tutor frente a la comisión evaluadora, o en su caso al profesor evaluador. Exigiendo que en caso suspenderse un TFG en contra de lo manifestado en el informe que se motive de manera exhaustiva. En segundo lugar, por establecer un sistema de evaluación lo más objetivo posible.

De esta forma se evitan situaciones en las que las comisiones, en contra de lo manifestado por el tutor, terminan suspendiendo al alumnado; también se evitan aquellas situaciones en las que los tutores sobrevaloran algunos TFG con notas muy altas o incluso permiten la defensa de trabajos que no son merecedores de un aprobado. No hay que olvidar que la evaluación del trabajo de fin de grado y el no aprobar el TFG puede suponer que el alumno tenga que perder un año hasta poder acceder a un máster. También puede suponer un perjuicio para el alumnado no obtener una buena nota en aquellos que su trabajo y defensa han contado con la calidad suficiente para merecerla. La nota del expediente del alumnado puede verse afectado por una mala valoración del TFG y, en consecuencia, aquel puede ver imposibilitada su opción a las becas y contratos predoctorales.

3. Aspectos mejorables de los TFG

El hecho de que la normativa de las universidades sea tan diversa nos va a permitir realizar un pequeño estudio comparativo a los efectos de determinar que solución es la más plausible de todas. La limitada extensión de este trabajo nos exige centrarnos en los aspectos que más directamente afectan al alumnado y al profesorado tutor.

3.1. Normativa de universidad o de centro

La vigente normativa nacional, de modo similar a como sucedía con el derogado RD 1393/2007, guarda silencio tanto respecto del contenido de los TFG como del sistema para su evaluación, dejando amplia libertad a las universidades y centros para que los desarrollen de acuerdo con sus criterios. Como ya hemos dicho el modelo varía según universidades, de modo que las más grandes cuentan con una normativa general, otra de centro que a su vez se completa con la guía docente de la asignatura de TFG[10]. Este es el caso de la Universidad de Sevilla que cuenta con una normativa genérica aplicable a todos sus centros aprobada por el Acuerdo 4.1/CG 20-7-17, por el que se aprueba la Normativa sobre Trabajos Fin de Estudios (en adelante normativa TFE Sevilla). Dado que esta normativa afecta a todas las facultades de la Universidad, su redacción parece cubrir todas las posibilidades que puedan darse en las mismas. Por ello, es aplicable sin ningún tipo de problema a las titulaciones técnicas como a los grados asociados Ciencias Sociales y Jurídicas. Sevilla también cuenta con un segundo nivel de regulación por centros de los TFG. Este es el caso de la Normativa sobre Trabajos Fin de Grado de la Facultad de Derecho de la Universidad de Sevilla (en adelante reglamento TFG Sevilla).

Sin embargo, en universidades más pequeñas como la UJI, en la cual imparto mi docencia, sólo existe una normativa general. En este caso el Reglamento de los Trabajos de Final de Grado de la Universitat Jaume I. La normativa unificada para toda la universidad, propia de universidades pequeñas, tiene el inconveniente de producir disfunciones puesto que cada una de las áreas de conocimiento tiene elementos diferentes del resto. Piénsese en el bloque de las ciencias sociales y humanidades por un lado y el de las áreas técnicas por el otro[11]. Estimamos que la posibilidad de regular el contenido del TFG en las guías docente tiene muy poco margen de actuación y se convierte en una reiteración de la normativa de la universidad. De ahí que aprovechemos la ocasión para reclamar una normativa de centro para todas las universidades con independencia de su tamaño.

3.2. La tutorización de los TFG

En el caso de Sevilla las funciones del tutor se contemplan en la normativa TFE de la Universidad. En cuyo artículo 6.1 bajo el nombre de «Tutor del trabajo fin de estudios», se establece que su función «consistirá en orientar al estudiante durante la realización del trabajo, supervisarlo y velar por el cumplimiento de los objetivos fijados». Esta función del tutor ha sido criticada puesto que la expresión «dirigir supone guiar y llevar la actividad encomendada a un fin, dar reglas, aconsejar u orientar; lo que conlleva: toma de decisiones, definición de

10 También cuenta con una doble regulación La Universitat de València que cuenta con: 1) «Reglamento del Trabajo de Fin de Grado». Aprobado por el Consejo de Gobierno de 20 de diciembre de 2011. ACGUV 299/2011. Modificado por el Consejo de Gobierno de 11 de julio de 2023.ACGUV 178/2023. 2) Instrucciones para la elaboración, presentación y evaluación del TFG en la titulación de Grado en Derecho. Aprobado por la Comisión Académica de Título de Derecho el 21 de mayo de 2013 y modificado por la Comisión Académica de Título el 5 de junio de 2014, el 29 de mayo de 2019 y el 27 de mayo de 2021.

11 Donoso Anes, J. A. y Serrano Domínguez, F., «Los Trabajos de Fin de Grado», cit., pág. 13.

problemas, análisis de problemas, evolución de diferentes alternativas, elección entre alternativas, aplicar decisiones, integración, motivación, comunicación y asunción de responsabilidad»[12]. Esta crítica se basa en que es imposible realizar una actividad pura de dirección, en el sentido del citado art. 6, debido a la escasa carga docente que se reconoce a los tutores que en la mayoría de universidades ronda los 0,5 créditos. De ahí que se haya dicho que la función del tutor que se puede realizar con esos escasos créditos se tendría que inscribir dentro del concepto «mentorización». Para los defensores de esta tesis la función del profesor mentor se limitaría a ser un consejero o guía para el estudiante. En consecuencia, al estar más centrada la mentorización en la transferencia por la experiencia y los conocimientos del mentor, supondría que el éxito o fracaso en la realización o defensa del TFG sería de exclusiva responsabilidad del alumnado[13]. Sin embargo, la realidad de las cosas hace que los tutores dediquemos muchas más horas a la tutorización de los TFG de las que realmente se corresponden con los escasos 0,5 créditos de carga docente. En consecuencia, estimamos que los tutores sí que estamos realizando una verdadera tarea de tutorización, por encima de nuestras obligaciones, de modo que la nota final del alumnado, tanto para bien como para mal, es en parte responsabilidad del tutor. De ahí mí disconformidad a aquellas normativas de algunas universidades en las que la figura del tutor, ante la falta de una mayor concreción de la fase de la evaluación, puede quedar relegada a un segundo plano por debajo de la comisión evaluadora que puede no tener en cuenta su informe.

La no coincidencia entre el número de créditos reconocidos al alumno (6 créditos) y la carga docente del profesor para el que cada TFG (0, 5 créditos) se debe a una cuestión meramente económica. No hace falta ser economista para deducir que esa equiparación sería inviable desde el punto de vista económico para cualquier universidad. Sin embargo, la baja carga de créditos por cada TFG provoca que parte del profesorado consolidado (catedráticos y titulares) huyan de la tutorización de estos trabajos si tienen posibilidad[14]. En algunas áreas incluso se deriven estas tutorizaciones al profesorado asociado muchos de los cuales, a pesar de ser profesionales de reconocido prestigio, como jueces o notarios, sin embargo, carecen de experiencia investigadora. De ahí que las universidades tendrían que efectuar un esfuerzo financiero y aumentar la carga docente que representa para un tutor la dirección de un

12 En parecidos términos el Reglamento sobre TGF/TFM de la Facultad de Derecho de Alicante, establece en su art. 4.2 que «La labor de la tutora o tutor consistirá en orientar, asesorar y planificar las actividades del alumnado, realizar un seguimiento de las actividades durante el periodo de duración del trabajo a desarrollar, y colaborar en todo aquello que permita una buena consecución del mismo».

13 Donoso Anes, J. A. y Serrano Domínguez, F., «Los Trabajos de Fin de Grado», cit., págs.18 y 19.

14 Donoso Anes, J. A. y Serrano Domínguez, F., «Los Trabajos de Fin de Grado», cit., pág. 16, señalan la desmotivación, abandono incluso la no colaboración del profesorado, no solo respecto de los TFG sino también de las tareas de gestión universitaria.

TFG para hacerlo más atractivo. Cualquier profesor que haya dirigido este tipo de trabajos, sabe que la carga docente real puede ser en la mayoría de las veces superior a 10 horas por alumno y TFG.

3.3. La modalidad y tema del TFG

En Sevilla el Reglamento TFG en su art. 6 (Modalidad y tema del trabajo) permite distintas modalidades de TFG. Su objeto podrá consistir en: 1) la redacción de una memoria de investigación, 2) un ensayo, 3) un dictamen sobre cuestiones concretas o sobre supuestos prácticos, 4) un comentario de resoluciones judiciales, arbitrales, administrativas y en general de documentos concernientes a las disciplinas propias del título, 5) la realización de cualesquiera tareas análogas a las enunciadas, en cualquier caso de forma que la evaluación del trabajo implique la de competencias, conocimientos y capacidades asociadas al título.

La elección del tema incumbe al tutor, oído el estudiante, la determinación de la modalidad y del tema del trabajo. El tutor comunicará su decisión al director del departamento para que tenga constancia. En otras universidades, se oferta un abanico de temas por las distintas áreas de conocimiento y son los alumnos los que van eligiendo los temas que ya llevan adscrito a un determinado tutor. El orden de preferencia en la elección del tema del TFG está determinado por la nota media del expediente académico del alumnado que efectúa la solicitud[15]. Realmente, esta cuestión tiene más importancia de la que parece puesto que permite al alumnado realizar un TFG que esté más dirigido a la vida profesional que a la investigadora o docente o viceversa. En las Instrucciones de la Facultad de Derecho de Valencia (art. 3.2) se establece que el TFG puede tener una vertiente práctica o de aplicación profesional o bien consistir en un trabajo de investigación. En los apartados 3 y 4 de ese mismo precepto también se establece el contenido mínimo con el que ha de contar cada modalidad de trabajo. En los TFG que dirijo procuro simular un caso práctico que podría tener lugar en un despacho de abogados, de modo que el alumno tiene que asesorar a un hipotético cliente y analizar todas las posibilidades de éxito en el caso de presentar una demanda.

3.4. La composición de la comisión evaluadora

Al analizar la normativa de las distintas universidades nos ha sorprendido que en algunas se permita que el tutor forme parte de la comisión evaluador. Este es el caso de Sevilla, donde su Reglamento TFG (art. 8.1) se establece que «La comisión evaluadora del trabajo estará integrada por el tutor y por

15 Así se contempla en el art. 7 (asignación de líneas de trabajo y tutoras o tutores) del Reglamento sobre TTFG y TTFM de la Facultad de Derecho de Alicante.

otros dos profesores con plena capacidad docente, pertenecientes todos ellos al área de conocimiento correspondiente. No obstante, podrán pertenecer a diversas áreas de conocimiento a causa de condicionamientos de ordenación académica o por razón de afinidad en función del tema objeto del trabajo». Por el contrario, en la mayoría de las universidades el tutor no puede formar parte de la comisión evaluadora.

Que el tutor forme parte de la citada comisión tiene sus pros y sus contras: en primer lugar, el tutor es la persona que mejor conoce el contenido del TFG puesto que se lo ha tenido que leer varias veces, conforme ha ido señalando las modificaciones que había de realizar el tutelado hasta llegar a la versión definitiva que es la que finalmente ha autorizado para su defensa. Esta circunstancia, también permite que el tutor tenga la certeza de si ha sido el alumno el que ha realizado el trabajo o si por el contrario tiene dudas al respecto. De todos es conocido la existencia del plagio, la compraventa de TFG on-line o incluso la utilización de la inteligencia artificial para realizar estos trabajos. La utilización de los conocidos programas antiplagio no es del todo efectiva, puesto que los alumnos ya saben cómo burlar estos programas. En consecuencia, la presencia del tutor en la comisión de evaluación evita que el acto de la defensa del TFG se convierta en una especie de proceso inquisitorial donde el contenido el trabajo pasa a un segundo plano y lo importante sea descubrir si el alumno es el verdadero autor del trabajo. El hecho de que el tutor forme parte de las comisiones de evaluación es de vital importancia para descartar esas dudas respecto de la autoría del trabajo, puesto que ha sido testigo de cómo ese trabajo ha ido siendo modificado de acuerdo con sus indicaciones al alumno. De ahí también que, tal vez, el tutor tendría que negarse a autorizar la defensa de trabajos que se le entregan por primera vez, totalmente terminados, cerca del límite de la fecha de entrega. En este caso el tutor sí que carece de elementos de valoración respecto de la autoría del trabajo aun a pesar de que este pasara con éxito los programas antiplagio.

En otras universidades incluso se permite que el TFG pueda ser evaluado por el propio tutor. Así sucede con el Reglamento de TFG de la Universidad de Valencia (art. 9) que permite que el TFG pueda ser evaluado por un tribunal o por el tutor, si así está establecido en la memoria verifica de cada título. En las Instrucciones de la Facultad de Derecho de Valencia (art. 10) se opta que como regla general el acto de defensa oral del TFG se realice sólo ante el tutor, si bien siempre en un acto de carácter público. Únicamente en el caso de que el trabajo haya recibido la calificación de sobresaliente y el tutor considere que puede optar a la obtención de matrícula de honor someterá su valoración al examen del Tribunal del TFG. La Comisión de TFG nombrará uno o diversos tribunales para valorar los trabajos remitido por los tutores.

Otra solución es la de la Universidad de Alicante, donde el reglamento de TTFG/TTFM de la Facultad de Derecho las Instrucciones de la Facultad de Derecho (art. 8) permite que la defensa del trabajo se realice ante un tribunal o ante un profesor o profesora que debe de estar adscrito al mismo ámbito de conocimiento del tutor. En este caso, a diferencia de Valencia el profesor-evaluador es una persona diferente a la del tutor. De modo similar a Valencia en Alicante el tribunal se limita a aquellos casos en los que la nota propuesta por el tutor es de sobresaliente.

En nuestra opinión la solución más práctica de todas las analizadas es la de la que el tutor asuma por sí solo la evaluación del TFG, puesto él es quien realmente conoce el proceso de elaboración que ha seguido el alumno y quien se ha leído en diversas ocasiones el trabajo. También nos parece una adecuada solución que el tutor forme parte del tribunal o comisión de evaluación por idénticos motivos. Por otra parte, no entendemos la prevención que existe a que el tutor sea el evaluador, por si solo o como parte del tribunal, cuando durante toda la carrera el profesor de la asignatura ha sido quien ha evaluado por sí solo al alumnado. No se entiende que en la que tal vez se la prueba más importante del grado se ponga en duda la imparcialidad y capacidad evaluadora del profesor-tutor.

3.5. La evaluación del TFG

En el art. 14.6 el Real Decreto 822/2021 sí que establece cual es el objetivo esencial del TFG: «la demostración por parte del o la estudiante del dominio y aplicación de los conocimientos competencias y habilidades definitorios del título universitario oficial de Grado»[16]. La norma estatal, sin embargo, no especifica ni quienes son los encargados de evaluar al estudiantado, ni tampoco con que criterios, de ahí que tengan que ser las universidades las que regulen este vacío legal.

En Sevilla existen dos posibilidades de evaluación del TFG: 1.ª por una comisión evaluadora de la que forma parte el tutor. 2.ª por el tutor, cuando la comisión evaluadora le encarga el acto de presentación la evaluación, así como la propuesta de calificación. La calificación tendrá dos componentes (art. 9.2 normativa Facultad Derecho): «de una parte, la propuesta de evaluación del tutor, que aportará un porcentaje y, de otra, la evaluación de la comisión evaluadora, que aportará el restante. La evaluación del tutor será comunicada a la comisión evaluadora, que aportará el restante. La evaluación del tutor será comunicada a la comisión evaluadora a efectos de la calificación y cumplimentación de las actas correspondientes. La evaluación efectuada por la comisión evaluadora se alcanzará incluyendo las distintas propuestas por consenso de sus miembros o, en su defecto, a través de la media aritmética de las evaluaciones individuales». En el

16 En Sevilla, de modo similar a la norma estatal, la normativa TFE en su art. 9 (evaluación del trabajo de fin de estudios) se establece que: «1. Serán objeto de evaluación las competencias, conocimientos y capacidades adquiridas por el estudiante mediante la realización del TFE».

art. 9.3. se establece que «La comisión evaluadora podrá encomendar al tutor el acto de presentación y evaluación integra del TFE, así como la propuesta de calificación que corresponda». La normativa de centro de la Facultad de Derecho mantiene idénticos criterios (arts. 8.4 y 5). En resumidas cuentas, salvo los casos en que la determinación de la nota se haya delegado al tutor, esta se determinará por unanimidad. Sólo en caso de discrepancia se sumarán las medias aritméticas de los tres miembros de la comisión de evaluación.

En nuestra opinión, en Sevilla debería de haberse exigido una mayor concreción a la hora de plantear las proposiciones de nota. Puesto la presentación de notas globales sin un desglose permite que pueda suspenderse un trabajo alegando la existencia de defectos de forma.

Nos gusta la solución que se utiliza en las Instrucciones de la Facultad de Derecho de Valencia. En este caso, aunque la defensa del TFG como regla general se realiza sólo ante el tutor, éste al evaluar debe tener en cuenta toda una serie de criterios de evaluación que se corresponden con unos determinados porcentajes de la nota (arts. 11 y 12) de acuerdo con los siguientes criterios: 1.º) Un 20 % de la nota corresponde a la asistencia a tutorías. Dentro de esta primera parte, se deberá evaluar, al menos, los siguientes aspectos: la búsqueda de materiales, el trabajo de campo realizado y la presentación de informes y borradores. En nuestra opinión con esta medida se penaliza a los alumnos que aparecen a última hora con el TFG totalmente terminado. Cuestión esta que puede hacernos dudar de la autoría del alumno, si bien la cuestión de la prueba de esta circunstancia es harto complicada. 2.º) Un 5 % de la nota se corresponde a la formación on-line si se ha cursado el curso «Competencias Informacionales y Digitales Nivel Avanzado (CID-2)». 3.º) Un 80 % se corresponde tanto a la realización del trabajo como la exposición oral. En este apartado se deben tener en cuenta los siguientes criterios: a) La corrección de la estructura y claridad en la redacción del ejercicio. b) La originalidad en el planteamiento y resultados. c) La adecuada metodología y técnicas de investigación (en el trabajo de investigación) o técnicas de análisis (en el trabajo de vertiente práctica). d) La suficiencia en la búsqueda de datos e información. e) La correcta utilización de las herramientas de investigación (en el trabajo de investigación). f) La claridad y la coherencia de la exposición oral. Asimismo, en una Anexo IV se facilita una cuadrícula indicativa en la que se facilita la labor de puntuar de 0 a 10 cada uno de los citados criterios. En todo caso se señala que la decisión del tutor habrá de ser adecuadamente motivada.

El establecimiento de porcentajes y de concretos ámbitos que han de ser evaluados impide que se pueda suspender un TFG por un solo motivo como podría ser por la existencia de requisitos de forma como por ejemplo que no se hayan citado bien algunas de las sentencias.

3.6. Carencias de los alumnos en competencias necesarias para realizar el TFG

Uno de los problemas que nos encontramos al tutorizar un TFG, o al formar parte de la comisión evaluadora, es que el estudiantado universitario, aun a pesar de estar en el último año del grado de Derecho, sigue estando necesitando adquirir una serie de competencias fundamentales para una correcta elaboración y presentación del Trabajo Final de Grado (TFG). Las carencias más habituales son el defectuoso pensamiento crítico y reflexión, problemas con la comunicación oral, pero todavía peor con la escrita o con la falta de capacidad de resolución de casos prácticos[17].

Algunos autores proponen la combinación de metodología docentes activas a los efectos de mejorar las competencias transversales necesarias para realizar con éxito un TFG. En este tipo de metodologías el estudiante participa en su propio proceso de aprendizaje lo cual facilita la adquisición de competencias[18]. Una interesante combinación sería la formada por el Aprendizaje Orientado a Proyectos, el Aprendizaje Basado en la Investigación y el Aprendizaje Colaborativo. En un interesante proyecto de una asignatura se propuso utilizar la evaluación continua efectuando la combinación de aquellas técnicas. La calificación se obtendría del siguiente modo: 1) dos parciales cuyo valor es el 50 % de la calificación final. 2) Un trabajo en grupo que supone el 30 % de la nota con formato TFG al que denominan «mini TFG». 3) Presentación de tareas orales a través de la aplicación online Flipgrid (15 % de la nota). 4) la participación en clase el 5 % restante de la nota[19]. A mi entender la parte más interesante es que todas las técnicas están orientadas a la realización de un proyecto denominado «mini TFG» que pretende el aprendizaje y desarrollo de competencias orientadas a preparar al alumno de cara a la realización para el auténtico TFG. Este sistema de los «mini TFG» se pueden realizar utilizando una metodología basada en el aprendizaje colaborativo y el aprendizaje basado en proyectos. El profesor también tiene que

17 Albort-Morant, G., Masero-Moreno, I. C. y Montero Benavides, P. E., «Combinación de metodologías activas para promover la confianza en la elaboración y defensa del TFG. un estudio en el grado de finanzas y contabilidad», *Journal of Management and Business Education*, vol. 5, núm 4, pág. 321. Ver en: https://doi.org/10.35564/jmbe.2022.0019. Fecha de última consulta: 02.04.2024.

18 Ferreiro, R. F., «Tres vértices del triángulo de las Competencias Didácticas: Teoría, Metodología y Método». *Revista Complutense de Educación*, 2011, págs. 11-23. Disponible en: https://doi.org/10.5209/rev_RCED.2011.v22.n1.1. Visto el: 01.05.2024.

19 Albort-Morant, G., et. al., «Combinación de metodologías activas», cit., págs. 322 y ss, en su interesante trabajo no solo describen en qué consisten estas técnicas de aprendizaje activo sino que las aplicaron en sus clases y nos ofrecen cifras sobre los buenos resultados de su implementación. Si bien su experiencia se aplicó con la asignatura de Gestión Bancaria de cuarto curso del Grado de Finanzas y Contabilidad, entiendo que es perfectamente aplicable a cualquier asignatura del Grado de Derecho.

realizar varios talleres para en clase para formar a los alumnos en habilidades blandas. En el caso de las asignaturas jurídicas propongo las de la utilización de bases de datos jurídicas, así como talleres para el aprendizaje de las técnicas de la cita directa o indirecta, así como la utilización y cita correcta de la jurisprudencia. Es evidente que la combinación de metodología activas pensando en la realización del TFG tendría que efectuarse con una asignatura de segundo curso de carácter anual como es la de Obligaciones y Contratos. Con las asignaturas cuatrimestrales de Derecho civil en tercer curso del Grado de Derecho me parece excesivamente ajustado de tiempo. Si bien tercer curso sería el adecuado habida cuenta que el TFG se tiene que realizar en el cuarto curso.

4. Conclusiones

Primera.- El TFG supone la prueba en la que el alumnado tiene que demostrar que cuenta con el dominio y capacidad de aplicación de los conocimientos competencias y habilidades propios del título universitario oficial de Grado. Este trabajo tiene una carga docente de 6 créditos para el alumnado. La no superación de esta prueba puede impedir el acceso del alumnado a un curso de máster, asimismo una baja puntuación puede hacer que su nota del expediente sea insuficiente para acceder a las becas y contratos de predoctorales, es decir el acceso a la carrera docente/investigadora en la universidad. Las diferentes fórmulas utilizadas para evaluar los TFG por cada universidad deberían homogeneizarse para evitar agravios comparativos entre centros en los que es muy difícil aprobar un TFG y otros donde no lo es tanto.

Segunda.- El tutor es, salvo el propio alumno, la persona que más tiempo ha pasado leyendo y corrigiendo el TFG. Es la persona que puede saber si ese trabajo lo ha realizado el propio alumno puesto que conoce cada una de las correcciones que le sugerido realizar al texto. De ahí que habría que incluir en las normativas de TFG la prohibición de evaluarse aquellos trabajos que no han sido revisados por el tutor a lo largo de las diferentes tutorías. No se puede presentar un trabajo terminado al 100 % sin que el tutor haya sido testigo de su evolución.

Tercera.- El tutor como persona que más conocimiento tiene del TFG debería de ser el encargado de evaluarlo por sí sólo o en el caso de que el acto de presentación fuese ante un tribunal o comisión evaluadora debería formar parte del mismo. Asimismo, la proposición de nota del tutor efectuada en su informe debería de respetarse por la comisión de evaluación. En todo caso esta podría rebajar las notas excesivamente altas, pero sólo hasta el límite del aprobado.

Cuarta.- El TFG en muchas ocasiones es la primera vez en la que el alumnado se enfrenta a la realización de un trabajo de investigación. Hasta ese momento muchos alumnos no han utilizado nunca el sistema de las citas a pie de página en las que deben incluir jurisprudencia o citas de autores. La falta de competencias del alumnado se puede evitar mediante la combinación de metodologías docentes activas en los años previos a la defensa del TFG.

Bibliografía

Albort-Morant, G., Masero-Moreno, I. C. y **Montero Benavides, P. E.**, «Combinación de metodologías activas para promover la confianza en la elaboración y defensa del TFG. Un estudio en el grado de finanzas y contabilidad», *Journal of Management and Business Education*, vol. 5, núm. 4.

Donoso Anes, J. A. y **Serrano Domínguez, F.**, «Los Trabajos de Fin de Grado: reflexiones y perspectivas de futuro», en *Actas de las Jornadas Conjuntas de Innovación Docente, Investigación y Transferencia*, VI Jornadas de Innovación e Investigación Docente 2014.

Ferreiro, R. F., «Tres vértices del triángulo de las Competencias Didácticas: Teoría, Metodología y Método», *Revista Complutense de Educación*, 2011.

Guillén-Díaz, C. y **Sanz-Trigueros, F. J.**, «Trabajos Fin de Grado y su Contribución al Triángulo del Conocimiento en la Educación Superior. Estudio Valorativo», *REICE. Revista Iberoamericana sobre Calidad, Eficacia y Cambio en Educación*, vol. 17, núm. 2, 2019.

Mateo, J., Escofet, A., Martínez, F., Ventura, J. y **Vlachopoulos, D.**: «The Final Year Project (FYP) in social sciences: Establishment of its associated competences and evaluation standards», *Studies in Educational Evaluation*, vol. 38, núm. 1, 2012.

Valderrama, E., Rullán, M., Sánchez, F., Pons, J., Cores, F. y **Bisbal, J.**: «La evaluación de las competencias en los Trabajos de Fin de Estudios», *XV Jornadas de Enseñanza Universitaria en Informática*. Barcelona 8-10 de julio 2009.

APLICACIÓN DE LA INTERPRETACIÓN JURÍDICA COMO ESTRATEGIA DIDÁCTICA: SOBRE SU «UTILIDAD FUNCIONAL»*

Romina Santillán Santa Cruz
Profesora Ayudante Doctora de Derecho Civil
Universidad de Zaragoza

RESUMEN: Este estudio tiene por objeto destacar la «utilidad funcional» de la interpretación jurídica, poniendo de manifiesto su cualidad intrínseca para ser aplicada como técnica didáctica. Con esto sobre la palestra, se traen a colación tanto la actividad pedagógica como los resultados que se derivaron de la ejecución del proyecto de innovación docente titulado «La interpretación jurídica gamificada como estrategia didáctica en la formación práctica del jurista» (PIIDUZ_4657. Curso 2023-2024).

* Este trabajo se realiza en el marco del Proyecto de Innovación Docente: «La interpretación jurídica *gamificada*» como estrategia didáctica en la formación práctica del jurista», IP. Romina Santillán Santa Cruz (Universidad de Zaragoza PIIDUZ_4657).

1. Introducción: sobre el concepto de «utilidad funcional»

La alusión a la «utilidad funcional» en el título del presente trabajo es clave. Desde un primer acercamiento, se quiere enunciar que, en efecto, pero no solo, la interpretación jurídica está llamada a cumplir una función útil; persigue una finalidad práctica[1]. Pero hablar de la «utilidad funcional» como concepto aplicado a la interpretación jurídica va mucho más allá de lo que se acaba de apuntalar.

Hervada afirmaba que, en virtud de la «utilidad funcional», «[l]as cosas en general [...] pueden tener utilidades que no son aquel específico fin que les es propio, ni efectos concomitantes suyos»[2]. Al hilo de esta idea, y para ilustrarla, el mencionado autor ponía como ejemplo que una mesa puede ser empleada como un improvisado pedestal[3].

Lo arriba señalado aplica perfectamente a la interpretación jurídica, porque la interpretación, como operación fundamental dirigida a desentrañar el sentido último de las normas que componen el ordenamiento, previa a la aplicación del Derecho, puede ser también empleada como una verdadera técnica didáctica a la que recurrir para enseñar a los estudiantes los entresijos del fenómeno jurídico desde una perspectiva práctica, evitando que la docencia se limite a un mero soliloquio e implicando a los estudiantes en el entendimiento de las normas.

Pero ello no es una cuestión baladí. Lograr que los estudiantes asuman un papel más proactivo en su propio proceso de aprendizaje, fomentando que sean los protagonistas en la interpretación de las normas jurídicas, conlleva el ejercicio de un rol más dinámico por parte del docente, ya sea creando nuevas técnicas de aprendizaje o reforzando las tradicionales. En este contexto, una apuesta interesante es la que se viene haciendo, en los últimos años, por la gamificación[4].

---

1 De acuerdo con la Real Academia Española, el adjetivo «funcional», en su tercera acepción, se predica respecto «de una obra o de una técnica» para significar que esta obra o técnica es «eficazmente adecuada a sus fines». Vid. https://dle.rae.es/funcional,

2 Hervada, J., *Cuatro lecciones de derecho natural*, EUNSA, Pamplona, 4.ª ed., 1998, pág. 57.

3 *Cfr.* Hervada, J., *Cuatro lecciones de derecho natural*, cit., pág. 57.

4 Estudios recientes revelan que las actividades docentes que incorporan herramientas de gamificación sirven para estimular psicológicamente a los estudiantes al objeto de lograr su atención y una mayor implicación en la construcción de aprendizajes. *Cfr.* Santillán Santa Cruz, R., «Gamificación Aplicada en la Evaluación Continua de una Docencia No Presencial: «Recapitulando Contratos con *Quizizz*»», en Dargent Bocanegra, E. y Gutiérrez Galarza, P. (coords.), *Cuadernos de Innovación y Buenas Prácticas en la Docencia Universitaria 2022*, Pontificia Universidad Católica del Perú, Lima, 2022, págs. 505-506 (disponible en https://sites.google.com/pucp.edu.pe/repositoriodocentepucp/publicacio-

Es así como nace, precisamente, un proyecto de innovación docente que ha sido reconocido y financiado por la Universidad de Zaragoza y que ahora ya se encuentra concluido. Me refiero al proyecto de innovación docente que lleva por título «La interpretación jurídica *gamificada* como estrategia didáctica en la formación práctica del jurista» (PIIDUZ_4657. Curso 2023-2024).

El proyecto en cuestión ha tenido como objeto central la implantación de la denominada «interpretación jurídica *gamificada*» como estrategia didáctica para favorecer la adquisición de competencias y habilidades prácticas por parte de los estudiantes de Derecho; estrategia que se presenta como una consecuencia de la renovación de la tradicional interpretación jurídica con la aplicación de técnicas colaborativas o con herramientas digitales educativas basadas en juegos.

A este respecto, es oportuno precisar que, entre otras razones, la idoneidad y conveniencia de este proyecto estuvo justificada:

- En la necesidad de renovar los métodos docentes y replantear el papel del profesor de Derecho (de emisor a facilitador de la ciencia jurídica).
- En el reconocimiento de la interpretación jurídica como una operación indispensable para dilucidar el Derecho.
- En la complejidad del propio trabajo interpretativo debido a la posibilidad de recurrir a más de un criterio hermenéutico para determinar el significado último de las normas.
- En la dificultad que puede suponer que el ordenamiento jurídico esté compuesto por una gran cantidad de normas (que, además, podrían contener un texto oscuro o ambiguo).
- En la eventualidad de que la actuación del intérprete pueda devenir arbitraria (o irracional o fruto de un error patente).
- En la necesidad de proponer métodos docentes que incorporen naturalmente la interpretación como recurso didáctico que facilite su aprendizaje y su puesta en práctica.

Dicho esto, en forma previa al desarrollo de la metodología que se propuso en el marco del citado proyecto, cabría señalar que ha podido comprobarse que las actividades basadas en la interpretación de normas jurídicas suelen ser muy

---

nes?authuser=0); y, Quiroz Peña, J. I., Rizo Vélez, J. R., De La Torre Lascano, C. M. y Rizo Vélez, G. D., «Impacto de la gamificación en el aprendizaje de estudiantes universitarios ecuatorianos. Estudio de caso», *Revista Estudios del Desarrollo Social: Cuba y América Latina*, vol. 10, núm. 3, 2022, págs. 3-7 (disponible en http://scielo.sld.cu/scielo.php?script=sci_arttext&pid=S2308-01322022000300006). Todo ello es posible gracias a que se introducen elementos lúdicos en la estructura misma de la dinámica docente. *Cfr.* Bastante Granell, V. y Moreno García, L., «La «gamificación» en el aprendizaje del Derecho: el Proyecto Web «Ludoteca Jurídica»», *Anuario da Facultade de Dereito da Universidade da Coruña*, núm. 24, 2020, págs. 214-216. doi: https://doi.org/10.17979/afdudc.2020.24.0.7496.

útiles para la potenciación de la destreza interpretativa como para la resolución de problemas jurídicos concretos, pudiendo garantizarse así la adquisición de competencias prácticas. A continuación, vamos a adentrarnos más en el tema.

2. La actividad pedagógica del proyecto y su metodología

Como hemos visto en las líneas introductorias, este proyecto se propuso recurrir al uso de la interpretación jurídica como estrategia didáctica y reforzarla con elementos de gamificación para potenciar los resultados que se pueden alcanzar con ella. A tal efecto, se diseñó como «modelo tipo de actividad» una que estuvo intitulada *«Interpretación jurídica, debate y gamificación: triada de técnicas transversales»* (que, metodológicamente, constaba de tres fases para su puesta en marcha), la cual ha sido implementada por varios de los miembros del equipo de trabajo del proyecto. Sin embargo, por un asunto de extensión, solo se va a documentar, a modo de muestra, la experiencia docente de la autora de este trabajo —y coordinadora del proyecto—, que aplicó el referido modelo de actividad en la asignatura de «Derecho civil: obligaciones y contratos» (Grado en Derecho, curso 2023-2024), como parte de la evaluación continua.

Pero antes de descender a la concreta experiencia docente, para la que se ha reservado el siguiente apartado, vamos a ver en este momento las distintas fases que comprendía dicho «modelo tipo de actividad», así como los sistemas de evaluación y calificación que debían seguirse tras su puesta en práctica.

2.1. Primera fase. Presentación del elenco de normas y de la cuestión jurídica a resolverse

La actividad podía consistir únicamente en el estudio de normas jurídicas o en el análisis de estas normas para la resolución de un caso práctico. Sea cual fuere la dinámica prevista, debía presentarse un elenco de normas. Todas las normas debían girar en torno al mismo asunto o a asuntos relacionados.

Una vez definido lo anterior, la primera fase necesariamente debía estar destinada a la presentación de un elenco de normas y de la cuestión jurídica a resolverse por grupos de trabajo.

2.2. Segunda fase. Interpretación jurídica y debate entre grupos

Esta fase estaría ya dedicada a la interpretación de cada una de las normas que conformaban el elenco presentado y al posterior debate público entre grupos en el que los integrantes de cada equipo debían exponer y defender su interpretación, así como la postura adoptada para resolver la cuestión controvertida y los argumentos que la sostenían, debiendo presentar también una memoria escrita de los trabajos realizados. En esta fase el profesor debía calificar con una rúbrica tanto el trabajo escrito como el desenvolvimiento del grupo en el debate.

2.3. Tercera fase. Recapitulando con *Quizizz*: el momento de la gamificación

Ya en la tercera fase debía recurrirse a un elemento digital de gamificación en el aprendizaje. En el modelo de actividad propuesto, los integrantes de cada grupo en forma individual debían responder a las preguntas de un cuestionario de recapitulación con opciones múltiples calificables elaborado a través de la plataforma *Quizizz*. En esta fase, el cuestionario sería objetivamente calificado por la propia plataforma en función de la precisión de los aciertos que tuviera cada estudiante, lo cual además permitiría al docente la detección temprana de posibles problemas de asimilación de conceptos y en la comprensión de la técnica interpretativa.

Desarrolladas cada una de las fases metodológicas de la actividad, ahora veremos los sistemas de evaluación y calificación que debían observarse.

La actividad sería de aplicación en las sesiones prácticas de la asignatura que se tratase. Una vez aplicada la actividad, esta debía ser evaluada teniendo en cuenta dos momentos: *el proceso* (mediante la corrección de la memoria escrita de interpretación de las normas y de elaboración de argumentos para la resolución de la cuestión controvertida), por un lado; y, *el resultado final* (a través de la observación del debate entre grupos y del informe de precisión en las respuestas que generase en forma automática la plataforma *Quizizz* tras la resolución de los cuestionarios), por otro.

En cuanto a la calificación, esta se debía asignar, de un modo global, al equipo, pero también a cada uno de los componentes del grupo, de un modo individual. En el primer caso, de «evaluación del trabajo en grupo», la calificación vendría determinada por la participación del grupo en su conjunto en el momento del debate público como a través de la evaluación de la memoria escrita (para lo cual debía emplearse una rúbrica de evaluación que objetivase la calificación). En el segundo caso, de *«evaluación individual de cada alumno»*, la calificación sería la proporcionada por la propia plataforma *Quizizz*, que asigna un puntaje en función de los aciertos que alcance cada participante a la hora de resolver el cuestionario de recapitulación elaborado por el docente.

Como se ha mencionado antes, para la evaluación grupal debía usarse una rúbrica diseñada especialmente para la actividad, siendo preciso que esta contuviese claros criterios de evaluación. Los criterios relativos a la evaluación del trabajo escrito podían referirse a las distintas fuentes jurídicas consultadas (p. ej., si emplearon doctrina, jurisprudencia, legislación distinta al Código civil), coherencia de la interpretación, criterios interpretativos empleados, etc.; y entre los criterios relativos al debate podían considerarse la originalidad de los argumentos a los que recurre cada grupo para la defensa de su interpretación, así como los que emplea para resolver la cuestión jurídica, la elocuencia durante las intervenciones públicas, complejidad y cohesión de los argumentos alegados, etc. En forma previa al desarrollo de la actividad debía publicarse la rúbrica en Moodle para que los estudiantes pudieran prepararse adecuadamente de cara a su realización.

Además, al final del cuatrimestre cabía aplicar a los alumnos una encuesta anónima —de satisfacción y resultados—, que bien podía ser elaborada a través de la plataforma gratuita de encuestas en línea *SurveyMonkey*. Los resultados de esta encuesta van a tener incidencia en la mejora o perfeccionamiento de la metodología, repercutiendo siempre en una óptima docencia universitaria y, al mismo tiempo, en una mejor transmisión del conocimiento jurídico.

3. Resultados tras la ejecución de la actividad propuesta

Como bien se adelantó, lo reseñado en el epígrafe anterior fue aplicado por la autora de este trabajo durante el primer semestre del curso 2023-2024, en la asignatura de «Derecho civil: obligaciones y contratos».

En concreto, y como parte de la evaluación continua, se implementaron diez actividades en las sesiones prácticas (o, como prefiero denominarles, «sesiones de entrenamiento» que preparan a los estudiantes para las prácticas evaluables, que, en este caso, fueron tres). Estas actividades básicamente consistían en la resolución grupal de casos prácticos que reforzaban las sesiones teóricas. A tal efecto, en una guía de actividad se indicaba el título de la práctica, en qué consistía la actividad y los objetivos a lograr con la misma, la descripción del caso práctico, las preguntas que debían responder los estudiantes para lograr la resolución del caso (que podían oscilar entre 8 y 10 preguntas por caso) y una relación de las normas posiblemente aplicables (este elemento inductivo fue esencial durante las sesiones de entrenamiento, debido a la gran cantidad de normas que puede contener el Código civil, que es el cuerpo normativo con que más se ha trabajado en la asignatura en cuestión, aunque no ha sido el único).

Cabe precisar, no obstante, que para un buen desarrollo de la actividad los estudiantes fueron organizados en dos subgrupos de 40 estudiantes (y cada sesión práctica para cada subgrupo duraba en torno a dos horas). Ahora bien, si descendemos a la temática de cada uno de los casos, tenemos que, por ejemplo, entre otras, una de las prácticas consistió en un caso sobre «pago por tercero» (del tema más general sobre «cumplimiento de las obligaciones»), otra práctica estuvo dedicada al tema de «formación y perfección del contrato», y otra fue sobre «fianza y cuasicontratos». Al término de cada actividad, se invitaba a diferentes estudiantes de cada grupo a ofrecer en público la respuesta que este hubiese brindado a una pregunta en particular, siendo ocasión para que intervenga algún estudiante de otro grupo que hubiese contestado algo diferente. Al final, después del debate jurídico, la profesora ofrecía las respuestas correctas de las diversas preguntas planteadas en la guía de la sesión práctica, que eran las respuestas que finalmente debían estudiar de cara a las prácticas evaluables.

En función de la extensión del caso y de las preguntas, en algunas ocasiones se pudo aplicar un cuestionario de recapitulación elaborado mediante *Quizizz* (al que antes se ha hecho alusión); este cuestionario fue muy bien valorado por los estudiantes porque les permitía fijar los conceptos, los conocimientos adquiridos y el sentido de algunas de las normas interpretadas durante la sesión.

Y, como se había previsto, al final del cuatrimestre los estudiantes matriculados en la mencionada asignatura respondieron a una encuesta que fue aplicada en línea a través de *SurveyMonkey*. Esta encuesta llevó por título «Encuesta de satisfacción y resultados: "La interpretación jurídica como estrategia didáctica"» y se aplicó por subgrupos, que fue precisamente como se trabajó durante las sesiones prácticas, como ya se ha explicado. En la asignatura de «Derecho civil: obligaciones y contratos» figuraban como matriculados 80 estudiantes; cada subgrupo estuvo integrado por 40 estudiantes.

Vamos a empezar con el *subgrupo* 1. Del total de 40 estudiantes que conformaban este subgrupo, solo 34 estudiantes cumplieron con completar la encuesta en cuestión. Por su mayor significación, las respuestas obtenidas fueron las siguientes: el 100 % de los encuestados consideró que las actividades prácticas en las que se aplicó la interpretación jurídica como estrategia didáctica, les han ayudado a fijar los conocimientos básicos de la asignatura, en unos casos de manera plena (94,12 %), mientras que, en otros, de manera regular (5,88 %) (Figura N.° 1). Por su parte, un 97,06 % ha considerado que aplicar la interpretación jurídica como método de aprendizaje en las sesiones prácticas de Derecho civil: obligaciones y contratos, les ha acercado a los tecnicismos legales, así como permitido una mejor interiorización de los mismos (Figura N.° 2). En línea directa con esto último, es bastante alto el porcentaje de encuestados que considera que el referido método de aprendizaje asegura un manejo adecuado del lenguaje técnico-jurídico, en concreto, un 97,05 % (no obstante, de este porcentaje total un 11,76 % señala que tal incidencia en el manejo del lenguaje jurídico no es plena) (Figura N.° 3).

De otra parte, para el 97,06 % de los encuestados, el método de aprendizaje en cuestión les ha permitido perfeccionar sus técnicas interpretativas y potenciar sus capacidades de razonamiento y argumentación; en unos casos de manera plena (76,47 %), mientras que, en otros casos, solo de manera regular (20,59 %) (Figura N.° 4). Del mismo modo, un 97,06 % ha considerado que la estrategia didáctica basada en la interpretación les ha llevado a tener una participación más activa en su propio proceso de enseñanza-aprendizaje (Figura N.º 5). Y en cuanto a la introducción del elemento de gamificación, un 94,12 % de los encuestados ha respondido que la actividad «Recapitulando contratos con *Quizizz*» contribuyó en la mejora de su aprendizaje (Figura N.º 6).

Por último, preguntado el *subgrupo* 1 por si recomendaría la aplicación de la actividad (aprendizaje práctico a través de la interpretación jurídica) en otras asignaturas de la carrera de Derecho, el 94,12 % de los encuestados sí recomienda su aplicación, frente a un 5,88 % que no la recomendaría (Figura N.º 7). Pese a las bondades de la actividad, es cierto que en ocasiones muy concretas algunos estudiantes pueden mostrar una actitud reticente frente a la introducción de nuevas técnicas de aprendizaje y puede ser esta la razón por la que decidan no apostar por su recomendación en otras asignaturas.

¿Considera usted que las actividades prácticas, en las que se ha aplicado la interpretación jurídica como estrategia didáctica, le han ayudado a fijar los conocimientos básicos de la asignatura?

Respondidas: 34 Omitidas: 0

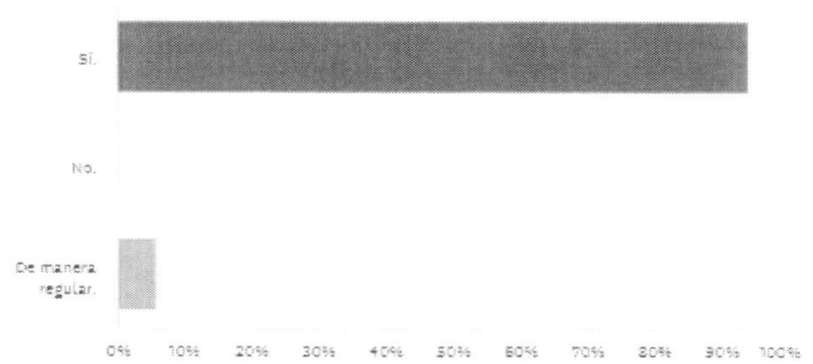

OPCIONES DE RESPUESTA	RESPUESTAS	
Sí.	94,12 %	32
No.	0,00 %	0
De manera regular.	5,88 %	2
TOTAL		34

Figura N.º 1. *Incidencia de la estrategia didáctica en la fijación de conocimientos básicos.*

Aplicar la interpretación jurídica como método de aprendizaje en las sesiones prácticas de Derecho civil: obligaciones y contratos, ¿le ha acercado a los tecnicismos legales, así como permitido una mejor interiorización de los mismos?

Respondidas: 34 Omitidas: 0

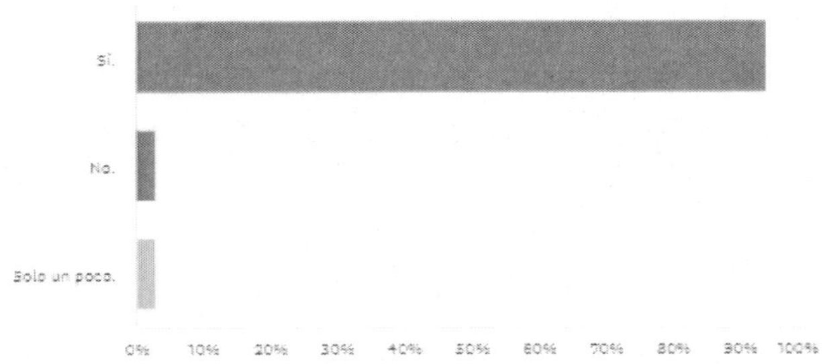

OPCIONES DE RESPUESTA	RESPUESTAS	
Sí.	94,12 %	32
No.	2,94 %	1
Solo un poco.	2,94 %	1
TOTAL		34

Figura N.° 2. *Incidencia de la estrategia didáctica en la interiorización de los tecnicismos legales.*

Aplicar la interpretación jurídica como método de aprendizaje en las sesiones prácticas de Derecho civil: obligaciones y contratos, ¿asegura un manejo adecuado del lenguaje técnico-jurídico?

Respondidas: 34 Omitidas: 0

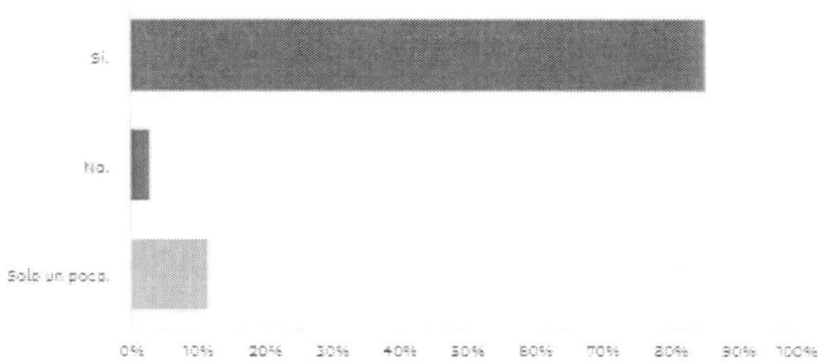

OPCIONES DE RESPUESTA	RESPUESTAS	
Sí.	85,29 %	29
No.	2,94 %	1
Solo un poco.	11,76 %	4
TOTAL		34

Figura N.º 3. *Incidencia del método en el adecuado manejo del lenguaje técnico-jurídico.*

Aplicar la interpretación jurídica como método de aprendizaje en las sesiones prácticas de Derecho civil: obligaciones y contratos, ¿le ha permitido perfeccionar sus técnicas interpretativas y potenciar sus capacidades de razonamiento y argumentación?

Respondidas: 34   Omitidas: 0

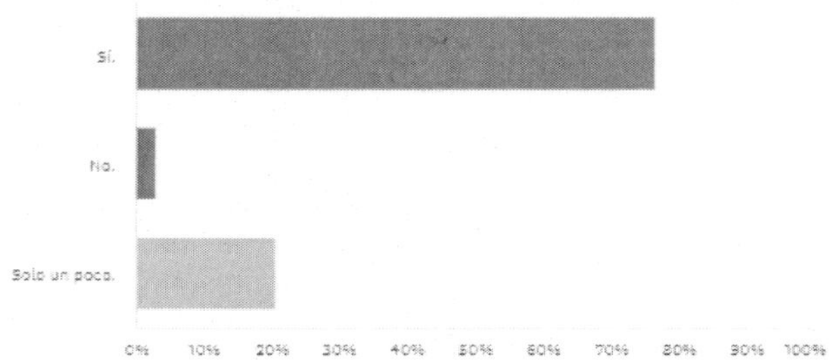

OPCIONES DE RESPUESTA	RESPUESTAS	
Sí.	76,47 %	26
No.	2,94 %	1
Solo un poco.	20,59 %	7
TOTAL		34

Figura N.° 4. *Contribución al perfeccionamiento de las capacidades de razonamiento y argumentación.*

¿Crees usted que las actividades prácticas que incorporan la interpretación jurídica como estrategia didáctica le han llevado a tener una participación más activa en su propio proceso de enseñanza-aprendizaje?

Respondidas: 34 Omitidas: 0

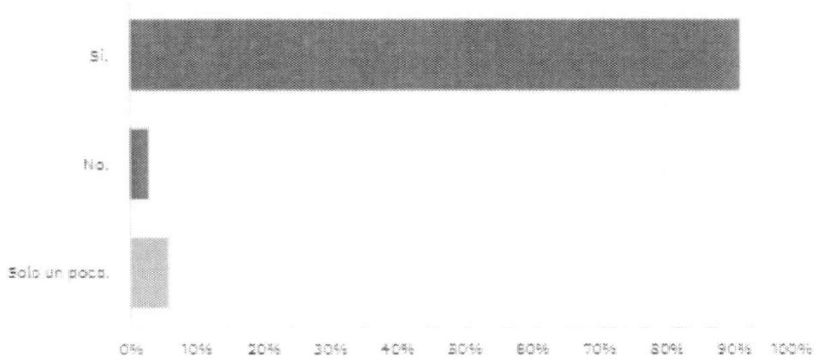

OPCIONES DE RESPUESTA	RESPUESTAS	
Sí.	91,18 %	31
No.	2,94 %	1
Solo un poco.	5,88 %	2
TOTAL		34

Figura N.° 5. *Contribución de la estrategia didáctica a un aprendizaje más activo y autónomo.*

En cuanto a su eficacia: ¿La actividad "Recapitulando contratos con Quizizz" contribuyó en la mejora de su aprendizaje?

Respondidas: 34 Omitidas: 0

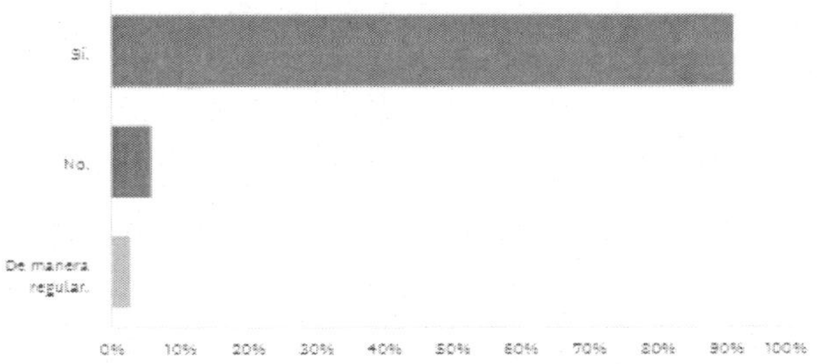

OPCIONES DE RESPUESTA	RESPUESTAS	
Sí.	91,18 %	31
No.	5,88 %	2
De manera regular.	2,94 %	1
TOTAL		34

Figura N.° 6. *Contribución de la actividad gamificada a la mejora del aprendizaje.*

¿Recomendaría la aplicación de la actividad (aprendizaje práctico a través de la interpretación jurídica) en otras asignaturas de la carrera de Derecho?

Respondidas: 34 Omitidas: 0

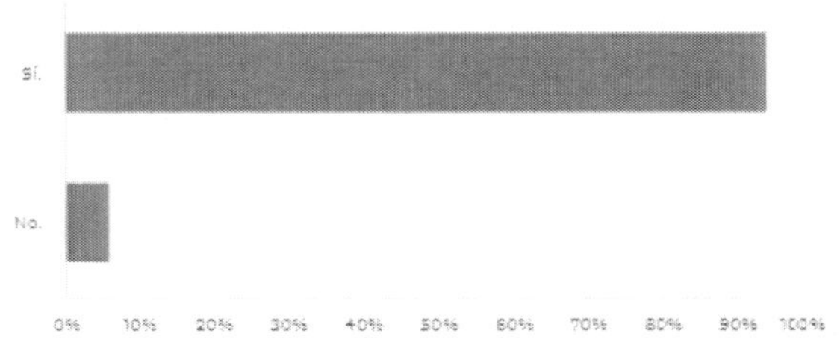

OPCIONES DE RESPUESTA	RESPUESTAS	
Sí.	94,12 %	32
No.	5,88 %	2
TOTAL		34

Figura N.º 7. *Recomendación de la aplicación de la técnica en otras asignaturas.*

En lo que se refiere al *subgrupo 2*, al igual que en el caso anterior, del total de 40 estudiantes que lo conformaban, solo 34 estudiantes dieron respuesta a la encuesta. Las respuestas que se han obtenido son las siguientes: para el 100 % de los encuestados, las actividades prácticas en las que se aplicó la interpretación jurídica como estrategia didáctica les han ayudado a fijar los conocimientos básicos de la asignatura, en unos casos de manera plena (88,24 %), mientras que, en otros, de manera regular (11,76 %) (Figura N.º 1-A). Por su parte, un 97,06 % ha considerado que aplicar la interpretación jurídica como método de aprendizaje en las sesiones prácticas de Derecho civil: obligaciones y contratos, les ha acercado a los tecnicismos legales, así como permitido una mejor interiorización de los mismos (Figura N.º 2-A). En la misma línea, y en términos generales, un 100 % de los encuestados considera que el referido método de aprendizaje asegura un manejo adecuado del lenguaje técnico-jurídico (Figura N.º 3-A).

De otra parte, para el 96,97 % de los encuestados, el método de aprendizaje en cuestión les ha permitido perfeccionar sus técnicas interpretativas y potenciar sus capacidades de razonamiento y argumentación; en unos casos de manera plena (93,94 %), mientras que, en otros casos, solo de manera regular (3,03 %) (Figura N.º 4-A). En lo que respecta a si la estrategia didáctica basada en la interpretación jurídica les ha llevado a tener una participación más activa en su propio proceso de enseñanza-aprendizaje, un 100 % de los encuestados considera que sí: para un 94,12 % la contribución al desarrollo de esa competencia ha sido plena, en tanto que, para un 5,88 %, ha sido regular (Figura N.° 5-A). Y en cuanto a la introducción del elemento de gamificación, en general, un 100 % de los encuestados ha respondido que la actividad «Recapitulando contratos con *Quizizz*» contribuyó en la mejora de su aprendizaje (Figura N.° 6-A).

Como, en general, en este último caso los resultados de la encuesta han sido mucho más positivos que los obtenidos del *subgrupo 1*, preguntado el *subgrupo 2* por si recomendaría la aplicación de la actividad (aprendizaje práctico a través de la interpretación jurídica) en otras asignaturas de la carrera de Derecho, el 100 % de los encuestados ha contestado que sí recomienda su aplicación (Figura N.° 7-A).

¿Considera usted que las actividades prácticas, en las que se ha aplicado la interpretación jurídica como estrategia didáctica, le han ayudado a fijar los conocimientos básicos de la asignatura?

Respondidas: 34 Omitidas: 0

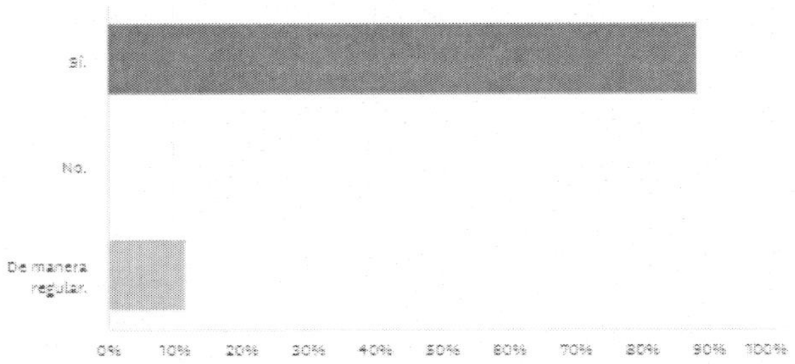

OPCIONES DE RESPUESTA	RESPUESTAS	
Sí.	88,24 %	30
No.	0,00 %	0
De manera regular.	11,76 %	4
TOTAL		34

Figura N.° 1-A. *Incidencia de la estrategia didáctica en la fijación de conocimientos básicos.*

Aplicar la interpretación jurídica como método de aprendizaje en las sesiones prácticas de Derecho civil: obligaciones y contratos, ¿le ha acercado a los tecnicismos legales, así como permitido una mejor interiorización de los mismos?

Respondidas: 34 Omitidas: 0

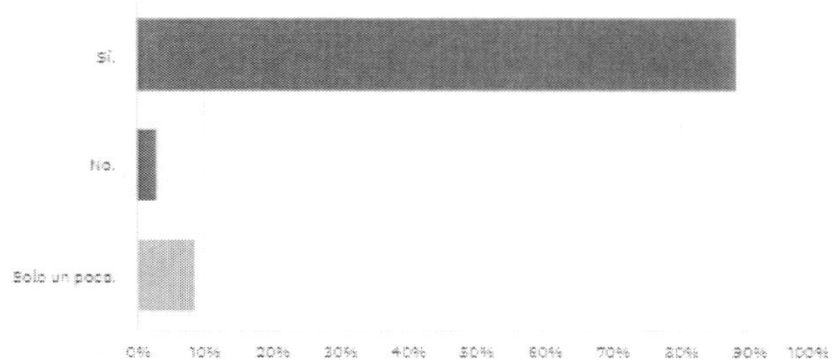

OPCIONES DE RESPUESTA	RESPUESTAS	
Sí.	88,24 %	30
No.	2,94 %	1
Solo un poco.	8,82 %	3
TOTAL		34

Figura N.° 2-A. *Incidencia de la estrategia didáctica en la interiorización de los tecnicismos.*

Aplicar la interpretación jurídica como método de aprendizaje en las sesiones prácticas de Derecho civil: obligaciones y contratos, ¿asegura un manejo adecuado del lenguaje técnico-jurídico?

Respondidas: 34 Omitidas: 0

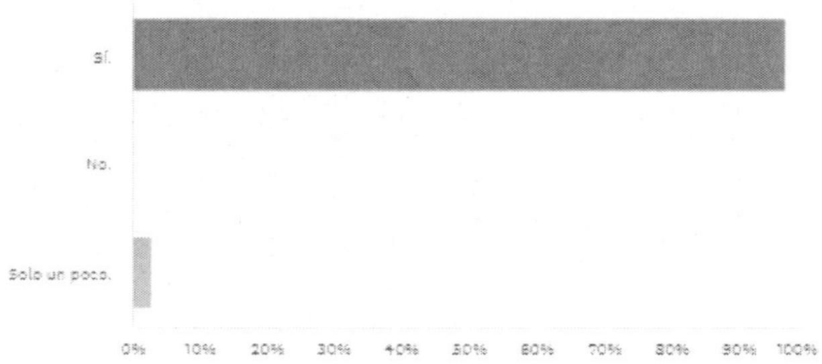

OPCIONES DE RESPUESTA	RESPUESTAS	
Sí.	97,06 %	33
No.	0,00 %	0
Solo un poco.	2,94 %	1
TOTAL		34

Figura N.° 3-A. *Incidencia del método en el adecuado manejo del lenguaje técnico-jurídico.*

Aplicar la interpretación jurídica como método de aprendizaje en las sesiones prácticas de Derecho civil: obligaciones y contratos, ¿le ha permitido perfeccionar sus técnicas interpretativas y potenciar sus capacidades de razonamiento y argumentación?

Respondidas: 33 Omitidas: 1

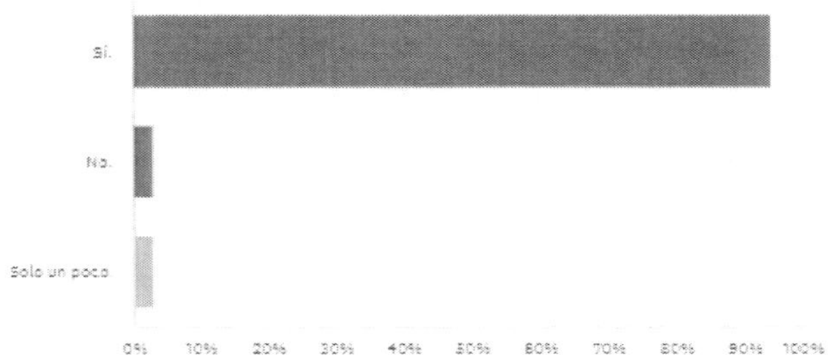

OPCIONES DE RESPUESTA	RESPUESTAS	
Sí.	93,94 %	31
No.	3,03 %	1
Solo un poco.	3,03 %	1
TOTAL		33

Figura N.º 4-A. *Contribución al perfeccionamiento de las capacidades de razonamiento y argumentación.*

¿Crees usted que las actividades prácticas que incorporan la interpretación jurídica como estrategia didáctica le han llevado a tener una participación más activa en su propio proceso de enseñanza-aprendizaje?

Respondidas: 34 Omitidas: 0

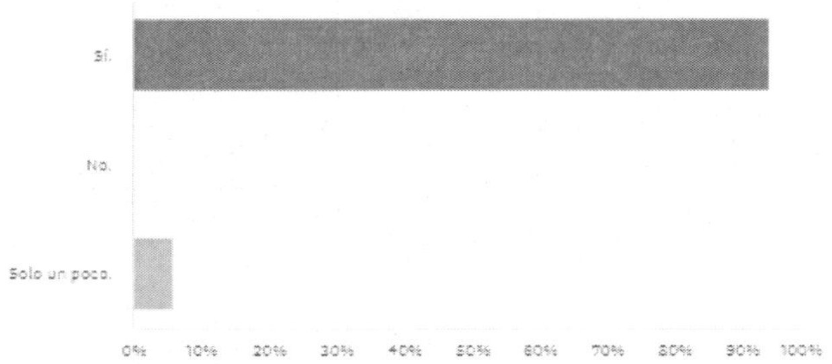

OPCIONES DE RESPUESTA	RESPUESTAS	
Sí.	94,12 %	32
No.	0,00 %	0
Solo un poco.	5,88 %	2
TOTAL		34

Figura N.° 5-A. *Contribución de la estrategia didáctica a un aprendizaje más activo y autónomo.*

En cuanto a su eficacia: ¿La actividad "Recapitulando contratos con Quizizz" contribuyó en la mejora de su aprendizaje?

Respondidas: 34 Omitidas: 0

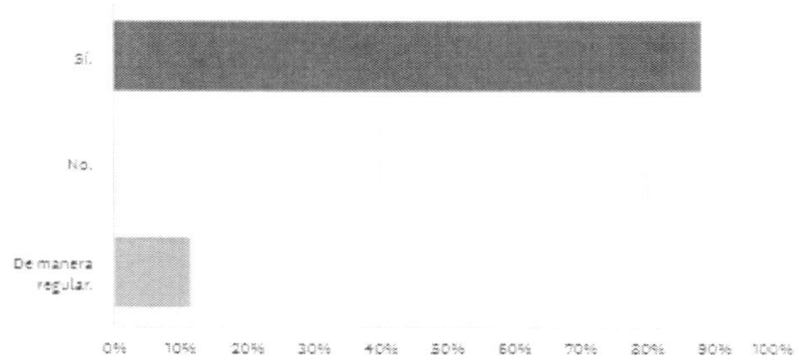

OPCIONES DE RESPUESTA	RESPUESTAS	
Sí.	88,24 %	30
No.	0,00 %	0
De manera regular.	11,76 %	4
TOTAL		34

Figura N.° 6-A. *Contribución de la actividad gamificada a la mejora del aprendizaje.*

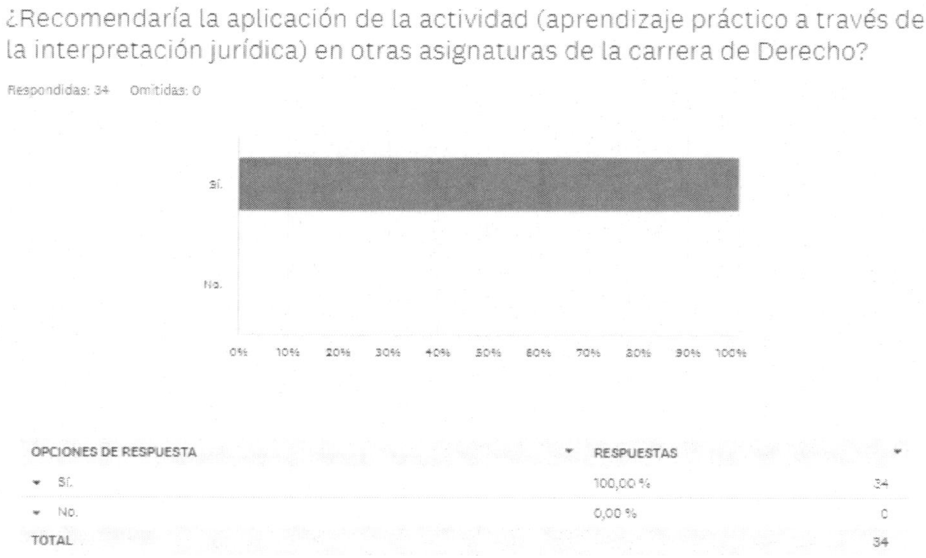

Figura N.° 7-A. *Recomendación de la aplicación de la técnica en otras asignaturas.*

Vistos los resultados de la encuesta (aplicada en dos subgrupos), cabe afirmar que por medio de la «interpretación jurídica *gamificada*» ha sido posible promover la adquisición de las siguientes habilidades y competencias prácticas por parte de los alumnos:

- Mejora de la capacidad de comprensión de textos normativos con una mayor capacidad de manejo de las distintas fuentes jurídicas (legales, jurisprudenciales y doctrinales).
- Capacidad crítica y analítica del ordenamiento jurídico que favorece la construcción de argumentos bien razonados jurídicamente.
- Mejora de las destrezas comunicativas orales y escritas empleando un adecuado lenguaje técnico-jurídico.
- Capacidad de comprensión y aplicación de los principios básicos de la argumentación jurídica con la habilidad para elaborar respuestas fundamentadas en Derecho ante los supuestos controvertidos que son sometidos a su análisis.
- Capacidad de trabajo cooperativo y de liderazgo, con interiorización de los principios colaborativos de confianza y responsabilidad.
- Capacidad de aprendizaje autónomo mediante el afianzamiento de los distintos criterios y técnicas interpretativos.

4. A modo de conclusión

En la carrera de Derecho debe estudiarse el ordenamiento jurídico, que está compuesto precisamente por una gran cantidad de normas. En este contexto, la interpretación jurídica cobra una importancia fundamental y no se duda de su «utilidad funcional». Por esta razón, todas las nuevas técnicas didácticas que la implementen tendrán buena recepción por parte del estudiantado.

El proyecto de innovación docente del que se ha hablado en el cuerpo del trabajo pone el foco de atención en la llamada «interpretación jurídica *gamificada*» como estrategia didáctica capaz de coadyuvar en la formación práctica del jurista, ello a fin de lograr que los estudiantes de Derecho asuman un papel más proactivo en su propio proceso de aprendizaje, fomentando que sean los protagonistas en la interpretación de las normas jurídicas.

La actividad propuesta en el marco del proyecto en cuestión destaca por su carácter dinámico e intuitivo, pero también efectivo y eficaz en cuanto idónea para contribuir a la adquisición de competencias prácticas por parte de los futuros profesionales del Derecho. Se trata, en definitiva, de formar juristas resolutivos y capaces de servir a la sociedad, y solo podrán estar en tal condición de servir si «saben hacer», es decir, si pueden aportar soluciones justas y efectivas a las distintas controversias jurídicas que sean sometidas a su consideración una vez insertados en el mercado laboral. Aquí, por tanto, la sostenibilidad social del proyecto enfocado en el uso de la interpretación como técnica didáctica.

El proyecto es, por otra parte, económicamente sostenible por los bajos costos que supone su puesta en práctica y, además, es ambientalmente sostenible por cuanto la técnica en él propuesta se desarrolla en su mayor parte por medios digitales, empleando recursos TIC tales como Moodle o *Quizizz*.

Se puede destacar, en general, que la actividad propuesta repercute en una más óptima docencia universitaria y, al mismo tiempo, en una mejor transmisión del conocimiento jurídico, de modo que los estudiantes ya no son más meros oyentes de la clase, sino que participan activamente en la interpretación de las normas, teniendo la posibilidad de construir sus propias técnicas de aprendizaje y, con un mayor aprovechamiento del método de innovación docente que aquí se propone, hasta sus propias técnicas de interpretación jurídica.

Bibliografía

Bastante Granell, V. y **Moreno García, L.**, «La "gamificación" en el aprendizaje del Derecho: el Proyecto Web "Ludoteca Jurídica"», *Anuario da Facultade de Dereito da Universidade da Coruña*, núm. 24, 2020.

Hervada, J., «Cuatro lecciones de derecho natural», *EUNSA*, Pamplona, 4.ª ed., 1998.

Quiroz Peña, J. I., Rizo Vélez, J. R., De La Torre Lascano, C. M. y **Rizo Vélez, G. D.**, «Impacto de la gamificación en el aprendizaje de estudiantes universitarios ecuatorianos. Estudio de caso», *Revista Estudios del Desarrollo Social: Cuba y América Latina*, vol. 10, núm. 3, 2022.

Real Academia Española, «Funcional», en *Diccionario de la lengua española*, actualización 2023.

Santillán Santa Cruz, R., «Gamificación Aplicada en la Evaluación Continua de una Docencia No Presencial: "Recapitulando Contratos con *Quizizz*"», en Dargent Bocanegra, E. y Gutiérrez Galarza, P. (coords.), *Cuadernos de Innovación y Buenas Prácticas en la Docencia Universitaria 2022*, Pontificia Universidad Católica del Perú, Lima, 2022.

EL RECURSO AL GLOSARIO JURÍDICO COMO MÉTODO DE INNOVACIÓN DOCENTE[1]

Gonzalo Muñoz Rodrigo
Profesor Ayudante Doctor de Derecho Civil
Universitat de València

RESUMEN: La necesidad de adaptar las metodologías docentes para que los alumnos desarrollen competencias útiles que potencien su capacidad de trabajo autónomo para su posterior devenir profesional se erige en una máxima que debe observar el profesor moderno. En este sentido, el autor propone un modelo basado en la elaboración de glosarios jurídicos que se pueda traducir en una mayor implicación de los estudiantes en el aula y que, a su vez, mejore su aprendizaje terminológico, tan fundamental en un Grado como es Derecho. Por último, se sugiere la creación de un glosario común para llevar a esta fórmula de colaboración alumno/profesor hasta sus últimas consecuencias.

1. Introducción

Como suele ser habitual cuando hablamos de innovación docente, incidimos siempre en la importancia de conseguir aquello que podríamos llamar un aprendizaje real de los alumnos. Dicho en otras palabras, la innovación docente no sería más que un mero instrumento para conseguir, de alguna

---

1 El presente trabajo se enmarca en el *Proyecto de Innovación Educativa Consolidado* «La ludoteca jurídica», concedido por la Universitat de València (ref. UV-SFPIE_PIEC-2734629), del cual es coordinador el prof. Pedro Chaparro Matamoros.

forma, que los alumnos aprendan más y mejor[2], ya sea a través de la motivación como sucede en la utilización de la gamificación o, por ejemplo, en la adquisición de competencias que podríamos denominar no puramente académicas, tales como la capacidad oratoria, muy útil en derecho, la resolución de problemas prácticos, la importancia del trabajo en equipo, etc. Claramente, de poco habrá servido su paso por las aulas si simplemente se han limitado a la memorización de conocimientos teóricos, ya sea a través de pruebas orales o escritas[3].

No obstante, si bien todo lo anterior es cierto, no debemos desdeñar lo crucial de un adecuado y pleno aprendizaje jurídico, desde los cimientos hasta los tejados. Puesto que, en definitiva, si el lenguaje jurídico no se maneja correctamente y, por tanto, tenemos un problema de base, todos los esfuerzos que podamos realizar *a posteriori* serán completamente inútiles[4]. La importancia de esta vuelta a las raíces que, de alguna forma, se constituye como el tema de esta aportación, me quedo patente hace unos meses, en mi propia experiencia personal. Concretamente, me estoy refiriendo a la docencia que he impartido recientemente a alumnos de primer curso de derecho.

Durante mi etapa doctoral, por cuestiones organizativas del Departamento de Derecho Civil y la especialidad de mi director de tesis, siempre había impartido docencia a alumnos de cuarto curso, ya que la asignatura de Derecho de Familia se enmarca en el último tramo de la carrera. En ese sentido, aunque pudiera parecer un verdadero reto para alguien joven tener que enfrentarse a estudiantes de cierta veteranía, en realidad, facilitaban enormemente el

---

2 Sobre la importancia de que el profesor no sea un mero transmisor de contenidos véase, Leiva Olivencia, J. J., «Educación y conflicto en escuelas inclusivas: principios, valores y estrategias para la mejora de la convivencia escolar», en Maquilón Sánchez, J. J., Mirete Ruiz, A. B., Escarbajal Frutos, A. y Giménez Gualdo, A. M.ª (coords.), *Cambios educativos y formativos para el desarrollo humano y sostenible*, Asociación Universitaria de Formación del Profesorado, Servicio de Publicaciones de la Universidad de Murcia, 2011, pág. 375.

3 González Contreras, T., «La importancia de la Innovación y el Emprendimiento en los docentes del Sistema Educacional Chileno. Aspectos a considerar en la reflexión», *Revista Electrónica Gestión de las Personas y Tecnología*, vol. 7, núm. 19, 2014, pág. 69. Disponible en: http://www.redalyc.org/articulo.oa?id=477847107006 (consultado el 28 de mayo de 2024).

4 Como acertadamente advierte Moreno Soler, V., «Herramientas para mejorar la argumentación jurídica en el aula universitaria: fortalezas y debilidades», en Andrés Segovia, B., Pedrosa López, C., Chaparro Matamoros, P. y Gómez Asensio, C. (dirs.), *Innovación docente en Derecho: herramientas digitales, nuevos desarrollos y perspectiva global*, Colex, A Coruña, 2023, pág. 143, «un jurista no puede obviar la adquisición de la competencia de expresarse correctamente en la redacción». Sigue esta línea, pero aplicado a la comunicación oral Martínez Calvo, J., «El desarrollo de las habilidades comunicativas del alumnado en Derecho a través de las presentaciones 20x20», en Andrés Segovia, B., Pedrosa López, C., Chaparro Matamoros, P. y Gómez Asensio, C. (dirs.), *Innovación docente en Derecho: herramientas digitales, nuevos desarrollos y perspectiva global*, Colex, A Coruña, 2023, pág. 111.

trabajo al profesor, puesto que, como se suele decir, ya venían aprendidos de casa, y resultaba muy sencillo explicar los contenidos teóricos, no había que pararse en cuestiones como qué significa usufructo, comunidad de bienes o responsabilidad solidaria, por poner ejemplos.

Por el contrario, cuando he comenzado a dar clase a alumnos de primero he visto la cruda realidad, los alumnos tienen, como es lógico, y siempre con excepciones, importantes carencias terminológicas, es decir, hay que explicarlo absolutamente todo[5]. Si me detengo en una anécdota, cuando estaba desarrollando en clase la posibilidad de establecer voluntariamente medidas de apoyo a las personas con discapacidad, comenté que se podrían fijar a través de escritura pública. Obviamente, como puede estar pensando el lector, los alumnos no sabían la diferencia entre documento público y documento privado y tuve que modificar la lección para que los alumnos entendieran este extremo.

A raíz de esta circunstancia consideré la posibilidad de introducir glosarios jurídicos en el aula como método de innovación docente. La utilización de glosarios o diccionarios jurídicos como forma de mejorar el aprendizaje de los alumnos no es una ocurrencia del autor de estas líneas, sino que ya ha sido explorada por otros profesores, como se puede ver si se investiga un poco sobre el asunto. De todos modos, cabe destacar que no es una materia que se haya explotado especialmente, como sí otras tantas.

2. Las modalidades del recurso al glosario o diccionario jurídico

El recurso al glosario o diccionario jurídico se puede implementar de formas muy distintas. Por un lado, se puede utilizar simplemente como herramienta de apoyo a los alumnos para las más variadas finalidades, ya sea la resolución de casos prácticos, el estudio para los exámenes o, simplemente, como material que puedan utilizar durante su carrera o devenir profesional. Por otro lado, el glosario o diccionario jurídico puede constituirse como un

5 Como indica Chaparro Matamoros, P., «De la LOU'2001 a la LOSU'2023: la innovación docente a lo largo de las últimas dos décadas», en Andrés Segovia, B., Pedrosa López, C., Chaparro Matamoros, P. y Gómez Asensio, C. (dirs.), *Innovación docente en derecho: herramientas digitales, nuevos desarrollos y perspectiva global*, Colex, A Coruña, 2023, pág. 47, uno de los principales obstáculos a la efectiva implantación del Plan Bolonia es el proceso de conversión que tiene que sufrir el alumno que pasa de Bachillerato a la Universidad, debido a que en Grado se exige una cierta capacidad de aprendizaje autónomo cuando hasta el momento el modelo educativo con el que estaban familiarizados era principalmente pasivo. En términos similares, se pronuncia Rubio Núñez, R., «La enseñanza virtual de un Derecho global», en Cotino Hueso, L. y Presno Linera, M. Á. (coords.), *Innovación educativa en Derecho constitucional: reflexiones, métodos y experiencias de los docentes*, PUV (Servei de Publicacions de la Universitat de València), Valencia, 2010, pág. 39.

fin en sí mismo, el cual considero que es el método óptimo y sería, en realidad, que los propios alumnos colaboren en su realización. Asimismo, lo ideal radicaría en la combinación de ambas metodologías, es decir, que los alumnos participasen tanto en la creación de un glosario jurídico (por ejemplo, actividad complementaria durante el curso), como que luego sea utilizado como herramienta para que pudieran llevarse a cabo pruebas u otro tipo de dinámicas (juegos).

Si nos centramos en aquellas propuestas que tratan sobre la elaboración del glosario jurídico, las mismas, a su vez, se pueden desdoblar en dos modalidades. Aquella que sería la *elaboración propia* de los glosarios y otras que se corresponderían, más bien, con las que denominaría de *elaboración impropia*. Me explico, si el glosario jurídico no viene creado de antemano, sino que pretendemos que se constituya como una actividad dentro de la programación de las clases, la principal duda que nos puede asaltar es la capacidad de los alumnos, especialmente si son de primero, para poder completar con éxito esta tarea. Para tratar de solventar esta dificultad, algún autor sugiere que las palabras vengan ya preseleccionadas por el propio profesor y, aunque el docente colaboraría con los alumnos para la composición del glosario, la actividad estaría más controlada[6].

Sin perjuicio de las bondades de que sea el profesor quien dirija en mayor medida esta actividad, pienso que lo atractivo de esta metodología, si la queremos implementar hasta sus últimas consecuencias, sería que los alumnos tuvieran un papel más preponderante en su creación. Por tanto, mientras que, en la *elaboración impropia*, los alumnos tendrían un rol más pasivo en el desarrollo de la asignatura, puesto que se limitarían a completar los glosarios prediseñados por el profesor, en la *elaboración propia* serían los propios alumnos, valga la redundancia, los que determinarían por ellos mismos qué palabras se incluyen en el glosario o diccionario jurídico.

El principal problema de esta metodología sería que los estudiantes dentro de su propia inexperiencia no seleccionaran adecuadamente las palabras para el glosario, por ejemplo, obviando algunas de vital importancia y dando valor a otras más secundarias. Asimismo, por lo que respecta a su implementación práctica, también podría surgir la circunstancia de que se repitiesen los términos. Sin embargo, pienso que los puntos negativos no tienen el peso suficiente para poder desequilibrar la balanza en contra de los puntos muy positivos que considero que tendría la utilización de esta vertiente, más aún

6 Sobre la metología de la elaboración de los glosarios puede ser interesante consultar el trabajo de DE PAREDES GALLARDO, C., «El glosario jurídico como innovación docente», en GARCÍA RUIZ, C., FILLOL MAZO, A. y CARRIZO AGUADO, D. (coords.), *La formación en derecho basada en competencias: especial referencia al método de casos*, Dykinson, Madrid, 2022, pág. 199. La autora es partidaria de seleccionar los términos entre aquellos que se ha advertido en ediciones anteriores de la asignatura que han sido de asimilación más difícil para los alumnos.

cuando las dificultades antes expuestas serían fácilmente salvables con una corrección del profesor. A saber, el profesor podría libremente añadir nuevas palabras o eliminar duplicidades

La ventajas de la elaboración propia serían, a mi modo ver, principalmente dos: En primer lugar, se resolverían mejor las debilidades de los estudiantes, por ejemplo, podría darse la circunstancia de que el profesor considerase poco importante el estudio de un término, en la medida que no sea estrictamente jurídico, cuando, tal vez, los alumnos no lo conozcan y su asimilación podría ser muy útil para su posterior estudio; en segundo lugar, la participación activa de los estudiantes podría, en última instancia, contribuir a una mayor motivación de los mismos y que prestaran más atención a los términos propuestos, definidos y estudiados[7].

3. La implementación de la metodología en las aulas

Por lo que respecta a la implementación en la aulas, si nos decantamos por la *elaboración propia*, consistiría en que cada uno de los alumnos tuviera que realizar un propuesta de términos para el glosario jurídico, lo conveniente, claro está, sería que esta selección no se hiciese al comienzo de la asignatura, sino que se aplazase hasta un momento posterior, eso sí, avisando a los alumnos de la dinámica, en este sentido, cuando surgiesen dudas sobre un término, se indicaría a los alumnos que se incorporase a sus respectivas propuestas de glosario. Para facilitar el establecimiento de la metodología, y que no sea excesivamente comprometedor para los estudiantes, se podría señalar que no deben entregar más de veinte términos. Asimismo, dicha tarea, en principio, tampoco tendría que ser necesariamente evaluable, podría constituirse simplemente en un requisito *sine qua non* (la entrega de la lista de términos), para poder acceder a la actividad o prueba evaluable que después se quisiera establecer en relación con el glosario o diccionario jurídico.

En consecuencia, una vez entregada la propuesta de términos por cada uno de los alumnos, se podría reservar una sesión para la revisión de las mismas. Es decir, el profesor tendría que corregir las listas entregadas, al objeto de elaborar un único glosario conjunto que aglutinase todos los conceptos

7 La doctrina es proclive a la introducción de la metología del glosario jurídico, pues considera que permite al alumnado «alcanzar una ampliación del vocabulario y, al mismo tiempo, obtener grandes mejoras de la ortografía», como también «posibilita obtener una mayor precisión en el uso del léxico jurídico (...) y descubrir los distintos matices que tienen los vocablos jurídicos», véase, ORTEGA GIMÉNEZ, A. Y HEREDIA SÁNCHEZ, L., «Innovación docente y derecho internacional privado. El valor de los diccionarios jurídicos», *Barataria: Revista Castellano-Manchega de Ciencias Sociales*, pág. 1046. Disponible en: https://acmspublicaciones.revistabarataria.es/wp-content/uploads/2020/11/76.innova.docente.inseguridades.2019.pdf (consultado el 28 de mayo de 2024).

recogidos por los alumnos, eliminado las duplicidades que se generasen y, tal vez, añadiendo nuevos términos. Esa sesión se podría dedicar a determinar delante de los estudiantes cual es la lista de términos definitiva, indicando los términos que el profesor considera olvidados, suprimiendo alguno que pudiera entender irrelevante y, finalmente, consensuando las definiciones de los términos escogidos por los alumnos.

Dicho esto, ya tendríamos completada la tarea de elaborar un glosario propio con la participación de los estudiantes. Este glosario podría subirse al aula virtual y ser utilizado como material docente en la asignatura, pero, como he dicho al principio, la mayor virtud de esta dinámica consistiría en aprovechar los esfuerzos realizados para llevar a cabo otras actividades en el aula. Algunos autores proponen la gamificación como método idóneo para que los alumnos interioricen con mayor facilidad las palabras a estudiar[8]. Esto se podría traducir en pequeños concursos del estilo pasa palabra, el archiconocido *Kahoot* o, si no nos queremos complicar tanto, en la interpelación directa de los términos por parte del profesor a los alumnos.

De todos modos, su aplicación en las aulas puede ser más clásica, sin necesidad de tener que recurrir a juegos. A mi modo de ver, una vez elaborado el glosario de términos jurídicos, si el profesor prefiere ser más directo, tendría dos opciones. Por un lado, estaría la posibilidad de incluir simplemente términos en la prueba final escrita. Esto es, como sucede en los exámenes finales de selectividad, en los cuales se preguntan palabras o expresiones para que el estudiante las defina. Por otro lado, también estaría la opción de habilitar una prueba *ad hoc* sobre términos jurídicos. En este caso, podría constituirse como una verdadera actividad complementaria, en la cual, efectivamente, la elaboración del cuestionario no supondría ningún compromiso para los alumnos, más allá de ser requisito para poder acceder a estas pruebas evaluables, en cambio, el cuestionario de términos o el examen oral sí que formaría parte del conjunto de la nota final de la asignatura. Cabe decir que, si se opta por la vía de incluir la evaluación de los términos en el examen final, sí que sería recomendable que, de alguna forma, la composición del glosario jurídico pudiera representar una parte de la evaluación conjunta de la asignatura.

Tal y como se puede deducir, el planteamiento expuesto parte de que sea la primera vez que se incluye esta iniciativa en las aulas por el profesor. Puesto

---

8 Sobre las ventajas de la gamificación como método de innovación docente destacaría el trabajo de HERNÁNDEZ PRADOS, M.ª A. y COLLADOS TORRES, L., «La gamificación como metodología de innovación educativa», *Actas del V Congreso Internacional Virtual sobre La Educación en el Siglo XXI*, 2020, págs. 170 y ss. Disponible en: https://www.eumed.net/actas/20/educacion/13-la-gamificacion-como-metodologia-de-innovacion-educativa.pdf (consultado el 28 de mayo de 2024). En cambio, sobre el diseño de fórmulas de gamificación recomiendo GARCÍA LÁZARO, D. Y SÁNCHEZ, F., «Diseño y adaptación del *serious game* basado en el perfil del jugador estudiante», *Revista Electrónica de tecnología Educativa*, núm. 79, 2022, pág. 291 y ss. Disponible en: https://www.edutec.es/revista/index.php/edutec-e/article/view/2117/977 (consultado el 28 de mayo de 2024).

que, si nunca se ha implementado en clase, es claro que no dispondríamos de un glosario de términos jurídicos, salvo que se utilizase uno externo, previamente compuesto por otros docentes o simplemente obtenido por otras fuentes. Pero, ya se ha defendido, que lo más interesante es que el glosario o diccionario de términos jurídicos sea elaborado en el marco de las lecciones, ya sea de elaboración completamente *propia*, como considero que es el método idóneo, o *impropia*, en la que el docente haría la propuesta inicial de términos. No obstante, una vez que esta metodología haya sido implantada en las aulas, dispondremos con total seguridad de un prototipo de glosario o diccionario, fruto de la colaboración alumno/profesor.

La pregunta aquí es bastante obvia, cabría interrogarse sobre si el glosario nacido de la primera experiencia se podría reutilizar para otras ediciones de la asignatura y, por tanto, que los alumnos lo tuviesen a su disposición como material docente, pudiéndose, claro está, usar para una eventual prueba de evaluación continua o pregunta en el examen final o, por el contrario, seguir manteniendo la dinámica de la composición del glosario como actividad dentro de la programación de la misma. En mi opinión, aunque sea un tanto redundante tener que seguir llevando a cabo la mencionada elaboración del diccionario jurídico, podría ser útil para que los alumnos presten más atención y se interesen en este aspecto de la asignatura, además de que siempre podría surgir algún concepto nuevo. Ahora bien, es perfectamente comprensible que, en un momento dado, el docente decida cerrar de forma definitiva la composición del glosario o diccionario jurídico que hemos descrito en este capítulo.

4. La creación de un glosario común de derecho civil

Sobre la eficacia que este método pudiera tener fuera de la asignatura en la cual se ha querido poner en práctica, destacaría lo sugestivo que podría llegar a ser que todo un departamento se volcase en la consecución de una tarea como la presente. Esto es, en lugar de circunscribir la elaboración de glosarios o diccionarios jurídicos únicamente en una materia como Derecho Civil I, con el objeto principal de reforzar a los alumnos de primer curso, lo más interesante consistiría en que las actividades descritas se implementasen en todas las asignaturas de Derecho Civil.

Si este método de innovación docente se extendiese a las distintas asignaturas que conforman el itinerario de Derecho Civil, pienso que se obtendrían claros beneficios adicionales. Por un lado, los alumnos se familiarizarían más con la dinámica y, inevitablemente, mejoraría su puesta en práctica, ya que verían como algo completamente normal la definición y estudio de términos jurídicos; pero, por otro lado, si se elaborasen distintos glosarios jurídicos de cada una de las materias que conforman la disciplina de Derecho Civil sería posible aunar todos los esfuerzos para crear un diccionario o glosario jurídico del Departamento.

La idea de llevar a cabo un glosario jurídico que abarcase tanto los conceptos de Derecho de la Persona, Derecho de Obligaciones y Contratos, Derechos Reales, Derecho de Familia y Sucesiones, podría hacerse de varias formas. Si partimos del planteamiento que se ha defendido en este capítulo, aquello que podría funcionar sería elegir un representante o delegado de cada una de las asignaturas entre los profesores del departamento. Esta elección podría tener lugar por veteranía o por especialidad, no es menos cierto que entre los profesores de Derecho Civil siempre hay quién es más especialista en Derecho de Familia, mientras que otros, por ejemplo, en Derecho de Obligaciones y Contratos. Así, el delegado o representante tendría la obligación de refundir todos los glosarios en uno solo, algo que tampoco debería ser muy costoso y generar, como resultado, un glosario único de la asignatura en cuestión. Por último, lo único que habría hacer sería unir los cuatro o cinco glosarios resultantes y, por consiguiente, habría nacido el glosario o diccionario de términos jurídicos de Derecho Civil.

Las utilidades que se podrían extraer de ese glosario serían múltiples, de hecho, su elaboración podría ser perfectamente el objeto principal de un proyecto de innovación docente. Desde mi punto de vista, la primera sería que los estudiantes pudiesen tener acceso a él en cualquier asignatura de Derecho Civil de Grado o, incluso, de Máster. También se podría plantear su edición en formato papel o digital como resultado, por ejemplo, del propuesto proyecto de innovación docente. Asimismo, podrían organizarse todo tipo de actividades alrededor a este glosario, ya fuera pruebas de toda clase, incluso pequeños concursos o ligas. Por tanto, considero que los beneficios que podrían obtener, tanto para los alumnos como para los profesores en torno a la elaboración de este tipo de recursos serían incontables, y podría erigirse en una fórmula de colaboración alumno/profesor de gran éxito, que motivaría tanto a unos como a los otros. Pero no solo ello, la elaboración por parte de los alumnos de una tarea como presente fomentaría su aprendizaje autónomo que se constituye como uno de los pilares fundamentales del Plan Bolonia.

Bibliografía

Chaparro Matamoros, P., «De la LOU'2001 a la LOSU'2023: la innovación docente a lo largo de las últimas dos décadas», en Andrés Segovia, B., Pedrosa López, C., Chaparro Matamoros, P. y Gómez Asensio, C. (dirs.), *Innovación docente en derecho: herramientas digitales, nuevos desarrollos y perspectiva global*, Colex, A Coruña, 2023.

De Paredes Gallardo, C., «El glosario jurídico como innovación docente», en García Ruiz, C., Fillol Mazo, A. y Carrizo Aguado, D. (coords.), *La formación en derecho basada en competencias: especial referencia al método de casos*, Dykinson, Madrid, 2022.

García Lázaro, D. y **Sánchez, F.**, «Diseño y adaptación del *serious game* basado en el perfil del jugador estudiante», *Revista Electrónica de Tecnología Educativa*, núm. 79, 2022.

González Contreras, T., «La importancia de la Innovación y el Emprendimiento en los docentes del Sistema Educacional Chileno. Aspectos a considerar en la reflexión», *Revista Electrónica Gestión de las Personas y Tecnología*, vol. 7, núm. 19, 2014.

Hernández Prados, M.ª A. y **Collados Torres, L.**, «La gamificación como metodología de innovación educativa», *Actas del V Congreso Internacional Virtual sobre La Educación en el Siglo XXI*, 2020.

Leiva Olivencia, J. J., «Educación y conflicto en escuelas inclusivas: principios, valores y estrategias para la mejora de la convivencia escolar», en Maquilón Sánchez, J. J., Mirete Ruiz, A. B., Escarbajal Frutos, A. y Giménez Gualdo, A. M.ª (coords.), *Cambios educativos y formativos para el desarrollo humano y sostenible*, Asociación Universitaria de Formación del Profesorado, Servicio de Publicaciones de la Universidad de Murcia, 2011.

Martínez Calvo, J., «El desarrollo de las habilidades comunicativas del alumnado en Derecho a través de las presentaciones 20x20», en Andrés Segovia, B., Pedrosa López, C., Chaparro Matamoros, P. y Gómez Asensio, C. (dirs.), *Innovación docente en Derecho: herramientas digitales, nuevos desarrollos y perspectiva global*, Colex, A Coruña, 2023.

Moreno Soler, V., «Herramientas para mejorar la argumentación jurídica en el aula universitaria: fortalezas y debilidades», en Andrés Segovia, B., Pedrosa López, C., Chaparro Matamoros, P. y Gómez Asensio, C. (dirs.), *Innovación docente en Derecho: herramientas digitales, nuevos desarrollos y perspectiva global*, Colex, A Coruña, 2023.

Ortega Giménez, A. y **Heredia Sánchez, L.**, «Innovación docente y derecho internacional privado. El valor de los diccionarios jurídicos», *Barataria: Revista Castellano-Manchega de Ciencias Sociales*.

Rubio Núñez, R., «La enseñanza virtual de un Derecho global», en Cotino Hueso, L. y Presno Linera, M. Á. (coords.), *Innovación educativa en Derecho constitucional: reflexiones, métodos y experiencias de los docentes*, PUV (Servei de Publicacions de la Universitat de València), Valencia, 2010.

LA LECTURA COMO MOTOR DEL APRENDIZAJE EN EL GRADO EN DERECHO

Covadonga López Suárez
Investigadora predoctoral FPU de Derecho Civil
Universidad de Cádiz

RESUMEN: En el presente trabajo proponemos el fomento de la lectura en el alumnado del Grado en Derecho como posible remedio a algunas de las carencias que este, por norma general, presenta (sobre todo, en cuanto a comprensión y expresión). Sugerimos para ello la creación de un Club de Lectura Jurídico que, por medio de la literatura popular, logre introducir al estudiantado a la lectura y, con el tiempo, aficionarle a la misma.

1. Introducción

Un gran número de los estudiantes que cursan actualmente el Grado en Derecho presentan carencias significativas en cuanto a comprensión y expresión que pueden convertirse en obstáculos tanto en el corto plazo (pues dificultan que aprendan los contenidos de las diversas materias), como en el largo plazo (al tener que enfrentarse a la realidad del mercado laboral y desarrollar su carrera profesional, sea cual sea la que elijan dentro del amplio abanico que abren estos estudios).

Nos hemos percatado de que los alumnos suelen encontrar trabas para expresarse, redactar y comprender correctamente lo que leen. Así, en múltiples ocasiones los fallos cometidos en los exámenes se deben a una mala explicación por parte del alumno, de tal forma que, aun habiendo este retenido correctamente los contenidos necesarios para superar la asignatura, no es capaz de exteriorizarlos y desarrollarlos con sus propias palabras. En otras tantas, el fallo radica en que, si bien ha memorizado palabra por palabra todas las páginas de un manual, nunca ha llegado a entender qué se esconde detrás de estas, cometiendo errores de gran calibre que se habrían evitado de haberse descifrado el verdadero significado de lo que se leía.

Como adelantábamos, esto que mencionamos no se presenta únicamente como un problema cuando el alumno aún se encuentra matriculado en el Grado en Derecho y tiene que hacer frente al estudio de unas determinadas asignaturas, sino que lo es también cuando debe cumplir con las funciones que le sean encomendadas como abogado, juez, letrado de la administración de justicia, o aquello que escoja para su futuro laboral. En cualquiera de los escenarios es esencial comprender lo que se lee y saber expresar lo que se tiene en la cabeza, ya sea por escrito u oralmente.

De hecho, estas habilidades serán fundamentales incluso aunque se emplee la inteligencia artificial. Por ejemplo, aunque hoy día es ya posible exigirle a una IA que redacte un determinado escrito, para que lo haga correctamente tendremos que decirle de forma detallada y concreta qué es lo que deseamos que haga: cuanto más certero sea el *prompt* empleado, más preciso será el resultado obtenido. Si erramos en nuestra explicación a la máquina de qué es lo que queremos que esta nos proporcione, errará en el escrito que nos devuelva.

Realmente no sabemos si estas carencias a las que hacemos referencia son consecuencia de una disminución de la lectura en las nuevas generaciones o si es mera casualidad el hecho de que estas sean más proclives a presentar dichos problemas. Sin embargo, creemos que fomentar un hábito de lectura consolidado entre el alumnado sí podría ayudarles a solventarlos de forma satisfactoria, como veremos a lo largo de las siguientes páginas. Así, la lectura haría las veces de «motor» que propulsaría a los alumnos en el aprendizaje del Derecho, facilitándoles el camino y allanándoles el futuro.

2. Los beneficios de la lectura y su aplicación en el grado en Derecho

Es conocido por todos que leer asiduamente puede ser muy beneficioso para aquel que adopta este hábito. Para ello no es necesario hacer grandes esfuerzos, tan solo tenemos que decidir el género que más nos gusta, el estilo que mejor se nos adapta y el tipo de historias con las que queremos deleitarnos y dejarnos llevar.

Leer, por definición, implica visualizar un gran número de palabras, de tal manera que ayuda a ampliar vocabulario y mejorar la expresión. Si, en este caso el alumno, lee asiduamente, será más probable que memorice más palabras y que, posteriormente, las emplee, enriqueciendo su forma de expresarse y, por lo tanto, facilitando que pueda trasladar correctamente sus pensamientos por medio de estas.

Estos mismos razonamientos impulsan a pensar que la lectura logra disminuir las faltas ortográficas: cuantas más veces se ve una palabra bien escrita, más fácil es que el cerebro la registre correctamente y evitemos cometer faltas de ortografía al incorporarla posteriormente en nuestros escritos.

Asimismo, se considera que la lectura ayuda a la memoria, al obligar al lector a retener numerosos datos para poder seguir adecuadamente la historia que se desea contar.

Otra de las características de la lectura como actividad es que, a diferencia de la visualización de series o películas, no permite que el sujeto simultanee tareas. No es peregrino que una persona cualquiera, entretanto disfruta de algún contenido audiovisual, se entretenga consultando redes sociales, hablando con otros o desempeñando otras tareas. Esto es posible porque si se desvía la vista de la pantalla por unos minutos o se pierde la concentración, no se ve afectado de manera severa el disfrute de su contenido (es posible aun así captar los datos principales y seguir aquello que se está visualizando). Sin embargo, esta es una práctica imposible de trasladar a la lectura, pues exige que los ojos se mantengan centrados en la página que se lee, así como exige de quien lo hace que esté presente, no pudiendo dirigir sus pensamientos en otro sentido (de hacerlo, dejaría de comprender lo que lee y debería volver a empezar). Es por esto mismo por lo que se considera que la lectura entrena la concentración, permitiendo mantenerla también en otras actividades durante un tiempo prolongado. Concretamente, consideramos que la lectura en este caso contrarrestaría algunos de los efectos perniciosos que las redes sociales y las nuevas tecnologías están teniendo, sobre todo en los jóvenes[1].

También se asocia leer regularmente con la ganancia de velocidad y comprensión lectora (pues, como se dice popularmente, «la práctica hace al maestro» y cuanto más se lea más se perfeccionarán las habilidades que con ello se relacionen directamente), el incentivo de la imaginación de la creatividad (al tener que convertir, sobre todo cuando se lee ficción, palabras en imágenes) y una mayor empatía (cuando se lee ficción, el lector «se pone en los zapatos» de otra persona, aunque sea ficticia, y ve el mundo, aunque sea ficticio, a través de sus ojos)[2].

---

1 *Vid.* Muñoz Franco, R. M., Díaz López, A. y Sabariego García, J. A., «Impacto de las redes sociales en el rendimiento académico de los adolescentes: estudio de Instagram y Tiktok», *Ciencia y educación*, vol. 4, núm. 2, 2023, págs. 12-23.

2 Sobre todos los beneficios de la lectura, *vid.* Morgado Bernal, I., «Razones científicas para leer más de lo que leemos», en *El país*, 16 de enero de 2017 [disponible en https://elpais.com/elpais/2017/01/11/ciencia/1484155657_662258.html; última consulta 7/06/2024].

Finalmente, puede que como consecuencia de todo lo anteriormente mencionado, se ha llegado a demostrar que la consolidación de un hábito de lectura logra agilizar el aprendizaje[3].

Estos beneficios que decimos se ha probado que están aparejados a la lectura creemos que pueden ser de gran utilidad para los alumnos del Grado en Derecho, pudiendo solventar algunas de las carencias que hemos identificado y que resultan comunes en la actualidad.

Este, el Grado en Derecho, se caracteriza por requerir de los alumnos largas jornadas de estudio en las que tienen que memorizar y comprender mucho contenido, contenido que después deberán aplicar. Es decir, no será suficiente con que estos sean capaces de repetir sin sentido todo lo que diga un manual, sino que tendrán que saber en qué se traduce eso y cómo se aplica ante un determinado supuesto de hecho. Por lo tanto, cobran especial relevancia para nuestros estudiantes la memoria, la concentración y la comprensión lectora[4]. Estas tres, que se ven favorecidas gracias a la lectura, coadyuvan a que el alumno retenga los contenidos y lo haga sabiendo cómo aplicarlos a los casos reales.

Pero no será suficiente con esto, pues también es estrictamente necesario que el estudiante sea capaz de expresar aquello que ha retenido. Por lo tanto, son asimismo esenciales la expresión oral y escrita, que también se ven favorecidas.

Todo ello ayuda al alumno del grado en Derecho no solo en calidad de «estudiante», sino que también lo hace en calidad de «profesional del Derecho en potencia». Todas las carreras profesionales que se abren para nuestros alumnos implican en mayor o menor medida que estos hayan comprendido los contenidos de las distintas asignaturas cursadas durante su paso por la facultad, siendo capaces de aplicarlos a casos reales expresándose correctamente.

3. La creación de un club de lectura jurídico como iniciativa para incentivar la lectura

Con todo lo afirmado en el epígrafe que a este precede queda claro que nuestros alumnos del grado en Derecho se beneficiarían considerablemente de un buen hábito de lectura. Sin embargo, aun conociendo este hecho,

3 *Vid.* Dezcallar, T. y otros, «La lectura por placer: su incidencia en el rendimiento académico, las horas de televisión y las horas de videojuegos», *Ocnos: Revista de Estudios sobre Lectura*, núm. 12, 2014, págs.107-116.

4 Sobre la importancia de la comprensión lectora en la academia, *vid.* Alcívar, C. y Mendoza González, R. M., «La importancia de la lectura comprensiva en la academia», *Revista latinoamericana de ciencias sociales y humanidades*, vol. IV, núm. 6, diciembre de 2023, págs. 423-430.

los profesores universitarios nos vemos constreñidos, pues dada la edad de estos estudiantes, carecemos de margen de maniobra para inculcarlo en ellos. Nos encontramos en un estadio avanzado de la enseñanza en el que prima la libertad del alumno, por una parte, y la especialización, por otra; siendo inviable la implantación de técnicas a las que se suele recurrir con este objetivo cuando el alumnado cursa la educación primaria o secundaria.

En la Universidad de Cádiz, habiéndonos percatado de las carencias reseñadas al inicio, los problemas que ello acarrea para los alumnos y cómo una posible solución se podría encontrar en los libros, hemos decidido tratar de incentivarlo entre los estudiantes del Grado en Derecho mediante la creación de un «Club de lectura jurídico»[5].

3.1. Organización del Club de lectura jurídico

El Club de lectura jurídico no divergirá en cuanto a su funcionamiento de un club de lectura al uso: se elegirá un libro, se establecerá una fecha límite para su lectura y se organizará una reunión para así comentarlo. No obstante, dado que el público objetivo lo componen los alumnos de Derecho (independientemente del curso), especializaremos las lecturas para así darle a este cierto carácter «jurídico», motivo por el cual este adjetivo forma parte de la nomenclatura de la iniciativa. Esto es, los profesores que conformemos el club de lectura seremos los encargados de seleccionar el libro protagonista de cada sesión, siendo requisito indispensable para su elección que este pueda dar pie a un debate jurídico. Así, en las sesiones, los alumnos y profesores nos reuniremos para hablar libremente tanto de los aspectos que queramos comentar de la historia misma (si nos ha gustado más o menos la pluma del autor, si nos han gustado los personajes), como de los temas jurídicos que se hayan abordado en esta, ya sea de forma protagónica o tangencial[6].

Nuestra intención es que esta actividad no suponga para quienes formen parte de la misma un sobreesfuerzo, que este club sea más una vía de escape que una «tarea» académica. Es por este motivo por el que se ha tomado la determinación de pautar las sesiones con un mes de diferencia, de tal forma que entre comentario y comentario haya tiempo suficiente para que los alumnos puedan finalizar sus lecturas con tranquilidad. Con este mismo objetivo, dare-

5 Acerca de los beneficios de la lectura compartida, *vid.* GOIKOETXEA IRAOLA, E. y MARTÍNEZ PEREÑA, N., «Los beneficios de la lectura compartida de libros: breve revisión», *Educación XXI*, vol. 18, núm. 1, 2015, págs. 303-324.

6 No tratamos de emular la forma de trabajar de un Club de debate como el que existe actualmente en la Universidad de Cádiz (*vid.* NIETO CRUZ, A., «Aprendizaje a través del Club de Debate Jurídico», en MARTÍNEZ CALVO, J. y MAYOR DEL HOYO, M.ª V. (dirs.), *Aprendizaje a través del debate jurídico*, Thomson Reuters Aranzadi, Cizur Menor, 2022, págs. 285-290), siendo las reuniones, como decíamos, más laxas.

mos a conocer la fecha de cada una de las sesiones (evitándose los meses de exámenes, que tienen mayor carga académica) y el libro que se comentará en ellas (preferiblemente, libros cortos) cuando comience el curso. De este modo, los alumnos podrán organizarse y participar sin que ello suponga un sacrificio.

3.2. Objetivos perseguidos

Si bien con esta iniciativa perseguimos principalmente incentivar la lectura entre nuestro alumnado, al seleccionar libros que permitan abrir un debate jurídico, estaremos a su vez logrando que estos apliquen sus conocimientos, y que lo hagan con unas situaciones que no han sido especialmente diseñadas para ello. Por lo tanto, el objetivo será doble: por una parte, se buscará inculcar en los estudiantes un hábito de lectura que perdure una vez finalizada la actividad y aporte todos los beneficios anteriormente señalados; y, por otra, promoverá el pensamiento crítico y análisis jurídico de textos no jurídicos[7].

3.3. Cómo atraer a los alumnos a la actividad

Una vez diseñada la actividad y delimitados los objetivos que deseábamos perseguir con la misma, nos percatamos de que, para lograrlo todo, era estrictamente necesario que esta fuera atractiva y resultase llamativa para los alumnos. Para conseguirlo, tomamos la determinación de que los libros seleccionados formasen parte de la literatura popular. Consideramos que estos serán más llamativos y atraerán a un mayor número de alumnos a formar parte de la iniciativa.

Además de populares, los libros seleccionados, por lo dicho anteriormente, habrán de dar pie a un debate jurídico, ya sea porque se centren en sucesos que puedan ser analizados desde el punto de vista del Derecho o porque las historias que cuenten puedan, de alguna forma, relacionarse con contenidos de alguna de las asignaturas del grado. Algunos de los libros que creemos aptos para esta actividad y que cumplen todos estos parámetros son los que desgranamos (sin desvelar más que las premisas) a continuación.

Los tres primeros de los que hablaremos tienen en común que son libros cortos (entre 100 y 200 páginas) y sencillos. Esto los hace perfectos para una

7 Al hilo de lo aquí descrito, podríamos decir, en cierto modo, que se estarían disfrutando asimismo de algunos de los beneficios que ha demostrado para la enseñanza del Derecho el empleo de series y películas. En este sentido, *vid.* Del Campo Álvarez, B., «Ideas y reflexiones sobre el Derecho civil a través del cine como experiencia de innovación docente», en Chaparro Matamoros, P., Gómez Asensio, C. y Pedrosa López, C. (dirs.), *Actualización de la docencia y metodologías activas del aprendizaje del derecho en el entorno digital*, Universitat de València, Valencia, 2022, págs. 39-46.

iniciativa como esta, pues no requieren de los alumnos mucha dedicación para poder seguir las actividades, asistir a las reuniones y prepararse sus comentarios.

El primero sería «Las gratitudes», de Delphine de Vigan, publicado en el año 2019. Esta novela narra cómo una señora va perdiendo facultades a causa de una enfermedad de deterioro cognitivo. Se trata de una opción poco demandante y, en consecuencia, perfecta para iniciar a personas que disponen de poco tiempo (alumnos) a la lectura. A su vez, el tema que se aborda, consideramos que podría suscitar un sugestivo coloquio sobre la reforma que en el año 2021 se realizó en materia de discapacidad.

El segundo al que nos referimos es «El acontecimiento», una novela de Annie Ernaux publicada en el año 2000 cuya trama gira en torno a la decisión de la protagonista de abortar, siendo evidente su interés jurídico.

La tercera y última opción que proponemos dentro de esta primera clasificación es «El consentimiento», la *opera prima* de Vanessa Springora publicada en el año 2020. En ella se cuestiona la validez del consentimiento sexual a edades muy tempranas y en relaciones con grandes diferencias de edad, tema que se podría abordar desde el plano jurídico en el comentario que se realizara en la reunión del club.

A pesar de las bondades de esta primera clase de libros (cortos y sencillos), es posible que los alumnos que terminen conformando el club demanden libros no necesariamente cortos o relativamente profundos. Es por ello por lo que, si los profesores al cargo lo consideraran oportuno, podrían proponer novelas algo más largas y complejas. Una posibilidad sería «Lecciones de química», la *opera prima* de Bonnie Garmus (publicado en 2023). Esta, al relatar cuáles eran las dificultades de la mujer en la academia y, más concretamente, en la investigación científica, sería perfecta para abordar cualquier tema relativo a la igualdad.

Otra novela algo más larga que podría ser perfecta para lo que proponemos es «El arte de conducir bajo la lluvia» de Garth Stein (publicado en 2008), centrándose en este caso en cuestiones de Derecho de Familia.

Por último, si se desease un libro más desenfadado y juvenil, que trate temas menos trascendentales y que pueda ser apto para todos los públicos, recomendamos «Una herencia en juego», de Jennifer Lynn Barnes (publicado en 2022). Este *thriller* juvenil es especialmente adictivo y toda la historia gira en torno a una herencia, lo que lo hace ideal para comentar aspectos de derecho de sucesiones y destacar los posibles errores cometidos por la autora (o diferencias entre la legislación vigente en Estados Unidos, país de origen de la escritora, y en España).

Todas estas propuestas tienen en común que han sido popularizadas en parte gracias a las redes sociales Instagram y Tiktok. Si bien es cierto que en algunas ocasiones se ha achacado una disminución en la lectura de la población (sobre todo de los más jóvenes) al uso de las nuevas tecnologías, se ha demostrado que estas mismas han sido un impulso en la lectura de las nuevas generaciones. Los llamados *bookstagram* y *booktok* son comunidades de lectores formadas en las redes sociales anteriormente citadas y cuyo contenido gira en torno a los libros: los comentan, hacen recomendaciones, hablan sobre sus gustos literarios y mucho más. Esto ha tenido un efecto positivo, enganchando a muchos jóvenes (y no tan jóvenes) a la lectura[8].

Tomando esto en cuenta, proponemos adaptar esta dinámica al club de lectura de la siguiente forma: cada miembro que lo desee, se creará una cuenta en Instagram dedicada únicamente a hablar de libros. Ahí cada uno podrá seguir solo a los miembros del club o a más personas, siendo lo importante que entre ellos creen contenido relacionado con libros y dejen volar su imaginación y creatividad (incluyendo, quizá, reflexiones relativas a los aspectos jurídicos que se aborden).

4. Conclusiones

Las nuevas generaciones que comienzan sus estudios del Grado en Derecho denotan algunas carencias centralizadas en la falta de compresión y expresión que pueden erigirse obstáculos nada desdeñables tanto en cuanto a su aprendizaje durante su paso por la universidad, como en lo referente al desarrollo de sus funciones una vez inicien su carrera profesional.

En la Universidad de Cádiz, siendo conscientes de ello, apostamos por la lectura como antídoto y proponemos la creación de un Club de lectura jurídico para promoverla. Este, a su vez, será un foro en el que los alumnos que lo conformen puedan debatir sobre diversos temas jurídicos, temas que deberán identificar en las lecturas propuestas. De esta forma, creemos que se logrará asimismo promover la búsqueda del Derecho en el día a día: los alumnos se verán compelidos a analizar jurídicamente textos que no han sido confeccionados para tal fin ni están orientados a una asignatura concreta. A diferencia de lo que sucede en los casos prácticos utilizados comúnmente en clase, cuando un alumno quiera identificar contenidos jurídicos en un libro, tendrá que atender a todo su bagaje y buscar de entre todo lo aprendido aquello que se adapta a los supuestos de hecho descritos.

8 *Vid.* VILLALBA, J., «'Booktokers', los críticos literarios de internet que están cambiando la forma en la que leemos y compramos libros», *El País*, 2 de marzo de 2024 [disponible en https://elpais.com/estilo-de-vida/2024-03-02/booktokers-los-criticos-literarios-de-internet-que-estan-cambiando-la-forma-en-la-que-leemos-y-compramos-libros.html; última consulta 07/06/2024].

Bibliografía

Alcívar, C. y **Mendoza González, R. M.**, «La importancia de la lectura comprensiva en la academia», *Revista latinoamericana de ciencias sociales y humanidades*, vol. IV, núm. 6, diciembre de 2023.

Del Campo Álvarez, B., «Ideas y reflexiones sobre el Derecho civil a través del cine como experiencia de innovación docente», en Chaparro Matamoros, P., Gómez Asensio, C. y Pedrosa López, C. (dirs.), *Actualización de la docencia y metodologías activas del aprendizaje del derecho en el entorno digital*, Universitat de València, Valencia, 2022.

Dezcallar, T. y **otros**, «La lectura por placer: su incidencia en el rendimiento académico, las horas de televisión y las horas de videojuegos», *Ocnos: Revista de Estudios sobre Lectura*, núm. 12, 2014.

Goikoetxea Iraola, E. y **Martínez Pereña, N.**, en «Los beneficios de la lectura compartida de libros: breve revisión», en *Educación XXI*, vol. 18, núm. 1, 2015, págs.303-324.

Morgado Bernal, I., «Razones científicas para leer más de lo que leemos», en *El país*, 16 de enero de 2017 [disponible en https://elpais.com/elpais/2017/01/11/ciencia/1484155657_662258.html].

Muñoz Franco, R.M., **Díaz López, A.** y **Sabariego García, J.A.**, «Impacto de las redes sociales en el rendimiento académico de los adolescentes: estudio de Instagram y Tiktok», en *Ciencia y educación*, vol. 4, núm. 2, 2023.

Nieto Cruz, A., «Aprendizaje a través del Club de Debate Jurídico», en Martínez Calvo, J. y Mayor del Hoyo, M.ª V. (dirs.), *Aprendizaje a través del debate jurídico*, Thomson Reuters Aranzadi, Cizur Menor, 2022.

Villalba, J., «'Booktokers', los críticos literarios de internet que están cambiando la forma en la que leemos y compramos libros», *El País*, 2 de marzo de 2024 [disponible en https://elpais.com/estilo-de-vida/2024-03-02/booktokers-los-criticos-literarios-de-internet-que-estan-cambiando-la-forma-en-la-que-leemos-y-compramos-libros.html].

SEGUNDA PARTE

La enseñanza práctica del Derecho

LA VIVIENDA EN EL AULA: APRENDIZAJE TRANSVERSAL Y PRÁCTICO

M.ª Dolores Mas Badía
Catedrática de Derecho Civil
Universitat de València

RESUMEN: El objetivo de estas páginas es compartir una experiencia docente desarrollada en el contexto de una asignatura que forma parte del Plan de estudios del Grado y los Dobles grados de Derecho de la Facultad de Derecho de la Universitat de València (Derecho Civil III —Derechos reales y Derecho Inmobiliario Registral—). No es una materia ligera. Y creo que es difícil de asimilar por el alumno sin una orientación adecuada. Con la finalidad de acercarla al estudiantado con un enfoque eminentemente práctico, se utiliza como hilo conductor un tema cercano a la sociedad y de plena actualidad, una de esas asignaturas que tiene pendientes el Estado social de Derecho: la vivienda.

1. Introducción

Cuando se estrenó en Europa el Espacio Europeo de Educación Superior, el famoso Plan Bolonia, la innovación educativa se planteaba en el imaginario del docente como el ensayo de herramientas contrapuestas, de algún modo, a la tradicional clase magistral, con las que se potenciara el protagonismo y la implicación del alumnado en su proceso de aprendizaje. Favorecer su autonomía, aunque guiada, era uno de los objetivos prioritarios. Ha pasado el tiempo y muchos instrumentos o metodologías que entonces parecían nuevos se han consolidado y han llegado a resultar familiares. En cualquier caso, hay una idea que podemos seguir defendiendo. Las prácticas educativas o la forma de plantear una clase siempre ha de aspirar a alcanzar un fin: que el estudiantado aprenda mejor.

El objetivo de estas páginas es compartir con otros docentes motivados, no una técnica concreta, sino una forma de estructurar una asignatura en el aula que integra varias técnicas y responde a convicciones arraigadas desarrolladas a lo largo de muchos años de docencia. Describiré mi experiencia en el planteamiento de una asignatura que forma parte del Plan de estudios del Grado y los Dobles grados de Derecho de la Facultad de Derecho de la Universitat de València (Derecho Civil III —Derechos reales y Derecho Inmobiliario Registral—). El programa de la asignatura incluye varios bloques temáticos que pueden resumirse en unas cuestiones generales, posesión, propiedad —incluida su adquisición, transmisión y situaciones de comunidad y las llamadas propiedades especiales—, los derechos reales limitados —comenzando por los derechos de uso y disfrute y siguiendo por los derechos de adquisición y los derechos de garantía—, para finalizar con la explicación de las cuestiones relativas al Registro de la Propiedad. No es una materia ligera. Y creo que es difícil de asimilar por el alumnado sin una orientación adecuada. He pretendido acercarla a este con un enfoque eminentemente práctico.

Para ello, se utiliza como hilo conductor un tema cercano a la sociedad, a cada uno de nosotros, y de plena actualidad, una de esas asignaturas que tiene pendientes el Estado social de Derecho: la vivienda. Un asunto que, en especial desde el estallido de la burbuja inmobiliaria y, más recientemente, con la polémica Ley estatal por el derecho a la vivienda, hace correr chorros de tinta legislativa y absorbe minutos y palabras en los medios de comunicación. Y con el que, seamos estudiantes de Derecho o no, vamos a tener que relacionarnos a lo largo de toda nuestra vida. La mayoría de los métodos activos de aprendizaje pretenden, en última instancia, o en primera, involucrar al estudiante. Por mi parte, estoy convencida de que para comprometerlo en el aprendizaje del Derecho hay que hacer que lo sienta como algo cercano. Todos mostramos más interés por lo que nos resulta próximo. El estudiante de Derecho no es diferente. Con esta idea en mente, en este curso 2023-2024 la vivienda ha servido como eje estructural de mis clases sobre Derechos Reales y Derecho Registral Inmobiliario. ¿Cómo?

Por razones de tiempo no puedo describir con detalle todas las actividades realizadas y que han recorrido todo el curso y toda la asignatura como una especie de savia que ha ido dotando de un sentido práctico al programa. Así que he seleccionado algunas que me parecen especialmente significativas.

2. Cine, series de ficción y derecho

¿Qué decir del potencial formativo del cine y las series de ficción y su capacidad de motivación y de conexión de problemas jurídicos con la realidad cercana, en especial para las nuevas generaciones, caracterizadas por una cultura, en gran parte, audiovisual?

Intentamos aprovechar esta circunstancia con dos actividades que se complementan entre sí. La primera de ellas consistió en un Taller práctico sobre vivienda, cine y series de ficción y un coloquio posterior con el estudiantado[1]. Nos acompañaron tres ponentes de lujo, integrantes del LABdeSERIES[2]: Áurea Ortiz Villeta, historiadora del arte, crítica de cine y series de ficción y Técnica de la Filmoteca Valenciana. Mikel Labastida, crítico de TV, periodista y Jefe de Desarrollo Digital de Las Provincias. Y David Brieva, librero, propietario de la Librería Bartleby, gestor cultural y experto en cómic e ilustración. Este Taller tuvo su continuación en un PODCAST que grabamos gracias a la ayuda del Servicio de Formación Permanente e Innovación Educativa (SFPIE) de la UV y que se encuentra disponible en abierto[3].

Hay pocas artes que reflejen como el cine los problemas, las inquietudes y los estilos de vida de la sociedad. Esto mismo se puede hacer extensivo a las series televisivas. Y aquí habría que añadir la enorme influencia que estas tienen en un público amplísimo. En esta actividad utilizamos el cine y las series como recurso didáctico. Hace un tiempo leí a un autor *(Javier Sánchez Herrero)* que reflexionaba sobre su potencial educativo y decía que el cine «genera hábitos de observación, reflexión, análisis. Posibilita la crítica, la contestación (...) Ayuda a observar los asuntos desde diferentes perspectivas y niveles de lectura (...)». En este curso, hemos trabajado con todo ese potencial, orientado a un tema que nos interesa a todos y que además está de plena actualidad. Uno de los asuntos que más preocupan a la sociedad —ahí están las estadísticas y la prensa— y que antes anticipaba: la VIVIENDA.

Y como la vivienda preocupa a la sociedad, preocupa también al cine. Como una vez le escuché decir a Áurea Ortiz Villeta, el cine nos ayuda a poner rostro, rostro humano, a las leyes, en este caso las que navegan por ese intrincado poliedro de múltiples caras que es la vivienda. Un derecho que yo califico como derecho incómodo[4], entre otros motivos, porque el Estado Social no ha conseguido todavía dar satisfacción a la necesidad de una vivienda digna que tienen todas las personas. Una actualidad que no cesa. La misma semana que se cierran estas páginas, el Tribunal Constitucional dicta la primera de las sentencias que resuelve uno de los recursos que se planteó hace ahora un año contra la ley estatal por el derecho a la vivienda.

1 Actividad desarrollada en el seno del Grupo estable de innovación educativa de la Universitat de València denominado «Manuales jurídicos y materiales docentes 3.0» (Dir. por las profesoras M.ª Dolores Mas Badía y Fabiola Meco Tébar). Contó con una ayuda complementaria concedida por la Facultat de Dret de la UV.

2 https://labdeseries.com/.

3 https://www.youtube.com/watch?v=Bu953_FQM9g&t=10s

4 Mas Badía, M.ª D., *La vivienda, ese derecho incómodo*, Valencia plaza, Tribuna Libre, 23 de mayo de 2023, https://valenciaplaza.com/la-vivienda-ese-derecho-incomodo

Como docente, fui aportando las claves jurídicas y comentando junto con nuestros tres ponentes un número considerable de películas y series de ficción que estructuramos alrededor de los siguientes bloques temáticos:

1.º *Movimiento del realismo/neorrealismo en el cine (años 50/60)*. Seguro que todos han oído hablar de las viviendas de protección oficial. Quizá lo que no sepan es que el impulso de la vivienda social se inicia a finales del s. XIX y principios del XX. En España, p. e., abren este movimiento las llamadas Leyes de Casas Baratas. Tenían que ver con la llegada de numerosas personas a las ciudades como consecuencia de la industrialización. Esto provoca una superpoblación que hace que se acentúen los problemas de vivienda. Más adelante, empiezan a dictarse leyes como la Ley Salmón (por el nombre del ministro de vivienda de aquella época) que lo que intentaban era fomentar la construcción como modo de crear más empleo.

Adelantemos un poco la línea del tiempo y situémonos a mediados del s.XX. Europa vive todavía los efectos de la II Guerra Mundial. En España, bajo la dictadura franquista, el problema de la vivienda sigue siendo grave. Es en esta época, años 50-60, cuando se filman una serie de películas entre las que hay verdaderas joyas como «El pisito» o «El verdugo», con una fuerte crítica social y un humor negro qué les da una personalidad propia[5].

Confieso que «El pisito» es una de mis favoritas, una película maravillosa. Recomiendo a quien no la haya visto que lo haga. Un lento amanecer en blanco y negro en la Gran Vía madrileña marca el inicio de esta película con un guion soberbio de Azcona y una dirección a su altura de Ferri y Ferreri. Poco después, la cámara nos traslada a una corrala madrileña con inquilinos apiñados que luchan por salir adelante. Ahí está la escena magistral del bebé sentado en su orinal mientras, en la misma mesa, en una habitación que no supera en extensión al camarote de los Hermanos Marx, uno de los personajes prepara unos bocadillos. En esa misma estancia duerme toda la familia y se cocina en un hornillo a gas. La pareja de novios protagonista, que tras doce años de relaciones no ha encontrado una vivienda asequible, idea una solución esperpéntica. Un recurso sublime del guion que pone de relieve el drama social y personal que transita por toda la película. La novia —Mari Carrillo; él es José Luis López Vázquez— la propone, a la desesperada, a Doña Martina, anciana inquilina, que paga una renta baja por alquiler antiguo: «Rodolfo se casa con usted y así, cuando sea su viudo, se queda con el piso sin que le suban la renta». «Jesús, María y José, descocada, sinvergüenza» —exclama la anciana mientras sufre un desvanecimiento en otra escena memorable—. La música de organillo, combinada con el jazz, realza, más que ocultar, la desventura de los personajes. La película es del año 1959. Por cierto, la Ley estatal por el derecho a la vivienda aprobada el pasado año ha puesto de plena actualidad el tema de la limitación de la renta del alquiler.

5 Retomo los comentarios que ya hice en el artículo de prensa citado en la nota anterior.

De la misma época es «El Verdugo», otra obra maestra del cine español, dirigida por Luis García Berlanga y protagonizada por Pepe Isbert. Una vez más, el argumento —en clave de comedia negra— gravita en torno a la vivienda (y a la pena de muerte). Había por aquel entonces algunas categorías de viviendas sociales que estaban destinadas a funcionarios. El viejo verdugo espera poder acceder a un piso gracias a su condición de funcionario, que va a perder debido a su inminente jubilación. ¿Aceptará el novio de su hija sucederle en el puesto de verdugo para conservar el derecho a la vivienda? La escena final, en que el yerno —ya en el macabro «oficio»— tiene que ser arrastrado por dos guardias hasta el garrote vil que ha de aplicar a un condenado, está a la altura de las mejores que se han rodado. El espectador se debate entre la compasión por el condenado o por el joven verdugo que, de algún modo, también lo está. ¿Bien lo vale una vivienda?

Junto a las anteriores, tuvimos la ocasión de comentar películas como «El inquilino», «La vida por delante», «El ladrón de bicicleta» o «Umberto D», entre otras.

2.º *Especulación inmobiliaria, el estallido de la burbuja inmobiliaria y el problema de los desahucios*. Avanzamos en el tiempo y fijamos la mirada en algunas crisis socioeconómicas más recientes. A finales de 2007 se produce lo que se conoce como el estallido de la burbuja inmobiliaria. En aquella época los telediarios estaban llenos de imágenes y reportajes en los que aparecían pancartas con el lema «Stop Desahucios» y reflejaban un intenso movimiento social en defensa de la vivienda. Los bancos por razones interesadas que ahora no vamos a detallar habían concedido préstamos hipotecarios para la adquisición de viviendas con bastante facilidad. Y los precios de aquéllas se habían inflado artificialmente. La crisis financiera provoca la pérdida del empleo para muchas personas y la caída de esos precios. Muchos deudores no pueden seguir haciendo frente al pago de la cuota del préstamo hipotecario y acaban perdiendo la vivienda, que con frecuencia no encuentra postores en la subasta y se adjudica a la entidad financiera acreedora. Unos préstamos hipotecarios que además estaban plagados de cláusulas abusivas cómo se puso de manifiesto a raíz de esta crisis. Por cierto, conviene tener en cuenta que la cuota del préstamo o la renta del alquiler absorbe gran parte de los ingresos del ciudadano medio —no digamos ya de los más vulnerables— cuando lo recomendable según todos los estudios especializados es que no supere el 30 % de estos ingresos.

El cine también se ha hecho eco de esta realidad. Trabajamos en el Taller con más de un ejemplo. Algunas de estas series o películas utilizan el «thriller» como recurso; otras reflejan la ayuda vecinal: «Antidisturbios», «En los márgenes», «Techo y comida», «Crematorio», «Cinco metros cuadrados», «Esta casa es una ruina», «Quién engañó a Roger Rabbit», «Show me a hero».

3.º *La casa: mucho más que cuatro paredes y un techo*. Si en una de mis clases de Derecho, les digo a mis estudiantes que vamos a hablar de vivienda probablemente en su imaginario esto les puede sugerir ideas como la de arrendamiento, hipoteca, comunidades de vecinos, compra, alquilar y otras parecidas. Pero vamos a darle una vuelta de tuerca. Si pregunto a cualquiera de ellos cómo llama al lugar en el que vive, seguramente no dirá mi vivienda, dirá mi casa. Y si nos paramos a pensarlo, eso a lo que llamamos «mi casa» es mucho más que un trazado arquitectónico, mucho más que cuatro paredes y un techo en unas condiciones dignas de habitabilidad. Hace poco leí un artículo[6] que decía algo que me gustaría compartir con los lectores. Decía que si ofrecemos a alguien nuestra hospitalidad y le invitamos a casa y si, además, le decimos que se sienta como en su casa lo que le estamos ofreciendo no son unas meras prestaciones materiales, sino confianza, intimidad. Y cuando hablamos de «volver a casa» es cierto que apelamos a un espacio físico concreto, pero también a un estado anímico de confianza a una referencia existencial fundamental. Y si en lugar de casa digo hogar, todo esto se acentúa. Por cierto, la palabra hogar viene del lugar donde está el fuego, que se halla en el centro de la casa y la templa, como el hogar de la cocina.

¿A dónde quiero llegar? La vivienda no solo son cuatro paredes y un techo, también es ese espacio para la intimidad personal y familiar, ese que necesitamos para desarrollarnos como personas y que debería estar al alcance de todos y cada uno de los seres humanos. Es una cuestión de dignidad.

En fin, las casas cuentan mucho de nosotros, tienen un valor emocional, apuntan a distintos modos de vida o modelos de familia, conectan con los barrios, con problemas como la gentrificación, pueden enfocarse con perspectiva feminista desde el punto de vista de personas vulnerables por distintas razones. La mirada del cine también se ha detenido en estos aspectos: Comentamos entre otras, las siguientes series y películas: «Up», «Pachinco», «The Architect», «Parásitos», «Mi tio», «Las chicas de oro», «Tres metros bajo tierra», «En todas partes al mismo tiempo», «El cuento de la criada» (basada en la novela de Margaret Atwood), «Jeanne Dielman», «Mad Men», «Miss América», «Qué he hecho yo para merecer esto», «El ángel exterminador». Y varias que se inscriben en el género de la serie familiar, que tanto éxito tuvo en los años noventa: «Cosas de casa», «El príncipe de Bel-Air», «Problemas de familia», «Médico de Familia», «Los Serrano», «Los Simpson», «Modern Family», «Friends», «Big Bang Theory», «New Girl», o «Una casa de locos» (sobre Erasmus viviendo en Barcelona). Al hilo de estas películas tuvimos la ocasión de hablar de la experiencia de compartir piso (¿la familia elegida o la única forma de acceder a la independencia de muchos jóvenes o a una vivienda por parte de personas con escasos recursos económicos?); de vivir en el lugar de trabajo (o trabajar donde se habita, que nos reconduce a la extensión del teletrabajo gracias a las nuevas tecnologías y también a situaciones como la de la pandemia del COVID-19); de nuevos modelos, como el

6 PINILLA BURGOS, R., «Vivienda, casa, hogar. Las contribuciones de la filosofía al problema del habitar», *Documentación social*, núm. 138, 2005, pág. 15.

de la vivienda colaborativa o «cohousing» (más desarrollada en otros países, en especial, los escandinavos); o de los problemas vinculados al envejecimiento acompañado de mayores cotas de dependencia; por no hablar de distopías que presentan la casa como casa/cárcel; o de los problemas relacionados con la violencia machista en el hogar.

4.º *El diseño de las casas en el cine*. Nuestros ponentes, expertos en la materia, también nos ilustraron sobre cómo se diseñan en el cine y en las series estos escenarios que componen las casas. Cuestiones tan importantes como la dirección artística, la iluminación, esas casas que tienen que reflejar una personalidad, las aficiones, un estatus, un modo de vida, y que además deben ser creíbles para el espectador. Como base: «La Unidad», el cine de Almodóvar, series como «Arriba y abajo» o «Downton Abbey», «Sexo en Nueva York», «Cardo» o «Autodefensa».

5.º *Comunidades de vecinos*. Cerramos el círculo y concluimos con un último bloque. Hablamos de esas series que discurren dentro de una Comunidad de vecinos planteando conflictos vecinales y personales, pero también muchas veces ese apoyo o solidaridad que se ha ido perdiendo conforme avanza la sociedad. Una comunidad de vecinos es una mini célula social. Con el desarrollo urbano y la evolución en los modos de vida y los cambios en la forma de relacionarnos se ha producido un distanciamiento. Por otra parte, los conflictos y las relaciones en las comunidades de vecinos son un material estupendo para un guion de cine. Ahí están series como «La que se avecina» o «Aquí no hay quien viva», qué ofrecen un material muy útil para las clases de Derecho. Otras series o películas pueden ser: «La Comunidad», «Mujeres», «Mujeres desesperadas», «Weeds», «Señoras del (h)ampa», «El hombre de al lado» o «La estrategia del caracol».

3. Exposiciones y debates del alumnado

Al hilo de las películas que he nombrado, quedaron sobre el tapete temas que, sin duda, despertaron el interés de los estudiantes. Esto me lleva a la segunda técnica que utilizamos en clase, que no es otra que la preparación de trabajos y su exposición por los alumnos, pero con unas características muy particulares. Tenían que ser trabajos centrados en alguna cuestión relacionada con la vivienda, con eminente proyección práctica y que no consistieran en un simulacro de clase teórica, sino que, en un tiempo breve —un máximo de quince minutos— aportasen algún enfoque realista, motivando la participación del resto de los compañeros. Algunos de los temas tratados fueron: la «okupación» de la vivienda; distintos tipos de conflictos en comunidades de vecinos; la mal llamada multipropiedad; la hipoteca inversa; las cláusulas abusivas en los préstamos hipotecarios; o el arrendamiento con opción de compra; entre otros. Las presentaciones incluyeron aspectos tan originales como trabajo de campo con entrevistas, comics o, incluso, el diseño y escenificación de un breve corto de cine. Preparar estos trabajos exigía profundizar en la materia y el formato, un esfuerzo de originalidad y comunicación. Se incluyó la autoevaluación a través de una serie de rúbricas para comprobar la percepción del estudiantado acerca de su propio trabajo y los resultados formativos del mismo.

4. Taller de hipoteca

Hay una pregunta que el docente debe plantearse a la hora de definir la metodología que va a emplear en sus clases: ¿cuál es la más adecuada y en qué casos, para obtener determinados resultados de aprendizaje? Basta atender a cualquiera de las guías docentes que se imparten en los Grados de las Universidades europeas, para constatar que, al menos en el plano del deber ser, no se trata tanto o no solo de adquirir conocimientos, como de desarrollar —en terminología moderna— competencias y habilidades. Al servicio de este objetivo se utilizan las más diversas metodologías y técnicas docentes. Todas ellas, de algún modo, ponen al estudiante en el centro del proceso de aprendizaje. Hay una cita muy sugerente que se atribuye a Benjamín Franklin (que, por cierto, apenas cursó estudios oficiales elementales): «Dime y lo olvido, enséñame y lo recuerdo, involúcrame y lo aprendo». La mayoría de las técnicas de innovación educativa pretenden en última instancia, o en primera, involucrar al estudiante, comprometerlo con su propio proceso de aprendizaje. Los docentes somos, de algún modo, entrenadores en ese proceso. Cuando el estudiante participa activamente, colabora e interactúa con otros, da su opinión, resuelve un problema que se le ha planteado, tiene la oportunidad de pensar y formular preguntas a expertos sobre la materia, reflexiona acerca de una noticia de prensa, una película o sus propias experiencias personales en clave jurídica, emplea las nuevas tecnologías para buscar información o para dialogar con otros, asiste y observa de primera mano un juicio, cuando hace cualquiera de estas cosas, se involucra en el asunto y se compromete en él. ¿Cuál es el resultado? Aprende. Y se prepara para la salida a la vida real, fuera del entorno controlado de las aulas. Junto a lo anterior, es necesario que el estudiante no viva el Derecho con una visión puramente positivista. No debe olvidar nunca que detrás de las normas y las construcciones jurídicas está la aspiración a la justicia y que el Derecho no tiene sentido alguno si no sirve para resolver los problemas que genera la convivencia. Creo que hay que propiciar actividades que fomenten el desarrollo del compromiso ético con la sociedad a la que servimos como juristas.

En el Taller sobre hipoteca, hemos desmenuzado documentos reales complejos, como un préstamo hipotecario o un folio registral. Documentos vinculados a un caso práctico que los estudiantes trabajan en grupos (de entre cuatro y cinco integrantes) resolviendo dos bloques de cuestiones; algunas comunes, que deben responder a partir del análisis de los citados documentos y otras que descifran agrupados por roles. Cada uno de los grupos, tiene atribuido uno de estos tres roles: deudor hipotecario, entidad financiera acreedora u órgano judicial. De este modo, se afronta el supuesto práctico con perspectivas diversas.

Los datos del caso práctico, relativo a un préstamo hipotecario no se ofrecen directamente al estudiante. Se le facilita la propia escritura de préstamo y el folio registral con la inscripción correspondiente. Gracias a las nuevas tecnologías, se pueden simular estos documentos con un realismo total. Es el propio estudiante el que, tras tomar contacto con los documentos, debe espigar los datos relevantes.

En algunas de las ediciones de la actividad, los grupos de trabajo también han elaborado ciertos documentos: así, los grupos que ostentan el papel de deudores hipotecarios, una propuesta de mediación dirigida a la entidad bancaria acreedora. O los que ejercen el papel del Banco, una demanda ante el incumplimiento de los deudores. Cierto que esto requiere un esfuerzo añadido para el alumno y también para el tutor que supervisa el trabajo, pero los resultados formativos hacen que merezca la pena.

Hay una cuestión, con todo, que suele plantear dificultades y constituye un reto. Lo ideal es organizar la actividad de modo que se involucren profesores de distintas asignaturas. Algún año lo hemos conseguido y hemos trabajado, conjuntamente, docentes de Derecho civil, procesal y financiero. No siempre es fácil pues organizar y participar en esta actividad requiere, sin duda, un esfuerzo extra y la disposición a coordinarse con otros compañeros: no sólo los alumnos trabajan en equipo y desarrollan un esfuerzo colaborativo; nosotros también. Todas las ventajas e inconvenientes que presenta el trabajo en grupo cuando hablamos de estudiantes pueden predicarse de los profesores. En las ediciones en que el taller ha contado con la participación de docentes de varias disciplinas, la valoración de las tareas del estudiantado ha tenido repercusión en la calificación de las distintas asignaturas. De este modo, el alumno rentabiliza su esfuerzo y tiene una motivación adicional para implicarse en el Taller.

Como vehículo de comunicación, contamos con un blog de acceso en abierto (https://garantias.blogs.uv.es/). En él se publica una explicación general de la actividad, el cronograma, el caso práctico y las cuestiones a resolver, o las lecturas de apoyo. Al mismo tiempo, se mantiene actualizada, a través de las correspondientes entradas, la información acerca de las novedades que se van produciendo en la materia: novedades legislativas, pronunciamientos jurisprudenciales destacados, noticias de actualidad, etc. Se ofrecen, además, enlaces directos a distintos materiales que va generando la actividad, como los vídeos de las sucesivas ediciones de la jornada con especialistas, que la complementa, titulada «Sobreendeudamiento familiar y ejecución hipotecaria». Uno de los aspectos que más valoran los estudiantes es la posibilidad de recibir de primera mano la opinión de especialistas cualificados y poder interactuar con ellos a través de sus preguntas. Esto les pone en contacto con el Derecho vivo. Con antelación a la jornada, los grupos de alumnos y alumnas deben pensar y publicar en el blog preguntas que propondrían a los ponentes. Algunas de ellas serán seleccionadas por los tutores y sus autores tendrán la oportunidad de plantearlas en la Jornada.

Uno de los objetivos de esta actividad es acompasar la formación académica a los conocimientos y habilidades necesarios para la práctica del Derecho en el mundo profesional y que el estudiante se involucre en su propio aprendizaje, que no tenga como única y pobre ambición aprobar la asignatura. Estamos convencidos de que esta metodología sirve para el entrenamiento en aquellas habilidades o destrezas que necesitará cuando acceda al mercado laboral[7].

5. Manuales *online* (UVdocencia jurídica): antecedentes, metodología y resultados

Las actividades anteriores requieren contar con unos buenos materiales de apoyo que sustenten el proceso de aprendizaje. En unos planes de estudio donde los créditos de las asignaturas y, por tanto, el número de horas para impartirlas en el aula están muy limitados, cobra relevancia la virtualidad de los materiales docentes para facilitar el trabajo autónomo del estudiantado. Los que voy a presentar en este último capítulo son unos manuales online muy especiales, desarrollados y actualizados bajo la cobertura de sucesivos proyectos subvencionados por el Servicio de Formación Permanente e Innovación Educativa (SFPIE) de la Universitat de València[8]. Su utilidad se extiende a contextos de enseñanza tanto presencial como virtual o híbrida. En todos ellos, se ha comprobado su eficacia. Como se verá en las páginas que siguen, potencian el trabajo autónomo del estudiantado mediante el empleo de las nuevas tecnologías, sin necesidad de la presencia del docente en todo momento. Asimismo, son idóneos para la docencia mediante clase invertida, para la asimilación de la aplicación práctica del Derecho y para la preparación de los exámenes por el alumnado. Las herramientas virtua-

7 Puede encontrarse más información sobre el Taller de garantías en: http://garantias.blogs.uv.es/

8 Quiero manifestar un triple agradecimiento. En primer lugar, a la Universitat de València por su apoyo constante a través de sucesivos proyectos de innovación educativa (IP responsable M.ª Dolores Mas Badía hasta el curso 2020-2021, sumándose desde 2021, como co-IP responsable, Fabiola Meco Tébar). También al grupo de profesores y profesoras que ha trabajado en los manuales, sin cuyo esfuerzo, estos no hubieran podido salir adelante. Algunos son miembros de los citados proyectos; otros, colaboradores externos. Pueden encontrarse sus nombres en https://www.uv.es/uvdocencia-juridica/en/uvdocencia-juridica/equipo.html y en los materiales de los que cada uno es autor. Por último, vaya mi reconocimiento y el del resto del equipo a la matemática y analista informática que con absoluta generosidad invirtió mucho tiempo y esfuerzo en desarrollar y poner a nuestra disposición la programación que sustentó, en su versión original, el manual: M.ª Reyes Mas Badía.

les que le ofrecen van mucho más allá de los contenidos ofertados por los manuales al uso en los estudios de Derecho[9]. Suponen, un salto diferencial, un recurso docente innovador. Además, contribuyen a la difusión del conocimiento mediante su publicación en abierto a través de licencias «Creative Commons».

Desde un punto de vista técnico, la elaboración de estos materiales docentes utiliza las Tecnologías de la Información y la Comunicación (TIC). Las nuevas generaciones, los jóvenes estudiantes de Derecho son, cada vez más, nativos de este nuevo entorno[10]. Aunque el uso de las TIC en la docencia solo tiene sentido si abre nuevas oportunidades de aprendizaje[11]. El lector juzgará si con nuestro proyecto hemos cruzado el umbral de las expectativas y alcanzado la meta que nos marcamos, si reforzamos con nuestra propuesta las oportunidades de aprendizaje del estudiante de Derecho[12].

---

9 Me refiero a los libros de texto en soporte papel u otro equivalente; poca diferencia hay, a efectos didácticos, con un libro electrónico. Escribe IRENE VALLEJO en una hermosa obra titulada *El infinito en un junco*, que «hablar de libros de texto es tan redundante como decir «tabla de madera», «salir al exterior», «desenlace final» o «crueldad innecesaria». A pesar del superfluo desdoblamiento, todos entendemos a qué se refiere la expresión: a los libros orientados a la enseñanza. Los griegos ya los conocían y tal vez los inventaron. En ellos recopilaban pasajes literarios para dictados, comentarios y ejercicios de escritura. Este tipo de antologías jugaba un papel muy importante en la supervivencia de los libros, porque la gran mayoría de las obras llegadas hasta hoy fueron, en un momento u otro, textos escolares» (VALLEJO, I., *El infinito en un junco. La invención de los libros en el mundo antiguo*, Siruela, 2019, pág. 196). La revolución tecnológica pone a nuestra disposición no ya soportes duraderos distintos al papel, sino un entramado de software (accesible a través de diferentes dispositivos) y plataformas digitales que permiten construir materiales diferentes susceptibles de brindar posibilidades de aprendizaje nuevas. Aunque este tipo de materiales pueda acabar desbancando a los «libros de texto» no puede ni debe arrinconar la nobleza de los libros que sustentan la necesaria formación humanista del estudiantado de Derecho. La historia, la filosofía, los ensayos jurídicos, la investigación volcada en páginas que buscan comunicarse son necesarias para adquirir ese bagaje humanista. En este trabajo no hablamos de esto, sino de algo más modesto: de nuevos materiales didácticos que aprovechan las posibilidades de las nuevas tecnologías frente a los tradicionales «libros de texto».

10 Sobre el concepto de nativos digitales y una visión crítica acerca de los factores sobre los que puede sustentarse, véanse HELSPER, E. J. y EYNON, R., «Digital natives: where is the evidence?», *British educational research journal*, vol. 36, núm. 3, 2010, págs. 503-520.

11 Escriben SUÁREZ-GUERRERO, RIBERA-VARGAS y REBOUR (2020:8): «Hoy, cuando se pregunta ¿con qué educar?, la posibilidad de tener a la tecnología como respuesta, es muy alta (SELWYN, 2016). No obstante, la pregunta por el "con qué" educar, que si bien es cierto es legítima y significativa al quehacer educativo, no es una pregunta que pueda ser formulada y respondida sin la concurrencia de otros elementos donde se entronca y adquiere sentido (..) La tarea aquí consiste en ensayar una mirada crítica y lo más holista posible para explorar, reconocer y valorar otras preguntas educativas sobre la tecnología digital en la educación. No se trata de ir en contra del desarrollo tecnológico, sino ver la Luna, no el dedo que la señala».

12 Los objetivos perseguidos pueden sintetizarse en los siguientes: Contribuir a hacer de la tecnología el Aula (parafraseando a Suárez Guerrero). Aprovechar las posibilidades que

Tras una larga década de recorrido, la difusión de estos manuales sufre un salto cualitativo incorporándose o reconvirtiéndose en la web UVDocencia Jurídica[13], que acaba de iniciar su andadura[14]. A continuación, explicaré la estructura de los materiales incluidos en UVDocencia jurídica. Parte de ellos se distribuyen por asignaturas y dentro de estas, en unidades didácticas. Otra parte, como el glosario, la base de jurisprudencia o los materiales audiovisuales tienen un carácter más transversal. Cada una de las unidades didácticas se estructura en varios apartados comunes, con un contenido lógicamente variable en función de la materia que se analiza. Son los siguientes: Competencias; Itinerario teórico; Itinerario práctico (compuesto de Documentos comentados, Base de jurisprudencia y Caso práctico); Glosario; Bibliografía; Preguntas frecuentes y Test de autoevaluación. A los anteriores se suman materiales audiovisuales de elaboración propia en dos formatos: entrevista y podcast. Es nuestro propósito hacerlos plenamente accesibles a personas con diversidad funcional. Las píldoras audiovisuales se encuentran no solo subtituladas sino también traducidas a lengua de signos, buscando dar una satisfacción lo más completa posible a este ambicioso objetivo[15].

En el apartado «Competencias» se fijan las metas que debe alcanzar el usuario al trabajar con los materiales que le ofrece cada unidad temática. Le muestran con claridad las capacidades o competencias que conseguirá desarrollar con su estudio y trabajo interactivo.

El «Itinerario Teórico» ofrece los conocimientos teóricos fundamentales sobre la materia. Constituyen una base de información orientativa en la que tienen anclaje las otras secciones del manual. El contenido se ofrece en dos formatos: en pantalla y en PDF descargable e imprimible.

---

ofrecen las TIC, aplicadas a la docencia del Derecho. Construir materiales docentes interactivos al servicio del aprendizaje autónomo. Reforzar el enfoque práctico de la materia, reduciendo la distancia entre teoría y práctica. Sugerir diferentes niveles de lectura ajustados a los variados perfiles de los destinatarios potenciales. Generar actitudes críticas y reflexión sobre los problemas actuales que plantea la sociedad. Brindar nuevas oportunidades de aprendizaje mediante materiales en línea fácilmente accesibles y sujetos a una constante actualización. Potenciar el desarrollo de «competencias blandas» orientadas a la empleabilidad de los futuros egresados.

13 https://www.uv.es/uvdocencia-juridica/en/uvdocencia-juridica.html Los materiales incluidos en UVDocencia jurídica han sido elaborados por profesores pertenecientes, en su mayor parte, el Grupo estable de innovación educativa «Manuales jurídicos y materiales docentes 3.0» (Dirs. M.ª Dolores Mas Badia y Fabiola Meco Tébar). Pueden consultarse sus nombres en: https://www.uv.es/uvdocencia-juridica/en/uvdocencia-juridica/equipo.html

14 En cualquier caso, durante un tiempo mantendremos también en paralelo su anterior alojamiento accesible a través de la siguiente dirección electrónica: https://www.uv.es/docius/materialesjuridicos.wiki.

15 Estos materiales audiovisuales pueden consultarse en UVdocencia jurídica o en la siguiente lista de reproducción del SFPIE: https://www.youtube.com/playlist?list=PLiPJNl1xCP1tOnmPUbKTI05aw8-TFsGoD

El «Itinerario práctico» es el que aporta, por su configuración, que explicaré inmediatamente, la mayor diferencia cualitativa con los manuales de corte tradicional que suelen emplearse en los estudios de Derecho. Se compone de tres apartados: Documentos comentados; Base de Jurisprudencia y Caso Práctico.

A) Documentos. Aproximan al estudiante a la realidad práctica de la materia. Pueden incluir, según las unidades didácticas: escrituras públicas, ejemplos de inscripciones en registros públicos, escritos privados, escritos procesales, documentación de tipo administrativo, contratos, etc. Por ejemplo, en la unidad didáctica «Los alimentos entre parientes», correspondiente al manual de «Derecho de Familia», se ofrecen tres documentos: una demanda de alimentos, una sentencia de divorcio con medida de alimentos y un escrito de solicitud de anticipo al Fondo de Garantía del Pago de Alimentos[16]. Se puede visualizar cada uno de ellos haciendo clic sobre el icono correspondiente. Tras su lectura, el programa informático lo explica al estudiante, a modo de profesor virtual. Una serie de flechas se mueven por el documento destacando determinadas partes del mismo, que quedan enmarcadas en un cuadro de borde rojo que parpadea varias veces. Simultáneamente, aparecen paneles informativos que ofrecen una explicación de la parte así destacada. Gracias a esta sección, el estudiantado se familiariza con documentos relevantes, estimulándose el proceso de aprendizaje orientado a la práctica, lo que le será de utilidad durante su formación y una vez egresado. La limitación de horas destinadas a cada asignatura en los Planes de estudio restringe el número de documentos jurídicos con los que se puede trabajar en el aula. De ahí los beneficios de disponer de una batería amplia de éstos, comentados con espíritu didáctico, que pueda ayudarle a desarrollar habilidades que le permitirán moverse con más soltura en sus inicios profesionales.

B) Base de Jurisprudencia. Cada unidad didáctica está conectada a una base de jurisprudencia común, de elaboración propia, en la que se incluye una selección de sentencias o resoluciones comentadas por los autores del manual sobre distintas cuestiones. La estructura de cada sentencia incluye cabecera, resumen de los hechos, reseña de doctrina y, lo que es especialmente importante por su valor formativo, un comentario realizado por el profesor, enlazando la doctrina de la resolución con la teoría explicada en el itinerario teórico. Las sentencias han sido escogidas y comentadas con criterios eminentemente didácticos. El carácter online del manual permite ir actualizando progresivamente la jurisprudencia de mayor impacto que vaya generándose, lo que representa una ventaja indiscutible frente a ediciones impresas.

C) Caso Práctico resuelto. En cada unidad didáctica, se formula un caso práctico relacionado con la materia correspondiente. A continuación, se plantean diversas cuestiones, que el lector debe resolver

16 https://www.uv.es/uvdocencia-juridica/es/derecho-familia/1-alimentos-parientes/los-alimentos-parientes-1286330586813/MaterialsJuridics.html?id=1286332142335&p2=3

fuera del ordenador o tableta. Finalmente, el programa muestra la solución del caso para que el usuario la coteje con las respuestas que haya dado. El objetivo es doble: profundizar y entender la materia y su aplicación práctica y desarrollar la habilidad de argumentar y dictaminar con fundamentos jurídicos ante problemas de la realidad.

Además de los anteriores apartados, UVDocencia jurídica incluye los siguientes:

A) Glosario. Se trata de un diccionario jurídico, de elaboración propia, sobre conceptos que el estudiante quizá necesite aclarar para seguir con comodidad la unidad didáctica.

B) Bibliografía. Cada unidad contiene una serie de referencias de bibliografía sobre la materia, a modo de sugerencias que permiten profundizar en ella.

C) Preguntas frecuentes o «FAQ». Se trata de una sección que resuelve preguntas o dudas habituales sobre la materia.

D) Test de autoevaluación con retroalimentación. Es una parte muy útil para el estudiantado pues le permite poner a prueba sus conocimientos y el grado de comprensión de la materia. En concreto, se brinda al usuario la posibilidad de autoevaluar sus conocimientos a través de un test de respuestas múltiples. Puede realizarse tantas veces como se desee. En cada ocasión, el programa informático selecciona aleatoriamente diez preguntas diferentes de entre las que componen una base mucho más amplia, que se va incrementando curso a curso. Tras corregir el test, se ofrece retroalimentación: el programa indica la solución correcta con una breve explicación adicional, lo que permite escalar posiciones en la asimilación de la materia y aclarar conceptos.

E) Materiales audiovisuales con subtítulos y traducción a lengua de signos, en dos formatos: entrevista y PODCAST (estos últimos, sobre cine, series de ficción y Derecho)[17]. En las píldoras audiovisuales en formato entrevista, diversos profesionales aportan una visión práctica, desde su experiencia, sobre cuestiones que tienen, en muchas ocasiones, carácter transversal. Ello permite incorporar una visión más realista de los asuntos tratados.

F) El proyecto contempla la inclusión futura, en cada unidad, de una tabla con las concordancias normativas de Derecho autonómico.

Escribe GARGALLO LÓPEZ que «la escuela siempre va por detrás de la sociedad», para, a continuación, añadir que «hay un desfase evidente entre el uso que de las nuevas tecnologías se hace a nivel general, en las diversas actividades sociales y económicas cotidianas y el que se hace en las escuelas»[18].

17 Pueden consultarse en la nota 15.

18 GARGALLO LÓPEZ, B., «Las nuevas tecnologías de la información y la comunicación y su incidencia en la educación», en GARGALLO LÓPEZ, B. (Dir.), *La integración de las nuevas tecnologías en los centros. Una aproximación multivariada*, Ministerio de Educación, Cultura y Deporte, 2003, pág. 20.

Aunque se ha avanzado mucho en el uso de metodologías innovadoras en la enseñanza del Derecho, la creatividad, la innovación al afrontar el diseño de nuevos materiales tiene todavía un largo camino por recorrer. Es necesario que aquéllos den el debido soporte al aprendizaje autónomo que se demanda al estudiantado y a unas clases con un enfoque práctico y participativo, venciendo, además, las limitaciones que imponen las escasas horas disponibles para trabajar la asignatura en el aula. Tras la experiencia de varios años, los profesores y profesoras que hemos utilizado el manual que acabo de presentar, hemos constatado las ventajas que tiene en comparación con formatos más tradicionales. Entre ellas, no es la menor su idoneidad como soporte para el aprendizaje autónomo del alumnado, uno de los pilares en que pretende basarse el Espacio Europeo de Educación Superior. No solo porque el manual se puede utilizar, gracias a las nuevas tecnologías, en cualquier momento y lugar, sino por el tipo de herramientas que brinda. Por otra parte, admite diversos grados de lectura, de modo que puede resultar útil tanto en la enseñanza en los Grados o Dobles Grados, como a nivel de Máster, e incluso en los comienzos del ejercicio profesional.

Además de lo anterior, hay que considerar que el Derecho es una materia en constante evolución. Cada año hay numerosas novedades legislativas y jurisprudenciales de diferente calado, y con el tiempo surgen necesidades sociales nuevas, lo que exige una constante labor de actualización y mantenimiento de los manuales. Al tratarse de materiales en línea esta labor se ve facilitada.

Para finalizar este apartado, me gustaría traer a colación algunos de los comentarios realizados por estudiantes que han utilizado el manual. Expresan que encuentran el formato mucho más adecuado para estudiar que el de los manuales tradicionales, entre otros aspectos, porque al contar con actividades y test de autoevaluación les permite ponerse a prueba y comprobar si realmente han entendido la materia. También destacan que les ha resultado más sencillo y ameno el estudio y, sobre todo, la comprensión del temario de la asignatura. Señalan que el manual les allana mucho la comprensión de la materia gracias a los numerosos ejemplos que contiene. Perciben y agradecen el gran trabajo que hay detrás. Les impacta cuando se lo mostramos por primera vez y confirman su enorme satisfacción con él una vez acabado el curso. Además, suelen opinar que les seguirá resultando útil en el futuro.

Esto paga con creces todo el esfuerzo e ilusión que hay detrás. Espero que al lector le resulte útil alguna de las experiencias desgranadas en estas páginas.

Bibliografía

AA. VV., UVdocencia jurídica (dir. Mas Badia, M.ª D. y Meco Tébar, F.), https://www.uv.es/uvdocencia-juridica/en/uvdocencia-juridica.html.

Helsper, E. J. & **Eynon, R.**, «Digital natives: where is the evidence?», *British educational research journal*, vol. 36, núm. 3, 2010. https://doi.org/10.1080/01411920902989227.

Gargallo López, B., «Las nuevas tecnologías de la información y la comunicación y su incidencia en la educación», en Gargallo López, B. (dir.), *La integración de las nuevas tecnologías en los centros. Una aproximación multivariada*, Ministerio de Educación, Cultura y Deporte, 2003.

Gros, B., «Retos y tendencias de futuro en la investigación acerca del aprendizaje con tecnologías digitales» [ponencias], *Curso La Educación Superior en Red*. Esenred. SFPIE. Universitat de València, 2014.

Mas Badía, M.ª D., «La vivienda, ese derecho incómodo», Valencia plaza, Tribuna Libre, 23 de mayo de 2023, https://valenciaplaza.com/la-vivienda-ese-derecho-incomodo

— «Manuales jurídicos 3.0: la enseñanza del Derecho en la era digital», en Palao Gil, F. J., Mas Badía, M.ª D. y Tasa Fuster, V. (dirs.), *La innovación educativa en Derecho: nuevos métodos para una sociedad en transformación*, Tirant lo Blanch, 2020.

— «Materiales didácticos para el aprendizaje del derecho en contextos de docencia presencial, virtual o híbrida: Un nuevo modelo de manual jurídico frente al libro de texto», en Cruz Ángeles, Jonatán (coord.), *Innovación en la docencia e investigación de las ciencias jurídicas, económicas y empresariales*, vol. I. Experiencias de innovación en la docencia del derecho, Dykinson, 2021.

Pinilla Burgos, R., «Vivienda, casa, hogar. Las contribuciones de la filosofía al problema del habitar», *Documentación social*, núm. 138, 2005.

Suárez-Guerrero, C., **Rivera-Vargas, P.** y **Rebour, M.**, «Preguntas educativas para la tecnología digital como respuesta», *Edutec. Revista Electrónica De Tecnología Educativa*, núm. 73, 2020.

Vallejo, I., «El infinito en un junco. La invención de los libros en el mundo antiguo», Siruela, 2019.

Viehweg, T., «Tópica y jurisprudencia», Prólogo de E. García de Enterría, Traducción de L. Díez-Picazo y Ponce de León, Taurus, 1964.

INNOVACIÓN DOCENTE EN EL DERECHO TRIBUTARIO: USO DE RECURSOS DIGITALES DE LA AGENCIA TRIBUTARIA EN EL ANÁLISIS DE CASOS PRÁCTICOS[1]

Fernando Hernández Guijarro
Profesor Titular del Dpto. de Economía y Ciencias Sociales
Universitat Politècnica de València

Vicente Gomar Giner
Profesor asociado del Dpto. de Economía y Ciencias Sociales
Universitat Politècnica de València

RESUMEN: La educación universitaria debe enfocarse, entre otros aspectos, en preparar a los estudiantes para las salidas profesionales que les corresponden, dotándolos de las competencias y habilidades necesarias para que, al finalizar sus estudios, puedan ejercer una profesión con los conocimientos teóricos y prácticos adecuados. Actualmente, la mayoría de las comunicaciones con la Administración Tributaria se realizan a través de medios digitales, y la Agencia Estatal de Administración Tributaria (AEAT) ofrece una gran cantidad de recursos digitales en su sitio web para facilitar el cumplimiento correcto de las obligaciones tributarias. Esta innovación docente busca acercar esta tecnología y herramientas a los estudiantes, permitiéndoles realizar prácticas similares a las que encontrarán en los puestos de trabajo a los que aspiran. En este contexto, la consulta y el trabajo en la propia web de la AEAT resultará una valiosa herramienta didáctica y de aprendizaje para su futuro profesional. Además, familiarizarse con estos recursos digitales les proporcionará una ventaja competitiva en el mercado laboral, ya que estarán mejor preparados para adaptarse a las tecnologías y procesos actuales en el ámbito tributario y administrativo. Así, se garantiza una formación integral y actualizada, alineada con las exigencias del entorno profesional contemporáneo.

---

1 El presente trabajo se enmarca en el *Proyecto de Innovación Educativa Consolidado* «La ludoteca jurídica», concedido por la Universitat de València (ref. UV-SFPIE_PIEC-2734629), del cual es coordinador el prof. Pedro Chaparro Matamoros.

SUMARIO: 1. INTRODUCCIÓN. 2. LA UTILIZACIÓN DE LA COMUNICACIÓN ELECTRÓNICA PARA RELACIONARSE CON LA ADMINISTRACIÓN. 3. EL PORTAL WEB DE LA ADMINISTRACIÓN TRIBUTARIA. 4. EL USO DE LOS RECURSOS DIGITALES: ESTUDIO Y ANÁLISIS DE CASOS REALES EN MATERIA TRIBUTARIA. 4.1. La base de datos de consultas tributarias de la Dirección General de Tributos. 4.2. La base de datos de resoluciones del Tribunal Económico-Administrativo Central. 4.3. Otros recursos digitales: programas de autoliquidación de impuestos. 5. CONCLUSIONES. BIBLIOGRAFÍA.

1. Introducción

La educación universitaria ha adoptado una nueva estructura homogénea en el Espacio Europeo de Educación Superior, surgida del proceso de Bolonia. Este nuevo paradigma pedagógico dirige las metodologías docentes hacia el aprendizaje autónomo del estudiante. No se trata únicamente de impartir exposiciones magistrales o clases unidireccionales donde el profesor transmite conocimientos y los estudiantes, pasivos, se limitan a tomar apuntes y comprender lo explicado. El nuevo modelo de enseñanza universitaria «obliga a los profesores a un esfuerzo por proponer actividades de aprendizaje autónomo y a calcular el tiempo real que supone a un alumno medio superar su asignatura contando todo el trabajo que ello conlleva»[2].

La nueva didáctica universitaria requiere que el docente saque el mejor «yo» de cada estudiante, y para ello debe esforzarse en transmitir sus conocimientos de manera que despierte el interés hacia la materia. Es necesario hacerlo de forma práctica y mostrando su relevancia en el futuro profesional que les espera al concluir sus estudios universitarios. En definitiva, «formar es favorecer el desarrollo del mejor profesional y de la mejor persona posible, en unicidad»[3].

Inspirado por este enfoque innovador, se presenta una experiencia en la docencia del Derecho Tributario. El propósito de este trabajo es demostrar los beneficios y ventajas de la incorporación de recursos digitales como método de aprendizaje en esta disciplina, típica de Grados y Masters de contenido jurídico-económico. Esta actividad introduce nuevas competencias en el aprendizaje y prepara a los estudiantes para las salidas profesionales derivadas de sus estudios, tales como economista, abogado, procurador, gestor administrativo, entre otros. Es fundamental que dominen estas herramientas tecnológicas para el correcto desarrollo de su actividad, tanto para cumplir con sus obligaciones fiscales como para acceder a información y criterios de la Administración Tributaria, y así poder asesorar y asistir adecuadamente a sus futuros clientes.

---

2 Valle López, J. M., «El proceso de Bolonia: un nuevo marco de aprendizaje para la educación superior», en *Cómo enseñar en el aula universitaria*, Pirámide, Madrid, 2010, pág. 53.

3 De la Herrán, A. y Álvarez, N., «Para qué enseñar: significado y sentido de la formación universitaria», en *Cómo enseñar en el aula universitaria*, Pirámide, Madrid, 2010, pág. 73.

2. La utilización de la comunicación electrónica para relacionarse con la Administración

La Directiva 2000/31/CE definió como «sociedad de la información» la extraordinaria expansión de las redes de telecomunicaciones, especialmente Internet, como medio de transmisión e intercambio de todo tipo de información. Su integración en la vida económica y social ofrece innumerables ventajas, tales como la mejora de la eficiencia empresarial, el aumento de las opciones para los usuarios y la aparición de nuevas fuentes de empleo.

Para cumplir con la necesidad de acercar la Administración a los ciudadanos a través de medios informáticos y tecnológicos, el Legislador español promulgó la Ley 11/2007, de 22 de junio, de acceso electrónico de los ciudadanos a los Servicios Públicos. Esta norma general, aplicable a todas las Administraciones, se creó con una verdadera vocación de servicio, otorgando a los ciudadanos el derecho a relacionarse con las Administraciones por medios electrónicos y estableciendo la obligación de estas de responder por el mismo canal.

Bajo esta premisa legal, es esencial introducir a los estudiantes en el conocimiento y uso de las sedes electrónicas de las Administraciones como herramienta de trabajo. No solo como ejercicio práctico y para el desarrollo de trabajos, sino también como medio de aprendizaje y herramienta de trabajo en el aula. Al abordar casos prácticos que pudieran presentarse en su futura profesión o en la actividad de una Administración Pública, el profesor no solo enseña la teoría de la materia jurídico-económica, sino que también muestra la práctica y el ejercicio que los estudiantes deberán realizar al concluir sus estudios universitarios.

Con este enfoque, avanzamos en la dirección correcta académica, pues «el objetivo de la docencia no es la transmisión de datos informativos sino el fomento de los hábitos intelectuales y prácticos»[4]. Estos hábitos y prácticas permitirán a los estudiantes conocer su entorno y lo que les espera al incorporarse al mundo profesional. Con esta anticipación, la Universidad mejorará su función y contribuirá al desarrollo de sus alumnos, dado que «cada uno de nosotros es por mitad lo que él es y lo que es el ambiente en el que vive. Cuando este coincide con nuestra peculiaridad y la favorece, nuestra personalidad se realiza por entero»[5]. Por ello, familiarizarse con el futuro ambiente profesional de los alumnos contribuirá significativamente a su desarrollo personal y profesional.

---

4 Llano Cifuentes, A., *Repensar la Universidad. La Universidad ante lo nuevo*, Ediciones Internacionales Universitarias, Madrid, 2003, pág. 104.

5 Ortega y Gasset, J., *¿Qué es Filosofía?*, Espasa Calpe, Madrid, 1995, págs. 65-66.

3. El portal web de la Administración Tributaria

En el conocimiento y práctica del uso de Internet, es conveniente centrar el trabajo en clase en el portal que ofrece la Agencia Española de la Administración Tributaria[6]. Esta entidad dispone de una sede electrónica (http://www.agenciatributaria.es/) extensa y con un gran volumen de conceptos y procedimientos administrativos.

Debido al amplio abanico de posibilidades que ofrece este portal, el esfuerzo del profesor debe enfocarse en las partes de la sede que sean relevantes para la información tributaria útil y que se relacionen con la materia prevista en la guía docente de la asignatura. La sede electrónica de la Agencia Tributaria dispone de enlaces que dirigen a información y trámites específicos, permitiendo seleccionar con facilidad el apartado que interesa al usuario de la web.

Como complemento perfecto a la teoría sobre el sistema tributario y las distintas figuras impositivas, el conocimiento y uso de la base de consultas de la Dirección General de Tributos (DGT), las resoluciones del Tribunal Económico-Administrativo Central (TEAC), y el ejercicio práctico de trámites censales como el alta y la presentación de declaraciones fiscales de impuestos conocidos, como el Impuesto sobre la Renta de las Personas Físicas o el Impuesto sobre el Valor Añadido, serán ideales para el desarrollo de este aprendizaje formativo.

Dicho esto, el sistema universitario no debe olvidar nunca que el uso de las tecnologías, los medios telemáticos y el conjunto de herramientas informáticas disponibles hoy en día no sustituyen el necesario conocimiento sustantivo ni la capacidad y el deseo de razonar que el profesor debe promover en el aula. Como señala LLANO CIFUENTES, «si algo ha dejado establecido la mejor filosofía clásica y contemporánea es que el saber no consiste en un simple cambio sino en una novedad pura. Por eso el ordenador en el que ahora estoy escribiendo no puede conocer en modo alguno, ni siquiera 'simular' un conocimiento, todo lo que digo por escrito se me ha ocurrido a mí o lo he aprendido de otros seres humanos, pero mi PC no añade nada a mis ocurrencias, solo las registra, las ordena y las conserva»[7].

---

6 La Agencia Tributaria fue creada por el art. 103 de la Ley 31/1990, de 27 de diciembre, de Presupuestos Generales del Estado para 1991. Se configuró como una entidad de derecho público adscrita al entonces Ministerio de Economía y Hacienda. La Agencia Tributaria tiene encomendada la aplicación efectiva del sistema tributario estatal y aduanero, así como de aquellos recursos de otras Administraciones públicas nacionales o de la Unión Europea cuya gestión se le encomiende por ley o por convenio.

7 LLANO, A., *Repensar la Universidad. La Universidad ante lo nuevo*, Ediciones Internacionales Universitarias, Madrid, 2003, pág. 104.

4. El uso de los recursos digitales: estudio y análisis de casos reales en materia tributaria

La integración de casos prácticos en el entorno académico ha sido una innovación docente crucial, ya que acerca el conocimiento a las demandas profesionales que aguardan a los estudiantes. Ampliamente adoptado en universidades anglosajonas y en las principales escuelas de negocios, el método del caso implica más que simplemente asignar tareas prácticas a los alumnos; requiere la participación activa del profesor para guiar adecuadamente su desarrollo. El enfoque no consiste en validar los resultados por parte del docente, sino en acompañar a los estudiantes en su proceso de aprendizaje.

La excelencia en la enseñanza universitaria radica en una estrategia que, además de formar a los estudiantes como profesionales y personas de manera integral, les enseñe a aprender. Este noble objetivo se logra, entre otras cosas, mediante el método del caso. En este sentido, «trabajar con este método es particularmente beneficioso en el ámbito del Derecho Tributario, ya que no solo facilita la adquisición de conocimientos de manera más efectiva que el estudio abstracto, sino que también incorpora la práctica al mero conocimiento, adaptando el proceso de adquisición de conocimientos y habilidades a las necesidades de casos reales y minimizando, casi eliminando, la desconexión entre los requisitos de aprendizaje y las demandas de la sociedad»[8].

Este enfoque es ideal para abordar casos derivados de situaciones tributarias reales que han sido planteados ante la Dirección General de Tributos o el Tribunal Económico-Administrativo Central. Estos casos pueden presentarse a los estudiantes con el fin de desarrollar, de manera colaborativa, sus competencias y habilidades para comprender y argumentar sobre el criterio fiscal propuesto por la administración, así como para razonar el proceso de silogismo jurídico y llegar a conclusiones administrativas.

4.1. La base de datos de consultas tributarias de la Dirección General de Tributos

Al acceder a la plataforma electrónica de la Agencia Tributaria, podemos ingresar al apartado de 'normativa y criterios interpretativos'[9]. Si bien esta página web contiene múltiples fuentes de información normativa, algunas

8 Colao Marín, P. A., «La enseñanza y aprendizaje del Derecho Tributario en Administración y Dirección de Empresas: competencias, contenidos y referencia a la importancia del método del caso», *Revista Jurídica de Investigación e Innovación Educativa*, núm. 12, 2015, pág. 89.

9 Sitio web: http://www.agenciatributaria.es/AEAT.internet/Normativa_criterios_interpretativos.shtml.

no son relevantes para los objetivos de nuestro trabajo. Sin embargo, destacan dos secciones: Consultas y Doctrina del TEAC, que proponemos como herramientas para el futuro aprendizaje y práctica profesional en el ámbito del Derecho Financiero y Tributario.

En cuanto a las consultas, al explorar esta sección, los alumnos se encuentran con dos tipos de criterios interpretativos: aquellos establecidos por la Dirección General de Tributos y los denominados INFORMA (preguntas frecuentes). Nos enfocaremos en las consultas de la DGT debido a su fundamento legal expreso. La Ley 58/2003, de 17 de diciembre, General Tributaria, dedica dos preceptos a las consultas tributarias escritas y los efectos de sus respuestas[10].

Es importante resaltar que todas las consultas tributarias escritas corresponden a situaciones reales planteadas por contribuyentes a la Administración Tributaria, las cuales son luego publicadas en su plataforma para conocimiento público. Además, una característica fundamental del criterio expresado en una consulta de la DGT es que el contribuyente que siga dicho criterio no será responsable de infracción fiscal según el artículo 179.2.d) de la LGT, lo que proporciona seguridad jurídica al alumno. No obstante, el docente debe fomentar la opinión crítica y constructiva de los alumnos respecto a este criterio, permitiendo la consideración de otras soluciones o criterios legítimos.

Para llevar a cabo esta labor didáctica, el profesor puede formar equipos de trabajo con un número determinado de alumnos, presentar una situación tributaria específica y otorgar a los grupos un tiempo para que busquen, ordenen y justifiquen el criterio jurídico más adecuado basado en las consultas de la DGT. Después de la deliberación en cada grupo, el docente supervisará las exposiciones de los alumnos, brindando su conocimiento y, principalmente, guiándolos en el razonamiento. Se analizará el caso, las normas aplicables y la conclusión jurídica resultante. Como afirmaba Aristóteles, la inteligencia no solo reside en el conocimiento, sino también en la habilidad para aplicarlo en la práctica.

Además, una vez obtenida la respuesta propuesta por la Administración Tributaria, es beneficioso que el profesor discuta con los grupos otros razonamientos jurídicos alternativos. En este sentido, las reglas de interpretación, calificación e integración de normas del ordenamiento jurídico (LGT y Código Civil) serán fundamentales para explorar otras conclusiones o soluciones fiscales. Asimismo, los principios generales del Derecho proporcionarán a los alumnos herramientas para comprender el fundamento de la norma y su interpretación. Según el profesor García de Enterría[11], la elección de un

10 Concretamente los arts. 88 y 89 LGT. Estos preceptos se encuadran dentro de la Sección 2.ª, del Capítulo I, del Título III de la citada Ley, que desarrolla todo lo relativo a la información y asistencia a los obligados tributario.

11 García de Enterría, E., «Reflexiones sobre la Ley y los principios generales del Derecho en el Derecho administrativo», *Revista de Administración Pública*, núm. 40, 1963, pág. 169.

criterio interpretativo no puede ser validada por el Juez sin considerar los principios generales del Derecho, que sirven como herramientas esenciales para dar coherencia al sistema legal.

Este enfoque colaborativo y reflexivo entre los alumnos y el profesor promoverá el desarrollo de juristas con juicio y pensamiento crítico, lo que concuerda con los objetivos de la formación universitaria y con la meta de que los estudiantes aprendan a aprender.

4.2. La base de datos de resoluciones del Tribunal Económico-Administrativo Central

La utilización de la sede electrónica de la AEAT como una fuente de criterio administrativo-tributario es una innovación destacada en nuestra estrategia docente. La disponibilidad de una base de datos de resoluciones del TEAC[12] ofrece una valiosa oportunidad para enriquecer la formación práctica de los alumnos, dado que estos tribunales son los primeros en revisar las acciones de la Agencia Tributaria.

Es esencial resaltar el impacto de la doctrina reiterada de este tribunal administrativo, la cual establece que «vinculará a los tribunales económico-administrativos regionales y locales y a los órganos económico-administrativos de las Comunidades Autónomas y de las Ciudades con Estatuto de Autonomía y al resto de la Administración tributaria del Estado y de las Comunidades Autónomas y de las Ciudades con Estatuto de Autonomía»[13]. Por lo tanto, es fundamental que el profesorado promueva el trabajo en equipo utilizando esta base de datos, con el claro objetivo de que los alumnos no solo aprendan a manejar una herramienta informática específica o una base de consultas, sino que también desarrollen su capacidad de razonamiento jurídico tributario.

La funcionalidad de búsqueda por preceptos específicos en la base de datos de la doctrina del TEAC facilita la comparación de diferentes resoluciones que pueden ofrecer soluciones divergentes, aunque de escasa relevancia jurídica. Es común que los distintos Tribunales Económicos-Administrativos Regionales ofrezcan soluciones diversas cuando la normativa aplicable no es clara o concisa, y el propio TEAC ha cambiado de criterio en situaciones fácticas similares. La posibilidad de contradicción entre los distintos tribunales es tan significativa que existe un recurso denominado 'extraordinario para la unificación de doctrina', que puede ser interpuesto por el director general de Tributos contra una resolución del TEAC y será resuelto por una Sala especial del propio TEA.

---

12 Sitio web: http://serviciostelematicos.minhap.gob.es/DYCteac/.

13 Art. 239.8 LGT.

Este análisis de las resoluciones del TEAC, al igual que sucede con las consultas de la DGT, debe fomentar un espíritu de sano escepticismo entre los alumnos que se acercan por primera vez a la práctica del Derecho. Sin embargo, es crucial recordar que todo buen principiante es escéptico, pero todo escéptico es solo un principiante. Por lo tanto, la duda constructiva o la crítica a los pronunciamientos administrativos deben impulsar una mentalidad de progreso científico, permitiendo a los estudiantes del Grado de Derecho asumir su futuro papel en el desarrollo jurídico e incluso proponer disposiciones *de lege ferenda*.

4.3. Otros recursos digitales: programas de autoliquidación de impuestos

Para culminar nuestra exploración de la sede electrónica de la Agencia Tributaria, nos adentramos en una práctica esencial: el alta censal y la presentación de declaraciones fiscales por medios telemáticos.

De todos los ejercicios propuestos en el aula, este puede considerarse quizás el menos enriquecedor desde una perspectiva pedagógica. Si definimos los objetivos de la docencia como «aquello que el profesor pretende alcanzar, y por métodos docentes, la forma o estrategia con la que éste trata de alcanzar dichos objetivos», este último ejercicio se reduce a una práctica de conocimiento práctico de una aplicación informática de la AEAT para cumplir con obligaciones tributarias. Se limita a una mera introducción de datos requeridos por la normativa fiscal en la aplicación informática para la correcta cumplimentación de obligaciones tributarias, como el alta censal al iniciar la actividad profesional y la presentación de declaraciones trimestrales por IVA en caso de prestar servicios sujetos y no exentos.

Sin embargo, esta práctica introduce a los alumnos en la comprensión de herramientas clave y en un conjunto de obligaciones inherentes a las profesiones derivadas de sus estudios jurídico-económicos. Aunque puede parecer un ejercicio mecánico, es fundamental para familiarizar a los estudiantes con estas herramientas y responsabilidades, preparándolos para su futura vida profesional.

Al completar esta última práctica, consideramos que hemos abordado de manera integral la exploración de la sede electrónica de la Agencia Tributaria. Estos conocimientos prácticos complementan la formación teórica y brindan seguridad al alumno al percibir cómo su dedicación y estudio del Derecho Financiero se traducen en habilidades funcionales y lo introducen en el mundo del ejercicio profesional.

5. Conclusiones

La presente propuesta de utilización y aprendizaje de los recursos digitales, como la sede electrónica de la Agencia Tributaria, junto con ejercicios colaborativos entre grupos de alumnos y la participación activa del profesor como agente promotor e incentivador de opiniones y reflexiones sobre la justicia tributaria en los criterios del DGT y las resoluciones del TEAC, constituye un avance significativo hacia un nuevo paradigma pedagógico centrado en el método del caso práctico.

Esta metodología fomentará el desarrollo de la capacidad creativa de los estudiantes al compartir ideas y discutir enfoques jurídicos fundamentados en sus propios estudios y conocimientos previos. Además, permitirá una aproximación más realista al ejercicio profesional al analizar y estudiar casos reales planteados por contribuyentes ante la Administración Tributaria en busca de orientación sobre situaciones fiscales específicas. Este enfoque supera los métodos de enseñanza tradicionales, que a menudo están desconectados de la práctica profesional.

Por último, consideramos que esta integración de actividades, que involucra el trabajo en equipo de los estudiantes utilizando la sede electrónica de la AEAT, el análisis de experiencias tributarias reales presentadas en las consultas del DGT y las resoluciones del TEAC, y la participación activa del profesor en el proceso de aprendizaje, contribuye de manera integral a la mejora de la enseñanza y el aprendizaje del Derecho Financiero y Tributario. Esta sinergia entre recursos digitales, casos reales y orientación docente enriquece la formación académica y prepara a los estudiantes para los desafíos del ejercicio profesional en el ámbito tributario.

Bibliografía

Colao Marín, P. A., «La enseñanza y aprendizaje del Derecho Tributario en Administración y Dirección de Empresas: competencias, contenidos y referencia a la importancia del método del caso», *Revista Jurídica de Investigación e Innovación Educativa*, núm 12, 2015.

De la Herrán, A. y **Álvarez, N.**, «Para qué enseñar: significado y sentido de la formación universitaria», en *Cómo enseñar en el aula universitaria*, Pirámide, Madrid, 2010.

García de Enterría, E., «Reflexiones sobre la Ley y los principios generales del Derecho en el Derecho administrativo», *Revista de Administración Pública*, núm. 40, 1963.

Llano Cifuentes, A., «Repensar la Universidad. La Universidad ante lo nuevo», Ediciones Internacionales Universitarias, Madrid, 2003.

Ortega y Gasset, J., «¿Qué es Filosofía?», Espasa Calpe, Madrid, 1995.

Peñuelas i Reixach, L., «La docencia y aprendizaje del Derecho en España», Marcial Pons, Madrid, Barcelona, Buenos Aires, 2009.

Valle López, J. M., «El proceso de Bolonia: un nuevo marco de aprendizaje para la educación superior», en *Cómo enseñar en el aula universitaria*, Pirámide, Madrid, 2010.

INNOVACIÓN EDUCATIVA A TRAVÉS DEL SISTEMA DE CASOS: LA CRIMINALIDAD ECONÓMICA Y ECOLÓGICA (CRIMECO^2)

Esteban Morelle Hungría
Profesor Permanente Laboral de Derecho Penal
Universitat Jaume I, Castellón

Anna Raga i Vives
Profesora Ayudante de Derecho Penal
Universitat Jaume I, Castellón

RESUMEN: En el trabajo se incide en un sistema que busca adaptar diferentes metodologías docentes para profundizar en el estudio de la criminalidad en sus distintas manifestaciones. El objetivo del proyecto es integrar distintos enfoques específicos de la criminalidad para que los estudiantes comprendan el fenómeno de manera integral. Para alcanzar este fin, se emplea el ya tradicional y extendido método del caso (case method). No obstante, lo novedoso de este sistema reside en que cuenta con la colaboración de profesores extranjeros que tienen completamente implementada esta metodología en su sistema educativo. Además de ello, intervienen docentes de distintas disciplinas, con el objetivo de proporcionar una visión integral de la problemática de los casos que se plantearán en el aula.

1. Introducción

En una sociedad en constante evolución, donde las nuevas tecnologías son el auténtico «motor del cambio», el mundo académico debe adaptarse. En este sentido, en la Universitat Jaume I de Castellón, hemos desarrollado un proyecto de innovación educativa que pretende integrar diferentes metodologías docentes para profundizar en el estudio de la criminalidad en sus distintas manifestaciones[1]. Para alcanzar este propósito, se entremezcla el estudio de la delincuencia económica y ecológica, las líneas de investigación que mayor complejidad albergan, tal como nos muestran los datos de Europol y Eurojust (2023).

Este proyecto tiene como fin integrar estas dos líneas específicas de la criminalidad para que el estudiantado comprenda el fenómeno de manera integral y dinámica. Para alcanzar este objetivo, se emplea el ya tradicional y extendido método del caso *(case method)*[2]. En particular, se incorpora este método con diversas propuestas que se están desarrollando en otros sistemas educativos superiores del Reino Unido. Así, se diseña un enfoque interdisciplinar al contar con profesorado especializado en Derecho y Sociología, siendo estas las disciplinas principales donde interseccionan estas tipologías delictivas.

Cabe destacar que, en nuestro modelo educativo superior, la Criminología no está considerada como un área de conocimiento independiente. Por ello, la mayoría de los criminólogos se encuentran dentro de las áreas de Derecho penal y Sociología. Otros modelos universitarios extranjeros conectan la Criminología más con las ciencias sociales que con el Derecho. Desde esta perspectiva, creemos que la integración de profesorado de estas áreas, habituado a un método de enseñanza más práctico mediante seminarios y estudios de casos concretos, nos permitirá afrontar los principales retos que plantea esta propuesta. La complejidad de las consecuencias de este tipo de delincuencia debe ser tenida en cuenta. Para ello, se realizarán seminarios donde se analizarán casos reales, permitiendo una visión integral de esta criminalidad.

2. Motivación y configuración del proyecto

2.1. Adaptación del aprendizaje a la realidad global

Creemos que la metodología tradicional en la educación superior debe ser una prioridad. Su valor es indiscutible para formar una base teórica sólida. Sin embargo, en un mundo tan complejo como el actual, es imprescindi-

1 Combinació de metodologies innovadores a l'àmbit de la criminalitat econòmica i ecològica a través del sistema d'estudi de casos amb perspectiva integral (ECO-CRIM-2023). REF: 51149.

2 El método del caso implica el análisis y discusión de casos reales o simulados para fomentar un aprendizaje más profundo. Sobre el particular, *vid.* GARVIN, D. A., «Making the case», *Harvard Magazine*, vol. 106, 2003, págs. 56-107; WEAVER, R. L., «Langdell's legacy: Living with the case method», *Vill. L. Rev.*, núm. 36, 1991, págs. 520 y ss. y KUNSELMAN, J. C y JOHNSON, K. A., «Using the case method to facilitate learning», *College teaching*, vol. 52, núm. 3, 2004, págs. 87-92.

ble evolucionar y adaptar las prácticas educativas a estas nuevas formas y métodos que surgen ante una transformación constante. Teniendo en cuenta nuestra experiencia práctica, consideramos que la metodología clásica, centrada principalmente en clases magistrales, lecturas y exámenes, no es suficiente para que el estudiantado adquiera las competencias incluidas en las titulaciones. Asimismo, la criminalidad, en particular, ha evolucionado de una forma vertiginosa, adaptándose a nuevas formas comisivas y con planteamientos de alcance trasnacional.

Con esta propuesta no pretendemos prescindir de la metodología tradicional[3], sino que se pretende adaptar esta propuesta y transformarla para que tenga un contenido más práctico. Proponemos el desarrollo de un método educativo que no solo incluya la necesaria e ineludible clase magistral, sino que, de forma dinámica, integre activamente las diversas facetas de la criminalidad. El *case method* es particularmente adecuado para este fin, ya que permite la inmersión del estudiantado en situaciones complejas y multifacéticas, crucial para la comprensión integral de los problemas de criminalidad contemporánea.

A menudo, los estudiantes, posiblemente abrumados por la extensión del temario, no perciben la interrelación entre los diferentes temas que estudian. La enseñanza puramente teórica no les expone a la diversidad de problemas prácticos a los que podrían enfrentarse en el futuro. Dominar un concepto no es suficiente si no se comprenden los problemas aplicativos o interpretativos que este alberga.

Además, desde la perspectiva del alumno, resulta especialmente difícil cohonestar la asignatura con otras áreas del conocimiento. De hecho, en ocasiones, los estudiantes perciben las lecciones como «estancas». Esta percepción fragmentada les dificulta reconocer lo interdisciplinar y dinámico del temario. En ese sentido, para hacer frente a este escollo, la metodología del caso puede resultar particularmente atractiva.

2.2. Fomento de la capacidad analítica y crítica

La segunda razón que fundamenta nuestra propuesta es el potencial que tiene el *case method* para desarrollar la capacidad analítica y crítica del estudiantado. Frente a la creciente complejidad de los delitos económicos y ecológicos, es vital que los estudiantes puedan enfrentar y resolver problemas reales. El método del caso ofrece esta oportunidad, pone a los estudiantes frente a situaciones reales y les desafía a aplicar la teoría previamente explicada en la clase magistral.

---

3 Pues en ningún caso se puede prescindir de las clases magistrales, tal como expone PERIAGO MORANT, J. J., «La innovación docente en las asignaturas de Derecho Penal. Algunas dudas y certezas», en ANDRÉS SEGOVIA, B., PEDROSA LÓPEZ, C., CHAPARRO MATAMOROS, P. y GÓMEZ ASENSIO, C. (dirs.), *Innovación docente en Derecho: herramientas digitales, nuevos desarrollos y perspectiva global*, Colex, A Coruña, 2023, pág. 184.

Este enfoque no solo mejora las habilidades de pensamiento crítico, sino que también prepara a los estudiantes para la toma de decisiones. Enfrentarse a estos desafíos mediante el estudio de casos conduce a una comprensión más profunda de las causas, consecuencias y soluciones posibles para los problemas que se plantean. También incentiva la colaboración entre los propios estudiantes, fomenta el intercambio de conocimiento y el debate entre ellos[4]. Al enfrentarse conjuntamente a distintos casos prácticos, mejoran sus habilidades, y aprenden a valorar diferentes enfoques. El aprendizaje colaborativo es esencial para el desarrollo de un pensamiento crítico más sólido, habilidades indispensables en un campo tan dinámico y en constante evolución como es la Criminología[5].

3. La transformación de la metodología

La transformación de la metodología educativa universitaria hacia un enfoque que incluya el método de casos en seminarios interdisciplinares sobre delincuencia económica y ecológica puede ser significativamente enriquecida mediante el intercambio con profesorado del Reino Unido, tal como hemos expuesto. No obstante, este proceso implica varios pasos y cambios estratégicos para integrar eficazmente el conocimiento y la experiencia internacional.

Primero, es esencial realizar un diagnóstico y planificación adecuados. Se debe evaluar la metodología actual, analizando las técnicas tradicionales como clases magistrales, exámenes escritos y trabajos de investigación, para identificar áreas de mejora. A partir de esta evaluación, se deben determinar las competencias específicas que los estudiantes deben adquirir en el ámbito de la delincuencia económica y ecológica. Con estos datos, se diseña el nuevo enfoque, definiendo objetivos educativos claros, como el desarrollo de habilidades analíticas y críticas, y estructurando un plan de estudios que incluya la integración de casos reales y el intercambio de conocimientos interdisciplinarios.

El desarrollo del contenido es un paso crucial. Esto incluye la selección de casos reales de delincuencia económica y ecológica a nivel local y global, y la

4 PÉREZ LLEDÓ, J. A., «La enseñanza del Derecho en Estados Unidos», *DOXA*, núm. 12, 1992, págs. 41 y ss.

5 El método del caso, en general, ayuda a crear una atmósfera de aprendizaje activo en el aula, donde los estudiantes se encuentran activamente involucrados en su proceso de aprendizaje. Pero es que, además, los profesores también se benefician del método, en tanto que tienen que rediseñar continuamente sus estrategias de enseñanza. Por ejemplo, el uso de este método puede servir para que el profesor renueve continuamente el material que proporciona en el aula, lo cual no solo resulta estimulante para el alumnado, lo cual es el objetivo del método, sino también para el propio profesor. Sobre el particular, *vid.* KUNSELMAN, J. C. y JOHNSON, K. A., «Using the case method to facilitate learning», cit. pág. 92.

preparación de materiales de estudio que proporcionen un contexto completo sobre cada caso, incluyendo antecedentes, actores involucrados y consecuencias. Además, se deben elaborar módulos interdisciplinares que combinen conocimientos de Derecho, Economía, Medio ambiente, Sociología, y otras áreas relevantes. Por todo ello, es importante diseñar ejercicios y actividades prácticas que fomenten una comprensión integral de los problemas tratados.

La implementación en el aula debe ser cuidadosamente estructurada. Los seminarios pueden dividirse en sesiones centradas en el análisis de casos específicos desde múltiples perspectivas, con lecturas y trabajos preparatorios asignados para cada sesión. Es crucial desarrollar habilidades prácticas a través de debates, simulaciones y *role-plays* basados en los casos estudiados, facilitados por profesores visitantes del Reino Unido. Además, se debe fomentar el trabajo en equipo y la resolución colaborativa de problemas. La evaluación continua es clave, combinando la evaluación formativa (como la participación en clase, presentaciones y trabajos en grupo) con la evaluación sumativa (trabajos finales que integren los conocimientos adquiridos y propongan soluciones a casos complejos).

Para asegurar la mejora del sistema, es esencial pedir un *feedback*, mediante encuestas y entrevistas con estudiantes y profesores sobre la efectividad del nuevo enfoque. Además, se deben analizar los resultados académicos y el impacto en la comprensión y aplicación práctica de los temas. Con base en este *feedback*, es necesario ajustar los contenidos y métodos, actualizando continuamente los casos y materiales para reflejar los nuevos desarrollos en los campos de la delincuencia económica y ecológica.

Incorporar a profesorado del Reino Unido ofrece múltiples beneficios. En primer lugar, enriquece el contenido educativo con una perspectiva internacional y diversa, y proporciona acceso a las últimas investigaciones y metodologías utilizadas en universidades británicas de prestigio. Además, desarrolla competencias globales, mejorando las habilidades interculturales de estudiantes y profesores y creando redes de colaboración académica y profesional internacionales. Finalmente, incorpora métodos de enseñanza innovadores utilizados en el Reino Unido, que pueden adaptarse al contexto local, beneficiando a ambos sistemas educativos. La selección de esta variable se ha diseñado teniendo en cuenta que el sistema educativo anglosajón incorpora mediante seminarios el desarrollo e impartición de contenido teórico aplicando el análisis práctico de casos reales.

La transformación hacia una metodología integral, en la cual se analicen aspectos teóricos a partir del estudio y análisis de casos reales, debe plantearse en varias fases ampliamente aceptadas[6]. En primer lugar, es fundamental aten-

6 ÁLVAREZ, C. y SAN FABIÁN, J. L., «La elección del estudio de caso en investigación educativa». *Gazeta de Antropología*, vol. 28, núm. 1, 2012, págs. 1-12. Recuperado de http://www.ugr.es/~pwlac/G28_14Carmen_Alvarez-JoseLuis_SanFabian.html.

der a los fundamentos epistemológicos, el objetivo y la selección de los instrumentos que permitirán estructurar el plan de trabajo. En segundo lugar, centrándonos en los objetivos de la investigación, se debe identificar y rastrear la información necesaria para, en última instancia, analizarla y plantear el proyecto.

Es necesario explicar cómo se generó esta propuesta y es que desde la Universitat Jaume I se realizó una actividad conjunta en el marco de un proyecto de investigación que se llevó a cabo de 2021 a 2023. El 18 y 19 de abril de 2023, se llevó a cabo el Seminario enmarcado dentro de proyecto de investigación UJI-B2020-41, «Respuestas legales de carácter sancionador frente al cambio climático como riesgo a la Seguridad Nacional», bajo el título «Climate change and its significance in the anthropocene: green criminology and climate litigation»[7] se llevó a cabo esta actividad para alumnado del Grado en Criminología de ambas universidades involucradas, Salford University y la Universitat Jaume I, con diversas ponencias donde se realizaba una primera aproximación a la metodología docente aplicada por el personal del Reino Unido. Con esta apuesta, que fue un éxito, se generó en el equipo organizador la semilla que ha dado lugar al presente proyecto y que fue aprobado por parte de la Universitat Jaume I como proyecto de mejora para la titulación del Grado en Criminología y Seguridad, seleccionando su aplicación en las asignaturas de Formas específicas de la criminalidad (CS2027) y de Derecho Penal parte especial (CS2018).

4. La práctica docente

Este proyecto, al tratarse de un programa piloto de mejora de la titulación, se realizará con estudiantes voluntarios de las asignaturas seleccionadas.

Los casos prácticos permitirán al alumnado analizarlos utilizando diversas aplicaciones y recursos digitales seleccionados por el profesorado. Esta propuesta busca incorporar la perspectiva de otros sistemas educativos superiores, reforzando un elemento clave: el uso del inglés como eje vertebrador de una problemática global, ya que gran parte de la literatura relevante está en este idioma. Por este motivo, contamos con la colaboración del profesorado de la Universidad de Salford, Manchester (Reino Unido), del Grado en Criminología y Sociología, para integrar el estudio de un tema a través del análisis de casos reales en seminarios prácticos internacionales. También colaboramos con el Martin School de la Universidad de Oxford.

Se llevarán a cabo dos seminarios en los que, a través del sistema de casos, el profesorado seleccionará previamente diferentes casos reales de ámbito internacional. Estos casos servirán como base para la discusión, utilizando una perspectiva integral para resolver conflictos y responder a todas las preguntas planteadas en la sesión inicial.

7 https://www.uji.es/centres/fcje/base/arxiu/noticies/2023/seminari-criminologia/.

En la primera sesión, el alumnado recibirá de forma presencial toda la información sobre esta propuesta. Especialmente, se seleccionarán a los estudiantes voluntarios para esta actividad, la cual se incorpora como actividad complementaria descrita en las guías docentes de las materias seleccionadas. De entre los estudiantes voluntarios se formarán los grupos, conformados por alumnos de las tres materias descritas, y se asignarán las rutinas designadas por el profesorado. El alumnado trabajará sobre dos casos. En la segunda sesión, se explicará y detallará toda la información necesaria para el análisis del primer caso. Los estudiantes tendrán acceso a toda la información y los recursos en el Aula Virtual, en un curso creado específicamente para este propósito.

De esta forma, el caso incluirá: exposición de los hechos; documentación sobre el caso: recursos digitales y audiovisuales; videoclases; legislación y artículos de interés para el alumnado.

Los seminarios se centrarán en los casos planteados y, a partir de la explicación práctica del profesorado invitado, nos ofrecerán una nueva perspectiva sobre la impartición y resolución de los casos, atendiendo a otros sistemas metodológicos extranjeros y en inglés. Todo esto se registrará en el cuaderno de cada grupo. Después del trabajo de cada grupo con el caso planteado, se realizará una reflexión crítica tanto grupal como individual sobre la fundamentación en la resolución del caso, incorporando las diferentes perspectivas aportadas por los ponentes invitados en los seminarios (sesión 4). Esta dinámica se repetirá en el segundo caso, donde se espera un análisis más profundo con una visión integradora de los diferentes elementos trabajados durante las sesiones. Finalmente, en la sesión 8, se realizará una prueba final con la entrega del cuaderno de grupo a través del Aula Virtual.

<table>
<tr><th colspan="2">SESIONES</th><th>METODOLOGÍAS ACTIVAS</th><th>ESPACIOS Y GRUPOS</th><th>TIC</th><th>EVALUACIÓN REFLEXIVA</th></tr>
<tr><td>1</td><td>XX/XX</td><td>Aprendizaje cooperativo: conformación de grupos</td><td>Àgora Universitat</td><td>-</td><td rowspan="7">Cuaderno del grupo</td></tr>
<tr><td>2</td><td>XX/XX</td><td>Caso 1. Lectura y visualización</td><td></td><td>Aula Virtual</td></tr>
<tr><td>3</td><td>XX/XX</td><td>Seminario 1. Impartición por parte de docentes invitados</td><td>Aula XXXX</td><td>-</td></tr>
<tr><td>4</td><td>XX/XX</td><td>Reflexión crítica en grupo e individual</td><td>-</td><td>Aula virtual</td></tr>
<tr><td>5</td><td>XX/XX</td><td>Caso 2. Lectura y visualización</td><td></td><td>Aula Virtual</td></tr>
<tr><td>6</td><td>XX/XX</td><td>Seminario 2. Impartición docente invitado</td><td>Aula XXXX</td><td>-</td></tr>
<tr><td>7</td><td>XX/XX</td><td>Reflexión crítica en grupo</td><td>-</td><td>Aula Virtual</td></tr>
<tr><td>8</td><td>XX/XX</td><td>-</td><td>-</td><td>Aula Virtual</td><td>Prueba final</td></tr>
</table>

Tabla 1. Planificación docente del proyecto de innovación. Elaboración propia.

5. Objetivos

Mejorar las competencias del alumnado del Grado en Criminología y Seguridad

El objetivo de mejorar las competencias de los estudiantes del Grado en Criminología y Seguridad, mediante un proyecto de innovación educativa con nuevos métodos de enseñanza-aprendizaje basados en el sistema de casos. A través de este enfoque, los estudiantes pueden aplicar los conocimientos teóricos a situaciones del mundo real, mejorando sus habilidades de análisis, resolución de problemas y toma de decisiones. Este enfoque interactivo y práctico también fomenta el pensamiento crítico, la colaboración y la comunicación efectiva, preparándolos mejor para enfrentar los desafíos complejos de la criminología y la seguridad en la sociedad actual.

Experimentar nuevas metodologías activas mediante la interconexión de diversas fórmulas

Se introducen diversos sistemas que permiten un cambio de modelo, como el sistema de Aula Invertida (Flipped Classroom) empleado en varias universidades del Reino Unido, o los proyectos colaborativos de aprendizaje de Finlandia. Con esta interconexión se pretende crear un modelo innovador de recursos educativos interactivos, como vídeos y actividades prácticas, que permitan a los profesores implementar diversas metodologías activas de enseñanza-aprendizaje en el aula. Además, se busca organizar foros y sesiones de formación para que los profesores puedan intercambiar experiencias y consejos sobre cómo aplicar estas metodologías en diferentes contextos educativos. Este enfoque fomenta la interconexión global y permite a los educadores adaptar las mejores prácticas de todo el mundo a su entorno de enseñanza local.

6. Reflexiones finales

Este proyecto representa un paso significativo hacia una educación más integral del ámbito de la criminología y la seguridad. Al adoptar una metodología que incorpora casos prácticos, se busca que los estudiantes no solo comprendan el fenómeno delictivo desde una perspectiva teórica, sino que también sean capaces de analizar su interacción con otras disciplinas. Esta aproximación multidisciplinar les brinda una visión más completa y profunda del problema, permitiéndoles desarrollar habilidades para resolver conflictos de manera más efectiva.

La orientación de profesores extranjeros añade un valor invaluable a este proceso educativo. Su experiencia y conocimientos en la materia proporcionan a los estudiantes una comprensión más amplia de la criminalidad, enriqueciendo su aprendizaje y fomentando una visión íntegra del problema. Esta interacción directa con profesionales internacionales no solo amplía los horizontes de los estudiantes, sino que también les ofrece la oportunidad de aprender desde diversas perspectivas y enfoques, fortaleciendo su capacidad para abordar los desafíos complejos que enfrentan en el campo de la criminología y la seguridad.

Además, se espera que esta iniciativa impulse el desarrollo del pensamiento crítico y las habilidades de expresión oral y comunicativa del estudiantado. Al participar en análisis profundos y discusiones significativas sobre casos reales, los estudiantes aprenderán a cuestionar de manera reflexiva la información, así como a comunicar sus ideas de manera más clara. Este enfoque no solo les proporciona herramientas prácticas para su futuro profesional, sino que también les empodera como ciudadanos informados y conscientes de las complejidades de la sociedad contemporánea.

Este proyecto representa una oportunidad única para los estudiantes del Grado en Criminología y Seguridad. No solo les brinda la posibilidad de adquirir conocimientos y habilidades prácticas relevantes para su carrera, sino que también les invita a explorar el fenómeno delictivo desde una perspectiva amplia y global. Con el apoyo de profesores internacionales y la participación activa en el análisis de casos reales, los estudiantes estarán más preparados para enfrentar los desafíos del mundo real con confianza y visión de conjunto.

Bibliografía

Álvarez, C. y **San Fabián, J. L.**, «La elección del estudio de caso en investigación educativa», *Gazeta de Antropología*, vol. 28, núm.1, 2012. Recuperado de http://www.ugr.es/~pwlac/G28_14Carmen_Alvarez-JoseLuis_SanFabian.html.

Garvin, D. A., «Making the case», *Harvard Magazine*, vol. 106, 2003.

Kunselman, J. C. & **Johnson, K. A.**, «Using the case method to facilitate learning», *College teaching*, vol. 52, núm. 3, 2004.

Pérez Lledó, J. A., «La enseñanza del Derecho en Estados Unidos», *DOXA*, núm. 12, 1992.

Periago Morant, J. J., «La innovación docente en las asignaturas de Derecho Penal. Algunas dudas y certezas», en Andrés Segovia, B., Pedrosa López, C., Chaparro Matamoros, P. y Gómez Asensio, C. (dirs.), *Innovación docente en Derecho: herramientas digitales, nuevos desarrollos y perspectiva global*, Colex, A Coruña, 2023.

Weaver, R. L., «Langdell's legacy: Living with the case method», *Vill. L. Rev.*, núm. 36, 1991.

LA SIMULACIÓN DEL JUICIO EN EL AULA

Isabel Josefa Rabanete Martínez
Profesora Ayudante Doctora de Derecho Civil
Universitat de València

RESUMEN: En la sociedad actual, la docencia ya no funciona como antes, y por ello los profesores deben adaptarse a los nuevos tiempos, introduciendo técnicas innovadoras de aprendizaje que llamen la atención del alumnado, evidentemente sin desmerecer ni dejar de lado la clase magistral que aporte el conocimiento teórico que el alumnado debe conocer. En este trabajo se propone una actividad que tiene como objetivo poner un granito de arena para que el estudiante termine el grado de derecho con las competencias necesarias que le serán solicitadas en el mercado laboral al que se deberá enfrentar.

1. Introducción

Como acertadamente se ha dicho, «enseñar hoy en la universidad es una tarea difícil, compleja y retadora»[1], por lo que, si el docente pretende llenar sus aulas, o por lo menos, no verlas vacías[2], deberá escapar de la

---

1 De la Cruz Tomé, M.ª A., «Necesidad y objetivos de la formación pedagógica del profesor universitario», *Revista de Educación*, mayo-agosto, 2003, pág. 40.

2 Cada vez es más frecuente encontrarse con menos alumnado en las aulas. De hecho, la inasistencia a clase se ha incrementado desde la pandemia de la COVID-19, donde la clase virtual se impuso y creó un hábito en el estudiantado difícil de romper. Sin embargo, si hay algo que es sabido es que la presencialidad, aunque es el método tradicional de enseñanza, permite una interacción directa entre el docente y el alumnado, y entre estos últimos, lo que es muy necesario cuando se trata de técnicas de innovación docente. Además, la presencialidad exige más disciplina en el alumnado, lo que se traduce en mejores resultados de aprendizaje en la mayoría de los casos.

rutina e intentar introducir técnicas innovadoras que llamen la atención del alumnado[3].

Pero además, debemos tener en cuenta que el estudiantado actual está permanentemente en contacto con el conocimiento y la información, debido a las nuevas tecnologías, por lo que el papel del docente no debe relegarse a un mero transmisor de contenidos, sino que debe ampliarse para dar respuestas a la inquietud y a la curiosidad del alumnado[4], y deberá intentar aportar técnicas educativas distintas a las que están acostumbrados, aunque ello suponga un trabajo largo y complejo para el profesorado que lo quiera implantar[5].

Se trata de incorporar nuevas formas de impartir la docencia, lo que no significa que una buena clase magistral no deba seguir teniendo su gran hueco en el nuevo programa que se pueda plantear. Simplemente que ahora no basta con llegar a clase y explicar el tema que toca ese día, y hacer unas cuantas pruebas evaluables tipo test o con casos prácticos, si lo que quieres es que el alumnado esté motivado, porque «lo que funcionaba antes ya no es suficiente; esto debido a que en la actualidad se necesita de nuevas habilidades, adaptarse a los nuevos tiempos, ser creativos, comprender lo que ocurre en nuestro entorno»[6].

Aunque, como ya he indicado, también es cierto que, en ocasiones, hay un porcentaje del estudiantado que no acepta de buen grado la innovación docente, ni nada que se aleje de asistir a clase pasivamente, o tomar algunas notas, como mucho, en el portátil, y dar por finalizada la clase. Además, de

3 Aunque también se corre el riesgo de que las aulas se vacíen justamente a consecuencia del cambio introducido en la docencia, puesto que hay alumnado que no acoge bien la innovación docente y prefiere la clase magistral, sobre todo debido a que, como veremos, las actividades que suelen proponerse de innovación conllevan un trabajo añadido del estudiante.

4 *Cfr.* LEIVA OLIVENCIA, J. J., «Educación y conflicto en escuelas inclusivas: principios, valores y estrategias para la mejora de la convivencia escolar», en MAQUILÓN SÁNCHEZ, J. J., MIRETE RUIZ, A. B., ESCARBAJAL FRUTOS, A. y GIMÉNEZ GUALDO, A. M.ª (coords.), *Cambios educativos y formativos para el desarrollo humano y sostenible*, Asociación Universitaria de Formación del Profesorado, Servicio de Publicaciones de la Universidad de Murcia, 2011, pág. 375.

5 Como advierte, ESCUDERO MUÑOZ, J. M., «La innovación y la organización escolar», en Pascual Pacheco, R. (coord.): *La gestión educativa ante la innovación y el cambio*, Narcea, 1988, pág. 3. http://www.terras.edu.ar/biblioteca/17/17GSTN_Escudero_Unidad_3.pdf (recuperado el 16 de mayo de 2024), «El cambio en educación, sea al nivel que sea, y referido a no importa qué contenidos del proceso educativo, constituye una empresa, una serie de procesos y una pluralidad de relaciones de alto nivel de complejidad, siempre costosa y difícil de desarrollar con acierto».

6 GONZÁLEZ CONTRERAS, T., «La importancia de la Innovación y el Emprendimiento en los docentes del Sistema Educacional Chileno. Aspectos a considerar en la reflexión», *Revista Electrónica Gestión de las Personas y Tecnología,* 2014, pág. 69. http://www.redalyc.org/articulo.oa?id=477847107006 (recuperado el 20 de mayo de 2024).

que también encontramos al alumnado que se queja de la realización de actividades que supongan la reducción de tiempo de explicación de la materia.

Como es bien sabido, actualmente, en muchos grados, pero en el referido al ámbito jurídico sobre todo, la cantidad de materia no se ajusta en absoluto a las horas de docencia de las que dispone el profesorado para impartirla. De hecho, nos encontramos con asignaturas cuatrimestrales que, antes del Plan Bolonia, eran anuales o bianuales, como Derecho Civil IV, que antes se impartía en la Universidad de Valencia en la especialidad de Derecho Privado en dos años, uno para derecho de familia y otro para derecho de sucesiones, y actualmente debe impartirse todo el programa en un cuatrimestre. Aun así, no olvidemos que estamos en la Universidad, que se trata de estudios superiores, por lo que el alumnado debería ser capaz de ser autónomo en el aprendizaje, e incluso en la búsqueda de información de la asignatura, para poder llevar a la práctica los contenidos de la misma, sin necesidad de que le expliquen cada mínimo detalle, sino que tendría que ser suficiente con que el docente imparta las líneas básicas y los aspectos más complejos para que el alumnado pueda enfocar su estudio correctamente. Tengamos en cuenta que el profesorado no es un mero transmisor de conocimientos, sino que es un sujeto activo que filtra, redefine, interpreta y valora el programa, y lo hace a la luz de su conocimiento práctico, de su percepción personal del programa, de su visión del propio entorno de trabajo, y de las exigencias que le son planteadas por el mismo[7].

Por tanto, y dado que gran parte del alumnado de Derecho tras la graduación realiza el Máster de la Abogacía y se dedica posteriormente al ejercicio de la misma, o a la judicatura o fiscalía, y una de las carencias más importantes que se observan en el alumnado del grado de derecho es la capacidad de expresión, me pareció una buena opción llevar a cabo una actividad evaluable que consistiese en la simulación de un juicio, en concreto una vista oral, con interrogatorios y testificales. Como explicaré, tuvo buena acogida y la adquisición de conocimientos por los alumnos que la realizaron durante la preparación de la actividad fue, en general, muy satisfactoria, aunque también he de decir que parte del alumnado no quiso llevarla a cabo porque no veía con buenos ojos realizar trabajo previo a la actividad.

2. La formación del docente y la necesaria participación activa del alumnado

Si hay algo que debemos tener presente cuando se habla de innovación docente es que, no solo el alumnado debe estar preparado para llevar a cabo las actividades que se incluyan en el proceso de aprendizaje propuesto, sino

7 González González, M. T., «Pensamiento del profesor y renovación de la educación», en *IV Jornadas de Estudio sobre la Investigación en la Escuela*, Universidad de Sevilla, 1986, pág. 75.

que el profesorado debe estar lo suficientemente preparado para poder enseñar a su alumnado con las técnicas innovadoras que está implementando en el aula.

Es evidente que el profesorado deberá estar permanentemente formándose en la materia que le ocupa, y además de la formación inicial como docente, deberá contar con una formación permanente[8], en la que se incluya la adquisición de conocimientos en técnicas de la información. Tengamos en cuenta que una actividad como la simulación de un juicio, conlleva previamente su preparación, y para ello será necesario que el profesorado sepa explicar perfectamente a su alumnado cómo acceder y utilizar las bases de datos de legislación y jurisprudencia, entre otras, porque a pesar de que pensamos que el alumnado ya debería venir preparado para estos menesteres, cuando llegamos al aula, incluso en tercero o cuarto curso del grado de derecho o quinto de doble grado, nos damos cuenta de que no es así[9].

Al respecto, en la Universidad actual, es fundamental que el profesorado disponga de unas competencias digitales que le permitan afrontar, de la manera más solvente posible, su trabajo en los ámbitos de formación y evaluación[10]. Por tanto, el docente universitario, no solo deberá formarse en las

8 Al respecto, puede verse el estudio que hacen sobre la necesidad de que la Universidad cuente con profesorado en constante formación, De Juanas Oliva, A., Diestro Fernández, A., «Análisis de la formación permanente del profesorado universitario», en Maquilón Sánchez, J. J., Mirete Ruiz, A. B., Escarbajal Frutos, A. y Giménez Gualdo, A. M.ª (coords.), *Cambios educativos y formativos para el desarrollo humano y sostenible*, Asociación Universitaria de Formación del Profesorado, Servicio de Publicaciones de la Universidad de Murcia, 2011, págs. 543-555.

9 Aunque se pensará que en algunas Facultades de Derecho en el primer año de grado se imparte una asignatura que tiene como objetivo que el alumnado aprenda a utilizar las bases de datos y a buscar legislación y jurisprudencia, así como que aprendan a citarla correctamente. E incluso hay Facultades que ofrecen cursos destinados al aprendizaje de la utilización de las bases de datos del grado en concreto. Pero la práctica demuestra que la mayoría de los alumnos que llegan a cuarto de grado y se proponen realizar el Trabajo de Fin de Grado, deben lidiar con las bases de datos que, muchos, jamás han utilizado.

10 *Cfr.* Mora-Cantallops, M., Inamorato dos Santos, A., Villalonga-Gómez, C., Lacalle Remigio, J.R., Camarillo Casado, J., Sota Eguizábal, J. M., Velasco, J. R., Ruiz Martínez, P. M., *Competencias digitales del profesorado universitario en España. Un estudio basado en los marcos europeos* DigCompEdu y OpenEdu, Comisión Europea, 2022. Web: Competencias-digitales-del-profesorado-universitario-en-Espana-ONLINE.pdf (ospi.es) (recuperado el 14 de mayo de 2024). En este estudio, en el que se analizan las competencias actuales del profesorado universitario y se llega a la conclusión de que no son suficientes, se apela a las Universidades a que desarrollen mecanismos que permitan alcanzar esas competencias entre su profesorado. Asimismo, se indica que «sería muy conveniente que las unidades de innovación educativa de cada Universidad fomenten el uso innovador de la tecnología en las aulas. Tanto la convocatoria de proyectos de innovación docente como de creación de recursos educativos en abierto pueden servir de herramienta tractora para que los profesores y profesoras se animen a mejorar sus competencias y aplicarlas en su trabajo diario». Y se advierte que «La formación del profesorado universitario recae, en última instancia, en cada una de las universidades, que debería arbitrar mecanismos para que todos los profesores

disciplinas que enseña, sino que deberá adquirir los conocimientos en técnicas de la información que sean necesarios, incluida la utilización de la inteligencia artificial, que ha entrado con gran fuerza en el mundo jurídico, y que parece necesario que nuestros alumnos aprendan a utilizar adecuadamente[11].

Asimismo, es esencial que el profesorado esté formado en las actividades que quiere utilizar en la innovación docente que realice en el aula. En este supuesto, tratándose de la simulación de un juicio en el aula, sería conveniente que el docente supiese cómo funciona un juicio en la práctica, bien porque sea o haya sido juez/a, abogado/a, fiscal, procurador/a o cualquier otro operador jurídico que esté relacionado con la realización de una vista oral o un procedimiento judicial en general[12].

Pero, por muy preparado que esté el docente, si el alumnado no pone de su parte es difícil que la actividad funcione correctamente y consiga los objetivos que se buscan. Como ya he dicho en otros estudios, el rol del alumnado y su preparación es decisivo en el cambio del modelo de aprendizaje universitario, y por ello el estudiantado debe llegar a las aulas con la capacidad suficiente para poder realizar el trabajo de estudio necesario previo o posterior a la actividad innovadora que se realice, como en este caso, la simulación del juicio en el aula.

Es evidente que, para poder llevar a cabo la simulación del juicio, previamente el alumnado deberá conocer, tanto el tema o temas propuesto por el docente para realizar la actividad, como los principios y/o normas aplicables

y profesoras puedan desarrollar las competencias digitales necesarias para su actividad docente e investigadora, así como conocer y aplicar las prácticas educativas abiertas». Se propone que las Universidades lleven a cabo convocatorias específicas de proyectos de innovación que hagan uso de las competencias digitales, de modo que el profesorado tenga más interés en incluir estas competencias en su proceso de formación.

11 Al respecto, señala Raga i Vives, A., «La inteligencia artificial y las clases prácticas de derecho», en Andrés Segovia, B., Pedrosa López, C., Chaparro Matamoros, P. y Gómez Asensio, C.: *Innovación docente en Derecho: herramientas digitales, nuevos desarrollos y perspectiva global*, Colex, A Coruña, 2023, pág. 90, que «en el desarrollo de lo que se conocen como «prácticas» en el ámbito de la docencia, se abren oportunidades de aprendizaje al emplear activamente estos sistemas en las aulas. Al hacerlo, se logra una comprensión más práctica y tangible de cómo funciona el Derecho. En este sentido, resulta esencial impulsar, tanto dentro como fuera de las aulas, la exposición de los estudiantes a este tipo de búsquedas, ya que les permite realizar un análisis ágil y exhaustivo de todo el cuerpo legislativo y jurisprudencial».

12 Incluso hay quien afirma que para «potenciar el desarrollo de las capacidades y destrezas profesionales que demanda el mercado y la formación universitaria de calidad, concretamente, en el ámbito de lo jurídico, resulta imprescindible que el/ la docente haya ejercido la abogacía en despacho o empresa o, en su caso, desempeñado cualquier función como operador jurídico». Así, Gómez Santos, M., «La integración del ejercicio de la abogacía en nuestras facultades», en Andrés Segovia, B., Pedrosa López, C., Chaparro Matamoros, P. y Gómez Asensio, C.: *Innovación docente en Derecho: herramientas digitales, nuevos desarrollos y perspectiva global*, Colex, A Coruña, 2023, págs. 193-194.

al caso concreto que se propongan, así como la elaboración de sus esquemas o notas previas para poder resolver el caso propuesto y para después poder plantear un razonamiento jurídico que sea adecuado para defender los intereses del rol que le haya tocado representar.

Igualmente, es importante que el estudiantado esté habituado a trabajar en equipo, puesto que, como veremos, la simulación del juicio ser realizará por grupos que deberán prepararse previamente a la exposición oral. Al estudiante universitario actual le cuesta mucho trabajar en equipo, y las quejas son constantes, bien porque se lamentan de que unos trabajan y otros no, o bien porque alegan que no conocen a todos las personas que forman su equipo. Sin embargo, el trabajo grupal, debe ser una constante en la Universidad, dado que hoy día las empresas buscan cada vez más personas que estén especializadas en determinadas materias[13], de modo que cada una pueda aportar su visión y talento cuando se debe solucionar un determinado problema. Y, la aportación se hace trabajando en equipo, donde cada uno contribuye con su especialidad. Para que esto funcione, es necesario que el alumnado, que después será un empleado o un trabajador por cuenta propia, sepa comunicarse y facilitar las discusiones, además de que sepa tener una escucha activa para entender lo que los demás aportan[14].

Y, por último, el alumnado deberá ser capaz de comunicarse adecuadamente, dado que una de las razones por las que se propone esta actividad es porque entiendo que engloba todas las competencias que debe poseer un/a estudiante de derecho, esto es, capacidad de estudio y trabajo autónomo,

---

13 Aunque, como dice RUBIO NÚÑEZ, R., «La enseñanza virtual de un Derecho global», en COTINO HUESO, L. y PRESNO LINERA, M. Á. (coords.): *Innovación educativa en Derecho constitucional: reflexiones, métodos y experiencias de los docentes*, PUV (Servei de Publicacions de la Universitat de València), Valencia, 2010, págs. 32-33, «las labores docentes no pueden quedar del todo supeditadas a las necesidades de la capacitación profesional; o con otros términos quizá más claros, la transmisión de conocimientos no puede ir a remolque de las exigencias del mercado laboral». Y añade que «es misión de la Universidad, y concretamente de sus Profesores, determinar cuáles son los conocimientos, conceptos y estructuras de pensamiento, cuya transmisión se considera imprescindible, y ello a pesar de su alejamiento de una utilidad profesional inmediata, que con frecuencia será más aparente que real. Los Profesores universitarios han de reivindicar, por tanto, la dignidad del conocimiento "puro", ya que también es formativa -a veces, es de lo más formativo- la capacidad de abstracción, o de asimilación y comprensión de instituciones o conceptos poco prácticos, y porque la transmisión de esta clase de conocimientos ha sido durante mucho tiempo la esencia del quehacer universitario».

14 Lo cierto es que el alumnado actual tiene importantes carencias a la hora de trabajar en equipo, lo que conlleva que muchas de las actividades que los docentes proponen no tengan éxito. Y, he de aclarar que los últimos estudios reflejan que la falta de colaboración entre los empleados es la razón principal de las fallas en el lugar de trabajo, por lo que cada vez es más necesario contar con personas que, si bien sean buenos especialistas en su materia, también sean capaces de trabajar en equipo. Por ello, el alumnado debe finalizar sus estudios siendo capaz de adaptarse al trabajo grupal, una habilidad en la que se valora la empatía, la capacidad de asumir los errores y de ser consciente de lo que se carece.

capacidad de trabajo en equipo, capacidad de argumentación, que deberá ser tanto verbal como escrita[15], y, todas las competencias que tienen que ver con las habilidades comunicativas. Como acertadamente se ha dicho «en un área de conocimiento como la jurídica, resulta imprescindible, por un lado, que los alumnos sean capaces de sintetizar contenidos extrayendo sus rasgos esenciales; y, por otro, que sepan expresarse correctamente frente a un público, especialmente de cara a su incorporación al mundo laboral»[16].

3. Objetivos de la actividad

Antes de apuntar cuál es la metodología y el desarrollo de la actividad que se propone, la simulación del juicio en el aula, es conveniente indicar cuáles son los objetivos principales que se pretenden:

- Se intenta que el alumnado se motive, de modo que demuestre más interés en la asignatura o asignaturas, porque en este caso pueden quedar implicadas varias, y, en particular, en la materia del derecho.
- Se persigue el trabajo previo y autónomo, de modo que el estudiantado realice las labores de estudio necesarias para poder prepararse la defensa o exposición en la simulación.
- Se busca que el alumnado utilice las herramientas pertinentes para recopilar la información que le ayudará a prepararse la simulación, entre ellas la búsqueda de jurisprudencia y legislación en las bases de datos que la Universidad pone a su disposición en la biblioteca, e incluso el uso eficiente de la inteligencia artificial.
- Mejorar la capacidad del alumnado a trabajar en equipo e interactuar entre los miembros del grupo, sabiendo aportar ideas y conocimientos, pero también escuchar a los compañeros y a las compañeras y aceptar sus propuestas.
- Fomentar la interacción entre el docente y el alumnado, pero siempre dejando que este sea autónomo para decidir cómo va a defender el rol que le haya correspondido en la simulación[17].

15 Puesto que, como advierte, MORENO SOLER, V., «Herramientas para mejorar la argumentación jurídica en el aula universitaria: fortalezas y debilidades», en ANDRÉS SEGOVIA, B., PEDROSA LÓPEZ, C., CHAPARRO MATAMOROS, P. y GÓMEZ ASENSIO, C.: *Innovación docente en Derecho: herramientas digitales, nuevos desarrollos y perspectiva global*, Colex, A Coruña, 2023, pág. 143, «Como la argumentación no puede limitarse únicamente al ámbito de la expresión oral, es importante resaltar que la formación de un jurista no puede obviar la adquisición de la competencia de expresarse correctamente en la redacción».

16 MARTÍNEZ CALVO, J., «El desarrollo de las habilidades comunicativas del alumnado en Derecho a través de las presentaciones 20x20», en ANDRÉS SEGOVIA, B., PEDROSA LÓPEZ, C., CHAPARRO MATAMOROS, P. y GÓMEZ ASENSIO, C.: *Innovación docente en Derecho: herramientas digitales, nuevos desarrollos y perspectiva global*, Colex, A Coruña, 2023, pág. 111.

17 Como decían ORTEGA, P., MÍNGUEZ, R., SAURA, P., *Conflictos en las aulas. Propuestas educativas*, Barcelona, Ariel, 2003, debe fomentarse la promoción de la autonomía de los alum-

- Facilitar un ambiente adecuado y distendido en el aula y, entre los compañeros de clase, en el que el estudiante se encuentre más cómodo para poder comenzar a adquirir las competencias comunicativas que más tarde la sociedad, posiblemente, le exigirá en su profesión.
- Ofrecer un sistema de evaluación continua distinto, en el que puedan sentirse involucrados.

4. Desarrollo de la actividad y metodología

El desarrollo de la actividad que aquí se propone se basa en la experiencia propia realizada en un grupo de la asignatura Derecho Civil IV, derecho de familia y sucesiones. Además, tras la experiencia, también introduzco algunas mejoras que he pensado que facilitarían la actividad.

A pesar de que se implantó en la asignatura de derecho de familia y sucesiones, es evidente que la simulación del juicio, de una vista oral, de un interrogatorio o de una testifical, podrá realizarse en cualquier asignatura de derecho, siempre que la disciplina en cuestión lo permita. También es del todo necesario que el docente imparta la materia que posteriormente deberá aplicarse al caso concreto, o por lo menos, deberá explicar las líneas básicas para que el alumnado pueda construir su participación en la simulación.

En la simulación realizada se expuso un caso real (previa supresión de datos personales y otros) de un divorcio contencioso que, a grandes rasgos, tenía los siguientes puntos problemáticos: los cónyuges no se ponen de acuerdo con la custodia de los hijos menores, uno de ellos de 6 años y el otro de 14 años; el hijo de 14 años quiere vivir con la madre mientras que el niño de 6 años prefiere permanecer con el padre; la posible pensión compensatoria a la madre por desequilibrio económico; la infidelidad de esta como la causa que ha llevado a la interposición de la demanda de divorcio por parte del padre; la alegación de maltrato psicológico de la madre por parte del padre; y la titularidad única del padre de la vivienda familiar, pero la solicitud de la madre de seguir residiendo en ella con la custodia de ambos hijos, esto es, la atribución de la vivienda familiar.

Paso a indicar como yo lo realicé, pero el docente puede proyectar la actividad como crea más conveniente. Para realizar la actividad se planifican 4 clases de 2 horas de duración. En la primera clase, que podríamos llamar «tutoría grupal» el docente expone el supuesto, que previamente ha subido al aula virtual por escrito, con las peculiaridades y problemas que plantea, así como las partes del caso. Asimismo, se presenta y explica una rúbrica, también subida previamente al aula virtual, donde se indican los aspectos a tener

nos, lo cual significa que el profesorado acepte la libertad y capacidad de los alumnos para tomar sus decisiones de forma autónoma.

en cuenta a la hora de evaluar la actividad, especificando de 1 a 10 puntos la valoración de cada ítem, entre los que se encuentran: las habilidades comunicativas y la capacidad de exponer clara y concisamente; la argumentación jurídica, así como la correcta aplicación de la normativa correspondiente; la cita de jurisprudencia aplicable al caso; la elaboración de las preguntas y contestaciones pertinentes y jurídicamente relevantes en los interrogatorios y testificales; y cualesquiera otras aptitudes o trabajos que se quiera evaluar. En la rúbrica también debería indicarse qué competencias se evaluarán individualmente y cuáles tendrán una evaluación única de grupo, si fuese así.

El trabajo se realiza en grupos, no solo para fomentar el trabajo en equipo que, como ya he dicho, es uno de los objetivos de la actividad y una de las claras carencias que creo que tiene nuestro alumnado, sino porque dado el número de alumnos es necesario repartir los roles por grupos para que puedan participar todos los que así lo deseen. Los grupos, para que sean efectivos, deberían constar de 4 o 5 alumnos, y entiendo que lo mejor es que sean ellos mismos quienes elijan a sus compañeros, puesto que creo que así trabajarán más cómodamente, aunque el hecho de trabajar en equipo con personas que apenas conoces supone un reto que el alumnado también debería llevar a cabo, puesto que cuando salgan a la calle a trabajar no conocerán a sus compañeros de trabajo, y deberían ir acostumbrándose. En el supuesto que los alumnos no sean capaces de formar los grupos, intervendría el docente y podría hacerlo de manera aleatoria.

En esa misma clase se reparten los trabajos y roles a realizar. En el caso realizado se trataba de asignar varios roles: el padre, la madre, el hijo de 14 años, los/as abogados/as del padre, los/as abogados/as de la madre, la fiscalía, y el/la juez/a, al que también se podría añadir el/la letrado/a de la administración de justicia para los trámites previos o posteriores a la vista, aunque ello supondría más trabajo y, por ende, la necesidad de más clases para llevar a cabo la actividad.

Cada grupo representará un rol, con lo que si los grupos son de 5 alumnos/as y tenemos 5 roles podrían participar la mayoría del alumnado, aunque siempre podemos añadir más roles. Tengamos en cuenta que en cuarto curso de grado y quinto de doble grado, las aulas, por lo menos en la Facultad de Derecho de Valencia, tienden a tener poca presencia, aunque también es cierto que cuando hay una evaluación continua aparecen todos aquello/as alumnos/as que nunca habías visto en clase. Pero también he podido constatar que, cuando la actividad evaluable supone la realización de un trabajo previo, parte del alumnado no se suma a la propuesta, porque no todo el alumnado está por la labor de realizar la tarea de estudio necesaria fuera del aula.

En una segunda clase, con trabajo previo ya elaborado por los alumnos en grupo fuera del aula, se realiza una tutoría grupal para resolver las dudas concretas. Así también, el docente deberá estar preparado para que los/as alumnos/as acudan a su tutoría individual para presentarle las posibles dudas y problemas que se les planteen. El alumnado tiene unas semanas para prepararse la simulación del juicio, en el que debe defender su rol, buscando el material necesario para obtener argumentos jurídicos de peso, jurisprudencia en la que apoyarse y normativa aplicable. Será necesario que utilicen las herramientas que la Universidad pone a su disposición, como bases de datos, incluso buscar físicamente en la biblioteca los manuales, monografías y artículos que puedan serles de ayuda para defender y argumentar su posición. Además, puede hacerse uso de la inteligencia artificial, pero no para intentar que sea ésta la que haga el trabajo, sino, quizá, para facilitar la interpretación de la norma, pero nunca para llegar a simular el razonamiento del jurista, lo que implicaría incluso llegar a lo que se ha dado en llamar «el juez robot»[18]. Incluso, si se quiere hacer más completo, también se puede solicitar a los/as alumnos/as que representen el rol de los/as abogados/as de parte que redacten la demanda y la contestación a la misma, aunque eso supondría un trabajo que entiendo debería evaluarse adicionalmente a la simulación en el aula.

Por último, la tercera y la cuarta clase se dedican a la representación o simulación de la vista oral, incluyendo testificales. Al alumnado no se le proporciona la sentencia final ni la demanda ni la contestación a la misma, sino que cada parte debe defender sus intereses según lo que hayan preparado. Incluso se puede realizar previamente una mediación familiar entre los cónyuges donde también encontraríamos el rol del mediador. Los alumnos que representan a la madre deben defender los intereses de la misma y atacar las pretensiones del padre, y viceversa. Se puede interrogar a los padres; se puede solicitar un informe pericial de un psicólogo para los niños menores e interrogarlo en la vista oral; y otras muchas posibilidades.

Aunque el trabajo se haga conjunto, en la exposición lo recomendado es que todos los miembros del grupo participen, dando paso unos a otros, para que puedan ser evaluados todos en todas las competencias indicadas previamente en la rúbrica. Por ejemplo, puede haber varios jueces, varios abogados de la misma parte, que más de un/a alumno/a haga las veces de padre o madre, en varias intervenciones.

Es una actividad muy motivadora en la que el alumnado, no solo aprende la asignatura en cuestión porque debe estudiarla previamente para poder preparar la simulación, sino que en ocasiones se implican otras asignaturas, como en este caso concreto la asignatura de derecho procesal, lo que supone un trabajo adelantado de cara a los exámenes. Además, el hecho de poner en práctica lo previamente estudiado, anima al estudiantado a asistir a vistas públicas en los juzgados, para poder preparar mejor la simulación.

18 Al respecto, véase el gran trabajo que realiza GÓMEZ COLOMER, J. L. en su obra *El juez robot. La independencia judicial en peligro*. El autor llega a la conclusión de que «en las circunstancias actuales la existencia de un Juez-Robot sentenciador no debería ser admisible en nuestra organización judicial, ni para nuestro proceso civil, ni para nuestro proceso penal», pág. 324.

5. Resultados obtenidos y conclusión

Como he indicado, la innovación docente no es bienvenida por todos los/as alumnos/as, a pesar de que lo cierto es que si el profesorado propone nuevas técnicas de docencia es, justamente, por y para el alumnado. No puede presuponerse que la mera presentación del docente de nuevas herramientas de aprendizaje es suficiente para crear condiciones que supongan el éxito de las mismas. La innovación educativa conlleva una serie de transformaciones que el alumnado debe aceptar, y en ellas se encuentra la necesidad de que el estudiante se implique, realizando las labores de estudio previas necesarias para que la actividad propuesta por el docente tenga éxito.

La actividad que yo realicé de la simulación del juicio en el aula, tuvo buena acogida en general, pero también es cierto que hubo parte del alumnado que expresó sus quejas, unos porque no querían trabajar en grupo, y otros, directamente porque les parecía mucho trabajo para la puntuación que se le daba a la actividad, que en este caso era de un punto y medio sobre tres puntos que se calificaba en la evaluación continua. Asimismo, hubo algunos estudiantes, aunque pocos, que acudieron a la simulación las dos últimas clases sin realizar el trabajo previo, con lo que no estuvieron a la altura de sus compañeros de grupo. Pero, en general, la actividad tuvo éxito y el alumnado obtuvo buenas calificaciones.

Por tanto, creo que se trata de un trabajo muy enriquecedor, tanto para el alumnado, como para el docente, y a pesar de la falta de compromiso por parte de algunos estudiantes, no dudaré en volver a poner en práctica esta actividad, aunque sea para unos pocos.

Bibliografía

De Juanas Oliva, A., y **Diestro Fernández, A.**, «Análisis de la formación permanente del profesorado universitario», en Maquilón Sánchez, J. J., Mirete Ruiz, A. B., Escarbajal Frutos, A. y Giménez Gualdo, A. M.ª (coords.), *Cambios educativos y formativos para el desarrollo humano y sostenible*, Asociación Universitaria de Formación del Profesorado, Servicio de Publicaciones de la Universidad de Murcia, 2011.

De la Cruz Tomé, M.ª A., «Necesidad y objetivos de la formación pedagógica del profesor universitario», *Revista de Educación*, mayo-agosto, 2003.

Escudero Muñoz, J. M., «La innovación y la organización escolar», en Pascual Pacheco, R. (coord.), *La gestión educativa ante la innovación y el cambio*, Narcea, 1988.

Gómez Colomer, J. L., «El juez robot. La independencia judicial en peligro», Tirant lo Blanch, Valencia, 2023.

Gómez Santos, M., «La integración del ejercicio de la abogacía en nuestras facultades», en Andrés Segovia, B., Pedrosa López, C., Chaparro Matamoros, P. y Gómez Asensio, C.: *Innovación docente en Derecho: herramientas digitales, nuevos desarrollos y perspectiva global*, Colex, A Coruña, 2023.

González Contreras, T., «La importancia de la Innovación y el Emprendimiento en los docentes del Sistema Educacional Chileno. Aspectos a considerar en la reflexión», *Revista Electrónica Gestión de las Personas y Tecnología*, 2014.

González González, M. T., «Pensamiento del profesor y renovación de la educación», en *IV Jornadas de Estudio sobre la Investigación en la Escuela*, Universidad de Sevilla, 1986.

Leiva Olivencia, J. J., «Educación y conflicto en escuelas inclusivas: principios, valores y estrategias para la mejora de la convivencia escolar», en Maquilón Sánchez, J. J., Mirete Ruiz, A. B., Escarbajal Frutos, A. y Giménez Gualdo, A. M.ª (coords.), *Cambios educativos y formativos para el desarrollo humano y sostenible*, Asociación Universitaria de Formación del Profesorado, Servicio de Publicaciones de la Universidad de Murcia, 2011.

Martínez Calvo, J., «El desarrollo de las habilidades comunicativas del alumnado en Derecho a través de las presentaciones 20x20», en Andrés Segovia, B., Pedrosa López, C., Chaparro Matamoros, P. y Gómez Asensio, C.: *Innovación docente en Derecho: herramientas digitales, nuevos desarrollos y perspectiva global*, Colex, A Coruña, 2023.

Mora-Cantallops, M., Inamorato dos Santos, A., Villalonga-Gómez, C., Lacalle Remigio, J. R., Camarillo Casado, J., Sota Eguizábal, J.M., Velasco, J. R. y **Ruiz Martínez, P. M.**, «Competencias digitales del profesorado universitario en España. Un estudio basado en los marcos europeos» DigCompEdu y OpenEdu, Comisión Europea, 2022.

Moreno Soler, V., «Herramientas para mejorar la argumentación jurídica en el aula universitaria: fortalezas y debilidades», en Andrés Segovia, B., Pedrosa López, C., Chaparro Matamoros, P. y Gómez Asensio, C.: *Innovación docente en Derecho: herramientas digitales, nuevos desarrollos y perspectiva global*, Colex, A Coruña, 2023.

Ortega, P., Minguez, R., Saura, P., «Conflictos en las aulas. Propuestas educativas», Barcelona, Ariel, 2003.

RUBIO NÚÑEZ, R., «La enseñanza virtual de un Derecho global», en COTINO HUESO, L. y PRESNO LINERA, M. Á. (coords.): *Innovación educativa en Derecho constitucional: reflexiones, métodos y experiencias de los docentes*, PUV (Servei de Publicacions de la Universitat de València), Valencia, 2010.

EL PROCEDIMIENTO CONTENCIOSO-ADMINISTRATIVO DESDE UNA PERSPECTIVA PRÁCTICA

Isabel Fabregat Aragonés
Profesora Asociada de Derecho Administrativo
Universitat Jaume I de Castelló

RESUMEN: El presente capítulo tiene por objeto plantear una serie de actividades con el fin de acercar la jurisdicción contencioso-administrativa y, en concreto, el funcionamiento del proceso contencioso-administrativo, al alumnado del Grado en Derecho, partiendo de una vertiente teórica, transitando hacia una perspectiva práctica que, a su vez, les permita interiorizar conceptos y habilidades que, de otra forma, únicamente conocerían a través de clases teóricas.

1. Actividades introductorias referidas a la fase administrativa previa

Uno de los retos a los que nos enfrentamos quienes impartimos asignaturas de derecho administrativo es el pleno desconocimiento de la materia de la que parten los alumnos, habida cuenta que se consideran completamente ajenos a la actividad administrativa.

Así, reaccionan con cierta perplejidad cuando, a modo de ejemplo se les aclara que, todos ellos, por el hecho de estar cursando estudios universitarios en una Universidad pública y haber tramitado una matrícula, se encuentran sometidos al derecho y procedimiento administrativo. Más si cabe, en el caso de que hayan solicitado cualquier tipo de ayuda o beca para cursar dichos estudios a una Administración Pública (como puede ser la Administración Autonómica o la Administración General del Estado) y que, en caso de no otorgarse, puede ser objeto de recurso, tanto administrativo, como contencioso-administrativo.

Por ello, la enseñanza del derecho administrativo, y en especial el orden jurisdiccional contencioso-administrativo, desde una fase inicial, plantea el reto al profesorado consistente en que el alumnado visualice que el derecho administrativo no le es ni mucho menos ajeno, sino que ellos mismos, y en primera persona, ya se encuentran en una relación formalizada con un ente del Sector Público y, por tanto, son titulares de los derechos que se reconoce a quienes ostentan la condición de interesado en el procedimiento[1], a la vez que se encuentran sometidos, junto con la propia Administración a las formas de relacionarse que determina la Ley de procedimiento administrativo de las Administraciones Públicas.

Así, con el objetivo de alcanzar ese cometido, lo que se trata es de conseguir que el alumnado cambie esa perspectiva que tiene respecto la Administración, como si le fuera algo totalmente ajeno, pasando a considerarse como interesados frente a la misma, sujetos de derechos, dado que se encuentran en una relación formalizada de la que forman parte.

En este sentido, las técnicas de innovación en cuanto a la enseñanza del procedimiento contencioso-administrativo al alumnado, deben partir de una fase previa, en la que se sustancie la vía administrativa y el sometimiento a las normas de procedimiento y los principios que nos imponen tanto la Ley 39/2015, de 1 de octubre, de Procedimiento Administrativo Común, como la Ley 40/0215, de Régimen Jurídico del Sector Público, e incluso otras normas del ordenamiento jurídico tanto estatal como autonómico.

Esta inmersión en la fase previa, entendiendo como tal la vía administrativa previa, necesaria para acceder a la jurisdicción contencioso – administrativa, puede llevarse a cabo al mismo tiempo que el alumnado va avanzando con las unidades del temario que le proporcionen los conocimientos teóricos necesarios relativos al procedimiento administrativo común, procedimiento sancionador y responsabilidad patrimonial de las Administraciones Públicas, entre otros. Y es, una vez adquiridos estos conocimientos, que introduciríamos las actividades prácticas en las que serán los propios alumnos los que se sitúen en la posición de interesado frente a la Administración o personal a su servicio (por ejemplo: un funcionario público, técnico jurídico al servicio de una Administración en concreto).

De esta manera, el alumnado, además de poner en práctica los conocimientos teóricos adquiridos, mejora y adquiere otras capacidades, tan necesarias como son la redacción de escritos de contenido jurídico (solicitudes, informes, dictámenes etc.), empleando términos jurídico-administrativos,

1 Art. 53 de la Ley 39/2015, de 1 de octubre, de Procedimiento Administrativo Común de las Administraciones Públicas.

que hasta el momento les pudieran ser totalmente ajenos, así mismo, la estructura y forma de escritos de índole jurídica.

En este aspecto, dado que estas habilidades posteriormente van a resultar determinantes en su desarrollo de la vida profesional, se insiste en el empleo de modelos normalizados que debe proporcionar el docente al alumnado, al objeto de que ellos mismos puedan adaptar sus ideas plasmadas de manera escrita a lo que posteriormente será aceptable dada su formación jurídico-administrativa. No se trata de que copien los modelos que se les facilita, puesto que, en cuanto a escritos de contenido jurídico, no existe un único modelo válido, sino a que lo tomen de ejemplo y respeten las formalidades que posteriormente les serán exigibles.

Si bien es cierto que en vía administrativa no resulta preceptiva la asistencia letrada, sí será exigible, o cuanto menos esperable, que un jurista redacte sus escritos empleando determinadas fórmulas y léxico jurídico. Así, lo que se espera del alumnado es que redacte sus escritos, dependiendo de la actividad de la que se trate, siguiendo la estructura definida en los modelos e instrucciones que proporcionará el profesorado.

Desde una vertiente empírica, extraída de la puesta en práctica de dichas actividades con alumnado del Grado en Derecho de la Universitat Jaume I de Castelló, que está cursando segundo curso y, concretamente, la asignatura de Derecho Administrativo Parte General, el hecho de conocer la materia de la que se trata, le proporciona una mayor seguridad a la hora de afrontar la ejecución de actividades prácticas. Es por ello que las que se han ido planteando han tenido por objeto la redacción de reclamaciones de responsabilidad patrimonial o solicitudes de ejercicio del derecho de acceso a la información. Cuestiones que, a su vez, posteriormente puedan desarrollarse en la vía contencioso- administrativa.

Es, así mismo destacable que, en la ejecución de dichas actividades, el alumnado ha debido trabajar el contenido del derecho de acceso a la información conforme lo dispuesto por la Ley 19/2013, de 9 de diciembre, de transparencia, acceso a la información pública y buen gobierno y la Ley 1/2022, de 13 de abril, de Transparencia y Buen Gobierno de la Comunitat Valenciana.

2. Actividades de planteamiento del procedimiento contencioso-administrativo

Una vez se vaya avanzando en el temario, en el momento en que ya se han impartido las unidades correspondientes al procedimiento contencioso-administrativo, siguiendo el *iter* ya planteado en la fase administrativa previa, y más si se han realizado actividades prácticas concernientes al planteamiento de recursos administrativos, tanto ordinarios como extraordinario, se inicia el planteamiento de actividades relacionadas con la puesta en práctica de los conocimientos adquiridos en relación a los preceptos contenidos en la Ley 29/1998, de 13 de julio, reguladora de la Jurisdicción Contencioso-administrativa[2].

Si bien es cierto que estas actividades, suelen tener buena acogida entre los alumnos de Máster de la Abogacía, en atención a la formación jurídica y, en algunos casos, experiencia profesional con la que ya puedan contar, puesto que ya es del interés de esta clase de alumnado la puesta en práctica de los conocimientos teórico-jurídicos adquiridos a la hora de cursar los estudios del Grado en Derecho.

Cierto es que, la problemática que estas actividades consistentes en la redacción de escritos judiciales puedan plantear a los alumnos es que, tal vez, hasta ese momento no se hayan enfrentado a una redacción técnico-jurídica, con las dificultades que ello les plantea. Si bien, es cierto que esta dificultad puede verse atenuada si ya han tenido una implicación personal en la fase administrativa previa, dado que, en esos casos, ya habrán tenido ocasión de interiorizar y, en cierta forma de implicarse, en las pretensiones que, a través de estas actividades, van a defender «judicialmente».

De igual manera que en vía administrativa, en fase contencioso-administrativa, el profesorado deberá proporcionar al alumnado modelos formalizados de escritos judiciales, así como técnicas y fórmulas jurídico-procesales que les puedan resultar de ayuda a la hora de redactar escritos judiciales. Teniendo especial importancia estos modelos ya que, como es sabido y así debe de hacerse hincapié en el alumnado, en vía judicial sí es preceptiva la asistencia letrada, con lo que los escritos deberán de reunir unas determinadas formalidades que, como decimos, hasta la fecha les serán completamente desconocidas, y más, tratándose de alumnado de grado.

Debemos tomar en cuenta que, uno de los retos a los que se enfrentan quienes culminan sus estudios de Grado en Derecho, no es otro que la redacción de escritos judiciales y, especialmente, en materia contencioso-administrativa.

Por tanto, para quienes todavía se encuentran en una fase formativa y de reciente iniciación en lo que al derecho administrativo se refiere, la redacción de escritos de contenido jurídico, como por ejemplo informes jurídicos y, especialmente, la redacción de escritos judiciales y ello, en tanto que en ellos debe emplearse terminología jurídica muy específica, supone un reto con un extra de dificultad.

Es en ello que, el profesorado del Grado en Derecho, al plantear actividades prácticas de esta naturaleza, debemos contribuir en proporcionar al alumnado unas nociones básicas que les puedan ser de utilidad a la hora de enfrentarse al temido papel en blanco, pero ello requiere dedicar sesiones

2 FUENTES I GASÓ, J. R., GIFREU FONT, J. y CASADO CASADO, L., *Esquemas del Proceso Contencioso Administrativo*, Tirant lo Blanch, Valencia, 2024.

lectivas a impartir los conocimientos necesarios en cuanto a las formalidades en la redacción, el léxico y habilidades oratorias, destinadas a una fase práctica posterior.

En estas sesiones teóricas, debemos partir de trasladar al alumnado que a través de los escritos que vayan a realizar, deberán ser capaces de trasmitir coherencia y el sentido correcto de lo que se pretenda expresar, pero, además, a través de los escritos judiciales debe de transmitirse convicción a quien se dirige, en definitiva, al órgano judicial quien vaya a intervenir en el procedimiento. Cierto es que, esta capacidad de transmitir convicción varía en función de los argumentos y fundamentos que sustenten la pretensión en concreto y, en especial, de la pericia de quien redacta.

No puede obviarse que, en el nivel en el cual se plantean estas actividades, lo que se pretende, y con ello ya sería suficiente, es que el alumnado transite de lo teórico a lo práctico y, en definitiva, a lo que en un futuro va a constituir gran parte de su trabajo diario, si es que finalmente decide ejercer la abogacía.

Ciertamente, en la redacción de escritos jurídicos, todo y que el profesorado pueda facilitar al alumnado unas determinadas reglas y modelos a seguir, serán ellos mismos quienes, a través de la experiencia, irán puliendo sus propias técnicas de redacción y oratoria.

En cuanto a la forma en que el alumnado debería enfrentar la ejecución de las actividades prácticas de esta naturaleza, y con ello se refiere a la redacción de cualquier escrito de índole jurídica, se plantean las siguientes fases.

- Fase previa: definir y ordenar ideas.

  Esta fase se refiere al momento previo al inicio de la redacción, en la que el alumnado, una vez expuesto el enunciado de la práctica, y realizada la sesión en la que se introduzca el caso concreto al que se va a enfrentar, deberá de realizar un esquema con las ideas y contenidos que pretende transmitir.

  Este trabajo les será de menor dificultad si antes de iniciarse con la redacción de escritos de índole jurídica y/o judicial han trabajado la problemática en una fase administrativa previa y, con ello, la conformación del expediente administrativo.

  En esta fase, deberán identificar los argumentos a favor y en contra para posteriormente redactarlos de la manera en que su escrito resulte lo más claro, ordenado y convincente posible.

  Así mismo, dentro de esta fase, deberá llevarse a cabo una labor de investigación y búsqueda de fundamentos jurídicos y procesales que luego deberán plasmarse en el escrito, al objeto de hacer valer la posición defendida.

- Fase de redacción.

  Esta fase parte del trabajo que se realice en la anterior, puesto que la capacidad de redacción estará íntimamente relacionada con los argumentos y los fundamentos empleados, siendo ellos precisamente los que determinan la calidad del escrito.

En la redacción del escrito, la exposición de los hechos y fundamentos, así como el suplico, debe ser lo más clara, sencilla y breve, sin que pueda inducir a confusión ni caracterizarse por su escasez.

La claridad en los escritos jurídicos requiere del empleo del léxico jurídico, prestando igualmente atención al orden expositivo de las ideas que se quieren plasmar, sin que resulte farragoso o excesivamente reiterativo.

Resulta curioso reseñar que, una vez expuesta esta fase en la explicación de la práctica, es recurrente que alumnado realice la siguiente cuestión: *¿Cuántas páginas debe tener el escrito?*, como si se tratara de una mera redacción, y a la cual no cabe otra respuesta que: *las que sean necesarias*.

- Fase de revisión.

  En esta fase, el alumnado debe realizar una tarea esencial que consisten en la revisión del borrador de escrito. No únicamente se trata de corregir errores tipográficos, sino de corroborar que efectivamente las ideas, razonamientos y fundamentos plasmados en el texto lo han sido de la manera idónea para transmitir convencimiento a quien se dirige, centrando la atención tanto en el fondo como en la forma en que el escrito debe conformarse.

3. Actividades siguiendo las normas de procedimiento contencioso-administrativo

Expuestas las anteriores nociones básicas, pasamos a las prácticas en sí mismas, ejercicios en los que los alumnos pueden intervenir poniendo en práctica los conocimientos adquiridos en las sesiones teóricas sobre el procedimiento contencioso-administrativo, partiendo de los dos procedimientos que reconocidos en la Ley 29/1998, de 13 de julio, reguladora de la Jurisdicción Contencioso-administrativa: Ordinario y Abreviado, con sus correspondientes trámites característicos[3].

Una de las actividades que suele plantearse con los alumnos que están cursando Derecho Administrativo, es la asistencia a vistas celebradas ante los Juzgados de lo Contencioso-Administrativo. Evidentemente, estas actividades ayudan al alumnado a visualizar en qué consiste y cómo tiene lugar una vista judicial, pero, si hay posibilidad de elegir, siempre atendiendo a la disponibilidad del órgano judicial, a mi parecer, y dada la conformación de los trámites procesales, les resulta más clarificador la asistencia a vistas en procedimientos abreviados, siguiéndose los tramites del art. 78 de la Ley de

3 Nogales Romeo, F. J. y Romero Rey, C., *Ley de la Jurisdicción Contencioso-Administrativa comentada*, Colex, A Coruña, 2024.

Jurisdicción Contencioso-Administrativa, dado que el procedimiento es oral y gran parte del mismo tiene lugar en el acto de la vista. Así, en las vistas de procedimiento abreviado, la contestación a la demanda se realiza de manera oral, así como las conclusiones de ambas partes.

Sin embargo, en el procedimiento ordinario, tanto la demanda como la contestación a la demanda se realizan de manera escrita, por lo que los alumnos no contarán con este antecedente fundamental que les ayudaría a comprender el objeto del proceso, y únicamente podrían asistir a la práctica de las pruebas celebradas en vista.

Como digo, si bien estas actividades de asistencia a vistas pueden ayudar al alumnado a visualizar qué es y cómo debe desarrollarse una vista judicial, si se les plantean actividades en las que su nivel de interacción y participación sea directo, el resultado puede ser la interiorización y comprensión de dichos conceptos teóricos que de otra manera únicamente vería reflejados en los manuales y, con suerte, en una vista judicial de la que ellos no formarían parte directa.

De esta manera, igualmente a lo expuesto respecto a la fase administrativa, se pueden plantear diferentes actividades en función del momento procesal que proceda[4], distinguiendo entre las siguientes fases:

- Fase de Interposición/Formalización de la demanda contencioso-administrativa y contestación a la demanda

En esta fase distinguimos si procede la tramitación del procedimiento ordinario o, en su caso, el abreviado, ya sea por razón de cuantía o de materia. Teniendo en cuenta que, si se opta por el procedimiento contencioso-administrativo ordinario, en primer lugar, deberá de realizarse escrito de interposición y, posteriormente, una vez se cuente con el expediente administrativo, el escrito de formalización de demanda.

Quizás plantee mayores dificultades el realizar una práctica consistente en la redacción de una demanda contencioso-administrativa en un procedimiento ordinario[5], en tanto que deberá de facilitarse al alumnado el expediente administrativo en cuestión, pero, si se ha trabajado de manera práctica la fase administrativa previa, tal y como antes se ha expuesto, cabe la posibilidad de que sea el propio alumnado el que haya tenido ocasión de elaborar el propio expediente administrativo del que posteriormente puedan servirse.

En este sentido, resulta de especial importancia que en la conformación del expediente administrativo se sigan los requisitos contenidos en el

4 Fuentes i Gasó, J. R., Gifreu Font, J. y Casado Casado, L., *Esquemas del Proceso Contencioso Administrativo*, cit.

5 Redacción la Ley, *El nuevo orden contencioso-administrativo: jurisdicción y procedimiento*, Bosch, Barcelona, 2024.

art. 48.4. de la Ley 29/1998, de 13 de julio, reguladora de la Jurisdicción Contencioso-administrativa.

Además, en la redacción del escrito de formalización de la demanda o de contestación a la demanda, tal y como ya se ha expuesto, el alumno deberá contar con un modelo que proporcionará el profesor y con una estructura conforme al articulado de la LJCA, conteniendo:

- Hechos: Relato extenso de los hechos tal y como sucedieron, con indicación de lugar, momento y fecha: el relato de los hechos debe de ser lo más detallado posible, sin resultar repetitivo.
- Fundamentos de derecho: Procesales (jurisdicción, competencia, legitimación activa y pasiva, y costas procesales) y Materiales (sobre el fondo del asunto).
- Suplico: el solicito de la demanda, el cual deberá de ser claro y conciso, manifestándose lo que se pretende en cuanto al sentido de la sentencia que en su día recaiga y pudiendo contener, así mismo, una solicitud de condena en costas a la parte contraria.
- Otrosí, solicitando la práctica de medios de prueba reconocidos conforme al art. 299 de la Ley 1/2000, de 7 de enero, de Enjuiciamiento Civil: documental (documentos públicos, expediente administrativo, documentos privados, documentos acompañados al escrito de formalización/contestación a la demanda) testifical, pericial, interrogatorio etc. Además, respecto a la solicitud de práctica de la prueba deberá hacerse mención a los hechos o extremos que cada una de las partes pretende acreditar mediante la práctica de los medios de prueba solicitados.

Esta fase el trabajo, consistirá en la redacción individual o por grupos, teniendo en cuenta el caso expuesto y las indicaciones en cuanto a la elaboración de escritos jurídico-procesales, en la redacción de un escrito de formalización o de contestación a la demanda, según la parte procesal (demandado o demandante) en la que se sitúe cada alumno o cada grupo, de manera que se encuentren representadas tanto la parte actora como la parte demandada (Administración o ente del sector público).

- Fase de celebración de la vista contencioso-administrativa

Esta fase de la actividad práctica sería interesante que pudiera celebrarse en una sala que recree una verdadera sala de vistas judiciales, de manera que el alumnado en la sesión en que se recree la vista pueda interactuar de manera que sea reflejo fiel de la realidad, lo que les permitirá interiorizar tanto la causa como su posición procesal, así como los conceptos teóricos previamente estudiados.

En el acto de celebración de la vista lo que se pretende es que tanto la parte demandante como la demandada reproduzcan sus argumentos haciendo valer sus pretensiones e interactúen poniendo en práctica sus capacidades de oratoria.

De esta manera, a mi parecer, entiendo más accesible y lógico el seguir las normas procesales del procedimiento abreviado, llevándose a cabo tanto la exposición de la demanda como la contestación de la demanda de manera oral, sin perjuicio de que, previamente al acto de la vista, el alumnado haya trabajado dichas posiciones procesales de manera individual o grupal, redactando los referidos escritos de formalización de demanda y contestación de la demanda. Lo cual, si bien es cierto que no sigue a pies juntillas lo dispuesto por la LJCA en cuanto al carácter oral del procedimiento abreviado (en el que la demanda sí se realiza por escrito, pero la contestación de la demanda es oral en el acto de la vista, y ahí reside su dificultad, evidentemente para la parte actora, al no conocer de ante mano cuáles van a ser los argumentos y fundamentos de los que se sirva la contraparte), permitirá al alumnado la realización de un trabajo preparatorio previo en el que puedan interiorizar tanto la problemática como la parte procesal que posteriormente van a representar en el acto de la vista.

Dado que lo que se trata es de reproducir una vista judicial real, el alumnado según la posición que defienda se posicionará en la sala de vistas bien como parte demandante, o bien como parte demandada, respetando el turno de palabra tanto de cada una de las contrapartes, como la del órgano judicial (Juez) que puede venir representada por el propio alumnado o por el docente, en aras de intervenir y controlar los turnos de palabra de cada una de las partes.

- Fase de proposición y práctica de la prueba

Una vez expuestas las pretensiones de las partes y planteado el objeto del litigio, se dará paso a la petición de la práctica de la prueba por ambas partes, primero la demandante y, posteriormente la demandada, admitiéndose o, en su caso inadmitiéndose por el órgano judicial.

Posteriormente, respecto a las pruebas admitidas, se procederá a su práctica. Por ejemplo: tomando declaración a los testigos propuestos, respetando el orden que se determinará en función de la parte solicitante de dicha prueba.

- Fase de conclusiones

En esta fase, si se toma como modelo el procedimiento abreviado, las conclusiones se realizan de manera oral en el mismo acto de la vista, una vez se ha dado por concluida la práctica de la prueba, primero la parte actora y seguidamente la demandada.

En las conclusiones, los alumnos, una vez más, podrán en práctica su capacidad de oratoria y también de reacción e improvisación, puesto que no será hasta ese momento en que conocerán cuáles son los argumentos de los que se sirve la contraparte ni los medios de prueba cuya práctica solicite al objeto de hacer valer sus argumentos y ver satisfechas sus pretensiones.

Dependerá, en todo caso, de la pericia y capacidad oratoria de cada alumno o cada grupo para realizar un discurso de conclusiones que resulten convincentes a ojos del Juez.

– Fase de resolución

En la misma vista o en una sesión posterior, vistas las actuaciones celebradas, el órgano judicial deberá de emitir una sentencia (estimatoria, desestimatoria o estimatoria en parte) debiendo ser esta congruente a la vista de las pretensiones defendidas por cada una de las partes.

Así mismo, la sentencia deberá de contener un pronunciamiento sobre las costas que, conforme lo dispuesto por el art. 139 de la LJCA, quedará a decisión del órgano judicial.

4. Conclusión

Con el planteamiento de estas actividades lo que se pretende es que el alumnado tenga la oportunidad de poner en práctica los conocimientos impartidos en relación al orden jurisdiccional contencioso-administrativo, más allá de las actividades de asistencia a vistas del orden jurisdiccional contencioso-administrativo y las que, a buen seguro, les serán de gran ayuda a la hora de preparar la vista en la que ellos mismos vayan a participar.

De la práctica de dichas actividades con el alumnado se desprende que, en rara ocasión, salvo que cuenten con experiencia jurídica o laboral previa, habrán realizado ellos mismos, previamente a la realización de la actividad práctica, un escrito de índole jurídica, con lo que ello conlleva y, mucho menos, un escrito dirigido a un órgano judicial, no ya si hablamos del orden contencioso-administrativo, puesto que lo más común es que lo desconozcan por completo.

Así, con la realización de actividades prácticas se ha podido comprobar una mayor implicación del alumnado, adquiriendo responsabilidades tanto en la preparación y redacción de escritos, como en la preparación de la sesión de la vista judicial.

También la adquisición de capacidades y habilidades que hasta ese momento no habían tenido la ocasión de poner en práctica, como son el empleo del léxico jurídico en la redacción de escritos jurídicos, la redacción de escritos judiciales tratando de ser claros y convincentes a ojos del órgano judicial, el respeto de la forma de los escritos judiciales, el correcto empleo de las figuras jurídicas etc.

Por otro lado, se ha observado que la enseñanza práctica del contenido del procedimiento contencioso-administrativo, se ha traducido en el alumnado en una mayor interiorización de conceptos jurídicos que de otra forma pudieran resultarles excesivamente abstractos.

Es por ello que, la realización de estas actividades en el marco de la enseñanza del derecho administrativo y, en concreto, del orden jurisdiccional contencioso-administrativo, han resultado tan enriquecedoras, puesto que los alumnos pueden, en la mayoría de las ocasiones, sentirse por primera vez como futuros abogado/as en los que recae la responsabilidad y ardua tarea de preparación de una vista judicial, pudiendo poner en práctica su pericia oratoria en la defensa de los intereses de sus clientes.

Bibliografía

Nogales Romeo, F. J. y **Romero Rey, C.**, «Ley de la Jurisdicción Contencioso-Administrativa comentada», Colex, A Coruña, 2024.

Redacción la Ley, «El nuevo orden contencioso-administrativo: jurisdicción y procedimiento», Bosch, Barcelona, 2024.

Fuentes i Gasó, J. R., **Gifreu Font, J.** y **Casado Casado, L.**, «Esquemas del Proceso Contencioso Administrativo», Tirant lo Blanch, Valencia, 2024.

DINÁMICAS DE TRABAJO EN EQUIPO PARA EL APRENDIZAJE DEL DERECHO CIVIL[1]

Álvaro Bueno Biot
Profesor Ayudante Doctor de Derecho Civil
Universitat de València

RESUMEN: Las metodologías que se siguen en las aulas han experimentado un notable desarrollo en los últimos tiempos, donde no solo es suficiente con la clase magistral, sino que se requiere de la introducción de nuevas técnicas de enseñanza, las cuales vienen motivadas por las nuevas demandas laborales. En este trabajo se proponen las dinámicas de trabajo en equipo, en concreto, para resolver un caso práctico, lo cual fomenta el desarrollo de habilidades y competencias que lo estudiantes van a necesitar como futuros juristas, toda vez que se acerca al alumnado a la realidad práctica con la que se va a encontrar tras la finalización de los estudios.

1. Consideraciones preliminares

En los últimos años, la diversidad de metodologías aplicadas en la enseñanza ha experimentado un notable desarrollo, especialmente influenciado por los desafíos que han ido apareciendo a raíz de la pandemia ocasionada por la Covid-19. Este avance ha sido ampliamente documentado, donde

1 El presente trabajo se enmarca en el *Proyecto de Innovación Educativa Consolidado* «La ludoteca jurídica», concedido por la Universitat de València (ref. UV-SFPIE_PIEC-2734629), del cual es coordinador el prof. Pedro Chaparro Matamoros.

podemos destacar la integración de las TIC en el ámbito del Derecho como un componente clave. Sin embargo, la implementación de un modelo competencial —hacia el que avanzamos en nuestro sistema universitario— no solo puede basarse en la integración de las nuevas tecnologías, sino que también requiere el desarrollo de competencias y habilidades transversales tales como la resolución de problemas, el trabajo en equipo y la capacidad de comunicación efectiva. Una combinación de todo ello es el modelo hacia el que debería dirigirse la docencia en nuestras aulas.

En el presente capítulo se presenta el uso del debate jurídico y la resolución grupal de casos prácticos como herramientas de aprendizaje y evaluación activa en las universidades españolas contemporáneas. Se analiza su eficacia y su conveniencia para el aprendizaje, así como la efectividad que tiene en la consolidación de los conceptos legales que previamente han sido impartidos por el profesor.

La experiencia docente relatada se deriva de la asignatura Derecho de la Persona, impartida en el Doble Grado de ADE y Derecho en la Universidad de Valencia. En esta asignatura, los estudiantes deben resolver casos prácticos elaborados por el profesor y participar en debates jurídicos para discutir y corregir colectivamente las soluciones propuestas.

Este enfoque promueve una educación proactiva, donde el profesor actúa como guía en el proceso de aprendizaje autónomo de los estudiantes, una tendencia cada vez más prevalente en la educación superior europea. El objetivo del texto es compartir una dinámica aplicada en la asignatura de Derecho de la Persona, donde la resolución de casos prácticos en el aula no solo acerca a los estudiantes a la realidad jurídica cotidiana, sino que también fomenta competencias esenciales como el razonamiento lógico, la argumentación, la creatividad y la oratoria, toda vez que ayuda a consolidar los conocimientos teóricos previamente impartidos.

Para ello, lo que se pretende es fomentar la participación del alumno en clase, pero no de la forma que se ha venido utilizando tradicionalmente donde se incentivaba al alumno a participar a cambio de un porcentaje de la nota final, sino que lo que se pretende es que se cree un diálogo entre profesor y alumnos en el que se pueda valorar la coherencia y adecuación de las respuestas y argumentos utilizados por éstos últimos, a las cuales han tenido que llegar a través de un debate previamente realizado por grupos. Con ello, puede evitarse que el alumno rehúya de participar en clase, ya sea por la falta de preparación de los casos, ya sea por el temor a intervenir y dar una respuesta individualizada que asume como propia y que, en su caso, pueda resultar errónea.

2. Los beneficios del trabajo en equipo

El trabajo en equipo en el Grado en Derecho ofrece múltiples beneficios tanto para el desarrollo académico como profesional de los estudiantes. En primer lugar, fomenta la colaboración y la cooperación, habilidades esenciales en el ámbito jurídico donde la resolución de casos prácticos a menudo requiere la integración de diferentes perspectivas y conocimientos. Al trabajar en grupo, los estudiantes aprenden a comunicarse efectivamente, exponiendo sus argumentos de manera clara e intercambiando las opiniones con sus compañeros, lo que enriquece el proceso de aprendizaje.

Además, el trabajo en equipo promueve el desarrollo de competencias sociales y emocionales, como la empatía y la gestión de conflictos. En un entorno donde es necesario negociar y llegar a consensos, los estudiantes pueden poner en práctica habilidades que serán cruciales en su carrera profesional. La capacidad de trabajar armoniosamente con otros, entender diversas perspectivas y resolver disputas de manera constructiva es fundamental en la práctica del Derecho.

El trabajo grupal también facilita la adquisición de un conocimiento más profundo y aplicado de la materia. Al abordar casos prácticos en equipo, los estudiantes tienen la oportunidad de aplicar los conocimientos teóricos a situaciones reales, lo que les ayuda a entender mejor los conceptos y su aplicación práctica. Este método de aprendizaje activo no solo refuerza el conocimiento teórico, sino que también mejora las habilidades analíticas y críticas, ya que los estudiantes deben evaluar y sintetizar la información de manera colaborativa.

Otro beneficio importante es el desarrollo de habilidades de liderazgo y organización. En un grupo de trabajo, los estudiantes tienen la oportunidad de asumir diferentes roles y responsabilidades, lo que les permite desarrollar su capacidad para liderar y gestionar proyectos. Esta experiencia puede aportarles grandes beneficios, ya que el liderazgo y la gestión efectiva del tiempo son competencias altamente valoradas en el campo del Derecho.

Además, el trabajo en equipo prepara a los estudiantes para el entorno profesional real, donde el trabajo colaborativo suele ser recurrente. En despachos de abogados, empresas y organismos públicos, los abogados deben trabajar en equipos multidisciplinarios para resolver casos complejos. La experiencia adquirida durante los estudios universitarios mediante el trabajo en grupo puede proporcionar una base sólida para enfrentar estos desafíos profesionales.

Finalmente, el trabajo en equipo fomenta un ambiente de aprendizaje dinámico y participativo. La interacción constante con los compañeros estimula el intercambio de ideas y conocimientos, creando una comunidad académica enriquecedora[2]. Este entorno colaborativo no solo mejora el apren-

2 Así lo confirma también SÁNCHEZ-VENTURA MORER, I., «Dinámicas de trabajo en equipo basadas en el aprendizaje cooperativo en la resolución de casos prácticos», en GUTIÉRREZ CASTILLO, V.L. Y BASTANTE GRANELL, V. (coords.), *Gamificación y aprendizaje colaborativo: experiencias en los procesos enseñanza-aprendizaje del derecho*, Dykinson, Madrid, 2022, págs. 333-334, quien señala que «Los miembros del equipo se exigen mutuamente esfuerzo para llegar a ese objetivo común. El momento clave en este sentido, es el momento en el que cada uno ofrece una explicación detallada de su cuestión al resto del equipo. Tener

dizaje individual, sino que también fortalece los lazos entre los estudiantes, promoviendo una cultura de apoyo mutuo y crecimiento colectivo.

En conclusión, el trabajo grupal ofrece una serie de beneficios que van más allá del aprendizaje académico[3]. Desde el desarrollo de habilidades sociales y emocionales hasta la preparación para el entorno profesional, lo que convierte a esta metodología de enseñanza en fundamental para formar juristas competentes y colaborativos.

3. La resolución conjunta de casos prácticos como dinámica de trabajo en equipo

La resolución conjunta de casos prácticos en equipo es una dinámica educativa que fomenta la colaboración y el aprendizaje activo entre los estudiantes. Al enfrentar problemas reales, los estudiantes de Derecho aplican sus conocimientos teóricos de manera práctica, desarrollando habilidades críticas como el análisis, la argumentación y la toma de decisiones. Por ello, la experiencia docente que aquí se presenta ha sido la resolución de un caso práctico en la asignatura de Derecho de la Persona. A continuación, se analizan los propósitos, el procedimiento empleado, las competencias que se han evaluado y los efectos producidos.

3.1. Propósitos y finalidad

Con la resolución de un caso práctico en la asignatura de Derecho de la Persona, los propósitos perseguidos son los siguientes:

1. Aplicación de conocimientos teóricos. Los estudiantes pueden aplicar los conceptos teóricos y principios del Derecho Civil a situaciones reales concretas, lo que facilita una comprensión más profunda y práctica de la materia.

---

que explicar a otros compañeros mejora el rendimiento individual y la asimilación de los conceptos, pero, por otro lado, es una responsabilidad ya que, de la explicación que ofrezca cada uno de ellos a los demás, depende el buen resultado de la exposición que puede corresponder a alguno de los miembros del grupo».

3 Estos beneficios del trabajo en grupo pueden ayudar a estrechar la brecha que existe entre los contenidos teóricos impartidos en el aula y las necesidades del sector privado. Las razones que pueden explicar esa brecha son, como expone Chaparro Matamoros, P., «De la LOU'2021 a la LOSU'2023: La innovación docente a lo largo de las últimas dos décadas», en Andrés Segovia, B., Pedrosa López, C., Chaparro Matamoros, P. y Gómez Asensio, C. (dirs.), *Innovación docente en Derecho: Herramientas digitales, nuevos desarrollos y perspectiva global*, Colex, A Coruña, 2023, págs. 41-42, 1) La excesiva importancia de los conocimientos teóricos en detrimento de la aplicación práctica de los mismos; 2) La escasa (o nula) enseñanza de competencias y/o habilidades interpersonales; 3) La dificultad para trabajar en equipo; y 4) La falta de capacidad para trabajar en entornos internacionales.

2. Desarrollo de la capacidad de análisis del caso concreto. Se fomenta la capacidad de analizar el supuesto de hecho concreto, identificar los problemas jurídicos existentes y, en consecuencia, aplicar la normativa correspondiente de forma crítica y rigurosa.
3. Mejora de la capacidad de argumentación. La resolución del caso práctico fomenta que los estudiantes desarrollen argumentos jurídicos sólidos, motivados por la defensa de sus posiciones de manera coherente.
4. Fomento del trabajo en equipo. Las dinámicas de trabajo en equipo promueven la colaboración y el trabajo conjunto, permitiendo a los estudiantes aprender de sus compañeros y enriquecer sus perspectivas.
5. Desarrollo de competencias personales. Se potencian algunas habilidades personales como la comunicación efectiva, la negociación y la resolución de conflictos. Sobre todo, se fomenta la capacidad para encontrar un punto en común con el resto de compañeros que pueden tener diferentes perspectivas de solución ante un mismo problema jurídico.
6. Fomento del pensamiento crítico. Se estimula la reflexión crítica sobre la aplicación de las normas jurídicas al caso concreto, motivando a los estudiantes a cuestionar la eficacia de la aplicación de las normas como solución al supuesto de hecho concreto.

3.2. Procedimiento empleado

El método empleado como dinámica de grupo fue la resolución de un caso práctico conjunto a través de la distribución de roles. En concreto, el juego de rol como método de enseñanza consiste en simular situaciones reales o ficticias donde los participantes asumen roles específicos y actúan de acuerdo con esos roles[4]. En este sentido, el docente distribuye, con carácter previo,

4 De esta forma, lo que ocurre es que, como afirma CANO FERNÁNDEZ, S., «La simulación de un proceso judicial en Derecho procesal civil», en GUTIÉRREZ CASTILLO, V.L. y BASTANTE GRANELL, V. (coords.), *Gamificación y aprendizaje colaborativo: experiencias en los procesos enseñanza-aprendizaje del derecho*, Dykinson, Madrid, 2022, págs. 271-272, se coloca al alumno como protagonista de su propio aprendizaje y, por tanto, se invierte el papel asumido hasta ese momento, ya que el alumno se coloca en el lugar del docente. A diferencia de lo que ocurre con la clase magistral, donde el protagonista es el profesor. En este mismo sentido, lo expresan CEBRIÁN MILLAR, M., SÁNCHEZ SÁNCHEZ, E. y BOTELLA RODRÍGUEZ, E., «El método de evaluación como mecanismo de motivación», en *Actas del XI Encuentro de Didáctica de la Historia Económica*, Santiago de Compostela, 2014, quienes afirman que con el juego de rol se fomenta el interés del estudiante por la material, lo que conlleva una mayor comprensión de los conceptos y una adquisición efectiva de las habilidades necesarias para abordar problemas y situaciones del mundo real, donde el estudiante desempeña un papel central.

los roles que le corresponden a cada uno y proporciona la información necesaria para el desarrollo de la actividad. De esta forma, los alumnos deberán adecuarse a las circunstancias del papel que se les ha asignado y enfrentarse a la realidad del caso práctico planteado.

En el caso que aquí se pretende exponer, el juego de rol se utilizó como herramienta para la resolución de un caso práctico en la asignatura de Derecho de la Persona, que es impartida a los alumnos de primer curso del Grado en Derecho.

Durante las 5 primeras semanas de clase se explicó el contenido teórico de la asignatura que iba a servir de fundamento para la resolución del caso práctico que posteriormente iban a realizar los alumnos.

El primer paso de este ejercicio grupal consistió en dividir a la clase en 5 grupos, a los cuales se les entregó la información necesaria relativa al supuesto de hecho del caso práctico que tenían que resolver. Sin embargo, con el fin de poder contemplar distintos escenarios a los cuales se les pudiera aplicar el mismo contenido teórico impartido, a cada uno de los grupos se les asignó un supuesto de hecho distinto, aunque todos ellos sobre derechos de la personalidad (derecho al honor, a la intimidad o a la propia imagen). Cada uno de estos grupos estaba integrado por 10 alumnos que, a su vez, se dividieron en 3 grupos para adoptar los distintos roles asignados (el de abogado defensor de la persona que sufría la intromisión ilegítima, el de abogado defensor de la persona vulneradora de algún derecho de la personalidad y el de juez).

Los grupos a los cuales se les asignó el rol de abogado defensor de cada una de las partes tenían que defender, en la medida de lo razonablemente posible, los intereses de sus clientes. Al grupo que le tocó defender al cliente que había sufrido supuesta intromisión ilegítima en algún derecho de la personalidad tenía la condición de parte demandante, mientras que el grupo que tenía que defender a la persona vulneradora de algún derecho de la personalidad tenía la condición de parte demandada.

Por tanto, una vez se les entregó el supuesto de hecho, la parte demandante disponía de un plazo de 10 días para interponer la demanda, a través de la cual podían hacer uso de los tres tipos de tutela explicados previamente en clase (la inhibitoria, la resarcitoria o la restitutoria). Dicha demanda, se debía subir al Aula Virtual en un formato PDF. A partir de este momento, la parte demandada podía descargarla y disponía de un plazo de 10 días para contestar a la demanda y exponer sus argumentos, la cual también debía subirse al Aula Virtual en un formato PDF.

Una vez finalizado el plazo de 10 días de que disponía la parte demandada para contestar a la demanda, la clase siguiente a la finalización de dicho plazo se dedicó a simular una vista, en la que las partes debían ratificar o rectificar sus pretensiones y, en su caso, presentar las pruebas que considerasen oportunas[5]. Para la simulación de esta vista, subieron al estrado un representante —elegido libremente entre ellos— de cada uno de los grupos, a los cuales se les había asignado un rol distinto.

Tras la celebración de la vista, los grupos a los cuales se les había asignado el rol de juez debían dictar una sentencia, en la que, conforme a las pretensiones y argumentos de las partes, se absolviera o condenara a la parte demandada y, en su caso, si procedía una indemnización para reparar el daño moral ocasionado a la víctima de la intromisión. El plazo para dictar esta sentencia también era de 10 días a contar desde la realización de la vista celebrada en clase[6].

Transcurrido el plazo de 10 días para dictar sentencia y, una vez subida ésta al Aula Virtual también en formato Pdf, en las dos siguientes clases se analizaron por el profesor los argumentos y pretensiones que cada una de las partes había aportado en la demanda y contestación a la demanda, respectivamente, en función del supuesto de hecho asignado a cada grupo. Con ello, se pretendía hacer una revisión junto con los alumnos de los argumentos jurídicos aportados y, por ende, poder valorar si éstos podían servir como fundamento para sustentar las distintas pretensiones alegadas en la demanda y contestación a la demanda[7]. En definitiva, se trataba de debatir el por qué se habían utilizado esos argumentos, con qué finalidad y si, en consecuencia, se habían utilizado con un razonamiento coherente de acuerdo a la pretensión que se pretendía obtener. También se valoraron y debatieron las razones y conclusiones a las que habían llegado en las sentencias los grupos a los que se les había asignado el rol de juez. Además, en esta última sesión se permitió a cualquier estudiante intervenir, con independencia del grupo al que pertenecía, con la finalidad de que aportase sus reflexiones y opiniones sobre los puntos que considerase oportunos, y ello al margen del rol que se

5 Las pruebas que las partes podían presentar también fueron puestas, por parte del profesor, a disposición de los alumnos, que tenían que elegir, entre todas ellas, las que consideraran oportunas, pues no todas las que fueron puestas a su disposición eran lícitas.

6 Como señala Arnau Moya, F., «El método del caso en la docencia del Derecho civil», en Andrés Segovia, B., Pedrosa López, C., Chaparro Matamoros, P. y Gómez Asensio, C. (dirs.), *Innovación docente en Derecho: Herramientas digitales, nuevos desarrollos y perspectiva global*, Colex, A Coruña, 2023, pág. 200, el caso práctico también es de gran utilidad para relacionar la asignatura impartida con otras, especialmente con el Derecho procesal.

7 De esta forma, se cumple con las tareas que debe cumplir un profesor en la aplicación de un método de aprendizaje cooperativo y que, según Johnson, D. y Johnson, R., «¿Qué es al aprendizaje cooperativo?». Centro de Aprendizaje cooperativo, 2019, pág. 8 (consultar en: https://www.cooperativo.org/wpcontent/uploads/2019/07/%C2%BFQue%CC%81-es-el-AC.pdf), son las siguientes: 1) Formular los objetivos de aprendizaje; 2) Determinar el número de grupos y los integrantes de cada uno de ellos; 3) Asignar un rol a cada uno de los grupos; 4) Explicar la tarea y la forma de trabajar; 5) Supervisar el trabajo de los estudiantes; y 6) Evaluar el funcionamiento del equipo y ayudar a los alumnos a sacar sus propias conclusiones sobre la forma en que han trabajado.

le había asignado. Se trataba, en definitiva, de crear un ambiente de debate, donde cualquiera de los presentes podía intervenir y exponer sus aportaciones desde diferentes puntos de vista.

3.3. Competencias evaluables

En la resolución de un caso práctico realizado por grupos, las habilidades que pueden ser objeto de valoración por parte del profesor pueden ser varias. Entre ellas, las que se tuvieron en cuenta para poder determinar la calificación de los alumnos fueron las siguientes: 1) la capacidad para buscar, identificar y utilizar las fuentes jurídicas adecuadas para el caso concreto; 2) la argumentación jurídica esgrimida, en especial, la coherencia entre las fuentes utilizadas y las pretensiones queridas por las partes; 3) la calidad de los documentos escritos presentados, donde se incluye la claridad, precisión y adecuación del lenguaje jurídico utilizado; y 4) la gestión adecuada del tiempo, es decir, la eficacia en la organización y el uso del tiempo disponible para preparar cada uno de los escritos, asegurando que todas las partes del trabajo sean abordadas adecuadamente.

Estas 4 competencias se evalúan de igual forma, asignando un máximo de 2,5 puntos a cada una de ellas, pudiendo obtenerse una puntuación total de 10 puntos.

3.4. Resultados obtenidos

Los resultados que se alcanzaron fueron buenos, ya que todos los grupos obtuvieron una calificación, como mínimo, de notable. En concreto, 3 grupos obtuvieron una nota total entre 7-8 puntos, 8 grupos obtuvieron una nota entre 8-9 puntos, 3 grupos obtuvieron una nota mayor de 9 puntos y 1 grupo obtuvo la máxima calificación de 10 puntos.

Estos son los resultados obtenidos tras la evaluación de las 4 competencias que fueron objeto de valoración. Se constata así que, en líneas generales, los alumnos utilizaron las fuentes jurídicas adecuadas para fundamentar debidamente los argumentos esgrimidos. Además, utilizaron un lenguaje jurídico apropiado, la redacción de los documentos presentados fue precisa y clara, y la gestión del tiempo se llevó a cabo de forma oportuna, dado que se logró cumplir con los plazos estipulados, toda vez que cada una de las partes del trabajo fue cumplida adecuadamente.

4. Conclusiones finales

La resolución de un caso práctico realizado por grupos en la asignatura de Derecho de la Persona como dinámica de trabajo en equipo ha demostrado ser una metodología de enseñanza altamente efectiva y enriquecedora. Esta dinámica no solo ha permitido a los estudiantes aplicar sus conocimientos teóricos a situaciones concretas, sino que también ha fomentado un entorno de aprendizaje colaborativo, donde se han potenciado diversas habilidades esenciales para su futuro profesional.

En primer lugar, trabajar en grupo ha permitido a los alumnos desarrollar competencias clave como el análisis crítico, la argumentación jurídica y la capacidad de resolución de problemas. La necesidad de desglosar hechos, identificar cuestiones jurídicas y proponer soluciones prácticas ha reforzado su comprensión de la materia y les ha preparado para enfrentar desafíos reales en su futura carrera profesional.

Además, el trabajo grupal ha fomentado el desarrollo de habilidades personales y sociales, ya que los alumnos han aprendido a comunicarse de manera efectiva, a escuchar y valorar las opiniones de sus compañeros, y a trabajar juntos hacia un objetivo común. Estas habilidades son fundamentales en la práctica del Derecho, donde el trabajo en equipo y la negociación son actividades que se practican con frecuencia en este ámbito.

La simulación de casos prácticos también ha permitido a los estudiantes experimentar de primera mano la dinámica de un entorno profesional. Han tenido la oportunidad de asumir diferentes roles, desde la investigación y redacción de documentos hasta la defensa oral de sus argumentos. Este enfoque práctico les ha brindado una visión realista de lo que implica trabajar en el campo jurídico y les ha ayudado a consolidar los conocimientos teóricos previamente estudiados.

Otro aspecto positivo ha sido la mejora de las habilidades de investigación y manejo de fuentes jurídicas. Los estudiantes han aprendido a buscar y utilizar legislación, jurisprudencia y doctrina para respaldar sus argumentos, lo que les ha proporcionado una base sólida para su desarrollo como futuros juristas.

Por último, la dinámica de trabajo en grupos ha creado un ambiente de aprendizaje dinámico y participativo. La interacción constante con los compañeros ha estimulado el intercambio de ideas y conocimientos. Este entorno ha facilitado no solo el aprendizaje individual, sino también el fortalecimiento de los lazos entre los estudiantes, que puede resultar muy satisfactorio, sobre todo en el primer año de grado.

En definitiva, la resolución grupal de casos prácticos en esta asignatura no solo ha enriquecido el aprendizaje académico, sino que también ha ayudado a preparar a los estudiantes en diversas competencias para el futuro. Las habilidades desarrolladas a través de esta metodología son altamente beneficiosas para los alumnos y contribuirán significativamente de forma positiva en sus próximas prácticas, tanto en el ámbito académico como profesional.

Bibliografía

Arnau Moya, F., «El método del caso en la docencia del Derecho civil», en Andrés Segovia, B., Pedrosa López, C., Chaparro Matamoros, P. y Gómez Asensio, C. (dirs.), *Innovación docente en Derecho: Herramientas digitales, nuevos desarrollos y perspectiva global*, Colex, A Coruña, 2023.

Cano Fernández, S., «La simulación de un proceso judicial en Derecho procesal civil», en Gutiérrez Castillo, V. L. y Bastante Granell, V. (coords.), *Gamificación y aprendizaje colaborativo: experiencias en los procesos enseñanza-aprendizaje del derecho*, Dykinson, Madrid, 2022.

Cebrián Millar, M., Sánchez Sánchez, E. y **Botella Rodríguez, E.**, «El método de evaluación como mecanismo de motivación», en *Actas del XI Encuentro de Didáctica de la Historia Económica*, Santiago de Compostela, 2014.

Chaparro Matamoros, P., «De la LOU'2021 a la LOSU'2023: La innovación docente a lo largo de las últimas dos décadas», en Andrés Segovia, B., Pedrosa López, C., Chaparro Matamoros, P. y Gómez Asensio, C. (dirs.), *Innovación docente en Derecho: Herramientas digitales, nuevos desarrollos y perspectiva global*, Colex, A Coruña, 2023.

Johnson, D. y **Johnson, R.**, «¿Qué es al aprendizaje cooperativo?». *Centro de Aprendizaje cooperativo*, 2019 (consultar en: https://www.cooperativo.org/wpcontent/uploads/2019/07/ %C2 %BFQue %CC %81-es-el-AC.pdf).

Sánchez-Ventura Morer, I., «Dinámicas de trabajo en equipo basadas en el aprendizaje cooperativo en la resolución de casos prácticos», en Gutiérrez Castillo, V.L. y Bastante Granell, V. (coords.), *Gamificación y aprendizaje colaborativo: experiencias en los procesos enseñanza-aprendizaje del derecho*, Dykinson, Madrid, 2022.

LA SIMULACIÓN DE ACTOS DE MEDIACIÓN COMO MÉTODO DE INNOVACIÓN DOCENTE[1]

Raquel Alamà Perales
Contratada Predoctoral Prometeo
Departamento de Derecho Financiero e Historia del Derecho
Universitat de Valencia

RESUMEN: La versatilidad que presenta el grado en Derecho conlleva a la formación de profesionales no sólo centrados en la litigiosidad puramente judicial, sino en otros mecanismos alternativos de solución de conflictos (MASC), tales como la mediación. Es por ello que desde las aulas universitarias se introduce la simulación de actos de mediación como un método de innovación docente capaz de acercar al estudiante el ejercicio profesional desde una perspectiva alternativa al juicio oral. Consecuentemente, se adquieren a través de la experimentación práctica nuevas habilidades de resolución de conflictos, liderazgo, negociación, lenguaje no verbal, a la vez que se incrementa el grado de involucración del alumnado en la asignatura y reforzando sus conocimientos teóricos. Por ello, la simulación educativa de procesos de mediación se erige como un método de innovación docente muy positivo que, a través del método de deconstrucción o debriefing, el análisis del proceso es integral y holístico.

1. Introducción

La aparición de las nuevas tecnologías ha supuesto un cambio de paradigma sociológico que ha impregnado el espíritu docente de las universida-

1 Este capítulo es producto de la ponencia presentada bajo el mismo título en el Congreso celebrado los días 23 y 24 de mayo de 2024 «Innovación educativa en derecho: un compromiso continuo con la docencia».

des. Es por ello que el profesorado debe actualizar sus métodos de enseñanza en aras de satisfacer las necesidades de profesionalización de los estudiantes ante las exigencias tan fluctuantes que presenta el mercado laboral y las necesidades de la sociedad. Ante la elevada tasa de judicialización de los conflictos, el legislador y los operadores jurídicos apuestan cada vez más por mecanismos alternativos de solución de conflictos (MASC) que alivien la carga de los trámites judiciales y, asimismo, permita la dinamización de los acuerdos entre las partes en el campo jurídico. Uno de estos MASC es la mediación, como fórmula autocompositiva de resolución de controversias que convive con las tradiciones fórmulas heterocompositiva —proceso judicial y arbitraje[2]—.

Es por ello que, en el grado en Derecho, la mediación ha dejado de ser una mera lección marginal en asignaturas como Derecho Civil, Derecho Penal o Derecho Procesal, para pasar a ser un itinerario docente con identidad propia, sin perjuicio de una mayor especialización a través de la realización de un curso de postgrado tal y como sucede con la abogacía. Por ello, la obligación de los docentes como guías de los estudiantes en el proceso de aprendizaje y formación, que se requiere de ofrecer al alumnado un espectro global de nuestro sistema de justicia caracterizado por ser un sistema multipuerta o *multi-rooms Justice System*[3]. Esto ofrece al estudiante en Derecho la posibilidad de asesorar mejor a sus clientes en el caso del ejercicio de la abogacía, pero también de conocer otras posibles salidas del grado en Derecho que quedan fuera de las puertas de un juzgado.

Ante estas premisas, los docentes hemos pretendido introducir los procesos de mediación en las aulas con la intención de acercar una realidad práctica en un marco teórico. Con tal fin, la simulación se ha erigido como la mejor herramienta a través de la cual presentar al conjunto del estudiantado un proceso de mediación, dividiendo el mismo en lecciones introductorias de teoría que plantean su contexto y funcionamiento, así como de lecciones prácticas donde gracias a la guía de profesorado, los alumnos son capaces de desempeñar en un ambiente controlado un proceso de mediación en el que se pone el punto protagonista en la participación activa, para realizar una posterior evaluación gracias al método del «debriefing» o deconstrucción del proceso. A continuación, se ofrecen las pautas básicas para la elaboración de una simulación de un proceso de mediación, así como su metodología a seguir.

---

2 Aranda Jurado, M.ª M., «Aplicación de metodologías de innovación docente para el aprendizaje de la mediación y otros MASC en el grado en derecho», en *Innovación docente en la universidad: los medios adecuados de solución de controversias (MASC) como último elemento de la ciencia procesal y su enseñanza-aprendizaje*, Madrid, Dykinson, 2023, pág. 119.

3 *Vid.* Calaza López, S., Ordeñana Gezuraga, I., Muinelo Cobo, J. C. y Suberbiola Garbizu, I., *Externalización de la justicia civil, penal, contencioso-administrativa y laboral*, Tirant lo Blanch, Valencia, 2022.

2. Planteamiento de un proceso simulado de mediación en el aula

La simulación educativa puede definirse como *«el aprendizaje, a través de la interacción, de un modelo basado en algún fenómeno o actividad*[4]*»*. Si bien la primicia de proponer una simulación en las aulas universitarias no la tuvo el grado en Derecho, sino el Grado en Medicina[5], lo cierto es que es en el área de las ciencias jurídicas donde más a cabo se llevan este tipo de procedimientos debido a su alto grado de satisfacción por parte de alumno y profesorado[6]. La técnica de la simulación o *role playing* consiste —aplicada a este ámbito— en el planteamiento de supuestos conflictivos ficticios en los que el alumno adopta distintas posiciones o papeles dentro de la argumentación del caso en cuestión. Así, dependiendo de la asignatura en la que nos encontremos[7] —por ejemplo, Derecho Laboral— el estudiante puede alternar distintos papeles tales como el trabajador, el empleador, el representante legal, el representante sindical de los trabajadores, el representante del empresario o el mediador[8]. Consecuentemente, se adquiere una perspectiva integral al participar desde las distintas partes que intervienen durante el proceso de una forma simplificada, gracias a la naturaleza de la simulación que permite adaptar el grado de dificultad del ejercicio según las capacidades de los participantes. Este tipo de mecanismos son semejantes a los utilizados en el Grado en Derecho por el modelo conocido como *Moot Courts* o simulaciones de juicios[9] que utilizan la metodología de *learning by doing*.

---

4 Valverde Berrocoso, J., *Aprendizaje de la historia y simulación educativa*, Dehesa Repositorio Institucional, Universidad de Extremadura, 2010, pág. 87.

5 Así lo señala Aranda Jurado, M.ª M., «Aplicación de metodologías de innovación docente para el aprendizaje de la mediación y otros MASC en el grado en derecho», cit., pág. 121. Más concretamente en el área de la Medicina y Ciencias de la Salud, con la simulación clínica con el fin de garantizar la seguridad de los pacientes y asegurar la confianza del estudiante en su ejercicio profesional.

6 Orozco Alvarado, J. C., Cruz Acevedo, A. A. y Díaz Pérez, A. A., «La simulación como estrategia didáctica en las prácticas de formación docente. Experiencia en la carrera Ciencias Sociales», *Revista Torreón Universitario*, núm. 25, 2020, págs. 16-28.

7 La simulación junto la versatilidad de la mediación, conlleva a su aplicación en múltiples ámbitos. *Vid.* Serranò, A. y Wong Fajardo, E. M., «La pedagogía de la memoria: el role play y la entrevista cualitativa en la enseñanza del Derecho Internacional Público. Una experiencia de innovación docente en las aulas universitarias peruanas», *Revista de Educación y Derecho*, núm. 26, 2022, pág. 13; o también Salazar Navarro, M. C., «El role-playing como propuesta didáctica para la asignatura de Procedimientos Tributarios del Grado en Derecho», Universidad de Málaga, 2024.

8 Extraído de Arruga Segura, C., «La mediación simulada en la solución del conflicto laboral: Formación para alumnos del Grado en Relaciones Laborales y Recursos Humanos», *Jornada de Innovación docente de la Universidad de La Rioja*, 2021.

9 Llopis Nadal, P., «La simulación de juicios como actividad de innovación docente del grado en derecho», *Anuario da Facultade de Dereito da Universidade da Coruña,* vol. 24, 2020.

Esta técnica basa el aprendizaje en el método empírico, es decir, en la experimentación. Esto permite al alumnado desarrollar sus habilidades profesionales en un contexto real pero simulado en aras de potenciar su creatividad y herramientas de respuesta ante situaciones problemáticas que un mediador encuentra en su rutina laboral[10]. El objetivo principal reside en adquirir seguridad ante el desarrollo de situaciones prácticas pertenecientes a la cotidianidad, de manera que pueden entreverse de una forma más sencilla aquellas técnicas de resolución de conflictos más adecuadas para cada situación o desarrollo de los distintos actores. Por tanto, la simulación se erige como una herramienta capaz de acortar la curva del aprendizaje en un entorno controlado sin necesidad de acudir al entorno profesional[11]. Asimismo, al situar al alumno como protagonista del proceso, mejora el interés del estudiantado en cuanto a la obtención de una visión holística e integral de la disciplina del derecho[12], así como su motivación.

Muchos son los beneficios que se han observado al realizar procesos de simulación de mediación: desde el aprendizaje de herramientas de gestión de conflictos individuales y colectivos, técnicas de negociación y deontología profesional; hasta el aumento de esfuerzo, trabajo grupal, compenetración entre compañeros y mejora de habilidades de escucha activa y lenguaje verbal y no verbal, entre otros comportamientos prosociales. Todo ello permite que el alumno comprenda que un conflicto entre dos partes no conlleva necesariamente a una escalada del mismo hasta su judicialización. A su vez, de igual manera que en las aulas de simulación de juicios que se reservan en la facultad de derecho como espacio habilitado para tal fin, la introducción de aulas de mediación con mobiliario adecuado para el acercamiento de las partes también es una realidad y ya se ha introducido en la Facultat de Dret de Valencia. Resulta fundamental realizar este tipo de actividades en espacios adecuados, pues la posición de los sujetos actores y del mediador en un plano físico y ambiental ayuda al acercamiento psicológico de las partes y a la predisposición a la solución de la controversia. De ahí la necesidad de adecuar espacios en las aulas universitarias para la escenificación de procesos autocompositivos.

También resulta necesario la introducción del alumnado en el proceso de mediación a través de una contextualización teórica de la misma, su marco jurídico y legal, su definición jurídica y los trámites necesarios para

10 Aranda Jurado, M.ª M., «Aplicación de metodologías de innovación docente para el aprendizaje de la mediación y otros MASC en el grado en derecho», cit., pág. 121.

11 Orozco Alvarado, J. C., Cruz Acevedo, A. A. y Díaz Pérez, A. A., «La simulación como estrategia didáctica en las prácticas de formación docente. Experiencia en la carrera Ciencias Sociales», cit.

12 Algaba Ros, S., «La gestión no litigiosa de los conflictos jurídico-privados y el aprendizaje del derecho civil: la simulación», *REJIE: Revista Jurídica de Investigación e Innovación Educativa*, núm. 20, 2019, págs. 11-30.

su correcta realización. Esto conlleva a la preparación de los escritos y actas que se utilizan en la mediación. Es decir, resulta preciso conocer el aspecto formal y burocrático de la mediación para, posteriormente, plantear un caso que requiere ser estudiado y sobre el cual se va a aplicar parte del derecho sustantivo que concierne a la mediación. A continuación, se tratan los aspectos referentes a la negociación entre las partes, el acercamiento de intereses y posturas, el diseño de la estrategia y número de sesiones, necesidades de cada parte; se practican todos los aspectos que envuelven la mediación para, finalmente, realizar una valoración de las vulnerabilidades y habilidades adquiridas durante el proceso.

3. Estructura y desarrollo de un proceso de simulación de mediación

Para la configuración de un acto de mediación simulado en un aula, seguimos el esquema realizado por la autora ARANDA JURADO[13]:

A) Sesión/es de preparación

Tal y como se adelantaba anteriormente, para poder llevar a cabo un acto de mediación en el aula universitaria el profesor debe proporcionar y acercar al alumnado aquellos conocimientos teóricos necesarios para la comprensión básica de un acto de mediación, así como los conceptos básicos, las fases que componen la mediación, las técnicas desempeñadas por el mediador...etc. Con tal fin, se recomienda el visionado de sesiones de mediación reales o simuladas en la que hayan participado alumnos, en las que se vayan desgranando los puntos clave para poder dirigirla, así como analizar el papel de cada rol. Esto resulta ampliamente positivo para poder detectar aquellas estrategias incorrectas o inadecuadas de actuación para llegar a la solución del conflicto.

Asimismo, estas sesiones deben orientarse al conocimiento de los escritos y documentación necesaria tales como las actas, informes de seguimientos, preacuerdos y acuerdo final, especialmente si nos encontramos en el seno de la asignatura de Derecho Procesal. Esto ofrece un amplio abanico de posibilidades dependiendo si se orienta el proceso de mediación dentro del procedimiento judicial —intrajudicial— o fuera del mismo —extrajudicial—. A continuación, se reparten los roles entre el alumnado que empieza a trabajar sobre un caso que facilita el docente, preferiblemente en aula virtual con antelación suficiente para que los estudiantes dispongan del tiempo necesario para plantear dudas o cuestiones, plantear su estrategia de actuación y cómo aplicar los conocimientos teóricos en el desempeño del caso práctico.

13 ARANDA JURADO, M.ª M., «Aplicación de metodologías de innovación docente para el aprendizaje de la mediación y otros MASC en el grado en derecho», cit., págs. 123-133.

B) La puesta en escena de la simulación

Una vez los alumnos han trabajado el supuesto de hecho, es momento de poner en escena el proceso de simulación. El acto de mediación no es único, sino que se compone de distintas fases:

B.1.- Sesión informativa

B.2.- Sesión/es de mediación

B.3.- Sesión final

Depende de la complejidad del supuesto planteado y el enfoque que quiera darse al proceso de mediación que la participación de los alumnos sea más o menos numerosa en cuanto a su agrupación. Asimismo, se recomienda la realización de distintas sesiones para poder facilitar su interpretación, contrastación y puesta común posterior por parte del estudiantado. Asimismo, durante el transcurso y desarrollo de las distintas fases del proceso de mediación, se van preparando y exponiendo los escritos necesarios para que sea más sencillo y, a la vez, acorde a la realidad del proceso.

Durante la sesión informativa, se plantea la controversia y la casuística del caso. Existen dos partes, una parte será propensa al diálogo y a la proximidad, mientras que la otra será reacia al mismo. Se analizan los elementos de unión y de distanciamiento entre las partes que pueden crear situaciones de desigualdad entre las mismas. El mediador debe ser capaz de identificar los problemas que, en muchas ocasiones, están interconectados por lo que resulta en un hilo conductor fluido que avanza y retrocede con facilidad. Para ello, resulta útil la realización de sesiones individuales con cada parte si se han detectado desequilibrios de poder entre las mismas. Esta técnica se conoce como *caucus* y a través del empoderamiento —*empowerment*— de los distintos actores implicados se consigue restaurar la igualdad de partes[14].

Finalmente, en la última sesión se debe firmar el acta con o sin acuerdo, dependiendo de la orientación del proceso. Aquí el mediador realiza un resumen de lo acontecido en las sesiones previas y se plantea la consolidación de un acuerdo por escrito que, posteriormente, las partes firmarán.

C) Puesta en común y *debriefing*

En esta fase es donde se aplica la técnica del *debriefing*. A continuación de la realización de la simulación o experiencia, se analizan los hechos acontecidos durante la celebración de la mediación simulada a través de una conversación abierta que pretende la reflexión del alumnado, sin ningún tipo de juicio ni calificación[15]. Esto ayuda a conectar los conocimientos teóricos con la práctica y a situarlos den-

14 Aranda Jurado, M.ª M., «Aplicación de metodologías de innovación docente para el aprendizaje de la mediación y otros MASC en el grado en derecho», cit., págs. 124-125.

15 Fanning Ruth M. y Gaba David M., «The role of debriefing in simulation-based learning», *Simulation in healthcare*, vol. 2, núm. 2, 2007, págs. 115-125.

tro del marco de la simulación que se ha llevado a cabo. El ambiente permite la exposición de los protagonistas de la mediación, es decir, el alumnado encuentra un espacio en el que realizar autocrítica sobre su actuación, las impresiones tras la realización de la mediación y sus puntos fuertes. Todo ello, gracias a la guía que supone el docente, ya que es este el encargado de conducir el debate ayudándoles a alcanzar los objetivos de aprendizaje a través de la reflexión propia y común del grupo[16].

Existen varios niveles de *debriefing*, si bien el objetivo que persigue es acercar las posturas entre el rendimiento deseable o esperado y el que realmente se ha producido, siendo los dos tipos más utilizados el *feedback* simple y la conversación completa. El primero es el más utilizado en los grados universitarios, pues la simulación en este ámbito tiene el objetivo de transmitir conocimiento al alumnado a través de un recurso práctico. Es más, debido a la teorización excesiva del grado en Derecho, en muchas ocasiones el alumnado es la primera vez que se enfrenta a una situación concreta y es aquí donde el *debriefing* se orienta al aprendizaje. En segundo término, la conversación completa se situaría entre profesionales que pretenden depurar y perfeccionar sus habilidades a través de poner en común con otros homónimos sus experiencias[17].

Como puede observarse, el *debriefing* se centra en la fase post-simulación. Una herramienta muy útil en esta fase son los videos y grabaciones de las sesiones realizadas por los alumnos. Aquí el estudiantado puede verse y analizar su actuación haciendo uso de los conocimientos teóricos adquiridos. Todo ello con la ayuda del profesorado que le guía en la deconstrucción de la actividad de aprendizaje y esquematizar la experiencia, en aras de reforzar el aprendizaje práctico. Para ello, el *debriefing* se divide en una serie de etapas para facilitar su aplicación en esta fase.

En primer lugar, se realiza la entrevista estructurada efectiva, donde el alumno de forma individual y nada más terminar la actividad contesta a un cuestionario de preguntas que se contestan en exclusividad por el participante. Esto se debe a que se busca una respuesta afectiva, cognitiva y procedimental para evaluar los distintos grados de interiorización de la experiencia de la simulación. Posteriormente, el círculo interno se abre en la fase de entrevista estructurada formativa, donde se ponen en común en grupo los distintos aspectos tratados de forma individualizada también a través de un cuestionario. En este punto, el docente puede guiar el debate colectivo para evaluar el grado de percepción grupal de los conocimientos adquiridos, así como las sen-

16 Raemer, D., Anderson, M., Cheng, A., Fanning, R., Nadkarni, V. y Savoldelli, G., «Research regarding debriefing as part of the learning process», *Simulation in Healthcare*, vol. 6, núm. 7, 2011, págs. 152-157.

17 CISARC. innovació en simulació. Extraído de: https://cisarc.umanresa.cat/es/que-es-el-debriefing/

saciones de la clase. Todo ello, con el fin de encontrar también esas respuestas afectivas, cognitivas y procedimentales. Por último, en la última fase o entrevista estructurada resumen, se aúnan las perspectivas individualistas y colectivas y se hace una revisión final[18].

D) Evaluación por parte del docente.

E) Valoración por parte de los participantes: Por los alumnos participantes activamente en la sesión y por los alumnos asistentes a la sesión.

4. Conclusión

La simulación de actos de mediación supone una técnica de innovación docente ampliamente reconocida como una de las herramientas óptimas para trasladar los conocimientos teóricos al ámbito práctico en las aulas universitarias. El foco de la simulación sobre la mediación ofrece amplios beneficios para el desarrollo del aprendizaje del alumnado que rebasa los conocimientos simplemente teóricos y alcanza técnicas psicológicas de gestión personal, trabajo en equipo, desarrollo de liderazgo e iniciativa y técnicas de negociación. Estos procesos donde la realidad se introduce en el aula como si de un laboratorio se tratase, permite al estudiantado adquirir nuevas perspectivas sobre las materias del grado que cursan. La realidad se vuelve más tangible y materias tan abstractas como el Derecho se convierte en accesible y cercano a los alumnos que son capaces de participar activamente en su desarrollo profesional sin necesidad de sufrir los riesgos y vicisitudes del complejo panorama jurídico.

A su vez, permite una formación integral y holística donde la teoría se integra en la práctica, alejando la excesiva teorización a un segundo plano, donde sigue siendo necesaria para introducir la actividad, pero no única protagonista como suele devenir en los planes de estudios del grado en Derecho. Por ello, en aras de garantizar las mejores profesiones del sector, resultan tan necesarias estas técnicas de innovación docente cuya tendencia es a su consolidación como una disciplina más que deviene imprescindible para poder lograr satisfactoriamente la adquisición de las competencias específicas que todo jurista que se precie debe poseer.

Bibliografía

Algaba Ros, S., «La gestión no litigiosa de los conflictos jurídico-privados y el aprendizaje del derecho civil: la simulación», *REJIE: Revista Jurídica de Investigación e Innovación Educativa*, núm. 20, 2019.

18 Aranda Jurado, M.ª M., «Aplicación de metodologías de innovación docente para el aprendizaje de la mediación y otros MASC en el grado en derecho», cit., pág. 130-133.

Aranda Jurado, M.ª M., «Aplicación de metodologías de innovación docente para el aprendizaje de la mediación y otros MASC en el grado en derecho», en *Innovación docente en la universidad: los medios adecuados de solución de controversias (MASC) como último elemento de la ciencia procesal y su enseñanza-aprendizaje*, Madrid, Dykinson, 2023.

Arruga Segura, C., «La mediación simulada en la solución del conflicto laboral: Formación para alumnos del Grado en Relaciones Laborales y Recursos Humanos», *Jornada de Innovación docente de la Universidad de La Rioja*, 2021.

Calaza López, S., Ordeñana Gezuraga, I., Muinelo Cobo, J. C. y **Suberbiola Garbizu, I.**, «Externalización de la justicia civil, penal, contencioso-administrativa y laboral», Tirant lo Blanch, Valencia, 2022.

Fanning Ruth M. y **Gaba David M.**, «The role of debriefing in simulation-based learning», *Simulation in healthcare*, vol. 2, núm. 2, 2007.

Llopis Nadal, P., «La simulación de juicios como actividad de innovación docente del grado en derecho», *Anuario da Facultade de Dereito da Universidade da Coruña*, vol. 24, 2020.

Orozco Alvarado, J. C., Cruz Acevedo, A. A. y **Díaz Pérez, A. A.**, «La simulación como estrategia didáctica en las prácticas de formación docente. Experiencia en la carrera Ciencias Sociales», *Revista Torreón Universitario*, núm. 25, 2020.

Raemer, D., Anderson, M., Cheng, A., Fanning, R., Nadkarni, V. & **Savoldelli, G.**, «Research regarding debriefing as part of the learning process», *Simulation in Healthcare*, vol. 6, núm. 7, 2011.

Salazar Navarro, M. C., «El role-playing como propuesta didáctica para la asignatura de Procedimientos Tributarios del Grado en Derecho», Universidad de Málaga, 2024.

Serranò, A. y **Wong Fajardo, E. M.**, «La pedagogía de la memoria: el role play y la entrevista cualitativa en la enseñanza del Derecho Internacional Público. Una experiencia de innovación docente en las aulas universitarias peruanas», *Revista de Educación y Derecho*, núm. 26, 2022.

Valverde Berrocoso, J., «Aprendizaje de la historia y simulación educativa», *Dehesa Repositorio Institucional*, Universidad de Extremadura, 2010.

TERCERA PARTE

El recurso a los medios de comunicación en la enseñanza del Derecho

«CASOS Y COSAS DE DERECHO INTERNACIONAL PRIVADO» O CÓMO LA RADIO UNIVERSITARIA SE CONVIERTE EN UNA FORMA DE INNOVACIÓN DOCENTE EN DERECHO INTERNACIONAL PRIVADO (EN LA UNIVERSIDAD MIGUEL HERNÁNDEZ DE ELCHE)

Alfonso Ortega Giménez
Profesor Titular de Derecho Internacional Privado
Universidad Miguel Hernández de Elche
ORCID: 0000-0002-8313-2070

RESUMEN: Este trabajo se presenta con el objetivo de poner en común la experiencia de trabajo llevada a cabo en la Universidad Miguel Hernández de Elche (UMH), a través de la realización del programa de radio «Casos y Cosas de Derecho internacional privado», que con una frecuencia mensual —y a través de la radio universitaria (Radio UMH)— sirve como herramienta docente que complementa la transmisión de conocimientos relativos a las asignaturas impartidas en el área de Derecho internacional privado. Se trata de una experiencia educativa que tiene como elemento fundamental, la perspectiva práctica, al tiempo que divertida, para profundizar en cuestiones jurídicas de carácter privado e internacional que se estudian en las asignaturas impartidas en la UMH.

1. Introducción

Desde la aparición de la radio en los años 20, siempre ha tenido un carácter educativo, que ha conservado hasta nuestros días, y hoy con mucha más fuerza, tras el golpe que la pandemia provocada por el COVID-19 ha dado al sistema educativo a nivel mundial. En este contexto, el programa de radio «Casos y cosas de Derecho internacional privado», desarrollado por los profesores del área de Derecho internacional privado de la Universidad Miguel Hernández de Elche, ha sido un importante impulso a la docencia de las asignaturas de nuestra área, a la vez que una novedad introducida en el presente curso académico, como herramienta docente de carácter complementario, que nos ha permitido contribuir a un enriquecimiento profesional, docente y práctico, a través de la emisión de un programa mensual dedicado a temas actuales relacionados con las relaciones privadas internacionales que, sin dudas, ha sido una fuente de beneficios para todos los implicados: profesorado, estudiantado y audiencia en general.

El objetivo de la presente comunicación es poner en común la experiencia de trabajo llevada a cabo con la coordinación y emisión de este programa de radio, a través de la Radio Universitaria de esta casa de estudios —la Universidad Miguel Hernández— como una forma de complementar la docencia en una materia jurídica que *a priori* se puede considerar teórica, pero que a través de ejemplos reales, análisis de sentencias, entrevistas a expertos, comentarios de películas, entre otros y todo ello «salpicado» de temas musicales escogidos de manera consciente, nos ha permitido acompañar un año académico duro, de muchas adaptaciones curriculares.

Al mismo tiempo, se trata de reflexionar sobre el papel de la radio como herramienta docente, especialmente utilizada en las materias jurídicas. De acuerdo con esta idea, las siguientes líneas se dirigen a tratar los siguientes aspectos: breves notas sobre los antecedentes de la radio educativa en España; a continuación, se realizará un análisis enfocado a uso de la radio en tiempos de COVID 19; para luego abordar lo relativo a su uso en la docencia jurídico; finalmente, se analizará su uso como herramienta docente empleada a través del programa «Cosas y casos de Derecho internacional privado»; y para terminar, se exponen una serie de ideas a modo de conclusiones.

2. El programa «cosas y casos de Derecho internacional privado». Experiencias del uso de la radio universitaria como complemento a la docencia

En este contexto y siendo conscientes de la importancia del uso de la radio como herramienta educativa en nuestros días, y las ventajas que *a priori* nos proporciona la radio universitaria para apoyar la docencia, desde el área de Derecho internacional privado nos lanzamos a la idea de ampliar nuestro espacio docente a un formato como la radio y todas las prestaciones vinculadas a ella.

De acuerdo con esta idea y bajo la dirección del profesor titular y responsable del área de conocimiento –Dr. Alfonso Ortega Giménez– se planificaron las sesiones y los contenidos a tratar de acuerdo con las Guías Docentes de nuestras asignaturas. Para ello, se creó un equipo de trabajo multidisciplinar, al que se incorporó la profesora de Derecho Constitucional, Cristina Ortega Giménez, que en su condición de Periodista se encargó de llevar adelante el trabajo técnico. Colaboraron también las Profesoras de Derecho internacional privado: Isabel Lorente Martínez (UMU) y Lerdys Saray Heredia Sánchez (UMH).

A continuación, se analizan los siguientes aspectos más destacados del proyecto de radio que hemos desarrollado: la elección del nombre del programa; la selección de los temas tratados y la metodología empleada para su exposición; así como los aspectos más relevantes derivados de la experiencia que hemos acumulado en estos meses de trabajo.

En primer lugar, conviene destacar el por qué se le dio ese nombre al programa: Cosas y casos...este título responde a un enfoque orientado —sin lugar a dudas— a las materias privadas e internacionales estudiadas desde nuestra área de conocimiento. El uso de ambos términos —cosas y casos— es sugerente del perfil práctico con el que se abordan los temas en cada jornada y, bajo este paraguas, se han abordado cuestiones de gran actualidad que siendo parte de las lecciones docentes, nos han permitido contar con la participación de expertos del Derecho (profesores de otras universidades) pero también, con juristas que destacan por el dominio de sus materias en el ejercicio práctico de la profesión (abogados especializados), pero también con la intervención de una estudiante del Grado en Derecho semipresencial, cuyo Trabajo de Fin de Grado, dirigido por la profesora Heredia Sánchez, se dedicó a un tema práctico y actual como el de las sucesiones testadas de los ciudadanos británicos en España.

Al hilo de esto último, analizamos en segundo lugar, los temas tratados y los criterios aplicados para su elección y análisis.

El siguiente cuadro recoge los temas tratados en cada uno de los programas realizados:

Emisión/Mes	Tema tratado
Octubre 2020	Los matrimonios de conveniencia.
Noviembre 2020	Litigación internacional.
Diciembre 2020	Las solicitudes de nacionalidad española por residencia.
Febrero 2021	¿Qué es para ti el Derecho internacional privado?

Marzo 2021	Infracciones internacionales de los derechos de propiedad intelectual en Internet.
Abril 2021	Brexit y Derecho internacional privado. I Parte.
Mayo 2021	Brexit y Derecho internacional privado. II Parte.
Junio 2021	La sucesión testada de ciudadanos británicos en España.
Julio 2021	Internacionalización empresarial. I Parte.
Septiembre 2021	Internacionalización empresarial. II Parte.

A la vista de los contenidos de las asignaturas de Derecho internacional privado y Derecho de la Nacionalidad y la Extranjería (impartidas en varios de los Grados de la Universidad Miguel Hernández); así como la asignatura Estrategias de Defensa y Especialidades en el Ejercicio de la Abogacía (esta última perteneciente al plan de estudios del Máster de Acceso a la Abogacía) se seleccionaron los temas objeto de análisis para cada uno de los programas. Estos temas gozan de una gran actualidad y por su complejidad y extensión no siempre podemos profundizar adecuadamente en su estudio durante las sesiones docentes.

Para su estudio desde la sede radiofónica hemos tenido en cuenta dos aspectos clave: el primero de ellos, que siempre quedara clara la división del programa en dos partes diferenciadas: la parte relativa «a cosas» dedicada a las explicaciones de los elementos puntuales del tema elegido para esa jornada; y la segunda parte, «casos» dedicarla a entrevistas o intervenciones breves de expertos en la materia y a propósito del tema, elección de una película que a modo de sugerencia para los oyentes, y a través de su comentario, nos permitiera conectar de forma amena el estudio de las cuestiones tratadas.

El segundo aspecto clave, descansa en la idea de enlazar los contenidos docentes con las tramas de determinas películas ha sido una forma de generar sinergias con otro proyecto de innovación docente que estamos desarrollando de forma paralela desde el curso pasado, para llevar el cine a las aulas y tras la proyección de películas españolas y extranjeras, reflexionar sobre los temas de estudio de nuestras asignaturas.

Por último, además de disponer de un tema musical propio para nuestro programa, hemos utilizado distintos temas musicales para aderezar los programas al hilo de los temas tratados; lo que al final convierte la sesión en una media hora de escucha activa, divertida y especializada que ha sido muy bien acogida por la comunidad universitaria. Todos los programas emitidos hasta la fecha están disponibles de forma abierta y gratuita en el blog de la radio UMH[1] y de los controles de acceso que se realizan, dan cuenta de la buena aceptación que ha tenido el programa.

Entre los expertos que han colaborado con sus intervenciones tenemos a profesores de la Universidad de Alicante, de la Universidad de Murcia, así como al Abogado responsable de la Sección de Derecho de Extranjería del Ilustre Colegio de Abogados de Elche —Masanet Fernández— y uno de los Abogados especializados en protección de los derechos de propiedad intelectual con más de 20 años de experiencia en Alicante, Agente de la Propiedad Industrial para España y Europa, Gilberto Gil Macías, entre otros expertos asesores del mundo empresarial cuyas intervenciones han sido relevantes en los temas de internacionalización.

Películas objeto de comentario como «Matrimonio de conveniencia», «La Dama de Oro» o la Obra Prima de Charles Chaplin, nos han servido para dar pie al estudio de los fraudes de ley en la utilización de la figura del matrimonio como una vía de regularización de inmigrantes en España o de obtención de la nacionalidad española de manera abreviada; o bien para ver con claridad las cuestiones prácticas derivadas de la litigación internacional a través de la recuperación de una obra de arte expoliada por los nazis a las familias judías, o desde la perspectiva del cine mudo, cómo pueden protegerse adecuadamente los derechos de propiedad intelectual.

Por último, hay una serie de aspectos positivos que merecen ser destacados como resultado de la puesta en marcha de este proyecto en la medida en que nos planteamos si de cara al próximo curso académico esta actividad seguirá siendo desarrollada. En este sentido, y tras la adaptación que ha supuesto la COVID-19 para el desarrollo de la docencia de manera no presencial, la emisión de estos programas mensuales ha contribuido en gran medida a que las distancias sean cada vez más cortas y la información pueda viajar rompiendo parte de las fronteras comunicativas que se han generado; también ha quedado patente el interés mostrado por nuestros estudiantes en el seguimiento y escucha de las distintas emisiones, situadas en el primer miércoles de cada mes, lo que les permitía conocer con antelación la programación para ajustar sus tiempos de escucha; otro aspecto a destacar es el hecho de que se produzca un «intercambio entre iguales», al darle protagonismo en uno de los programas a la estudiante que ha defendido su Trabajo de Fin de Grado sobre un tema actual, relativo a la amplia comunidad británica residente en nuestro país —como el de las cuestiones prácticas derivadas de los testamentos otorgados por estas personas en España— pensando siempre en el perfil de nuestro estudiantado, enfocar los temas objeto de análisis de una manera fresca y divertida, ha sido un acierto.

---

1 Disponible en: https://radio.umh.es/ca/category/programas-radio-umh-2012-2013/ciencia-economia-investigacion-medio-ambiente-y-tecnologia/casos-y-cosas-de-derecho-internacional-privado.

3. Conclusiones

Varias ideas finales a modo de conclusiones pueden resumir de forma clara los elementos más relevantes de esta experiencia.

Primera: A la radio siempre se le ha buscado su finalidad educativa y en la actualidad, con el desarrollo de las nuevas tecnologías la radio se convierte en un elemento esencial para la formación tanto presencial como a distancia de nuestros estudiantes.

Segunda: Con el cambio de siglo, la digitalización, el auge de Internet y las utilización de las redes sociales, la radio se ha tenido que amoldar a nuevos modos de transmisión, procurando que los contenidos estén disponibles en plataformas con acceso directo donde no prime el tiempo, ni el espacio y donde la fugacidad del medio radiofónico pueda verse, en cierta forma, paliada, y siendo conscientes de ello, desde el área de Derecho internacional privado de la Universidad Miguel Hernández nos hemos enfocado para generar un archivo sonoro que complemente el estudio de nuestras asignaturas.

Tercera: El potencial narrativo de la radio es incuestionable y pese a la unisensorialidad del medio, la unión adecuada de los diferentes elementos del lenguaje radiofónico (palabra, música, efectos sonoros y silencio) hemos conseguido a lo largo de estos meses resaltar sus elementos positivos para el estudio de las relaciones privadas internacionales, tales como la cotidianidad, la pluralidad, la recreación de la realidad o la creación de imágenes mentales que hacen de la radio un medio específico y singular con un alto potencial educativo.

Cuarta: La experiencia de trabajo acumulada con la organización y grabación de los programas integrados bajo «Cosas y casos de Derecho internacional privado» ha sido enriquecedora para nuestra formación profesional pero también personal y nos ha obligado a desplegar capacidades de comunicación en un medio distinto al que habitualmente empleamos en la docencia tradicional, por lo que para el área de Derecho internacional privado ha sido un proyecto positivo desde el punto de vista docente e investigador.

Bibliografía consultada

Azoulay, A., «Día Mundial de la Radio 2021: la radio se ha impuesto como herramienta fundamental para transmitir información», *UNESCO. ORG*, 2021, disponible en: https://es.unesco.org/news/dia-mundial-radio-2021-radio-se-ha-impuesto-como-herramienta-fundamental-transmitir-informacion.

Casares, A., «Periodismo lento para tiempos acelerados», *Ethic*, 2019, disponible en: https://ethic.es/2019/08/periodismo-lento-para-tiempos-acelerados/.

Espinosa de los Monteros, M. J., «El imparable auge del 'podcast'», *El País*, 2020, disponible en: https://elpais.com/elpais/2020/10/09/eps/1602258181_939048.html.

Fernández, A., «La radio, un medio para tod@s», *La Vanguardia*, 2019, disponible en: https://www.lavanguardia.com/vida/junior-report/20190213/46369669044/dia-mundial-radio-emisoras-mundo.html.

García-Bullé, S., «5 beneficios de los podcasts como herramienta educativa», 2019, disponible en: https://observatorio.tec.mx/edu-news/cinco-beneficios-podcasts-educacion.

Gómez, S., «Adoctrinando el futuro: las emisiones infantiles y juveniles de Radio Nacional de España durante el primer franquismo», *Zer*, vol. 16, núm. 30, 2011.

Jiménez, J., «La radio en la escuela», *Revista Contextos Educativos*, 2001.

Mcluhan, M., «Comprender los medios de comunicación», *Las extensiones del ser humano*, Barcelona, Editorial Paidós SAICF, 1994.

Melgarejo, I. y **Rodríguez, M.**, «La radio como recurso didáctico en el aula de infantil y primaria: los podscast y su naturaleza educativa», en *Tendencias Pedagógicas*, núm. 21, 2013.

Merayo, A., «La fascinante magia de la radio», en Merayo, A. (ed.), *El gato en el microondas. Enseña a tu hijo a convivir con los medios*, Barcelona, Nabla, 2007.

Pérez, F., «La Radio es una cosa seria. Reflexiones e investigaciones sobre la radio en Venezuela», Caracas, *Fundación Juan Vives Suriá*, 2013.

Rodero-Antón, E. y **Blanco-Hernández, M.**, «El papel de la radio en situaciones de crisis. Iniciativas en la pandemia del coronavirus», *Index. comunicación*, vol. 10, núm. 3, 2020.

APROXIMACIÓN AL DERECHO ADMINISTRATIVO A TRAVÉS DE LOS MEDIOS DE COMUNICACIÓN

Marta Oller Rubert
Profesora Titular de Derecho Administrativo
Universitat Jaume I de Castelló

RESUMEN: La innovación docente es una de las preocupaciones actuales del profesor universitario en su labor docente, que busca en el aula acercar los contenidos sustantivos de cada disciplina al alumnado. En esta línea, se plantean nuevas experiencias que, sin perder el rigor propio de la enseñanza universitaria, motive al alumnado en un momento en que la inmediatez y los estímulos visuales impregnan el día a día.

1. Introducción

La docencia universitaria y en concreto las disciplinas jurídicas se enfrentan a nuevos retos fruto de la realidad social instaurada en la llamada Sociedad de la información[1]. Las tecnologías digitales, la inmediatez y los nuevos recursos metodológicos[2] son factores a tener en cuenta también en la docen-

1 Al respecto Sistero Ródenas, S., «La enseñanza del Derecho Administrativo y la buena Administración bajo un nuevo modelo de comunicación docente a través del smartphone», en *Dispositivos Móviles en la Educación Universitaria. I Jornadas de innovación DIMEU*, UJI, 2018.

2 Como recuerda Cicero, N. K., «Explorando nuevas maneras de enseñar y aprender Derecho Administrativo», *Academia. Revista sobre enseñanza del Derecho*, año 15, núm. 29, 2017, pág. 34, «Los esquemas pedagógicos tradicionales, basados principalmente en la mera memorización y en la transmisión unidireccional de saberes, han sido superados hace varias décadas en la docencia universitaria puesto que relegan al estudiante a un rol pasivo de escucha que no favorece la obtención de aprendizajes significativos».

cia universitaria, sin perder de vista la rigurosidad y las exigencias propias de la educación superior, todo ello en el marco del Plan Bolonia[3]. De todos estos factores, el uso de las TIC[4] se ha convertido en una herramienta clave para favorecer y flexibilizar las reglas del binomio enseñanza-aprendizaje[5].

El reto que se nos planteaba con esta propuesta de mejora docente, tras la experiencia de años anteriores, era acercar la asignatura y su contenido al alumnado y que la percepción de los alumnos sobre la utilidad del Derecho administrativo fuera evidente y real. Que ellos fueran conscientes que en el día a día las normas del ordenamiento jurídico administrativo permiten resolver conflictos, problemas y controversias, superando así la visión excesivamente dogmática de la disciplina, como señala la doctrina[6]. Se ha centrado la novedad metodológica en el uso de la prensa digital como material didáctico, siendo esta una herramienta que ha dado resultados en otros ámbitos[7], y que consigue involucrar a los estudiantes y fomentar el debate y el aprendizaje cooperativo en busca de una solución jurídica —en este caso de aplicación del Derecho administrativo— a un problema o situación cotidiana creando una interrelación estudiante-universidad-sociedad[8]. Al uso de recursos digitales se ha sumado otra iniciativa que consiste en invitar al aula a un profesional en la materia para que participe con una charla con los alumnos, y que se realizó en el marco de las ayudas económicas que la Facultad de Ciencias Jurídicas y Económicas de la Universidad Jaume I ofrece para financiar esta actividad.

---

3 Alarcón Sotomayor, L., Bueno Armijo, A. e Izquierdo Carrasco, M., «La enseñanza del derecho administrativo en el espacio europeo de educación superior. Nuevos materiales docentes», *Docencia y Derecho*, núm. 1, 2010.

4 Ampliamente sobre este tema, Barceló Hernando, A. y Sarmiento Guede, J.R. (coord.), *El uso de las TIC en la Innovación Docente*, Dykinson, 2020.

5 Casado Rigalt, D., «Un proyecto innovador en arqueología. El uso de material audiovisual como recurso didáctico en la enseñanza universitaria», *Complutum*, vol. 29, núm. 2, 2018, pág. 429.

6 Moreu Carbonell, E., «Una experiencia de aprendizaje a través de la jurisprudencia en Derecho Administrativo», *Docencia y Derecho para la docencia jurídico universitaria*, núm. 3. 2011, pág. 3.

7 Así lo exponen, Colás, P., Rebollo, M.ª A. y Jiménez, R., «La innovación curricular desde la perspectiva de género: uso didáctico de la prensa», *Revista de Enseñanza Universitaria*, núm. 21, 2003, pág. 66. Es de interés también la experiencia en el ámbito jurídico que exponen Mayor del Hoyo, M.ªV, de Salas Murillo, S «Uso de noticias digitales de actualidad en la docencia del derecho civil» en *Conference Proceedings. Civinedu 2021. 5th International Virtual Conference on Educational Research and Innovation*, Adaya Press, 2021, págs.258 y ss; AA. VV. «Nuevos modelos de enseñanza y aprendizaje aplicados al Derecho Internacional Público y al Derecho de la Unión Europea» en *Memorias del Programa de Redes-I3CE de calidad, innovación e investigación en docencia universitaria: Convocatoria 2016-17*. Ed. Universidad de Alicante, 2017, págs. 1825 a 1829.

8 Gallardo-López, J. A. y López Noguero, F., «El debate social a través de noticias de actualidad» *en Innovación docente: experiencias universitarias en Educación Social*, Octaedro, 2020, pág. 91.

2. Contexto de la innovación docente

Los objetivos se aplicaron en la enseñanza en el Grado en Gestión y Administración Pública de la parte especial del Derecho administrativo, asignatura que consideramos de especial idoneidad por tratar los diversos ámbitos de actuación de la Administración, en tanto se trata de una disciplina mutable, totalmente pegada a los cambios sociales, ya que el interés general que informa el Derecho administrativo es un interés que cambia conforme evoluciona la sociedad. En efecto, el Derecho administrativo pone de manifiesto la «extraordinaria flexibilidad y diversidad que encontramos hoy en la formulación y aplicación de las reglas jurídicas»[9].

En el momento de plantearnos la nueva metodología y la labor de innovación docente surgió la cuestión de cómo acercar el contenido del derecho administrativo y captar así el interés del alumnado, aumentando su motivación en la asignatura[10]. Para ello se optó por el uso de recursos audiovisuales[11], en concreto se trató de buscar noticias cercanas al alumnado, bien por su actualidad temporal, bien por la cercanía geográfica, bien porque era una materia sobre la que los alumnos han manifestado su interés particular. Asimismo, se completó este 'acercamiento' a la disciplina, invitando a profesionales al aula que explicaran la práctica en determinados ámbitos, como la expropiación forzosa o la gestión de subvenciones. Con todo, esta innovación metodológica se ha acompañado de la impartición clásica de la teoría, a través de la clase magistral, que en nuestra opinión sigue siendo necesaria, a la par que se constituye como el válido instrumento para la transmisión de contenido[12].

9 Font i Llovet, T., «Enseñanza, aprendizaje y educación en el Derecho Administrativo» en *Revista de Administración Pública*, núm. 153, 2000, pág. 262.

10 Pues como señala Andrés Segovia, B. «un alumno motivado logrará alcanzar resultados positivos» en «La innovación docente dentro y fuera de las aulas de Derecho» en *Innovación docente en derecho, herramientas digitales, nuevos desarrollos y perspectiva global*, Colex. 2023. pág. 31.

11 En este sentido, dice Casado Rigalt, D., «Las TIC deben ser un medio y nunca un fin: y su uso debe ir dirigido tanto al aprovechamiento del tiempo como a la asimilación de contenidos académicos a través del recurso tecnológico», cit., pág. 429.

12 Periago Morant, J., «La innovación docente en las asignaturas de Derecho penal. Algunas dudas y certezas», en Andrés Segovia, B., Pedrosa López, C., Chaparro Matamoros, P. y Gómez Asensio, C., *Innovación docente en Derecho: herramientas digitales, nuevos desarrollos y perspectiva global*, Colex, A Coruña, 2023, pág. 184.

3. Objetivos

El uso de las noticias obtenidas en medios de comunicación y la presencia de profesionales en el aula como herramientas de dinamización de la docencia tiene tres objetivos claros:

1. De un lado, facilitar la comprensión y el aprendizaje de los contenidos teóricos, dando valor a los contenidos estudiados como herramienta útil para resolver conflictos que surgen en el día a día, de manera que la motivación del estudiantado en relación con el aprendizaje del Derecho administrativo aumenta.
2. Superar la asignatura y mejorar tanto la satisfacción del alumnado, como las tasas de rendimiento de la asignatura, ya que se espera una repercusión positiva en las calificaciones finales. Y por ello, es también un objetivo compartido, el de mejorar la satisfacción del profesor.
3. Asimismo, la participación de profesionales en el aula añadió a la propuesta inicial de mejora docente un aspecto altamente valorado por los alumnos y es que la charla sirve no solo para tratar contenidos dogmáticos de la asignatura, sino también para ilustrar sobre posibles salidas profesionales de los futuros egresados, que conocen así, de primera mano, las opciones del mercado laboral.

4. Metodología

El punto en común de la innovación docente es el carácter transformador de los procesos existentes, con la finalidad de fomentar nuevos razonamientos, actitudes e intereses de los alumnos, y fomentar así el espíritu crítico[13] tanto del grupo, como a nivel individual[14]. Dentro de este proceso transformador es clave la metodología docente, esto es el conjunto de técnicas de enseñanza y aprendizaje que el profesor usa para enseñar y que es donde se manifiesta la innovación.

Para poner en práctica estas experiencias en el caso que se presenta se ha hecho uso de la plataforma digital de la Universitat Jaume I denominada

13 Pues como dice MELERO ALONSO, E., «Apuntes para un aprendizaje crítico», *Revista Jurídica Universidad Autónoma de Madrid*, núm. 14, 2006, pág. 310, «Un análisis crítico también debe tener en cuenta los efectos reales de las normas en la sociedad, las necesidades humanas y sociales a las que se orientan, su base material. Y, además, las concepciones morales y políticas que están presentes en el derecho positivo y en las doctrinas jurídicas, y que conforman el contexto ideológico desde el que las normas son creadas y/o aplicadas».

14 AA. VV., «Innovación docente vs. zona de confort», 2020. Disponible en: https://www.ull.es/portal/boletininnovacion/innovacion-en-marcha/innovacion-docente-vs-zona-de-confort/ (fecha de consulta: 31 de mayo de 2024).

«Aula Virtual», en tanto la plataforma virtual favorece el acceso a la información y la disponibilidad de materiales de manera universal a todos los alumnos matriculados, sean o no asistentes en el aula[15], y la innovación docente se ha inspirado en el denominado método «Aprendizaje basado en problemas», si bien aplicado con matices. En este caso, más que un problema se parte de una imagen que acompaña una noticia de actualidad vinculada con el tema a desarrollar, y con ello se pretende aplicar la máxima «del *conocer al comprender*» a la que ya se refería T. Font i Llovet en los albores del s. XXI[16].

La propuesta se ha realizado tomando como referencia dos de los ámbitos especiales del Derecho administrativo.

1. De un lado, se aborda el tema relativo a la expropiación forzosa. En este caso fueron varios los recursos:

a) En primer lugar, se optó por presentar en el aula una noticia no solo reciente en el tiempo, sino que también próxima a los alumnos geográficamente como era «El acceso en tren al puerto de Castellón avanza con las actas previas a la ocupación forzosa de las fincas afectadas publicada en el periódico 'El Mundo' el 15 de noviembre de 2022, y que justamente era un tema que había salido de nuevo a colación con fecha de febrero de 2024 por el desahucio de una familia de sus casa por las obras derivadas de dicha expropiación». «Una familia se resiste al desalojo de su vivienda por las obras del acceso sur al puerto de Castelló» Castellón Plaza 13/04/2024

b) Por otro lado, se introdujo la temática de la expropiación presentado un caso no solo próximo geográficamente, sino también acorde a los intereses expresados por los alumnos, como es el de los festivales de música, con los siguientes titulares como punto de partida:

- «Benicàssim pagará 12,14 €/m2 para la expropiación de los terrenos del recinto de festivales» El Levante 21/01/2019.
- «Benicàssim aplaza los pagos para expropiar el recinto de festivales» Periódico El Mediterráneo 28/03/2020.
- «Benicàssim se hace con el 65 % del suelo del recinto de festivales que acoge el FIB» Economia3 22/07/20.

c) Por último, y para profundizar en el tema de la expropiación forzosa se buscó un programa de televisión en el que se hubiera investigado sobre estos temas y se optó por la referencia del reportaje «La resurrección de Jánovas: el pueblo del Pirineo desahuciado a la fuerza por

15 Sobre las ventajas e inconvenientes que las plataformas proporcionan, AYLLÓN DÍAZ-GONZÁLEZ, J. M., «El uso de las plataformas de enseñanza virtual para impartir asignaturas jurídicas», *Revista Jurídica de investigación e innovación Educativa*, núm. 1, 2010, págs. 56 y ss.

16 FONT I LLOVET, T., «Enseñanza, aprendizaje y educación en el Derecho Administrativo», *RAP*, núm. 153, 2000, pág. 259.

un pantano» Periódico El Confidencial 5/02/2022 Programa de Jordi Évole, emitido por «La Sexta» en 2015.

Estos recursos fueron acompañados por intervención en el aula de un experto, en este caso de un miembro del Jurado Provincial de Expropiación Forzosa de Castellón, que expuso cuestiones prácticas que surgen en los procedimientos de expropiación forzosa.

2. De otro, en el tema de las subvenciones, los recursos fueron:

a) Se eligió un tema de gran impacto en el ámbito español, como es el de las denominadas «vacaciones fiscales vascas». Con ello se pretende no solo abordar el tema de las subvenciones, sino también la importancia que en este ámbito tiene la regulación e intervención de las Unión Europea.

«España condenada a pagar 30 millones de euros por incumplir la sentencia del TJUE sobre las vacaciones fiscales vascas» ElEconomista (2014).

«El Supremo da carpetazo a las vacaciones fiscales» Noticias de Álava (2018).

b) También en este caso se ha contado con la participación de un experto en el aula que ha tratado sobre «Cuestiones prácticas sobre la gestión de las subvenciones», en este caso fue una secretaria-interventora municipal quien realizó la charla en el aula.

5. Conclusiones

La necesidad de adaptación y renovación de la enseñanza universitaria a las inquietudes y formas de actuar de los alumnos es una realidad, a la que el profesor no puede ser ajeno, y que viene aplicándose bajo el término «innovación docente». Ello es así que cada vez más es necesario el uso de nuevas metodologías mediante las cuales se capte el interés del alumno y se incentive su motivación, a través de cambios en el procedimiento de enseñanza-aprendizaje.

Sin embargo, ello no puede suponer una disminución ni en cuanto al contenido, ni en relación con el nivel de exigencia y rigurosidad propio de la educación superior. Bajo estas premisas la conclusión principal de la experiencia docente que se expone es que se hace inexcusable compatibilizar la lección magistral con otras actividades y técnicas docentes que complementen la imprescindible exposición teórica de contenidos. Entre estas herramientas docentes nos parece que es de gran utilidad trabajar con supuestos reales cercanos a los alumnos, en este caso, cercano bien geográficamente, o por su actualidad en el tiempo, de manera que el alumnado percibe la solución como 'algo' que le afecta y por tanto existe una mayor implicación de los alumnos.

Asimismo, y con la finalidad de introducir una perspectiva práctica nos parece que tiene un impacto positivo que profesionales cuenten de primera mano las experiencias relativas a los contenidos de las asignaturas impartidas.

Estos cambios requieren de un esfuerzo tanto en formación, como en tiempo del profesorado y para ello es necesario el apoyo de los centros universitarios, bien sea a través de la articulación de plataformas digitales, disponiendo de laboratorios informáticos para que los alumnos puedan realizar sus búsquedas en las redes sociales y también habilitando financiación que permita a los docentes implementar las innovaciones docentes, todo ello acompañado de la formación docente de expertos en estos ámbitos.

Bibliografía

AA. VV., «Innovación docente vs. zona de confort», 2020. Disponible en: *https://www.ull.es/portal/boletininnovacion/innovacion-en-marcha/innovacion-docente-vs-zona-de-confort/* (fecha de consulta: 31 de mayo de 2024).

Alarcón Sotomayor, L, Bueno Armijo, A. e **Izquierdo Carrasco, M.**, «La enseñanza del derecho administrativo en el espacio europeo de educación superior. Nuevos materiales docentes», *Docencia y Derecho*, núm. 1, 2010.

Andrés Segovia, B., «La innovación docente dentro y fuera de las aulas de Derecho», en Andrés Segovia, B., Pedrosa López, C., Chaparro Matamoros, P. y Gómez Asensio, C., In*novación docente en Derecho: herramientas digitales, nuevos desarrollos y perspectiva global*, Colex, A Coruña, 2023.

Ayllón Díaz-González, J. M., «El uso de las plataformas de enseñanza virtual para impartir asignaturas jurídicas», *Revista Jurídica de investigación e innovación Educativa*, núm.1. 2010.

Barceló Hernando, A. y **Sarmiento Guede, J.R.** (coord..), *El uso de las TIC en la Innovación Docente*, Dykinson, 2020.

Casado Rigalt, D., «Un proyecto innovador en arqueología. El uso de material audiovisual como recurso didáctico en la enseñanza universitaria», *Complutum*, vol. 29, núm. 2, 2018.

Cicero, N. K., «Explorando nuevas maneras de enseñar y aprender Derecho Administrativo», *Academia. Revista sobre enseñanza del Derecho*, año 15, núm. 29, 2017.

Font i Llovet, T., «Enseñanza, aprendizaje y educación en el Derecho Administrativo», *RAP*, núm. 153, 2000.

Melero Alonso, E., «Apuntes para un aprendizaje crítico», *Revista Jurídica Universidad Autónoma de Madrid*, núm. 14, 2006.

PERIAGO MORANT, J., «La innovación docente en las asignaturas de Derecho penal. Algunas dudas y certezas», en ANDRÉS SEGOVIA, B., PEDROSA LÓPEZ, C., CHAPARRO MATAMOROS, P. y GÓMEZ ASENSIO, C., *Innovación docente en Derecho: herramientas digitales, nuevos desarrollos y perspectiva global*, Colex, A Coruña, 2023.

SISTERO RÓDENAS, S., «La enseñanza del Derecho Administrativo y la buena Administración bajo un nuevo modelo de comunicación docente a través del smartphone», en *Dispositivos Móviles en la Educación Universitaria. I Jornadas de innovación DIMEU*, UJI, 2018.

EL USO DE PLATAFORMAS DIGITALES EN DERECHO DE LA COMUNICACIÓN[1]

Belén Andrés Segovia
Profesora Ayudante Doctora de Derecho Administrativo
Universitat Jaume I de Castelló

RESUMEN: Este trabajo pretende ser una guía práctica para quienes deseen realizar unas clases más dinámicas. Especialmente si, además de las clases magistrales, están pensando en buscar técnicas con las que motivar a su alumnado. En él se recogen así, algunos de los consejos prácticos sobre cómo afrontar las clases empleando una red social: *Instagram*. Las propuestas en esta dirección son diversas. Entre ellas, la creación de contenido *on demand*, generación de videos en directo y en línea, las exposiciones orales y escritas, etc. A la vez resultan flexibles, lo cual anima a que cada docente pueda incorporar a sus clases aquellas herramientas con las que se sienta más cómodo o aquel método que considere más eficaz para afrontar no solo un acto académico sino también para el futuro laboral del alumnado. Todo ello, animará a aprovechar las ventajas del impacto tecnológico, apostar por la sostenibilidad y la cuestión género. Para amenizar su exposición emplearemos notas de humor a través de avatares que se visualiza como un elemento de proximidad por los estudiantes en este proceso de aprendizaje docente.

---

1 El presente trabajo se ha elaborado en el marco de los siguientes proyectos de investigación: Proyecto bianual de Innovación Educativa *Lextalks* (Qualidret IV), financiado por la «Convocatòria d'ajudes a la innovació educativa de la Universitat Jaume I per a l'any 2023», Ref. 52951/24 y dirigido por Sara SISTERO RÓDENAS; GIE Practius Proyecto ref. 52079/24, Materials innovadors per a la pràctica jurídica, dirigido por María Lidón LARA ORTIZ; La innovación docente inmersa en la digitalización y el debate jurídico para alcanzar los *ODS (UV-SFPIE_PIEE-2735215)* dirigido por José Carlos PEDROSA LÓPEZ; La ludoteca jurídica *(UV-SFPIE_PIEC-2734629)*, dirigido por Pedro CHAPARRO MATAMOROS y Proyecto de Innovación Docente «La creación de un aula práctica para la enseñanza jurídica» (UCM 165/2023), concedido y financiado por la Universidad Complutense de Madrid para el presente curso académico 2023-2024, dirigido por Adrián ARRÉBOLA BLANCO.

1. Introducción

La mejora de la docencia en los centros de enseñanza superior es uno de los elementos que todo profesor se ha planteado en algún momento de su carrera. Contestar al binomio innovar ¿sí o no?, no dispone de una respuesta unánime. Sin embargo, si hay un elemento que converge en todas estas reflexiones es que el alumnado sea capaz de interiorizar los conceptos adquiridos en las aulas, no solo para la superación de un examen sino para que pueda llegar a ser un elemento de utilidad y diferenciador cuando se enfrenten al mundo laboral. En esta inquietud, comenzamos a reflexionar sobre cómo los alumnos afrontaban una asignatura que, *prima facie*, se convierte en una de las menos deseadas de su carrera académica. En concreto, analizamos si ese descontento a la hora de asistir a las clases de la asignatura tenía que ver con: su contenido o la motivación con la que percibían las clases. Con esta intención, el presente trabajo pretende dar a conocer los resultados de la implementación de nuevas estrategias de innovación educativa basada en las redes sociales, en concreto *Instagram*, que permiten ofrecer una educación de proximidad sin dejar de lado elementos clásicos como a la educación magistral. La incorporación de la red social en este estudio se prevé como un elemento complementario a las clases con el fin de hacerlas más atractivas o, en su caso, permitir potenciarlas a través de estas nuevas estrategias.

1.1. Justificación del tema elegido

La educación superior debe adaptarse necesariamente a las nuevas necesidades que plantean los alumnos. Nos enfrentamos a un nuevo momento, en el ámbito educativo, donde todos los países e instituciones públicas deben asumir el reto de animar y capacitar a docentes que no siempre cumplen las expectativas de los estudiantes[2]. El maestro puede ser muy bueno en la materia que imparte, pero si no capta la atención del estudiante es complejo que obtenga como resultado el éxito en sus clases. El trabajo que presentamos surge de esa necesidad de observar cómo las redes sociales están derribando los pilares del sistema educativo tradicional. Los alumnos consumen información, casi inconsciente, de estas plataformas[3].

2 Darling-Hammond, L., *A new moment in education*, Huffpost, 2016. Ver en: https://www.huffpost.com/entry/a-new-moment-in-education_b_8073130. Fecha de última consulta: 04.04.2024.

3 Moravec, J. W. y Cobo, C., *Aprendizaje invisible. Hacia una nueva ecología de la educación*, Publicaciones y Ediciones de la Universidad de Barcelona, 2011.

Es en este punto donde debemos observarlas como: un elemento distractor (enemigo), o un elemento complementario a las clases (un aliado). Viéndolo desde esta segunda acepción, procedemos a proporcionar algunas de las claves que nos permitirán abrir la mente hacia la anexión de una estrategia docente, como la incorporación de una red social, como refuerzo de las clases y así romper viejos esquemas y mantener la motivación y la capacidad de no solo educar sino también de adaptarnos y seguir aprendiendo cada día[4]. Por tanto, nos encontramos en un momento óptimo para repensar el actual modelo educativo tras el impacto que ha tenido la Covid-19 en el sector. Estas experiencias nos mostraron como Internet es una herramienta no solo útil sino también necesaria. Repensar los problemas urgentes a los que aún hoy en día nos enfrentamos, nos ayudará a no quedarnos atrás y a cimentar soluciones que permitan dar la bienvenida al futuro[5].

1.2. Problema y finalidad

La innovación es la clave del nuevo ecosistema que envuelve a las universidades. Es por tanto necesario diseñar, desde cero, la forma en que los docentes tenemos de: impartir las clases, estrechar los vínculos con el propio alumnado y aceptar una serie de compromisos, horarios de trabajo que combinan la presencialidad con lo virtual, la movilidad internacional, etc., como nunca la habíamos apreciado. La innovación terminará convirtiéndose así en un servicio que muestra la esencia del impacto de la digitalización en el sector educativo que, a su vez, apuesta por el desarrollo sostenible y que evidencia nuevos perfiles de estudiantes[6]. De este modo, lograremos que la búsqueda de nuevas estrategias se convierta en la cadena de transmisión del conocimiento educativo entre docentes y alumnos.

La cuestión que originó esta propuesta surge de la desmotivación de un grupo de alumnos hacia las clases de Derecho siendo estos estudiantes de primero del Grado de Comunicación Audiovisual del curso académico 2022/2023 y del curso académico 2023/2024. La estrategia que proponemos para combatirlo se centra en la incorporación de una red social con el objeto de completar las clases magistrales[7]. Esto nos obliga a enfocar

4 GUZZELLA, L. y FOLKERS, G., *The future of universities in a digital era*, Glion Institute of Higher Education, 2018. Ver en: https://ethz.ch/en/news-and-events/eth-news/news/2018/01/future-of-universities.html. Fecha de última consulta: 01.04.2024.

5 SCHWARTZ, D.; THILLE, C. Y OTROS AUTORES, *Future perfect: What Will universities look like in 2030?* Times Higher Education, 2015.

6 National Society of High School Scholars, «Generation Z: Jobs & Careers that will matter most», 2018. Ver: https://www.nshss.org/blog/generation-z-jobs-careers-that-will-matter-most/. Fecha de última consulta: 02.04.2024.

7 HAVELSON, R. Y COLLINS, A., *Rethinking education in the age of technology*, Teachers College Press, New York, 2009.

nuestros esfuerzos en tres direcciones: la primera, reducir la estructura y costes de las clases magistrales para ser más ágiles y eficientes con el proyecto que proponemos y dedicarle algún espacio en nuestras clases y fuera de las mismas; la segunda, expandir este propio ecosistema educativo al mundo empresarial a fin de lograr que nuestros alumnos sean más hábiles con las nuevas tecnologías para que puedan competir con los recién llegados a sectores adyacentes; la tercera, mediante la innovación, lanzar nuevas estrategias docentes y servicios pioneros que llamen la atención del estudiantado, porque es ahí, en su experiencia, donde se jugará la competición clave, su futuro laboral. Estas tres direcciones se pueden resumir en una: asumir riesgos. No enfrentarnos a ellos supondría quedarnos atrás. Obviarlos daría paso, en muchos casos, al fracaso. La finalidad última es así seguir en la batalla por mejorar las clases. Con ello, aprender a desaprender continuamente sobre nuestras capacidades como docentes, escuchando las necesidades de nuestros interlocutores[8]. Seguir el camino de la innovación se convierte así en un valor añadido diferencial, dinámico, y valioso, que se aleja del formato por el que propugna el modelo educativo tradicional, que se caracteriza por ser estanco. Combinarlos será el elemento que permita alcanzar el éxito de esta propuesta.

1.3. Objetivos de aprendizaje

El *objetivo general* del trabajo ha sido convertir la red social *Instagram* en una herramienta de innovación educativa que logre la motivación del alumnado. La metodología docente que se emplea busca así captar la atención del alumnado que no siempre muestra su interés por la materia. En este camino hemos logrado generar una serie de contenidos, incorporados de forma alterna, que absorberán su atención y desarrollará su interés por seguir aprendiendo. Además de este fin, creemos interesante citar la apuesta por otros *objetivos más específicos*, que lo completarán y que son: esbozar una reflexión estratégica en cuanto a cuáles pueden ser las claves o directrices para lograr la motivación de los alumnos en el aula, entender que la tecnología puede ser una aliada para complementar las clases magistrales y contribuir a la sostenibilidad en el aula, aprender una técnica basada en la red social *Instagram*, enunciar metodologías para llevar a cabo los desafíos que surgen de la innovación: oportunidades, ideas, proyecto, beneficios y gestión del tiempo, obtener como fin una técnica de innovación docente creativa que mejore los resultados académicos y generar herramientas y desarrollar de competencias útiles para la incorporación al mundo laboral de los alumnos.

8 RIVAS, P., *Aprender a desaprender. Transformando la educación superior*, LID Editorial, Madrid, 2020.

2. Metodología aplicable

Antes de comenzar a crear este método, formulamos una cuestión al conjunto del alumnado tras la realización de un examen y llevar una semana explicando los diferentes conceptos a través del método de clase presencial. La reflexión fue la siguiente. Intentad contestar a esta pregunta y ser sinceros: *¿consideran que la asignatura les va a ayudar en su vida académica y/o profesional?* La respuesta a esta cuestión fue prácticamente unánime. Un 90 % del alumnado presente en el aula contestaron con un rotundo 'no'. Este resultado nos llevó a la siguiente conclusión. Cuando un alumno decide realizar una carrera universitaria, a menudo no es consciente de que se trata de un ejercicio que conlleva el análisis de materias que se encuentran directamente relacionadas con el objeto de su disección y otras que ocuparan un papel trasversal pero importante en sus estudios universitarios. Las matrículas no vienen con prospectos que adviertan de este elemento y cuando el alumno no percibe la utilidad de la materia y la observa como un elemento adverso que superar resulta complejo: por un lado, impartirla, puesto que a priori no cuentas con el *feedback* del alumno; y, por otro lado, recibirla, porque sus esfuerzos se centran en otros elementos que consideran más relevantes. Pero, sin embargo, la realidad es que ninguna de las materias que oferta un Grado, o cualquier otra titulación, es más o menos importante que otra. Es ahí donde el docente dispone del reto de transmitirle esta condición a sus alumnos.

2.1. Selección de la red social aplicable

En contra de lo que pudiéramos llegar a plantear hace una década, la necesidad de pensar sobre la adaptabilidad y la libertad con la que se configura el actual modelo educativo, y que permanecerá en los próximos años, no nos recluirá en un despacho, con una máquina y nos aislará del resto de la sociedad. Esta circunstancia, que pudimos observar en una época de crisis sanitaria, funcionaba dado que las circunstancias impedían una proximidad social física por razones médicas. Superada esta fase, y tras esta experiencia, podemos afirmar que la tendencia avanza hacia un modelo económico colaborativo, de índole académico y profesional, donde los diferentes objetivos que se plantean están sujetos a una mayor interacción.

Si pensamos en cómo hemos evolucionado como sociedad, podemos ver como los ordenadores eran los enemigos de muchos educadores en la década de los 80. Se trataba de un elemento que apenas lograba ofrecernos aspectos de escritura y consulta, pero no era destacado su protagonismo como elemento de interacción social. Su fuente mayor de contenido eran los videojuegos. Por lo tanto, no tenían un reconocimiento muy positivo, ya que podría llegar a considerar que generaciones enteras malgastarían su tiempo en cada una de las partidas que debía superar. Por fortuna, las cosas han cambiado por completo. Los sistemas de computación ya no son agujeros negros donde pasar el tiempo, sino que ofrecen una gran fuente de información y de interacción que sí, se maneja de forma correcta, puede ser muy positiva para el conjunto de la sociedad. La conectividad total de los individuos, sin limitaciones técnicas de espacio y tiempo, anima a que el aprendizaje en un grupo sea más enriquecedor y fluido. Se trata esta de una virtud diferenciadora en la que, si los hombres y las maquinas van de la mano, pueden aumentar su capacidad de innovación, de creatividad y de comunicación. Es desde este punto donde comenzamos a plantear este proyecto de innovación educativa basado en la creación de una red social: *Instagram*.

La apuesta por un estudio complementario a las clases magistrales de origen digital permite conectar con el grupo, así como con muchas otras más personas que plantean dudas en el ámbito de la asignatura. En algunos casos, favorece la participación con personas mucho mejor cualificadas, trabajar con ellas y aprender de ellas. *Instagram* no cerca el conocimiento a lo que pueda señalar un docente, sino que funciona cuando un conjunto de estudiantes o parte de la sociedad lo usa de forma adecuada. Esto permite rodearte del mejor ambiente universitario que puedas imaginarte. La elección de *Instagram* como mecanismo para complementar las clases fue sencilla. Los motivos fueron los siguientes. En primer lugar, *la sencillez de su apertura*. Se trata de una herramienta que no dispone de mucha dificultad de poder crear. Solo necesitas de una cuenta de correo electrónico con la que vincularla, un nombre que te identifique (en nuestro caso decidimos que fuera *@comunicalaw*) y comenzar a completar los contenidos.

En segundo lugar, se trata de una red social *muy intuitiva*. Las posibilidades que plantea la exposición de contenidos no son pocas. Por un lado, podemos poner información en el muro. Se recomienda que en este apartado se especifique la información que deseamos que el alumno no olvide. En esencia, los conceptos básicos de la asignatura. En nuestro caso, aprovechamos también para poner los trabajos de los alumnos, previa autorización de estos. De este modo, sus compañeros podrían plantearles cuestiones a la vez que realizaban la exposición oral y durante los días consecutivos a la defensa del trabajo. Por otro lado, tenemos las conocidas como *historias*. Su contenido es corto y caduca. Se mantiene visible un total de 24 horas, lo cual genera un gran impacto entre los estudiantes en el manejo de esta red social, ya que si no quieren perderse ningún elemento de la asignatura deberán estar en continuo manejo de esta. Este elemento nos ayudará a guardar, más adelante, la información que hemos ido introduciendo bien compartida de otras cuentas o de creación propia, en el apartado historias destacadas que desarrollaremos a continuación, y que consideramos interesantes que el alumno visualice y recuerde. Uno de los elementos más importantes que se suele guardar son noticias que cuestionan, ratifican o evidencian algunos de los elementos básicos que se encuentran en el muro. De este modo, los estudiantes puedan relacionar los conceptos clásicos con elementos que surgen con la práctica.

Esta iniciativa genera el debate entre el grupo y despierta su capacidad de razonar sobre aspectos que afectan a su día a día y que quizá, antes, no habían percibido como relevantes. Por último, tenemos los *highlights* o también denominadas como 'historias destacadas'. A diferencia del anterior, este permanecerá en el muro hasta que el docente decida suprimirlo. El contenido con el que es recomendable alimentar este apartado es el siguiente: quién eres, el objetivo de la página, preguntas frecuentes del alumnado y sus respuestas, legislación aplicable actualizada, sentencias, trabajos, seminarios realizados en clase, etc. Se trata de tu propio escaparate de la asignatura, por lo que la posibilidad que da de poder alimentarlo de contenido dependerá de lo que el docente quiera transmitir a sus alumnos. La única desventaja que supone esta herramienta es que existe una limitación de contenido por cada una de las viñetas que desees crear. El límite se encuentra en 100 publicaciones, lo que nos lleva a tener que ir revisándolo periódicamente de modo que no acabe convirtiéndose en un cajón de sastre.

En tercer lugar, uno de los principales atractivos que tiene es que es *gratuito*. La creación de una cuenta no supone coste presupuestario alguno ni para el docente ni para el alumno. El único coste que puede llegar a suponer es el tiempo. Con todo, si se sabe organizar será plenamente eficaz. En cuarto lugar, el impacto que genera la red social permite llegar a un *mayor número de usuarios, excediendo así los límites marcados de un aula*. La posibilidad de abrir los conocimientos a un público plural permite, no solo la actualización de los contenidos sino también conocer las necesidades que plantean otros docentes y estudiantes. Este hecho alimenta y enriquece el conocimiento y generar una mayor proximidad con el estudiantado, otros docentes o *stakeholders* (grupos de interés).

En quinto lugar, el docente es el *supervisor de los contenidos*. La posibilidad de que exista un maestro que logre corroborar que la información es veraz es un elemento para destacar en nuestra sociedad. La llegada de múltiples casos de *fake news*, también conocidas como noticias falsas, provoca que el alumnado no siempre se encuentre seguro con la información que consume. En el caso del Derecho, esta inseguridad se extiende, a modo de ejemplo, sobre la cuestión de si la ley que están manejando sigue en vigor. Con lo cual, la implementación de esta red social genera más tranquilidad y confianza, no solo en el alumnado sino también en el propio docente que es el que se ocupa de gestionar y diseccionar que información debe primar para la comprensión de las lecciones. Todo ello considerando la información de forma neutra con el fin de alimentar el pensamiento crítico de quienes la consumen.

En sexto lugar, el *docente es el creador de los contenidos*. En este punto, cada usuario puede generar el contenido que considere más apropiado para el conjunto de la clase. Uno de los elementos que deberán ser considerados es que, algunas imágenes están protegidas por el derecho de autor y no pueden ser utilizadas de forma indiscriminada, sin la cita de la fuente correspondiente. En nuestro caso, optamos por la creación de un avatar que sirviera de anfitrión de los contenidos que ofrecemos a nuestros estudiantes. La idea fue desarrollada siguiendo el modelo de *Bitmoji.*

En séptimo y último lugar, genera *proximidad y favorece la igualdad de género*. Una de las inquietudes más destacadas del alumnado, cuando se presenta a un examen o participan en el aula, es el temor por equivocarse. La creación de esta red social ofrece una cierta cercanía entre el docente y el alumno logrando así difuminar esta inseguridad inicial. Por lo que concierne a la garantía de la igualdad en el aula se ve muy fortalecida por esta herramienta. Ello es consecuencia de que *Instagram*, se trata de un instrumento que permite el acceso a todos los colectivos, sin discriminación alguna. Una de las cuestiones que se planteaban en el aula es que alguno de los estudiantes revelaba un cierto recelo a mostrar su condición sexual al temer ser juzgado en su participación por su condición por el resto de los compañeros. Tras la implementación confirmaron que se sentían más cómodos a la hora de expresarse y sirvió para que superaran esa barrera. Este logro se extendió a la clase y de ahí que los resultados, respecto a la cuestión de género, resultaran más que positivos.

En definitiva, podemos concluir afirmando que, la incorporación de la red *Instagram* junto con las clases magistrales, permiten innovar una materia que pasó de ser un escollo en la carrera académica para muchos de nuestros estudiantes a que pudieran participar activamente y lo vieran como un elemento positivo en su proceso de aprendizaje.

2.2. Apertura del conocimiento

Creada la red social, y tras las primeras semanas de puesta a punto y acomodo del estudiantado, planteamos la idea de que nuestra cuenta de *Instagram* pudiera ofrecerse desde dos fórmulas: una red privada de conocimiento o, en su caso, la apertura de la red de modo que fuera pública. La opción de red privada, que es por la que optamos en sus inicios, fue la más votada con un total del 90 % de las respuestas a favor. Frente a la misma, existía un 10 % del alumnado que deseaba compartir ese conocimiento. Pudimos observar cómo, a priori, el estudiante se encontraba receloso de este campo más íntimo de extensión de la docencia y, pese a que les gustaba la fórmula, querían que su desarrollo permaneciera circunscrito a esta esfera privada. Replanteamos la cuestión, en este punto, con la posibilidad de abrirla a algún grupo de otra facultad. En este aspecto si contábamos más con su favor. Al ver que valoraban muy positivamente los trabajos, que tanto el docente como los propios alumnos habían realizado sumados con que ya conocían más la red, fueron ellos mismos los que plantearon su apertura total. Con este nuevo horizonte, tanto familiares como amigos podrían participar. Por ello, en una segunda vuelta electoral, cambiaron los resultados de forma contundente. Un 90 % de la clase votó por su apertura mientras que un 10 % restante seguían mostrando sus reservas, aunque no se negaban a abrir la página.

En este ámbito, abrimos la página donde los alumnos seguían participando de forma activa y donde estudiantes, de otras facultades de España, nos escribían por privado para darnos las gracias, al grupo en conjunto, por la exposición de contenidos. Me refiero al grupo, ya que estos contenidos requieren de un uso y participación bidireccional activa para que pueda alcanzar el éxito. Contando con la pasividad de una de las partes podría llegar a ser una herramienta ineficaz. Esta sensación es la que Leigh, acuñó como la «emoción resultante de estar sentado frente al ordenador o portátil por un periodo de tiempo prolongado sin un propósito claro, y caracterizada por sensaciones borrosas y una mezcla de ansiedad y desesperación»[9]. A modo de ejemplo, si el docente muestra una posición pasiva, no se generarían contenidos, lo que probablemente llevaría a que el alumno abandonara, dejando de seguir a este muro. Del mismo modo ocurre en sentido contrario, si los alumnos no siguieran la cuenta o no participaran, el aprendizaje, horas de trabajo y elementos que forman a este proyecto no obtendrían los resultados educativos esperados. En consecuencia, la apertura del conocimiento permite y, en su caso, favorece, la convergencia de los intereses educativos de aprendizaje volcados sobre la asignatura y que se manifiestan a través de esta red social.

3. Resultados obtenidos

Tal y como señala Mewburn[10], el éxito académico no consiste en la mera inteligencia sino en saber estar en el sitio correcto, en el momento adecuado y de manejar bien dichas situaciones. En estos cursos aprendimos que no se trata de que el alumno memorice los contenidos y pase el examen[11]. Más bien, lo que debemos procurar es facilitar que materias mucho más complejas, relacionadas con la creatividad, la innovación y el trabajo con otras personas, sean más accesibles[12]. Por todo ello, realizamos encuestas al alumnado

9 Leigh, A., *Five emotions invented by the Internet*, 2022. Ver en: https://thoughtcatalog.com/leigh-alexander/2011/01/five-emotions-invented-by-the-internet/. Fecha de última consulta: 31.03.2024.

10 Mewburn, I., *How to tame your PhD*, Thesis Whisperer Books, Melbourne, 2022.

11 Nixon, G., «If memorization is not learning, what i?», *Gemm Learning*, 2022. Ver en: https://www.gemmlearning.com/blog/education_trends/if-memorization-is-not-learning-what-is/. Fecha de última consulta: 01.04.2024.

12 Kerpen, C., *5 ways to be creative in any job*, Forbes, 2018. Ver en: https://www.forbes.com/sites/carriekerpen/2018/11/13/5-ways-to-be-more-creative-in-any-job/?sh=457b0f091548. Fecha de última consulta: 01.04.2024.

para que nos dieran las respuestas necesarias sobre cómo consideran ellos mismos que podrían estar más motivados y observar el potencial éxito que conllevaba su implementación. El objetivo era lidiar con la emoción negativa que son muy típicas en aquellas materias que no son el objeto nuclear de un estudio universitario. A modo de ejemplo, el Derecho para los alumnos de Comunicación Audiovisual.

3.1. Encuestas

La encuesta fue realizada, de forma anónima, a través de la plataforma *Google Forms*. Es accesible y permite obtener resultados fiables, de forma gratuita y prácticamente inmediata a golpe de *click*. Cercamos la participación a los estudiantes únicamente de la asignatura y a sola una respuesta por estudiante. El total de estudiantes invitados a la encuesta fueron 90 de los cuales participaron 68 y los 22 restantes prefirieron abstenerse, lo cual supone una participación del 75,6 % del aula.

La primera cuestión de las enunciadas fue el género de los estudiantes que participaron en la encuesta. Por lo que pudimos observar, el total de hombres que contestaron a la encuesta fueron 20 (29,4 %), el número de mujeres 47 (69,1 %) y finalmente, fue una persona (1,5 %), quien prefirió abstenerse de mencionar su condición sexual. Uno de los problemas que habían identificado los alumnos antes de comenzar este modelo metodológico de educación era su inseguridad para plantear cuestiones por miedo a estar equivocados. Este temor fue calmado a la hora de contestar a dicha encuesta ya que al ser anónima tenían plena capacidad de expresar sus opiniones sin la inseguridad de ser juzgados.

La segunda cuestión planteaba cuál era la opinión del alumnado en el caso de que se implementara una red social en el aula como complemento a las clases. La respuesta por parte del alumnado hacia la pregunta planteada fue prácticamente unánime. Un total del 97,1 % de los estudiantes votaron que 'si' frente al 2,9 % restante que mostraba cierto recelo por esta práctica. Algunas de las respuestas que ofrecieron, para completar su afirmación, fueron las siguientes: «algo novedoso y que nunca había visto, es una manera más cercana e igual de eficaz que las comunes de acercarse a los alumnos»; «ayuda a que nos enteremos más y de forma mucho más fácil ya que muchas personas no suelen leer los correos»; «ayuda a que nos enteremos más y de forma mucho más fácil ya que muchas personas no suelen leer los correos»; «hace que se comprendan mejor los conceptos y no se hace pesado el aprendizaje. Muy buen método»; «hace que se comprendan mejor los conceptos y no se hace pesado el aprendizaje. Muy buen método»; «me parece muy creativo y creo que nos anima más a que nos guste la asignatura y la disfrutemos más»; «me parece novedoso, dinámico, original y diferente. Gracias por eso, me anima a poner atención en las clases» y «me ha parecido interesante y muy útil, ya que las redes sociales no solo sirven para creerse una estrella, sino también para informar y ayudar a muchas personas a la hora de realizar sus proyectos», entre otras. Todas estas respuestas son anónimas.

La tercera cuestión va destinada a los alumnos que contestaron que sí a la pregunta anterior. De ahí que el número de participantes en esta pregunta pasara de ser 68 estudiantes a 67. La cuestión era sobre qué red social preferían para consumir los contenidos expuestos en clase y completarlos. Uno de los elementos que queremos destacar de los resultados obtenidos es que ninguno de los alumnos participantes en la encuesta se abstuvo de responder a esta pregunta. Ni tan siquiera el alumno/a que contestó que no estaba a favor de la incorporación de las redes sociales en las clases dejó de formular su parecer para que, en caso de que se implementara, se diera a conocer cuál sería a su juicio la más idónea. Debemos aclarar que, la mitad del alumnado consideró que *Instagram* debía ser la candidata para completar las clases. Estos resultados nos ayudan a visualizar que, en caso de que el docente quisiera completar esta tarea, la podría hacer extensible a otras redes sociales, ya que serían bien acogidas por los estudiantes. Con todo, según los resultados obtenidos evidencian como *Instagram* sigue siendo la red social por excelencia entre las existentes. Cuenta así con un 50 % de votos a favor de los estudiantes, frente al 30 % que escogió *X*, un 9 % apostó por *TikTok*, un 7 % por *YouTube* y un 4 % por *WhatsApp*.

La cuarta cuestión versa sobre si los estudiantes consideran que los seminarios son útiles para completar su formación académica. La idea de estos seminarios, cuando se organizan, es que puedan observar cómo se comporta el sector profesional en su día a día o como otros docentes universitarios, experimentados en la materia, logran compartir sus conocimientos y puntos de vista sobre la materia. Entre los 68 encuestados obtuvimos los siguientes resultados: 41 personas sí que estaban a favor de complementar las clases con seminarios; 4 personas no estaban de acuerdo; 11 no estaban muy seguros; y, 2 confesaron no tener clara la respuesta a la cuestión. Estos resultados se obtuvieron tras la realización de un ciclo de seminarios que combinaban dos modalidades de emisión para hacerlos más accesibles al alumnado: en formato presencial e híbrido. Contó con un total de 4 sesiones (de dos ponencias cada una) y se impartieron en horario de clase para facilitar la asistencia al alumnado. Su celebración, además de darse noticia a través del aula virtual y en clase, fue expuesta a través de la cuenta de *Instagram* con enlace para que los usuarios de la red pudieran asistir en directo fuera del aula.

La última de las cuestiones les invitaba a que pudieran elegir el tipo de docencia que deseaban recibir para obtener los conocimientos necesarios para que el proceso de aprendizaje se ajustara a sus necesidades. En este caso, sí que les ofrecimos una serie de opciones con el objeto de que pudieran centrar su respuesta, dándoles un pequeño margen de discrecionalidad para poder proponer otra práctica. Entre las opciones disponibles se encontraban: las clases magistrales; la gamificación; aula invertida; seminarios; la combinación de las anteriores u otros. La mayoría de los encuestados, un total del 70,6 % de los alumnos, señalaron la oportunidad que ofrecía combinar las diferentes estrategias docentes. Ello indica que, entre sus necesidades se encontraba el sentirse continuamente motivados para afrontar los conocimientos teóricos. Cuando realizamos esta encuesta, ya habíamos implementado los siguientes elementos:

1) Las dos primeras semanas de clases habíamos impartido clases magistrales, que eran de carácter teórico.

2) La tercera semana, introdujimos en clase la gamificación. Elaboramos una serie de preguntas de respuesta múltiple a través del concurso virtual *Quizizz* que les pareció sumamente interesante. Este elemento nos sirvió para más tarde abrir una historia destacada en la cuenta de *Instagram* denominada 'test'. Su función es similar a la de *Quizizz*. El docente plantea un cuestionario, guarda en la aplicación la respuesta verdadera, y lo lanza a los estudiantes para que lo respondan. Una vez escogen la opción que consideran correcta, de forma automática, les aparece el resultado.

3) La cuarta y quinta semana, propusimos que ellos mismos generaran los contenidos de la asignatura a través del método de aula invertida, con la supervisión ulterior del docente.

4) La sexta y séptima semana, habían asistido a un total de 4 seminarios, de carácter multidisciplinar y práctico que combinaba los conocimientos de otros docentes de la misma universidad, de otras españolas y otros de universidades de América Latina.

De forma paralela a estos contenidos, los estudiantes tenían a su disposición la red social *Instagram* a través de la cual les ofrecíamos contenidos de forma continuada.

El aspecto que nos interesaba era, ponerles en valor con qué elemento se podía completar la implementación de la red social, que ya hemos avisado que es una buena herramienta para complementar las clases. Los resultados nos dan a conocer la flexibilidad con la que se puede combinar y que sería apta para combinar con cualquier tipo de estrategias, ya que no las excluye. Los alumnos que mencionaron la opción 'otros' fueron cuatro. Las propuestas que lanzaron fueron: 1) sólo la red *Instagram*, 2) enseñanza *online* autodidacta; 3) casos prácticos y 4) debates. Para completar estas respuestas, introdujimos en la cuenta de *Instagram* casos prácticos para que los alumnos, de forma autodidacta, los resolvieran de forma voluntaria. Transcurrido un plazo prudencial, debatíamos los resultados en el aula. Por lo tanto, podemos afirmar que las encuestas fueron más que positivas. No solo sirvieron para consolidar este proyecto de innovación educativa que íbamos construyendo, sino que nos ayudó a mejorarlo gracias a las propuestas que, de forma constante, los propios usuarios de la cuenta nos iban realizando.

3.2. Potencial éxito de su implementación

Hasta ahora, hemos podido observar las posibilidades que nos ofrecen las redes sociales en su conjunto, y en concreto *Instagram*, para captar la atención del alumnado dentro del ámbito académico. De forma más específica, dentro de una asignatura que se oferta en tres Grados universitarios: Periodismo, Publicidad y Relaciones Públicas y Comunicación Audiovisual. La cuestión que nos planteamos, llegados a este punto, es la siguiente: *¿sirve de algo esta metodología en otras facultades o, en su caso, más allá del mundo universitario y de la investigación?* Esta cuestión no puede pasarnos por alto y resulta importante que sea analizada de forma detenida.

La creación de una página de *Instagram* dedicada, en el caso propuesto, a la asignatura de Derecho de la Comunicación permite desarrollar una serie de habilidades tanto en el ámbito personal como profesional[13] que podrían ser muy bien valoradas[14]. Vamos a citar algunas de ellas.

Respecto al ámbito universitario podemos citar las siguientes.

Constancia y autonomía: una de las grandes dificultades a las que se enfrenta el alumnado es que del mismo depende ser constante en sus estudios y no comenzar a esta labor cuando faltan pocos días para un examen. Optando por este último método, implicaría que el conocimiento adquirido por el alumno pueda ser olvidado con relativa facilidad tras la superación del examen. Con esta práctica se logra motivar a que el estudiante sea constante en su estudio desde el primer momento en que se aplica esta sistemática. Lo hace de forma natural. Mientras interactúa con alguno de sus amigos, tiene a su disposición algunas de las noticias que a diario afectan a su sector.

El docente, por su parte, puede observar si los alumnos muestran un interés con el número de visualizaciones que tienen sus publicaciones. El caso que hemos propuesto ha sido positivo puesto que el número de telespectadores ha subido exponencialmente con el devenir de los años. Incluso, algunos de los alumnos que no disponían de esta red social la han valorado positivamente tras abrirse un usuario con el objeto de seguir las clases. Esta misma constancia y autonomía que se solicita al alumno se obtiene siempre que el docente también

13 ROCA, R., *Knowmads. Los trabajadores del futuro*, LID Editorial, Madrid, 2015.

14 SCOTT, M., *Preparing today's students for tomorrow world*, NSW Departamento de Educación, 2017. Véase en: https://education.nsw.gov.au/teaching-and-learning/education-for-a-changing-world/resource-library/preparing-today-s-students-for-tomorrow-s-world. Fecha de última consulta 01.04.2024.

la aplique para sí mismo. De poco sirve la creación de una página inerte que no sea dinámica o no anime a la participación. Los propios usuarios, podrían fotocopiar los contenidos y no volver a usarla. Por ello, el compromiso que debe cumplirse sobre la constancia y la autonomía deberá ser bidireccional.

Se trata de una habilidad muy valorada en el ámbito no sólo universitario sino también laboral, donde el compromiso de los empleados y la intensidad que ocupa al trabajo diario disponen de repercusiones directas sobre los beneficios. Esto es consecuencia de que su creación no tiene marcado un fin inmediato, lo decide el propio docente atendiendo a las necesidades del alumnado. Con todo, mientras se encuentre activo, deberá diseñar sus propios plazos y metas para que el interlocutor no se sienta desmotivado.

Creatividad: Esta modalidad educativa requiere la elaboración de una cuenta de *Instagram* nueva de modo que pueda suponer una aportación a la comunidad científica. Para ello, se debe nutrir de hipótesis y resoluciones que no ofrezcan otras cuentas. Una de las virtudes que dispone la transmisión de información en la red es la cantidad de contenidos que podemos encontrar. Sin embargo, hemos podido observar como la calidad de la información no es siempre la esperada, o en su caso, los datos no son siempre correctos.

La posibilidad de que exista un docente que supervise los contenidos es un aspecto que genera seguridad en el alumnado. Algunos de los retos que se plantean cuando realizan una búsqueda bibliográfica son: la actualización de cuestiones normativas (ante la derogación de leyes), la inteligencia artificial (imágenes trucadas) y las diferentes noticias (*fake news* o también conocidas como noticias falsas), entre otras materias. Lo importante, es saber si el texto que estoy manejando es real o si sigue vigente puesto que, en parte, de ellos depende el correcto aprendizaje de la materia. Esta supervisión permite que los alumnos se sientan cómodos y así lo han expresado en la encuesta.

Pero la mera incorporación de temas no es suficiente, hay que hacer que el público se sienta atraído o interesado por la cuestión que se propone. Es en este punto donde hemos considerado interesante la creación de un avatar que nos ayude a expresar la información haciéndola más cerca al interlocutor. Esto implica un esfuerzo adicional por parte del docente que ha podido crear una técnica novedosa y que son capaces de materializar, lo que en término anglosajón se denomina *think outside the box*[15], que significa pensar imaginativamente usando nuevas ideas en lugar de las tradicionales o esperadas[16]. Algo que tanto para la comunidad universitaria como para el ámbito

15 INNOVATION FACTORY INSTITUTE, «¿Qué significa realmente 'think outside the box'?», 2022. Ver en: https://www.innovationfactoryinstitute.com/blog/que-significa-realmente-think-outside-the-box/. Fecha de última consulta: 31.03.2024.

16 CAMBRIDGE DICTIONARY, «Think outside the box», 2023. Ver en: https://dictionary.cambridge.org/es/diccionario/ingles/think-outside-the-box. Fecha de última consulta: 01.04.2024.

laboral resulta muy interesante[17]. Las oportunidades de creatividad que se ofrecen no son pocas. Nosotros hemos considerado la creación de avatares, pero también se puede emplear la realización de diseños gráficos, códigos *Qr*, videos interactivos... Cada docente dispone en este apartado de una hoja virtual libre dónde dibujar su propio muro[18].

Capacidad investigadora: un docente que implementa esta metodología en un curso académico debe desarrollar una doble habilidad. Por un lado, profundizar en la materia objeto de deserción, no exenta de escollos para localizar datos que podrán ser publicados. Y, por otro lado, la capacidad de sintetizar y escoger que información puede ser más interesante para los seguidores. Un exceso de información puede provocar un cierto ahogo o dificultades para explicar los contenidos. Aquella documentación que sea compleja requerirá de un análisis más detenido.

En caso de que el número de seguidores haga que no se pueda cumplir con este plazo marcado, intentaremos compilar las preguntas que sean similares y publicaremos un *post* con la respuesta de forma conjunta. Podría darse el supuesto de que algún interlocutor tenga la misma cuestión, pero no se atreva a plantearla. De este modo estamos creando al mismo tiempo un banco de preguntas que servirá para todos los potenciales usuarios.

Capacidad analítica y resolución de problemas: Los docentes tienen una gran capacidad de conocer cuáles son los contenidos que pueden favorecer la formación del alumnado. La posibilidad de gestionar la información, indexar los contenidos más relevantes, identificar las noticias de interés, debatir sobre las diferentes contradicciones, etc. Esta técnica solo será valorada positivamente si el alumno ha sido constante en sus estudios. De lo contrario, se podría sentir perdido en partes de su resolución. Es por ello que esta práctica resulta interesante con el fin de observar cuáles son los problemas que se plantean en nuestra sociedad y que respuestas podemos dar tras la adquisición de los conocimientos que nos proporciona el propio muro.

Habilidades de escritura y síntesis: Cuando los alumnos realizan un trabajo se les solicita que realicen un resumen y/o *abstract* sobre su contenido. Esta técnica sirve con un triple objetivo. La primera, que sean capaces de sintetizar lo que quieren expresar en el conjunto de su trabajo. La segunda, que escojan aquellos puntos más importantes para su defensa. Y, en tercer lugar, que pueda subirse a la red *Instagram* y compartir su conocimiento (para lo cual deberemos señalar su autoría). Mientras los alumnos se encuentran redactando el trabajo, los compañeros, la red, incluso el propio docente, pue-

17 HAGEL III, J. y WOOLL, M., «What is work?», *Deloitte Review*, issue, 24, 28, 2019. Ver en: https://www2.deloitte.com/us/en/insights/focus/technology-and-the-future-of-work/what-is-work.html. Fecha de última consulta: 05.04.2024.

18 MAURO, M. y RODRÍGUEZ SEDANO, A., *Educación: una cuestión de libertad. Estudios sobre educación*, Servicio de Publicaciones de la Universidad de Navarra, 2005.

den incorporar comentarios a ese resumen. Los resultados obtenidos podrán ser incorporados por los propios estudiantes para poder mejorarlo. Se precisa para publicar este resumen del trabajo del consentimiento de sus autores. En caso de no haber incorporado la hipótesis que se plantea en la red, puede reajustar su trabajo haciendo que su contenido sea más completo. Con esta técnica logramos que los estudiantes sean capaces de examinar con detenimiento un sinfín de información que obtienen de internet y otros canales de información, identificar que parámetros utilizar para su correcta expresión, visualizar problemas, extraer conclusiones y resolverlos de forma adecuada[19].

Habilidades de comunicación: Los docentes disponen de una amplia experiencia comunicando sus investigaciones. Congresos, seminarios y aulas se convierten en un ámbito en el que se suelen sentir relativamente cómodos, lo que les hace desarrollar sus dotes de comunicación. Sin embargo, los estudiantes no disponen, en muchos casos de esta virtud. Pudimos comprobar cómo, tras mandarles redactar un trabajo académico, habían obtenido buenos resultados. Esta circunstancia cambió cuando tuvieron que enfrentarse a la exposición. Los nervios, la sensación de fatiga, el temor a no hacerlo de la forma correcta..., afloraron. Quienes siguieron estos consejos lograron excelentes calificaciones y afirmaron sentirse mucho más seguros que en otras oportunidades de exposición que habían experimentado. Igualmente, el hecho que participen comentando conceptos en las redes sociales, así como en el aula, también ayuda a adquirir estas capacidades comunicativas.

Por último, permite desarrollar las diferentes *habilidades de gestión* o *management*: para poder lograr que esta práctica sea un éxito se precisa de la colaboración entre docentes y estudiantes para que funcione.

4. Transversalidad de la propuesta

La incorporación de esta técnica de innovación docente supone, como hemos tenido ocasión de analizar, un conjunto de elementos positivos en el aula implementada. Sin embargo, entre los principales beneficios que se propone con esta técnica se encuentra su capacidad de especialización y la continuación del aprendizaje o conocimientos más allá del momento en el que estén cursando una asignatura. Esto nos lleva a que esta estrategia de aprendizaje pueda ser incorporada en cualquiera de los estudios de educación superior y que tenga un valor añadido más allá de un curso académico. Redes sociales como *Instagram* se usan en muchas ocasiones como trampo-

19 Bernard, Z., *Here´s how technology is shaping the future of education*, Business Insider, 2017. Ver en: https://www.businessinsider.com/how-technology-is-shaping-the-future-of-education-2017-12. Fecha de última consulta: 01.04.2024.

lín para poder compartir conocimientos con otras redes de interés o público general que disponen de las mismas cuestiones y gustos que el alumnado. Los conocidos como *talents hunters* o cazatalentos, varían dependiendo de la rama o disciplina que se desee plantear. No obstante, la incorporación de contenidos que tengan que ver con su ámbito de estudios o laboral es semejante al modelo propuesto, aunque los conocimientos sean dispares.

Lo importante en este sentido, es la actualización de contenidos, logrando expresar algo más que una simple información o generación de ideas. Todos los usuarios pueden acudir a un manual académico, pero *Instagram* ofrece contenidos que se actualizan a una velocidad mayor de lo que lo hacen las editoriales a través de la modalidad de ediciones impresas y de los conocidos como libros virtuales o *eBooks*. Además, algunas de estas páginas pueden llegar a recoger oportunidades de trabajo, para el propio alumnado de último curso, relacionados con la carrera que se oferta. También se puede plantear como una ventana donde poder publicar artículos y noticias dedicados a este tema, donde se ofrezcan por parte de los docentes ideas, recursos, testimonios de expertos, publicación de seminarios, congresos, conferencias de interés, etc.

Señaladas algunas de las oportunidades que ofrece esta estrategia de innovación docente, cabe recordar que una de las claves del éxito para lograr que los estudiantes se sientan motivados pasa por el compromiso personal del docente y de los estudiantes. Para ello, les facilitamos la receta para lograrlo, solo bastan tres ingredientes: ser estratégico, persistente y paciente.

5. Conclusiones

Con la implementación de la red social *Instagram* en las clases pretendíamos que el alumno pudiera optimizar su aprendizaje. Tras observar su descontento inicial, con las clases magistrales, comenzamos a repensar la fórmula con la que habían sido planteadas las lecciones. Es en este punto donde comenzamos a trazar una nueva estrategia de innovación basada en las clases magistrales completándolas con una cuenta de *Instagram* denominada *@comunicalaw*. Con esta convergencia se han intentado satisfacer las siguientes necesidades.

En primer lugar, lograr la gestión eficiente de las clases, mejorando las clases lectivas, combinando la práctica y la teoría, para que el alumno quiera saber más sobre cómo afrontar los retos que se le presentan.

En segundo lugar, la actualización continua de los contenidos relacionados con la asignatura, es decir, estar al tanto de las noticias, publicación de legislaciones actualizadas, premios, cine, sentencias, etc.

En tercer lugar, ayudarles con la correcta elección de los temas para la realización de trabajos, eligiendo materias que sirvan para complementar las clases en las que puedan buscar ejemplos sobre la aplicación de elementos teóricos. A modo de ejemplo, si la lección versa sobre la libertad de expresión, los casos propuestos podrían ser los siguientes: *¿Libertad de expresión en las redes sociales realidad o utopía?*; *Libertad de expresión y privacidad en internet*; *El derecho al honor de personajes públicos y personas anónimas*...

En cuarto lugar, organizar la información de forma eficiente. La escasez de materiales bibliográficos sobre la materia hace que el alumno sienta una sensación adicional de agobio sobre esta. Una de las primeras solicitudes planteadas era que tras consultar el material recomendado en la bibliografía sentían como que, en muchos casos, no iba dirigido para ellos, sino para juristas. En este sentido, se sentían como un doctorando que comienza a trabajar en su tesis, ante el folio el blanco. Por ello, solicitaban la incorporación de un nuevo mecanismo docente que les ayudara a comprender los diferentes términos señalados en clase.

En quinto lugar, priorizar lo importante. El docente no debe asumir más labor de lo que pueda abarcar. La innovación docente es un buen mecanismo para replantear las clases. Sin embargo, si un docente desea abarcar muchas estrategias con el fin de agradar al alumnado puede ser que finalmente acabe fracasando en todas. Es mejor, en este sentido, plantear en su primera aproximación, uno de los retos para más adelante poder desarrollarlo. De lo contrario, corre el riesgo de acabar odiando la innovación docente de por vida. Tampoco resulta positivo complacer a todo el alumnado. La innovación en este ámbito debe servir como una herramienta para motivar o ayudar al alumnado, pero nunca para hacer el trabajo que el mismo debería desarrollar. Pongamos por ejemplo un agricultor que desea regar su planta para que crezca más rápido. El verter sobre el bulbo más agua no va a lograr que crezca más rápido, antes, al contrario, puede provocar su muerte, o cuanto menos lograr que el método aplicado sea ineficaz.

En sexto y último lugar, saber buscar apoyo en otros docentes o profesionales a través de seminarios, no solo a nivel intelectual es bueno buscar apoyo en los compañeros sino también a nivel social y personal. La preparación de seminarios académicos puede animar a que los alumnos puedan ver otras opiniones sobre un mismo tema. También plantear cuestiones a profesionales del sector que pueden ser útiles no solo para el alumno sino también para el docente. Los contenidos mostrados podrán servir para poder alimentar de información el muro con experiencias de rabiosa actualidad.

En definitiva, establecer un conjunto de objetivos que fuimos cumplimiento en la medida que íbamos completando el contenido de la red social. De poco serviría su apertura si no logramos que su actividad fuera dinámica. En consecuencia, podemos afirmar que, dar la posibilidad de que los alumnos interactúen entre sí, conozcan nuevas redes sociales, y adquieran un papel protagonista en esta estrategia digital, hará que sea más fácil mantener su actualización. Con ello, lograremos alcanzar los objetivos perseguidos en el momento de su constitución, que no son otros que lograr a través de esta nueva práctica de innovación educativa, el desarrollo académico y profesional de nuestros alumnos, dando ejemplo de una clara apuesta por la sostenibilidad y la igualdad de oportunidades.

Bibliografía

Bernard, Z., «Here´s how technology is shaping the future of education», *Business Insider*, 2017. Ver en: *https://www.businessinsider.com/how-technology-is-shaping-the-future-of-education-2017-12*.

Cambridge Dictionary, «Think outside the box», 2023. Ver en: *https://dictionary.cambridge.org/es/diccionario/ingles/think-outside-the-box*.

Darling-Hammond, L., «*A new moment in education*», *Huffpost*, 2016. Ver en: *https://www.huffpost.com/entry/a-new-moment-in-education_b_8073130*.

Innovation factory institute, «¿Qué significa realmente 'think outside the box'?», 2022. Ver en: *https://www.innovationfactoryinstitute.com/blog/que-significa-realmente-think-outside-the-box/*.

Guzzella, L. y **Folkers, G.**, «*The future of universities in a digital era*», Glion, *Institute of Higher Education*, 2018. Ver en: *https://ethz.ch/en/news-and-events/eth-news/news/2018/01/future-of-universities.html*.

Hagel III, J. y **Wooll, M.**, «What is work?», *Deloitte Review*, issue, 24, 28, 2019. Ver en: https://www2.deloitte.com/us/en/insights/focus/technology-and-the-future-of-work/what-is-work.html.

Havelson, R. y **Collins, A.**, «*Rethinking education in the age of technology*», *Teachers College Press*, New York, 2009.

Kerpen, C., «*5 ways to be creative in any job*», *Forbes*, 2018. Ver en: *https://www.forbes.com/sites/carriekerpen/2018/11/13/5-ways-to-be-more-creative-in-any-job/?sh=457b0f091548*.

Leigh, A., «*Five emotions invented by the Internet*», 2022. Ver en: *https://thoughtcatalog.com/leigh-alexander/2011/01/five-emotions-invented-by-the-internet/*.

Mauro, M. y **Rodríguez Sedano, A.**, «*Educación: una cuestión de libertad. Estudios sobre educación*», *Servicio de Publicaciones de la Universidad de Navarra*, 2005.

Mewburn, I., «How to tame your PhD», *Thesis Whisperer Books*, Melbourne, 2022.

Moravec, J. W. y Cobo, C., «*Aprendizaje invisible. Hacia una nueva ecología de la educación*», *Publicaciones y Ediciones de la Universidad de Barcelona*, 2011.

National Society of High School Scholars, «Generation Z: Jobs & Careers that will matter most», 2018. Ver: *https://www.nshss.org/blog/generation-z-jobs-careers-that-will-matter-most/*.

Nixon, G., «If memorization is not learning, what i?», *Gemm Learning*, 2022. Ver en: *https://www.gemmlearning.com/blog/education_trends/if-memorization-is-not-learning-what-is/*.

Roca, R., «Knowmads. Los trabajadores del futuro», LID Editorial, Madrid, 2015.

Rivas, P., «Aprender a desaprender. Transformando la educación superior», LID Editorial, Madrid, 2020.

Schwartz, D., Thille, C. y **otros autores**, «Future perfect: What Will universities look like in 2030? » *Times Higher Education*, 2015.

Scott, M., «Preparing today´s students for tomorrow world», *NSW Departamento de Educación*, 2017. Véase en: *https://education.nsw.gov.au/teaching-and-learning/education-for-a-changing-world/resource-library/preparing-today-s-students-for-tomorrow-s-world*.

Webs para la creación de herramientas docentes implementadas en el aula

Bitmoji, *Crear una cuenta Bitmoji*, 2024. Ver en: *https://support.bitmoji.com/hc/es/articles/360001493786-Crear-una-cuenta-de-Bitmoji*.

Instagram, *Crear y acceder a una cuenta de Instagram ya registrada*, 2024. Ver en: *https://www.instagram.com/*.

Quizizz, 2024. Véase en la página web: https://quizizz.com/?lng=es-ES.

ELABORACIÓN DE UNA REVISTA JURÍDICA CON EL ALUMNADO DE PERIODISMO: UN PROYECTO PARA MEJORAR EL LENGUAJE JURÍDICO Y LA COMPRENSIÓN DEL DERECHO

Julia Ammerman Yebra
Profesora Ayudante Doctora de Derecho Civil
Universidad de Santiago de Compostela

RESUMEN: En este trabajo se exponen las principales líneas sobre las que se construyó un proyecto de revista jurídica con el alumnado del Grado en periodismo, en el seno de la asignatura «Derecho de la información». Partiendo de la metodología del aprendizaje basado en proyectos, cada estudiante eligió un tema de su interés para abordarlo desde el punto de vista jurídico. Se comprobó cómo esta práctica afianzaba muchos de los conceptos adquiridos en clase y mejoraba el uso del lenguaje jurídico por parte de los futuros periodistas.

1. Introducción: la asignatura «Derecho de la información» del Grado en Periodismo

La impartición de una asignatura de Derecho en una titulación no jurídica siempre requiere de un mayor grado de adaptación de la docente, como ya han puesto de manifiesto otros compañeros con anterioridad[1]. Enseñar el Derecho «fuera» de la Facultad que le es propia implica que, muy seguramente, la asignatura impartida sea la única en la que los alumnos tengan algún contacto con el mundo jurídico en sentido estricto. Además, si ese contacto se realiza en el primer curso de la titulación, como es el caso expuesto en este trabajo, la docente deberá adaptarse a un alumnado para el que no solo los conceptos, sino también el propio lenguaje jurídico, resultará novedoso. Con esta premisa en mente, pasamos ahora a describir las características básicas de la asignatura en la que se llevó a cabo el proyecto de revista jurídica.

Se trata de la denominada «Derecho de la información», impartida en el Grado en Periodismo de la Universidad de Santiago de Compostela (en adelante, USC). Esta titulación se implantó en el curso 2009-2010, fruto del cambio producido en los estudios superiores por el Espacio Europeo de Educación Superior[2]. Con anterioridad, la Licenciatura en Periodismo de la USC, que había comenzado su andadura en el año 1991, ya contaba con una asignatura llamada «Derecho de la información» de contenido similar al actual. Siguiendo las directrices del plan de estudios de Licenciado en periodismo de los años noventa, se trataba de una materia de Segundo ciclo, troncal, que se describía de la siguiente manera: «Información y derechos fundamentales. Plasmación en la Constitución Española. Régimen jurídico de la información y la comunicación. Estudio teórico y supuestos prácticos en mensajes, medios y sujetos». Según estas mismas directrices, se encuadraba en las áreas de Derecho Administrativo y Derecho Constitucional, y constaba de 5 créditos teóricos y 2 prácticos[3].

---

1 Andrés Llamas, M. Á., «La enseñanza interdisciplinar del Derecho administrativo en titulaciones no jurídicas», en Andrés Segovia, B., Pedrosa López, C., Chaparro Matamoros, P. y Gómez Asensio, C. (dirs.), *Innovación docente en Derecho: herramientas digitales, nuevos desarrollos y perspectiva global*, Colex, A Coruña, 2023, págs. 155-164.

2 Como curiosidad, mencionaré que fui una de las alumnas que formó parte de ese primer curso del Grado en Periodismo de la USC, allá por el año 2009, y que, gracias a esta asignatura -o más bien, gracias a quienes magistralmente la impartían, las profesoras María Paz García Rubio y Marta Otero Crespo-, me vi atraída por el Derecho. Tanto, que me cambié de carrera en el curso siguiente.

3 Real Decreto 1428/1991, de 30 de agosto, por el que se establece el título universitario oficial de Licenciado en Periodismo y las directrices generales propias de los planes de estudios conducentes a la obtención de aquél. BOE núm. 243, de 10 de octubre de 1991, accesible aquí: https://www.boe.es/buscar/doc.php?id=BOE-A-1991-24677.

En la actualidad, la Memoria del título no contiene una adscripción específica a estas dos áreas del Derecho, como sucedía en la Licenciatura. De hecho, desde hace años la asignatura está asignada al Departamento de Derecho común, Área de Derecho civil, de la USC. En consecuencia, somos civilistas los que la impartimos en el actual plan de estudios. Se trata de una materia de 6 créditos ECTS, obligatoria, situada en el segundo cuatrimestre del primer curso, y para la que el plan de ordenación docente estipula un total de 120 horas de carga docente, de las cuales 96 son horas efectivas de impartición de clases, bien teóricas (24), bien prácticas (otras 24 para cada subgrupo). Concretamente, el reparto es el siguiente: 2 horas teóricas a la semana, en sendos días, y otras 2 de seminarios, en los que el grupo (completo durante las teóricas, de 80 alumnos), se divide en tres subgrupos, por lo que para las profesoras suponen 6 horas de seminarios a la semana. En total, se imparten 12 seminarios durante el curso a cada subgrupo, lo cual implica una considerable carga práctica para el alumnado, mayor que en otras titulaciones[4].

A partir del curso 2024-2025 la Facultad de Ciencias de la Comunicación, en la que se imparte este grado, implantará su tercera edición[5], pues los cambios sobre todo tecnológicos impactan de tal manera en el periodismo que la revisión de las asignaturas se hace necesaria. Como explican en la justificación de la Memoria del título, «todas las tendencias apuntan, de mano de la inteligencia artificial y del desarrollo de la tecnología conocida como 5G, a una tendencia a una mayor tecnologización del periodismo y de los contenidos e infraestructuras de los planes de formación»[6]. Así y todo, lo que se ha mantenido como constante durante todos estos años y planes y ediciones es la impartición de una asignatura con contenido jurídico que, si bien ha variado ligeramente, no lo ha hecho su esencia, que pivota sobre el derecho fundamental recogido en el art. 20.1. d) de la Constitución española.

Los objetivos de la materia Derecho de la información son el estudio de los fundamentos y prácticas derivadas de los derechos [sic] a la información; el análisis de la aplicación del derecho al ejercicio periodístico y a la empresa informativa; la reflexión sobre la impronta y relevancia del derecho en los contenidos informativos en medios de comunicación tradicionales y nuevos medios; el estudio de los procedimientos legales, jurídicos y procesales españoles y de las instituciones europeas e internacionales para la elaboración de

---

4 Lo que contrasta, por ejemplo, con las llamadas «clases interactivas» de las que dispone el Grado en Derecho de la Universidad de Santiago de Compostela, en el que solo ocupan 4 semanas del curso, y no 12 como en este caso.

5 En el año 2021 se finalizó el proceso de modificación del título que se venía impartiendo desde sus inicios en el año 2009. El año pasado, en el 2023, se volvió a plantear una modificación del título por la adaptación al RD 822/2021.

6 Justificación de la modificación del título en el año 2023 del Grado en periodismo, pág. 6.

información periodística; el estudio de la libertad de expresión y de información; y el estudio del derecho a la propia imagen y a la intimidad.

De estos objetivos ya podemos extraer que, aun impartida por civilistas, la materia es un conjunto de temas propios del Derecho constitucional, civil, administrativo, procesal e internacional público. A ellos deberán añadirse, como mínimo, el laboral y penal, presentes en varios de los contenidos de la asignatura, como se expondrá a continuación.

Efectivamente, además de los temas introductorios, agrupados al comienzo de la materia como «Conceptos básicos de Derecho» y en los que se explica la estructura del ordenamiento jurídico, sus fuentes, el valor de la jurisprudencia, y la interpretación y aplicación de las normas, dedicamos un tema al Poder judicial, otro a los derechos fundamentales, y uno más a la suspensión de derechos. Por otro lado, en la segunda parte de la asignatura, se estudian conceptos que entremezclan el Derecho constitucional y el Derecho civil. Así, se tratan detenidamente el derecho a la información, la libertad de expresión, los derechos de la personalidad (honor, intimidad, imagen, voz, nombre), la cláusula de conciencia y el secreto profesional. Como novedad, se introducirán el próximo año los derechos de propiedad intelectual. Por último, también hay un tema de corte penal, el dedicado a los delitos de injurias y calumnias.

Con todos estos datos se aprecia la necesaria interdisciplinariedad entre ramas del Derecho y las diversas normas que deberán conocer o, en algunos casos, aprender a manejar los alumnos. Al menos, la Constitución española, el Código civil, el Código penal, el Estatuto de los trabajadores, la Ley de Enjuiciamiento civil, la Ley de propiedad intelectual, además de las leyes orgánicas que desarrollan los derechos fundamentales con mayor incidencia en la materia, como la Ley Orgánica 1/1982, de protección civil del derecho al honor, a la intimidad personal y familiar y a la propia imagen.

Teniendo en cuenta, como decimos, que se trata de una asignatura de primer curso y que será el único contacto que vayan a tener los alumnos del grado en periodismo con el Derecho, las dificultades para interiorizar todas estas normas, entender la estructura del sistema jurídico español, y comprender los principales conceptos y derechos que les conciernen, no es tarea sencilla. Así, se apreció durante los seminarios que algo tan elemental como puede ser manejar la versión vigente de una norma no era algo tan obvio para parte del alumnado, dadas las «prácticas» usuales por parte de las nuevas generaciones de «preguntar» todo ya no solo a los buscadores web más comunes, sino a programas de Inteligencia Artificial que, como veremos más adelante, están a la orden del día en el aula, por mucho que la docente se empeñase en advertir sobre ellos. Lo cual contrastaba con el interés que la mayoría de las alumnas y alumnos mostraban por la asignatura, participando activamente y preguntando sobre temas de actualidad relacionados con el Derecho.

Esta fue una de las razones por las que se creyó oportuno plantear un proyecto en el que cada alumno, individualmente o en pareja con un compañero, escribiese sobre un tema de su interés, siempre y cuando tuviese relación con el Derecho, en una revista jurídica creada *ad hoc* en el seno de la clase.

2. El aprendizaje orientado al proyecto de revista jurídica

Ya expusimos que la actualización de los contenidos y asignaturas del grado en periodismo ha sido una constante en los últimos años, con tres ediciones del plan de estudios en los quince años que lleva implantado. No obstante, creemos que esa renovación propiciada por los avances tecnológicos no debe desatender otras competencias que se logran con proyectos quizá más «clásicos», como sería la realización con los alumnos de una revista jurídica propia en la que participen todos ellos.

Esta práctica se encuadraría en la metodología docente «aprendizaje basado en proyectos», prevista a la par que el estudio de casos, los seminarios y el aula invertida en el actual plan de estudios. Estas metodologías tienen en común que alteran los roles asignados tradicionalmente a profesores y alumnos, dejando de ser la labor fundamental del primero la de transmitir información para convertirse en una especie de gestor u orientador del aprendizaje de los alumnos, adquiriendo estos un rol activo y participando en su aprendizaje[7].

Esto sería un ejemplo de lo que se ha dado en llamar actualmente «innovación docente», entendida esta como la búsqueda de la metodología más apropiada para la efectiva transmisión de los conocimientos, implementando el modelo «competencial» frente a las tradicionales metodologías empleadas en la Universidad, como sería la clase magistral, y sustituyéndola en algunas clases, como los seminarios, por otras que admitan una mayor participación de los alumnos y alumnas[8].

---

7 Alegre Nueno, M., «Aplicación de técnicas de aprendizaje colaborativo a la enseñanza del Derecho del Trabajo: el aprendizaje basado en proyectos», *Actualidad Jurídica Iberoamericana*, núm. 4 *bis* (extraordinario), abril 2016, págs. 191-193, quien recuerda la pirámide del pedagogo estadounidense Dale E. en su artículo *Audio-visual Methods in Teaching*, que explica que los alumnos se acuerdan mucho más de aquellas actividades que parten de la propia experiencia (como la simulación de experiencias reales, o la representación teatral, en las que el 90 % de lo que se dice y hace es recordado después de dos semanas) frente a la simple lectura o escucha, de lo que solo se recuerda un 10 o 20 % pasadas dos semanas.

8 Chaparro Matamoros, P., «De la LOU'2001 a la LOSU'2023: la innovación docente a lo largo de las últimas dos décadas», en Andrés Segovia, B., Pedrosa López, C., Chaparro Matamoros, P. y Gómez Asensio, C. (dirs.), *Innovación docente en Derecho: herramientas*

Por lo tanto, durante el planteamiento de este proyecto se atendería a competencias como la de que los propios estudiantes se planteen preguntas sobre los casos elegidos por ellos mismos, investiguen y seleccionen la información más relevante para redactar sus artículos, analicen las normas jurídicas que se aplicarían a los casos seleccionados, concluyan expresando su opinión y, en todo caso, aprendan a utilizar correctamente el lenguaje jurídico.

Se ha dicho que el éxito de esta metodología docente está en que se den dos condiciones: la primera, que el propio alumnado muestre un interés considerable por la propuesta, lo que sí sucedió en este caso. Y la segunda, que la docente realice una adecuada preparación del proyecto, cosa que la que escribe estas líneas al menos intentó. Si lo consiguió, mejor que lo juzguen los lectores y alumnos.

3. Organización en el aula: secciones de la revista, roles del alumnado y temas a tratar

La primera cuestión que tuvimos que organizar en el aula fueron las secciones de las que constaría la revista. Para ello, primero aprendieron a buscar en las bases de datos de la Universidad de Santiago de Compostela —en concreto, nos centramos en Aranzadi Westlaw y La Ley— algunas revistas jurídicas. Comprobaron que se organizaban por ramas del Derecho, o más específicamente por temáticas concretas, aunque también revisamos algún diario de noticias en los que se daba prioridad a aquellos artículos de mayor actualidad. El proyecto mezclaría ambos formatos, pues por un lado la mayoría de las noticias elegidas eran de notable actualidad, y por otro se agruparían en secciones de acuerdo a su temática.

De acuerdo con los intereses que mostraron, finalmente las secciones para las que hubo mayor consenso fueron las siguientes: Arte, Música y Derecho; Cine, Series y Derecho; Deportes y Derecho; Filosofía y Derecho; Literatura y Derecho; Periodismo y Derecho; Política y Derecho; Sociedad y Derecho.

En todas ellas se procuró que se incluyesen casos de relativa actualidad y que tuviesen relación con el mundo jurídico. Para ello, se vio necesario establecer unos coordinadores por cada sección que se encargasen —junto a la supervisión de la profesora— de velar por que los artículos enlazasen de alguna manera con el Derecho, además de que no hubiese duplicidades entre las temáticas elegidas.

---

digitales, nuevos desarrollos y perspectiva global, Colex, A Coruña, 2023, pág. 49. Otras metodologías surgidas al calor de estos nuevos planteamientos son la *flipped classroom* o «aula del revés», como explica ALONSO SALGADO, C., «Aula 'del revés' para la docencia con perspectiva de género en titulaciones altamente feminizadas», en *Investigación y docencia en Derecho: nuevas perspectivas*, Colex, A Coruña, 2019, págs. 95-99.

Algunos de los asuntos tratados nos parecieron especialmente adecuados para afianzar los conocimientos adquiridos durante las clases teóricas. Así, por ejemplo, se vio interesante que una alumna, a raíz de la película *As Bestas*, indagase en el caso real del crimen entre vecinos acaecido en Santoalla (Ourense), dado que el origen del conflicto vecinal estuvo en el aprovechamiento de unos montes en mano común, institución característica de Derecho civil gallego. En general, la comprensión del derecho interregional, de que determinados territorios españoles tienen Derecho civil propio, es una cuestión compleja para el alumnado, más si se trata de titulaciones no jurídicas. Así, a propósito de este caso, para la redacción del artículo se buscaron los preceptos de la ley gallega referidos a los montes vecinales en mano común, las características de dicha institución, o la sentencia dictada por la Audiencia Provincial de Ourense, lo que permitió a la alumna comprender mejor el significado de esta institución gallega.

Aunque se advirtió que la elección de un tema con aspectos internacionales podría ser más complejo, finalmente se aceptó que algunos casos tuviesen como protagonistas a actrices, deportistas o personajes extranjeros. Ello conllevó un análisis «mínimo» del Derecho comparado aplicable, tratando siempre de hacer un examen posterior de «cómo se resolvería el caso, qué normas se aplicarían, si se hubiese dado en nuestro ordenamiento jurídico». Así, se escribieron artículos sobre la cuestionable tutela a la que fue sometida Britney Spears en EEUU, comparándolo con nuestra actual Ley 8/2021, en la que desaparece la tutela para las personas mayores de edad y cuyo mantra es el respeto a la voluntad de la persona con discapacidad; o la reclamación de Grecia contra Reino Unido por los mármoles del Partenón contenidos en el Museo Británico; o, en fin, el *fair play* financiero y las sanciones a la *Premier League* inglesa.

Otro tema que se trató en varios artículos fue la tramitación parlamentaria de los proyectos y proposiciones de ley, pues es una cuestión con la que los periodistas lidiarán de forma constante. Así, por ejemplo, se escribió sobre las proposiciones de ley de Esclerosis Lateral Amiotrófica (ELA), aprendiendo la alumna a bucear en la web del Congreso de los diputados en busca de las últimas enmiendas presentadas por los grupos parlamentarios a las proposiciones de ley.

Por supuesto, no faltaron temas de rabiosa actualidad como, en el ámbito penal, el «caso Dani Alves», o en el político el de la Ley de la Amnistía.

4. Redacción y corrección: el lenguaje y los conceptos jurídicos en el mundo del periodismo

De forma previa a la redacción de los artículos, la docente facilitó a través del Campus Virtual un documento que contenía unas mínimas normas de estilo, a semejanza de las exigidas por algunas publicaciones científicas. Así, además de unas normas comunes sobre cuestiones de formato, se limitó a dos o tres páginas la extensión del artículo, se exigió que constasen de un titular, subtítulo, y en su caso secciones para estructurar el texto; también se dio libertad a la hora de elegir el idioma, gallego o castellano. Se dio la posibilidad de realizarlo en coautoría (máximo dos personas) o de forma individual. Por último, se contempló que todos los artículos finalizasen con los siguientes datos: rama del Derecho en la que se encuadraba algún aspecto de la noticia, legislación que resultaba de aplicación y, en caso de haberla, jurisprudencia. A medida que el proyecto avanzó, se consideró razonable que estos datos no tuviesen que constar necesariamente al final del artículo si ya se había hecho suficiente mención, en especial, a las normas que resultaban de aplicación, a lo largo del texto del artículo.

Se estableció un plazo para una primera entrega, que se realizaría no a través del Campus Virtual —dado que no nos permitía organizar el proyecto de acuerdo con estas secciones ni tampoco ir editando los documentos entregados— si no a través de una carpeta de OneDrive[9], creada por la profesora y compartida con los alumnos participante del proyecto.

La redacción de los artículos se realizó en su mayoría durante tres seminarios, en los que los alumnos y alumnas debían plantear a la profesora las cuestiones jurídicas sobre las que tuviesen dudas[10]. Fue fundamental trabajar en el seno de los seminarios, en donde el número de alumnos oscila entre 25 y 30, pues de lo contrario sería imposible poder atender en dos horas de forma cuasi-individualizada a todos.

Una vez realizada la primera entrega, se corrigieron por la profesora y se facilitaron a través del mismo OneDrive[11]. Además de la corrección de cuestiones puramente de derecho sustantivo, se observaron algunos usos incorrectos en el lenguaje jurídico (por ejemplo, entre los más frecuentes, la confusión entre «judicial» y «jurídico»)[12].

9 La aplicación de OneDrive es la que facilita la Universidad de Santiago de Compostela para almacenar y compartir documentos en la nube, y a la que tanto profesores como alumnos tienen acceso a través de su usuario y contraseña institucional.

10 En especial, se observó que tenían dificultad para encontrar las resoluciones judiciales aplicables al caso. En ocasiones también se advirtió que se estaban utilizando versiones de leyes obsoletas, dado que es muy común que los alumnos, pese a la insistencia de la profesora en que no lo hagan así, tecleen directamente el número de los artículos de una determinada ley en un buscador web, en vez de acudir a la ley completa, lo que los remite a páginas de dudosa actualización además de impedir que tengan una visión global de la norma.

11 Las correcciones se realizaron con la función «comentarios» (bien de PDF, bien de Word).

12 También se observó, con cierto disgusto, que algún alumno había utilizado los nuevos programas de inteligencia artificial para la redacción de parte de los trabajos (por ejemplo, para resumir aspectos de una ley, o para buscar preceptos de leyes extranjeras, que por cierto dicho programa indicó de forma incorrecta).

5. Maquetación de la revista e imágenes

Por último, se nos presentaban dos cuestiones que, si bien una de ellas no era jurídica, sí era importante para alcanzar un buen resultado del proyecto.

La primera cuestión sí tenía relación con el Derecho: se trataba del uso de imágenes para ilustrar los artículos de la revista. Se aprovechó este extremo para explicar los derechos de autor que recaen sobre las fotografías, por lo que se les planteó a los alumnos, bien utilizar fotografías propias o de las que hubiesen obtenido consentimiento expreso para su uso por parte de su autor, bien que empleasen alguno de los bancos de imágenes «libres» de derechos de autor disponibles en la web[13]. En todo caso, como pie de foto debía figurar el origen de dicha imagen y/o su autoría.

Una vez añadidas las fotografías, solo quedaba maquetar la revista, lo que ya excedía el propósito del proyecto en el seno de la clase, pero resultaba esencial para darle al trabajo realizado por los alumnos un aspecto profesional. Tras consultar con el área de tecnología de la universidad y comprobar que esta no disponía de ningún programa dentro del catálogo ofrecido con las claves institucionales que permitiese una mínima maquetación, y dado que el curso llegó a su fin sin tiempo de realizarla, finalmente se optó por un programa para el que debía obtenerse una licencia previa. La labor de diseño final se la debemos a una alumna, diseñadora gráfica profesional, que realizó una plantilla y maquetó buena parte de los artículos[14].

En cuanto al nombre que tendría la revista y que figuraría en la portada, se facilitó un documento compartido en el que los alumnos pudieron escribir durante unas semanas sus propuestas. Una vez que hubo varias, se realizó una votación en clase y venció por aplastante mayoría *Legalmente falando* (Legalmente hablando sería la traducción al castellano), frente a la otra candidata *Artículo 20*.

6. Conclusión final

El fin último de este proyecto era que cada alumno y alumna asentase algunos de los conceptos jurídicos vistos en las clases teóricas, aprendiese a utilizar correctamente el lenguaje propio del Derecho, y a la vez profundizase sobre un tema de su interés. La libertad dada a la hora de elegir los temas

---

13 Entre otros, se comentaron los siguientes: Pixabay, Pexels, Unsplash, free-images.com.

14 La razón de que finalmente se optase por un programa de pago, en concreto *InDesign*, fue que dos alumnas disponían de él, por lo que la docente decidió adquirir también su licencia de uso. Desde aquí expreso mi agradecimiento a la alumna Marta Álvarez Rodríguez, quien diseñó la portada de la revista, la plantilla para los artículos, los ordenó, y maquetó más de la mitad de ellos. También debo dar las gracias a la alumna Sabrina Cobo Rey, quien maquetó los de la sección de Cine, Series y Derecho.

fue la clave de bóveda que sostuvo al proyecto y que mantuvo el interés del alumnado en que la revista llegase a buen puerto. Si bien detectamos aspectos de clara mejora, no dudamos en que será un proyecto que se repita en años venideros.

Bibliografía

Alegre Nueno, M., «Aplicación de técnicas de aprendizaje colaborativo a la enseñanza del derecho del trabajo: el aprendizaje basado en proyectos», *Actualidad Jurídica Iberoamericana*, núm. 4 bis (extraordinario), abril 2016.

Alonso Salgado, C., «Aula 'del revés' para la docencia con perspectiva de género en titulaciones altamente feminizadas», en *Investigación y docencia en Derecho: nuevas perspectivas*, Colex, A Coruña, 2019.

Andrés Llamas, M. Á., «La enseñanza interdisciplinar del Derecho administrativo en titulaciones no jurídicas», en Andrés Segovia, B., Pedrosa López, C., Chaparro Matamoros, P. y Gómez Asensio, C. (dirs.), *Innovación docente en Derecho: herramientas digitales, nuevos desarrollos y perspectiva global*, Colex, A Coruña, 2023.

Chaparro Matamoros, P., «De la LOU'2001 a la LOSU'2023: la innovación docente a lo largo de las últimas dos décadas», en Andrés Segovia, B., Pedrosa López, C., Chaparro Matamoros, P. y Gómez Asensio, C. (dirs.), *Innovación docente en Derecho: herramientas digitales, nuevos desarrollos y perspectiva global*, Colex, A Coruña, 2023.

APRENDIZAJE DEL DERECHO MERCANTIL A TRAVÉS DE LA PRENSA DIGITAL[1]

Pablo Tortajada Chardí
Profesor Ayudante Doctor de Derecho Mercantil
Universitat de València

RESUMEN: En el presente capítulo se analiza la integración de la prensa digital en la enseñanza del derecho mercantil, ofreciendo un enfoque práctico que conecta la teoría jurídica con la realidad económica. Se muestra cómo la prensa digital enriquece el aprendizaje, permitiendo a los estudiantes analizar casos reales del mundo empresarial. La propuesta se fundamenta en una pedagogía activa, donde los estudiantes juegan un rol central en su propio aprendizaje, analizando y discutiendo artículos de prensa digital relevantes y actuales. Ello no solo les proporciona conocimientos teóricos, sino que también desarrolla habilidades transversales esenciales. Los objetivos incluyen aplicar conocimientos teóricos a casos reales, mejorar la investigación, comunicación y desarrollar competencias como el trabajo en equipo, debate y el pensamiento crítico, donde se favorece el aprendizaje significativo y la motivación de los estudiantes.

1. Introducción

El Derecho Mercantil, constituye una rama fundamental del derecho privado, encargada de regular las relaciones comerciales y las actividades

1 El presente trabajo se enmarca en el *Proyecto de Innovación Educativa Consolidado* «La ludoteca jurídica», concedido por la Universitat de València (ref. UV-SFPIE_PIEC-2734629), del cual es coordinador el prof. Pedro Chaparro Matamoros.

empresariales, constituyendo el motor de la economía moderna. Su importancia radica en proporcionar un marco jurídico que garantiza la seguridad y la previsibilidad en las transacciones económicas, aspectos esenciales en un mundo globalizado e interconectado. Sin embargo, la dinámica del entorno empresarial y la constante evolución de los mercados exigen replantear las metodologías de enseñanza para reflejar estos cambios y formar profesionales en Derecho Mercantil preparados para afrontar los retos del siglo XXI.

En este contexto, la enseñanza tradicional del Derecho Mercantil[2], basada en clases magistrales y lecturas extensas, se enfrenta al desafío de conectar la teoría jurídica con la práctica cotidiana del mundo empresarial. No obstante, este enfoque, pese a proporcionar una base sólida de conocimientos, a menudo resulta limitado en su capacidad para reflejar la complejidad y la constante evolución del ámbito mercantil.

Las nuevas exigencias educativas promueven que debamos asegurar que los estudiantes adquieran tanto los conocimientos específicos de la materia como competencias genéricas esenciales para su futura inserción en el mercado laboral[3],

Ante esta necesidad, surge la oportunidad de reimaginar la enseñanza del Derecho Mercantil a través de la incorporación de metodologías innovadoras que integren recursos actuales y relevantes, como la prensa digital. Esta herramienta pedagógica de gran valor ofrece una ventana al mundo real, permitiendo a los estudiantes, como se expondrá, conectar con la realidad del mundo empresarial, desarrollar habilidades de análisis crítico, trabajar en equipo colaborando y promoviendo discusiones y debates con sus compañeros, esenciales para el ejercicio profesional posterior, y lo que es más importante, sentir como algo próximo el Derecho e impregnarse del mismo, en conclusión, aprender[4].

---

2 Broseta Pont, M. y Martínez Sanz, F., *Manual de Derecho Mercantil*, Tecnos, Madrid, 2021, pág. 40. Se define el mismo en Navarro Lérida, M. S., «Derecho Mercantil», en *Lecciones introductorias al derecho*, Ediciones de la Universidad de Castilla-La Mancha, 2014, pág. 180, como aquel Derecho privado especial cuyo objeto de estudio es el empresario (antes comerciante), su status jurídico y la actividad de empresa que el mismo lleva a cabo en un mercado, hoy más globalizado y que se mueve en un ámbito cada vez mayor.

3 López Picó, R., «El cine y la prensa escrita como medios de innovación docente en la enseñanza del derecho procesal», *REJIE Nueva época: Revista Jurídica de Investigación e Innovación Educativa*, núm. 19, 2019, págs. 25-37.

4 Andrés Segovia, B., «La innovación docente dentro y fuera de las aulas de derecho», en Andrés Segovia, B., Pedrosa López, C., Chaparro Matamoros, P. y Gómez Asensio, C. (dirs.), *Innovación docente en Derecho: herramientas digitales, nuevos desarrollos y perspectiva global*, Colex, A Coruña, 2023, págs. 30-31, donde propone los objetivos que deben dibujar los docentes, la continua actualización de los conceptos jurídicos adquiridos por el docente, lograr que el alumno se sienta motivado en el aula y una adaptación de los planes de estudios que ayuden a poder acercar a toda la comunidad universitaria a las cuestiones que se plantean en el ámbito laboral.

2. Innovación en la enseñanza del Derecho Mercantil

Es necesario mantenerse actualizados sobre las últimas novedades en el ámbito del Derecho Mercantil: La prensa digital ofrece información constante sobre cambios legislativos, jurisprudencia reciente y tendencias en el mercado, lo que permite a los estudiantes estar a la vanguardia del conocimiento jurídico.

Esta visión y promoción de la innovación, incorpora la prensa digital como herramienta educativa en la enseñanza del Derecho Mercantil abre un nuevo horizonte en la formación de profesionales del Derecho más completos, preparados para afrontar los desafíos del entorno empresarial actual y responder a las demandas de una sociedad en constante evolución. Esta metodología innovadora permite conectar la teoría con la práctica, desarrollar habilidades transversales y formar juristas capaces de navegar con éxito en el dinámico mundo del Derecho Mercantil del siglo XXI.

Además, el uso de la prensa digital y plataformas online mantiene a los estudiantes actualizados con las últimas novedades legislativas y jurisprudenciales. Metodologías como el aprendizaje basado en problemas (ABP), el estudio de casos, las simulaciones, el aprendizaje colaborativo y el uso de recursos digitales pueden aplicarse eficazmente en la enseñanza del Derecho Mercantil, con la posibilidad y efectividad contrastada[5] de la utilización de prensa para el aprendizaje de diferentes conocimientos, que pudiera incluso extrapolarse a otras ramas distintas.

En suma, la innovación en la enseñanza de esta disciplina es fundamental para formar profesionales preparados para los retos del siglo XXI, y debe ser una obligación llevar a cabo el esfuerzo de adoptar métodos de enseñanzas innovadoras que prioricen el desarrollo de competencias profesionales de los alumnos[6], asegurando una educación jurídica integral y adaptada a las demandas de una sociedad y un mercado en constante evolución.

---

5 En este sentido viene confirmado por diferentes proyectos, entre otros Sanz Mulas, M. N., Berdugo Gómez de la Torre, I., Pérez Cepeda, A.I., Fabián Caparrós, E. A. y Gorjón Barranco, M. C., «El análisis de las noticias de prensa: aprendizaje basado en problemas en el marco del derecho penal», *Memoria final del Proyecto ID 2013/041*, Memoria ID-041. Ayudas de la Universidad de Salamanca para la innovación docente, curso 2013-2014.

6 Machuza Matenga, J. A. y Brandão Guaraldo, T. S., «El aprendizaje activo en la educación superior: el caso de la asignatura del servicio de referencia e información en la escuela superior de periodismo», *Revista Edic*, núm. 2, 2022, págs. 1-11.

3. Diseño y metodología de la actividad

Se establece y diseña principalmente la actividad con la única finalidad de suscitar una participación comprometida en la construcción de su propio conocimiento[7].

3.1. Fundamentos de la actividad propuesta

La experiencia docente propuesta radica, por tanto, en la integración de la prensa digital como herramienta pedagógica para la enseñanza del Derecho Mercantil. Esta metodología resaltamos que se basa en los principios del aprendizaje activo y constructivista, que enfatizan la construcción del conocimiento a través de la experiencia y la interacción con material relevante y contextualizado. La elección de la prensa digital como recurso educativo va a responder a varias razones académicas y pedagógicas.

En primer lugar, la prensa digital ofrece una fuente inagotable de información actualizada sobre eventos y tendencias en el mundo mercantil. Esta actualidad es crucial en el campo jurídico, y en concreto en el ámbito mercantil, donde la normativa tanto nacional como internacional se encuentra en constante evolución, debido a los cambios económicos, tecnológicos y sociales y a la capacidad del legislador, tanto nacional y europeo en regular cualquier nuevo cambio. A través de la prensa digital, los estudiantes pueden acceder a casos reales y contemporáneos, lo que facilita la comprensión de la aplicación práctica de los conceptos jurídicos que estudian en el aula.

En segundo lugar, esta actividad promueve el desarrollo de habilidades críticas y analíticas, dado que, al proponer el análisis de noticias de prensa, los estudiantes no solo deben comprender el contenido de la noticia, sino también evaluar sus implicaciones jurídicas, identificar la normativa aplicable y considerar las posibles consecuencias legales y comerciales que pudieran derivarse. Este proceso de análisis crítico es esencial para la formación, tanto del práctico del derecho, abogados o procuradores como de cualquier otro profesional, que deba de adentrarse en el Derecho Mercantil y pretenda ser capaz de enfrentar y resolver problemas complejos en su futura práctica profesional.

En tercer lugar, la prensa digital fomenta un aprendizaje participativo y colaborativo. Si bien es cierto que la actividad que se propone se realiza de manera individual, la puesta en común y el debate grupal permiten a los estudiantes compartir sus perspectivas y enriquecer su comprensión a

7 En mismo sentido GOMORA JUÁREZ, S., «La enseñanza de la jurisprudencia en México y el uso de los métodos de enseñanza activa», *Revista de educación y derecho*, núm. 16, 2017, págs. 7-8, habla de maestro/facilitador del aprendizaje y la demanda que propician las nuevas generaciones en la forma de enseñar y aprender.

través del intercambio de ideas. Este enfoque colaborativo es fundamental en la formación de equipos de trabajo, en la preparación del estudiante para poder actuar y colaborar con otros compañeros y equipos, dado que los futuros profesionales, abogados, asesores, consultores, trabajarán en entornos donde la comunicación y el trabajo en equipo son indispensables.

En cuarto lugar, la utilización de la prensa digital integra el uso de tecnologías de la información y la comunicación (TIC) en el proceso educativo, alineándose con las tendencias contemporáneas en la educación superior[8]. Las TIC no solo facilitan el acceso a una gran cantidad de información, sino que también preparan a los estudiantes para un entorno profesional cada vez más digitalizado, donde se integra su valor añadido[9].

Por último, esta metodología se alinea con las competencias y habilidades que se espera que los estudiantes desarrollen en el marco del Espacio Europeo de Educación Superior (EEES)[10]. La capacidad de aplicar conocimientos teóricos a situaciones prácticas, el desarrollo del pensamiento crítico, la comunicación efectiva y el trabajo en equipo son competencias clave que se potencian a través de esta actividad.

En resumen, los fundamentos de esta actividad se centran en aprovechar la prensa digital como un recurso pedagógico que conecta la teoría con la práctica, desarrolla habilidades críticas y analíticas, fomenta la colaboración y utiliza las TIC para enriquecer el aprendizaje del Derecho Mercantil, y por tanto la propuesta metodológica no solo va a enriquecer el proceso educativo, haciendo posible nuevas modalidades de enseñanza-aprendizaje[11], sino que también prepara a los estudiantes para enfrentar los desafíos del entorno empresarial moderno con una base sólida de conocimientos y competencias prácticas.

---

8 Chaparro Matamoros, P., «De la LOU´2001 a la LOSU´2023: la innovación docente a lo largo de las últimas dos décadas», en Andrés Segovia, B., Pedrosa López, C., Chaparro Matamoros, P. y Gómez Asensio, C. (dirs.), *Innovación docente en Derecho: herramientas digitales, nuevos desarrollos y perspectiva global*, Colex, A Coruña, 2023, pág. 49.

9 Pedrosa López, J. C., «Las actividades online adaptadas a la enseñanza universitaria en la era digital», en Chiara Marullo, M. y Andrés Segovia, B. (dirs.), *Revolución tecnológica e innovación docente*, Editorial Horsori, Cuadernos de Educación, núm. 98, Barcelona, 2021, págs. 93-94.

10 Pons Fanals, E. y Albertí, E., «El contexto local y global y el marco institucional de la Educación Superior», en Turull i Rubinat, M. (coord.), *Manual de docencia universitaria*, Octaedro, Barcelona, 2020, pág. 33.

11 Canós Darós, L. y Canós Darós, M. J., «El uso de las nuevas tecnologías aplicadas a la educación superior», *Revista Electrónica de Comunicaciones y Trabajos de ASEPUMA*, 2019.

3.2. Objetivos

En cuanto a los objetivos de la actividad diseñada, establecemos como objetivos generales fomentar un aprendizaje activo y participativo, facilitar la comprensión práctica del Derecho Mercantil y promover el desarrollo de habilidades críticas, analíticas y de comunicación.

De manera específica, busca que los estudiantes analicen noticias de prensa digital desde una perspectiva jurídica mercantil, identificando y aplicando la normativa relevante a casos actuales.

Además, pretende desarrollar en los estudiantes la capacidad de formular argumentos críticos y bien fundamentados sobre temas mercantiles, así como potenciar su habilidad para trabajar en equipo y participar en debates constructivos.

En suma, los objetivos principales de la actividad son aplicar los conocimientos teóricos del Derecho Mercantil a situaciones reales, desarrollar habilidades de investigación y búsqueda de información, mejorar la comunicación oral y escrita de los estudiantes, fomentar el interés por el Derecho Mercantil y desarrollar habilidades transversales como el análisis crítico, la resolución de problemas y la capacidad de síntesis.

Por tanto, no solo se enriquece el aprendizaje académico, sino que insistimos e involucramos en la preparación a los estudiantes, para enfrentar los desafíos del entorno empresarial moderno con una base sólida de conocimientos y competencias prácticas.

3.3. Metodología de la actividad

3.3.1. Presentación de la actividad

La actividad se desarrolla durante todo el curso académico, llevando a cabo el primer día en la sesión introductoria del curso y la guía docente, con la explicación de su desarrollo, pues es necesario promover desde el primer momento una implicación en el aprendizaje con la necesidad de adquirir y consolidar hábitos de lectura de prensa, por lo que se enfatiza en la importancia de cómo esta metodología permitirá conectar la teoría con la práctica, fomentar el análisis crítico y la participación activa en debates, atrayendo al estudiantado a la asignatura desde el primer instante, puesto que la mejor forma de estudiar cualquier temática es teniéndola que explicar y servirse de ejemplos reales[12]. Significar que la referencia única y continua a prensa

12 Pons-Estel, C. y González Sánchez, M., «El Derecho en la prensa escrita. Una propuesta metodológica para el aprendizaje», *IN-RED V Congreso de Innovación Educativa y Docencia en Red*, 2019, págs. 789-799.

digital como la herramienta idónea, ha sido elegida por la facilidad de acceso del alumnado a los dispositivos móviles y portátiles, lo que facilita el acceso a las noticias, sin necesidad de tener que localizar o adquirir prensa en formato papel.

La presentación incluye ejemplos recientes de noticias en el ámbito mercantil, ilustrando la relevancia de estos eventos en la aplicación práctica de conceptos jurídicos que se irán tratando durante el curso[13].

3.3.2. Búsqueda y selección de la noticia

Se establece un calendario de noticias indicando la frecuencia de selección y los temas a abordar, a tenor de la guía docente, con la posibilidad que los estudiantes sugieran noticias relevantes para el análisis, siempre que se ajusten al tema y criterios establecidos.

Cada estudiante, de manera individual, se encargará de buscar y seleccionar una noticia reciente relacionada con el Derecho Mercantil. Estas noticias deben ser actuales y proceder de fuentes digitales reconocidas como El Economista, Expansión, El País, Cinco Días, La Vanguardia etc.

La selección debe basarse por tanto en la pertinencia del tema y su potencial para un análisis jurídico profundo dado que posteriormente los estudiantes deberán justificar la relevancia de la noticia seleccionada en relación con los temas tratados en clase. Este proceso de búsqueda y selección promueve la autonomía del estudiante y su capacidad para identificar información relevante y veraz en un contexto real.

Tras la exposición y desarrollo de la materia básica en el aula, con el fin de conocer los conceptos fundamentales, como modelo y ejemplo, el régimen jurídico básico de empresario y de la actividad empresarial, bien cuando se realice como persona física, bien como persona jurídica, se formula incluso una breve explicación del uso y desarrollo de las bases de datos de jurisprudencia[14] como complemento y donde cada alumno de forma individual debe de buscar sentencias relacionadas con la noticia del tema mercantil de actualidad. Se solicita inicialmente que sea el propio estudiante, el que a la vista de la guía docente y los temas que se están desarrollando proporcione

13 A modo de ejemplo: Noticia aparecida en el periódico El Economista 01/02/2024: «Los registradores impulsan la nueva Sociedad de Beneficio e Interés Común comprometida con la sostenibilidad», Disponible en https://www.eleconomista.es/legal/noticias/12651233/01/24/los-registradores-impulsan-la-nueva-sociedad-de-beneficio-e-interes-comun-comprometida-con-la-sostenibilidad-.html [Fecha consulta 22/05/2024].

14 Raga i Vives, A., «La inteligencia artificial y las clases prácticas de derecho», en Andrés Segovia, B., Pedrosa López, C., Chaparro Matamoros, P. y Gómez Asensio, C. (dirs.), *Innovación docente en Derecho: herramientas digitales, nuevos desarrollos y perspectiva global*, Colex, A Coruña, 2023, pág. 88.

un ejemplo específico, una noticia de actualidad relacionada con la materia que se está presentando.

Un ejemplo de ello sería el «RD 5/2023 (Real Decreto-ley 5/2023, de 28 de junio, por el que se adoptan y prorrogan determinadas medidas de respuesta a las consecuencias económicas y sociales de la Guerra de Ucrania, de apoyo a la reconstrucción de la isla de La Palma y a otras situaciones de vulnerabilidad; de transposición de Directivas de la Unión Europea en materia de modificaciones estructurales de sociedades mercantiles y conciliación de la vida familiar y la vida profesional de los progenitores y los cuidadores; y de ejecución y cumplimiento del Derecho de la Unión Europea)», donde la disposición derogatoria única dispone la derogación de la Ley 3/2009, de 3 de abril, sobre modificaciones estructurales de las sociedades mercantiles(LME)[15]» y podemos vincular al estudio y análisis de la noticia: «BBVA-Banco Sabadell, la última gran fusión de la banca española, con permiso del Gobierno», tratada por numerosos medios de comunicación digital[16].

Se promueve incluso que el estudiante lleve a cabo una comparación y exploración de diversos medios de comunicación, examinar distintas versiones, fomentando la lectura y desarrollo de las noticias con una mirada crítica de las mismas, con la visión y enfoque de diversos artículos y editoriales.

3.3.3. Análisis individual y elaboración de fichas de análisis

Cada estudiante leerá atentamente la noticia seleccionada y analizará los aspectos jurídicos relevantes, dado que permite la propuesta de trabajo autónomo un desarrollo de la autosuficiencia del aprendizaje, con la implicación del mismo, y su propia imposición de objetivos internos y adquisición de responsabilidades y hábitos[17]. Se utilizará la guía de análisis proporcionada por el docente para enfocar el análisis y profundizar en los conceptos jurídicos clave.

---

15 En este sentido se estructura la nueva normativa de Transposición de directiva de la Unión Europea en materia de modificaciones estructurales de sociedades mercantiles, de reciente reforma.

16 Disponibles en: https://valenciaplaza.com/tag/FUSI%C3%93N+BBVA-SABADELL
https://cincodias.elpais.com/companias/2024-05-09/torres-algunos-accionistas-de-banco-sabadell-valoran-positivamente-la-operacion.html
https://www.economiadigital.es/empresas/koplowitz-daurella-colonques-guardiola-sabadell.html
https://www.eleconomista.es/banca-finanzas/noticias/12808265/05/24/cuerpo-traslado-su-rechazo-a-torres-la-vispera-de-la-opa-y-este-ignoro-el-aviso.html [Fecha de consulta 20/05/2024]

17 Canós Darós, L. y Canós Darós, M.J., «El uso de las nuevas tecnologías aplicadas a la educación superior», *Revista Electrónica de Comunicaciones y Trabajos de ASEPUMA*, 2019.

Se recomienda tomar notas y realizar anotaciones marginales para facilitar la comprensión y el análisis posterior, además de ser importante que los estudiantes consulten fuentes adicionales, como artículos doctrinales, jurisprudencia y normativa legal, para ampliar su conocimiento del tema.

A continuación, el estudiante completará una ficha de análisis que resuma los aspectos más relevantes de la noticia con la finalidad de guiar, estructurar y organizar la información clave extraída de la noticia.

Siguiendo la estructura proporcionada la ficha de análisis debe incluir:

- Datos personales del estudiante
- Fecha de publicación de la noticia
- Fuente de la noticia
- Resumen de la noticia: Breve descripción de los hechos principales y el contexto del caso.
- Contexto legal relevante: Identificación de la normativa aplicable al caso y su explicación breve.
- Análisis jurídico detallado:
- Identificación de los conceptos jurídicos relevantes presentes en la noticia.
- Explicación de la normativa aplicable y su relación con los hechos del caso.
- Análisis crítico de los hechos y las circunstancias del caso.
- Evaluación de las posibles soluciones jurídicas y sus argumentos a favor y en contra.
- Reflexión personal sobre el caso y su relevancia en el ámbito del Derecho Mercantil.

La ficha de análisis debe ser clara, concisa y bien organizada, donde incluso se insiste al estudiante que lleve cabo la utilización de un lenguaje jurídico adecuado.

3.3.4. Puesta en común y debate

A lo largo del curso, los estudiantes se reúnen periódicamente para presentar sus análisis de noticias, tanto en grupos reducidos como a la generalidad del aula, por lo que se fomenta la discusión y el intercambio de ideas sobre los temas y noticias abordadas.

La importancia y el tiempo empleado dependerá de la materia en cuestión y, por tanto, la exposición del análisis tendrá un papel más relevante, lo que va a permitir confrontar diferentes puntos de vista y enriquecer la comprensión del tema con la dirección del docente, el cual facilita la participación equitativa, con la creación de un ambiente de respeto y colaboración donde se espera y se promueve la contribución de todos los miembros del grupo.

4. Evaluación, análisis y reflexiones finales

La evaluación de la actividad se basa principalmente en la participación activa de los estudiantes durante el proceso de búsqueda, análisis y debate. Se valora la calidad y profundidad de los análisis presentados, así como la capacidad de los estudiantes para identificar y aplicar la normativa mercantil relevante. La elaboración de las fichas de análisis sirve como evidencia del trabajo individual realizado y permite evaluar la capacidad de síntesis y análisis crítico de cada estudiante.

Durante las sesiones de puesta en común y discusión, se valora la capacidad de argumentación y la contribución al debate, fomentando un ambiente de respeto y colaboración por lo que es fundamental la participación activa en los debates grupales para el desarrollo de habilidades comunicativas y de trabajo en equipo, lo que conlleva ser un componente clave en la evaluación final.

En cuanto al análisis y las reflexiones finales, significar sobre los resultados obtenidos de la actividad, cómo destacan los logros y las áreas de mejora. Se evalúa el impacto del uso de la prensa digital en el aprendizaje de los estudiantes y se brindan sugerencias para futuras implementaciones. En este contexto se anima a los estudiantes a reflexionar sobre cómo estas habilidades analíticas y críticas pueden aplicarse en su futura práctica profesional y en su comprensión general del entorno mercantil.

En conclusión, el uso de la prensa digital proporciona un contexto real y actual para el aprendizaje del Derecho Mercantil, facilitando la comprensión y aplicación de la normativa y jurisprudencia, lo que evidencia que la actividad propuesta es efectiva en la conexión entre teoría y práctica, y en el desarrollo de habilidades críticas y analíticas en los estudiantes, y por tanto no solo enriquece el proceso educativo, sino que también prepara a los estudiantes para enfrentar los desafíos del entorno empresarial moderno con una base sólida de conocimientos y competencias prácticas.

Bibliografía

Andrés Segovia, B., «La innovación docente dentro y fuera de las aulas de derecho», en Andrés Segovia, B., Pedrosa López, C., Chaparro Matamoros, P. y Gómez Asensio, C. (dirs.), *Innovación docente en Derecho: herramientas digitales, nuevos desarrollos y perspectiva global*, Colex, A Coruña, 2023.

Broseta Pont, M, y **Martínez Sanz, F.**, *Manual de Derecho Mercantil*, Tecnos, Madrid, 2021.

Chaparro Matamoros, P., «De la LOU´2001 a la LOSU´2023: la innovación docente a lo largo de las últimas dos décadas», en Andrés Segovia,

B., Pedrosa López, C., Chaparro Matamoros, P. y Gómez Asensio, C. (dirs.), *Innovación docente en Derecho: herramientas digitales, nuevos desarrollos y perspectiva global*, Colex, A Coruña, 2023.

Gomora Juárez, S., «La enseñanza de la jurisprudencia en México y el uso de los métodos de enseñanza activa», *Revista de educación y derecho*, núm. 16, 2017.

López Picó, R., «El cine y la prensa escrita como medios de innovación docente en la enseñanza del derecho procesal», *REJIE Nueva época: Revista Jurídica de Investigación e Innovación Educativa*, núm. 19, 2019.

Machuza Matenga, J. A. y **Brandão Guaraldo, T. S.**, «El aprendizaje activo en la educación superior: el caso de la asignatura del servicio de referencia e información en la escuela superior de periodismo», *Revista Edic*, núm. 2, 2022.

Martínez Calvo, J., «El método del caso como herramienta para favorecer el debate jurídico», en Martínez Calvo, J. (dir.), *La comunicación en el aprendizaje jurídico*, Aranzadi, Cizur Menor, 2023.

Canós Darós, L. y **Canós Darós, M. J.**, «El uso de las nuevas tecnologías aplicadas a la educación superior», *Revista Electrónica de Comunicaciones y Trabajos de ASEPUMA*, 2019.

Navarro Lérida, M. S., «Derecho Mercantil», en Lecciones introductorias al derecho, *Ediciones de la Universidad de Castilla-La Mancha*, 2014.

Pons-Estel, C. y **González Sánchez, M.**, «El Derecho en la prensa escrita. Una propuesta metodológica para el aprendizaje», *IN-RED V Congreso de Innovación Educativa y Docencia en Red*, 2019.

Pons Fanals, E. y **Albertí, E.**, «El contexto local y global y el marco institucional de la Educación Superior», en Turull i Rubinat, M. (coord.), *Manual de docencia universitaria*, Octaedro, Barcelona, 2020.

Pedrosa López, J. C., «Las actividades online adaptadas a la enseñanza universitaria en la era digital», en Chiara Marullo, M. y Andrés Segovia, B. (dirs.), *Revolución tecnológica e innovación docente*, Editorial Horsori, Cuadernos de Educación, núm. 98, Barcelona, 2021.

Raga i Vives, A., «La inteligencia artificial y las clases prácticas de derecho», en Andrés Segovia, B., Pedrosa López, C., Chaparro Matamoros, P. y Gómez Asensio, C. (dirs.), *Innovación docente en Derecho: herramientas digitales, nuevos desarrollos y perspectiva global*, Colex, A Coruña, 2023.

Sanz Mulas, M. N., Berdugo Gómez de la Torre, I., Pérez Cepeda, A. I., Fabián Caparrós, E. A. y **Gorjón Barranco, M. C.**, «El análisis de las noticias de prensa: aprendizaje basado en problemas en el marco del derecho penal», *Memoria final del Proyecto ID 2013/041*, Memoria ID-041. Ayudas de la Universidad de Salamanca para la innovación docente, curso 2013-2014.

CUARTA PARTE

Metodologías innovadoras en la docencia del Derecho

VENTANAS DE APRENDIZAJE EN DERECHO CIVIL: VIAJE A LA VIDA REAL Y VIRTUAL EN LAS ENSEÑANZAS DEL DERECHO

Pilar María Estellés Peralta
Profesora de Derecho Civil
Universidad Católica de Valencia «San Vicente Mártir»

RESUMEN: La innovación educativa en el aula es consecuencia de la actitud de compromiso continuo del docente, también universitario, que se plantea distintas estrategias docentes para incentivar el estudio del Derecho, entre las que se cuentan las TIC como aliadas en el proceso de enseñanza/aprendizaje. Tal es el caso del uso del Virtual Exchange (o COIL) como nueva actividad formativas utilizando herramientas tecnológicas, lo que supone un «viaje» de aprendizaje a la vida real y virtual que, combinado con otras «ventanas» de aprendizaje, motive a los estudiantes en el aprendizaje responsable y despierte su interés por las enseñanzas del Derecho.

1. El EEES y las nuevas fórmulas para la adquisición de competencias necesarias consecuencia del cambio de paradigma

El Espacio Europeo de Educación Superior (en adelante EEES) supuso una revolución de los planteamientos tradicionales que establecían el foco del aprendizaje en el profesor relegando al estudiante a una figura de aprendiz pasivo del proceso que no asumía la responsabilidad de su propio aprendizaje. El EEES supuso para el docente un proceso de renovación metodológica basado en el aprendizaje centrado en el alumno acentuando el énfasis en la persona que aprende, en el estudiante. De esta forma, los métodos de enseñanza centrados en el alumno incluyen el aprendizaje activo, para que los estudiantes aprendan a resolver problemas, responder a las preguntas, formular sus propias preguntas, discutir, explicar, debatir, o crear una lluvia de ideas. Así pues, el nuevo enfoque del aprendizaje requiere del alumno una actitud activa y participativa en el aula y una relegación del protagonismo del docente que debe pasar a segundo plano aunque implementando mecanismos de dirección, control y supervisión de las actividades de aprendizaje propuestas.

En consecuencia, la enseñanza centrada en el alumno incluye la formación en habilidades significativas, como aprender a pensar, desarrollar el pensamiento crítico tras el estudio y análisis de un caso desde varios posibles enfoques o soluciones, o resolver problemas teniendo en cuenta las dinámicas reales o ficticias planteadas; aprende a tomar decisiones en corto espacio de tiempo y a trabajar en equipo de manera colaborativa y participativa debiendo implicarse el equipo en su conjunto para la adopción de la solución final de la problemática planteada; a evaluar las intervenciones de otros compañeros o a discrepar de ellas argumentando sus posturas, a analizar los argumentos propios y ajenos y a rebatirlos; a generar hipótesis y tesis en el desarrollo de las sesiones prácticas.

En definitiva, el estudiante desarrollará una serie de habilidades y competencias esenciales para el aprendizaje de la materia de las asignaturas[1]. Todo ello, con el fin de favorecer en el alumnado la capacidad de gestionar sus propios aprendizajes y potenciar su personalidad y autonomía; de la asimilación

1 *Vid.* en el mismo sentido Estellés Peralta, P. M.ª, «Nuevas oportunidades de mejora en la docencia y evaluación docente derivadas del estado de alarma generado por el Covid-19», en Chaparro Matamoros, P. y Hernández Guijarro, F. (coords.), *La adecuación de la docencia presencial al Estado de alarma derivado del COVID-19*, Cuadernos Jurídicos del Instituto de Derecho Iberoamericano, Valencia, 2021, págs. 254-269, pág. 256.

introspectiva de los conocimientos académicos mediante otros métodos que, asimismo, le procuren una mejora de otras competencias y habilidades necesarias para su formación y proyección profesional como egresado.

Estos procesos de cambio requieren una respuesta de la educación universitaria acorde a los nuevos tiempos que obligan a la universidad y a los docentes a liderar unos nuevos enfoques en la enseñanza superior haciendo uso de manera creativa de las nuevas tecnologías indispensables en esta nueva etapa educativa a la que nos enfrentamos los docentes en general, y los profesores universitarios de manera particular.

La situación sanitaria generada por el COVID-19 supuso la implantación de metodologías adaptadas a aquella situación de confinamiento que requería metodologías virtuales mediante un sistema de sincronía virtual en el aula que procuró muy buenos resultados.

Sin embargo, una vez superada esta situación excepcional de pandemia y confinamiento, se puede constatar en numerosos estudios que, la asistencia del alumno al aula, su presencia física en las sesiones docentes puede dar como resultado la mejora de los resultados de evaluación de los alumnos universitarios[2]. Ello es lo que me propongo evidenciar en este análisis.

2. La innovación pedagógica en el aula: salvando las distancias

Cada vez más se requieren nuevas estrategias pedagógicas en el aula universitaria que doten al docente y a los estudiantes de nuevas herramientas de aprendizaje. De esta manera se ha ido consolidando progresivamente a lo

2 GARRIDO, J., «Clases prácticas y asistencia a las mismas por parte del alumnado. Un ejemplo en Enseñanzas Técnicas», en *I Jornada sobre innovación docente y adaptación al EEES en las Titulaciones Técnicas*, Godel Impresores Digitales S.L., Granada, 2010, págs. 125-128, en pág. 128; LÓPEZ, E., «Asistencia a Clase y Rendimiento», *Revista Española de Pedagogía*, vol. XL núm. 155, 1982, págs. 95-102, pág. 100; PÉREZ, J. y GRANELL, S., «Asistencia a clase y rendimiento académico en estudiantes de Medicina. La experiencia de la Universidad Autónoma de Barcelona», *FEM Revista de La Fundación Educación Médica*, vol. 7. núm. 2, 2004, págs. 85-89, en pág. 88 y RODRÍGUEZ, C. y HERRERA, L., «Análisis correlacional-predictivo de la influencia de la asistencia a clase en el rendimiento académico universitario. Estudio del caso en una asignatura», *Revista de Currículum y Formación del Profesorado*, vol. 13. núm. 2, 2009, págs. 1–14, en pág. 9; PAISEY, C. y PAISEY, N., «Student attendance in an accounting module-reasons for non-attendance and the effect on academic performance at a Scottish University», *Accounting Education*, vol. 13, núm. 1, 2004, págs. 39-53 y FLORIDO, C., JIMÉNEZ, J. y SANTANA, I., «Obstáculos en el camino hacia Bolonia: efectos de la implantación del Espacio Europeo de la Educación Superior (EEES) sobre los resultados académicos», *Revista de Educación*, Ministerio de Educación, Cultura y Deporte, Madrid, vol. 354, 2011, págs. 629-656, cuanta mayor asistencia del alumno al aula, mejor calificación. Asimismo, JANO, D. y ORTIZ, S., «Determinación de los factores que afectan al rendimiento académico en la educación superior», en *XII Jornadas de la Asociación de Economía de la Educación*, Madrid, 2005, págs. 1-12, en pág. 5, constatan en su trabajo que los alumnos que dicen asistir más a clase tienen una nota media sensiblemente superior a la de aquellos que dicen asistir menos.

largo de los últimos 30 años, un interesante movimiento para introducir nuevas actividades formativas que favorezcan el aprendizaje, incluso en otros contactos culturales, otros idiomas, otras enseñanzas[3]. De esta manera se va implementando el Virtual Exchange o COIL como una iniciativa de aprendizaje colaborativo en línea[4]. Ciertamente, el Virtual Exchange (VE) o COIL constituye una herramienta de aprendizaje significativo, de inmersión social, cultural y lingüística que no tiene fronteras, salvando las distancias.

En consecuencia, la docencia/aprendizaje desarrollada a través de la fórmula de intercambios virtuales supone una herramienta óptima para promover la cooperación e internacionalización del aprendizaje entre alumnos y profesores especialmente y de la comunidad universitaria, en definitiva, de distintas universidades nacionales y extranjeras aplicado a los estudiosos del Derecho.

Las ventajas de incorporar los intercambios virtuales a la experiencia universitaria son, principalmente, por un lado, la internacionalización del aprendizaje y desarrollo de capacidades. En este sentido, los intercambios virtuales son una innovadora herramienta educativa que ofrece la oportunidad al profesorado de internacionalizar la docencia en sus aulas y ayuda a los alumnos a desarrollar y mejorar sus habilidades interculturales y sus competencias digitales. Por otra parte, constituyen un instrumento idóneo de internacionalización local o «en casa» de las materias jurídicas. Los participantes viven una experiencia internacional desde el aula, derribando las barreras económicas y sanitarias (esta última originada por la pandemia del Covid-19) que conllevan las estancias en otros países. Otra ventaja de los intercambios virtuales son los vínculos que se generan entre las distintas universidades participantes y las proyecciones de futuros proyectos, colaboraciones e iniciativas conjuntas.

2.1. La innovación en los procesos de enseñanza-aprendizaje y el desarrollo de competencias o destrezas en el seno de una asignatura jurídica

En la última década, los alumnos universitarios que acceden a los estudios jurídicos, presentan graves dificultades para la atención y la concentración, la organización y gestión de su tiempo, el razonamiento estructurado lógicamente; no están **habituados a técnicas de trabajo eficaces, a obtener el máximo ren-**

3 Doodly, M. y Masats, D., «What do you zinc about the proyect?: examples of technoogy-enhanced proyect-based language learning», en *Global perspectives on Project-based language learning, teaching and assestment: key aproaches, technology tools and framworks*, Routledge, London, 2019, págs. 126-145; O'Downd, R., Sauro, S. y Spector-Cohen, E., «The role of pedagogical mentoring in virtual Exchange», *Tesol Quarterly*, vol. 54, núm. 1, 2019, págs. 146-172.

4 O'Downd, R., «From telecoraboration to virtual Exchange: state-of-the-art and role of UNICollaboration in moving foward», *Journal of Virtual Exchange*, núm. 1, 2018, págs. 1-23.

dimiento de las sesiones docentes a las que asisten, a trabajar diariamente en las disciplinas que cursan, algunos son incapaces de perseverar en el esfuerzo, de responsabilizarse, de trabajar de manera colaborativa o de gestionar la adversidad.

Ante situación que dificulta el aprendizaje y las limitaciones originadas por la pandemia, se ha intentado favorecer la curiosidad intelectual, el pensamiento crítico y la expresión oral y escrita tan necesaria como futuros juristas y profesionales del Derecho y el intercambio universitario (virtual) con la finalidad de promover en el estudiante, el uso de técnicas de análisis y comparativas entre distintas sociedades y legislaciones, complementadas con el uso (tan esencial hoy en día) de las nuevas tecnologías.

Igualmente, se ha procurado que a través del intercambio virtual los alumnos participantes fomenten el desarrollo de las siguientes competencias generales y específicas propias de la asignatura que cursan y en base a la cual se ha desarrollado esta actividad metodológica. Se favorece con ello el desarrollo de: i) Competencias generales: capacidad de análisis y síntesis; capacidad de organización y planificación; capacidad de resolución de problemas; razonamiento crítico en el análisis de la información; capacidad de comunicación oral y escrita en lengua nativa en la relación con la Ciencia del Derecho; capacidad para establecer y mantener relaciones con otros profesionales e instituciones relevantes; capacidad de gestión de la información. ii) Competencias específicas: capacidad de argumentar jurídicamente; desarrollo de la oratoria jurídica; capacidad de expresarse apropiadamente ante un auditorio; asunción de la necesaria visión interdisciplinaria de los problemas jurídicos; capacidad para trabajar en equipos de carácter interdisciplinar y colaborar eficazmente con otras personas; capacidad de negociación y conciliación; y capacidad de articular jurídicamente proyectos, acuerdos, desacuerdos.

En definitiva, se han tratado de promover habilidades, destrezas y competencias como aprender por cuenta propia, trabajo autónomo y trabajo colaborativo, la comunicación eficaz, la oratoria, el análisis crítico del Derecho.

2.1.1. El aprendizaje virtual mediante el trabajo en equipos colaborativos

En relación con el trabajo colaborativo se quiere destacar su importancia tanto el aprendizaje como en la práctica del Derecho, pues implica el reparto de funciones complementarias entre los distintos componentes del grupo, que de no llevarse a cabo modificarían el resultado final y perjudicarían a todo el equipo, llegando a la realización de un trabajo colaborativo evaluable, que cumpla los requisitos de calidad exigidos y que represente la implementación de los conocimientos y habilidades adquiridas en la materia y puestas en práctica en el intercambio virtual. Asimismo, ofrece la posibilidad de que el estudiante conozca los distintos roles que se pueden desempeñar en el trabajo colaborativo. Pensamos que hemos alcanzado con éxito este objetivo.

2.1.2. El aprendizaje virtual y el desarrollo de pensamiento crítico en alumnos universitarios

El fomento del pensamiento crítico, como innovación educativa, persigue el fomento del proceso intelectual decidido, deliberado y autocontrolado que busca llegar a un juicio razonable en materias jurídicas y ofrecer soluciones razonables y equitativas a la luz de la legislación vigente valorando los pros y contras de las distintas fórmulas de resolución de conflictos jurídicos en el entorno familiar. Si ello se añade, la visión comparativa de distintos ordenamientos y puntos de vista los resultados son muy satisfactorios para su desarrollo personal y formativo.

2.1.3. El aprendizaje virtual de soluciones de consenso

Otra de las finalidades de este intercambio es la de crear un ambiente que pueda demostrarles a los estudiantes que aun en situaciones problemas de comunicación e ideas y opiniones controvertidas se deben llegar a acuerdos consensuados. Deben aprender a comunicarse y llegar a acuerdos de manera adecuada pese a las diferencias lingüísticas, culturales y jurídicas. Este tipo de actividades formativas permite a nuestras alumnas/os manejar situaciones que se encontrarán en el futuro profesional cuando se integren en equipos de trabajo. Así, de la dificultad se aprende y se obtiene un beneficio relacionado con el manejo y dirección de equipos y personas.

3. La puesta en práctica del intercambio virtual en asignaturas de Derecho Civil

En las asignaturas jurídicas de Derecho Civil donde se ha ofertado esta propuesta, se ha desarrollado el intercambio virtual con la finalidad de facilitar las experiencias de aprendizaje, tanto de estudiantes y como de profesores, y del aprendizaje colaborativo intercultural en línea de distintas problemáticas jurídicas con el fin de analizar de qué manera se resuelven a nivel legislativo así como jurisprudencial en los distintos sistemas jurídicos analizados con el fin de extraer conclusiones sobre cómo implementar y mejorar, en la aplicación práctica del Derecho, algunas problemáticas que revisten una importancia y gravedad destacables en el ámbito del Derecho de Familia.

Asimismo, con la utilización del intercambio virtual se pretende el desarrollo de competencias lingüísticas, interculturales y digitales con el fin de desarrollar un enfoque coherente del aprendizaje, que no sólo trascienda y unifique el análisis y compresión las diferentes áreas del Derecho de familia que además estimule la apreciación y aprendizaje de otras perspectivas jurídicas muy necesarias para su futuro profesional como egresados.

Debido a lo anteriormente expuesto, se trató de buscar una actividad diferente a las realizadas en el aula que, utilizando la tecnología, provocara en los estudiantes la reflexión sobre los distintos sistemas jurídicos su interpretación jurisprudencial sobre las materias jurídicas objetos de análisis y la búsqueda de soluciones jurídicas pactadas.

Igualmente, los estudiantes debían comprender la importancia del entendimiento a través del lenguaje, pese a la utilización de distintos idiomas de origen y la importancia de la comunicación, el compromiso y la responsabilidad en un trabajo sincrónico no presencial.

3.1. El intercambio virtual o COIL como innovación educativa en la enseñanza universitaria en tiempos difíciles

En aquella tesitura de pandemia y confinamiento que se desencadenó en 2020, innegablemente, el necesario intercambio internacional de alumnos y profesores, tan enriquecedor jurídica, lingüística y culturalmente había quedado cercenado por la situación sanitaria provocada por esta histórica pandemia. Cerrada y/o limitada esta posibilidad se valoró la oportunidad de aprovechar los medios digitales y las expectativas de intercambio de los estudiantes para proponer nuevas fórmulas de aprendizaje colaborativo internacional con el fin de aprovechar las debilidades de la situación (pandemia y restricción de la movilidad nacional e internacional, aislamiento domiciliario) y convertirlas en fortalezas y oportunidades de mejora y aprendizaje (socialización internacional e intercambio de ideas, culturas y puntos de vista jurídicos y sociales), todo ello propiciado por el Espacio Europeo de Educación Superior. La solución no pudo ser más satisfactoria.

El objetivo del intercambio virtual pretendía minimizar las consecuencias adversas del impacto de una docencia mayoritaria o exclusivamente online y de la asistencia del alumno a través de plataformas virtuales a las sesiones docentes, y el impedimento de viajar a otros países e integrarse en otras universidades. El reto fue, sin duda, importante; no sólo se exigía a los profesores participantes en esta actividad que en tales circunstancias fomentaran en sus estudiantes las competencias que exige la sociedad junto a las competencias académicas de la propia asignatura, un aprendizaje autónomo y responsable en un entorno estresante y una resolución de los problemas de la materia planteados, sino que lo hicieran de manera acorde con una reflexión crítica y un compromiso ético con la sociedad y un trabajo en equipo colaborativo con utilización de tecnologías digitales y desarrollo de habilidades lingüísticas. Todo ello, con el fin de favorecer el aprendizaje del alumno, de la asimilación introspectiva de los conocimientos académicos mediante otros métodos que, asimismo, le procurasen una mejora de otras competencias y habilidades necesarias para su formación y proyección profesional como egresado.

Para ello, se propuso a los alumnos la lección libre y voluntaria de su participación en la actividad de intercambio virtual con el fin de mejorar y minimizar la repercusión de la pandemia y sus restricciones en el aprendizaje de los alumnos y en sus rendimientos y calificaciones en asignaturas jurídicas como las de Derecho Civil.

3.2. El intercambio virtual en la asignatura de Derecho de Familia

El interés que ofrece un intercambio virtual en Derecho de Familia encuentra su encaje en la posibilidad para el estudiante de mejorar la comprensión de las problemáticas relacionadas con el ámbito familiar, lugar natural donde el menor se desarrolla, educa y protege, es, a su vez, terreno de conflicto cuando la unidad familiar quiebra y surgen nuevas situaciones que afectan a los hijos en diversos aspectos importantes relacionados con el ejercicio de la patria potestad y la responsabilidad de los hijos menores (grandes menores), así como del tratamiento legal y jurisprudencial de la pensión de alimentos de los hijos mayores de edad dependientes y analizar y debatir de qué manera se resuelven estos mismos problemas en otras legislaciones afines. El objetivo final es que los equipos de estudiantes desarrollen un proyecto conjunto de colaboración en línea en relación con las materias asignadas a cada equipo, en concreto las temáticas que entroncan directamente con las problemáticas que afectan a los hijos derivadas de las crisis familiares y las analicen a la luz de las regulaciones legales y las soluciones jurisprudenciales de los Tribunales en España, Perú e Italia, entre otros.

3.3. El intercambio virtual en la asignatura de Derecho de Sucesiones

Por su parte, el interés que ofrece un intercambio virtual en Derecho de Sucesiones, encuentra su encaje en la posibilidad para el estudiante de mejorar la comprensión de las problemáticas relacionadas con la libertad de testar y la consiguiente libertad para desheredar a los parientes que no mantengan con el causante una relación afectiva y personal adecuadas. Para ello se planteó un análisis crítico y comparativo tanto de la legislación como de la jurisprudencia de los países a los que pertenecían las universidades que colaboraban en esta actividad (Italia y España) que permitiera la profundizamos en el estudio de otras soluciones jurídicas, legales y jurisprudenciales a las mismas problemáticas, en este caso de gran relevancia, relacionadas las sanciones sucesorias frente al abandono moral de nuestros mayores y a la débil posición del cónyuge viudo (normalmente la mujer en el 80 % de los casos).

3.4. La plasmación práctica del intercambio virtual en las enseñanzas del Derecho

El intercambio virtual facilita verdaderamente, la colaboración en el estudio conjunto y comparativo tanto de la legislación como de la jurisprudencia en temas del Derecho civil muy especialmente y particularmente en las problemáticas derivadas las crisis familiares o cuestiones sucesorias.

A través de la participación en los intercambios virtuales, los profesores y estudiantes de materias jurídicas implicados en esta metodología, han podido experimentar una experiencia multicultural dentro del aula jurídica; se ha fomentado una valiosa colaboración entre estudiantes y profesores internacionales, en este caso concreto de las universidades: Universitá Degli Estudi La Sapienza y Libera Università Maria Ss. Assunta (LUMSA), ambas en Italia y la UCV (España) y ello ha permitido el desarrollo de nuevas técnicas de aprendizaje y enseñanza del Derecho, favoreciendo, asimismo, sus competencias lingüísticas en otros idiomas, español, italiano e inglés, todo lo cual ha facilitado el desarrollo de competencias y habilidades en entornos multiculturales a nivel social y jurídico fundamentalmente, lo que aporta una cosmovisión de las problemáticas relacionadas con las materias del Derecho civil sometidas a análisis. La elección de las mencionadas universidades resulta muy significativa y de gran interés científico y docente porque representan a la primera y segunda universidad, respectivamente, más antiguas de Roma con una larga trayectoria de investigación científica y humanística. Asimismo, se ha realizado un tercer Virtual Exchange con la Universidad Santo Torivio de Mogrovejo (USAT), Perú.

La plasmación práctica de este proyecto de telecolaboración ha supuesto, además, la mejora digital de la comunidad universitaria participante y una estrecha colaboración intercultural y jurídica para el análisis y estudio comparativo legal y jurisprudencial de algunas problemáticas y soluciones del Derecho de Familia y Sucesiones, así como la adopción de nuevas orientaciones en la docencia y evaluación docente en relación con las enseñanzas del Derecho.

4. El diseño de las sesiones prácticas y colaborativas del intercambio virtual y su ejecución

El intercambio virtual es ofrecido por primera vez por la Universidad Católica de Valencia «San Vicente Mártir» (UCV), en Valencia y la Libera Università Maria Ss. Assunta (LUMSA), sede Palermo, a los estudiantes matriculados en las asignaturas objeto del intercambio, de manera online a través de Teams.

El intercambio virtual se desarrolla en el ámbito de las asignaturas *Sistemi Giuridice Comparati* (LUMSA) impartida por el Prof. Gabriele Carapezza Figlia y *Derecho Civil IV. Derecho de Familia* (UCV) impartida por la Profa. Pilar María Estellés Peralta.

El intercambio se ha estructurado en 6 sesiones, distribuidas a lo largo de 3 meses y ha tenido una duración aproximada de 12 horas, impartiéndose una primera sesión inaugural y otra de clausura, y resto de sesiones corresponde a las reuniones de los equipos de trabajo interuniversitarios La asistencia a todas las sesiones online es absolutamente obligatoria. Igualmente son de obligada asistencia para los alumnos todas aquellas reuniones que se convoquen en su grupo de trabajo[5].

4.1. Inscripción

Se ha optado porque la inscripción del alumno en el intercambio virtual sea voluntaria y lo que genera un compromiso de finalización para evitar perjuicios a sus grupos de formación. Pueden inscribirse los alumnos matriculados en cualquiera de las asignaturas tanto de la LUMSA como UCV participantes en el intercambio.

En torno a un 30 % de los alumnos matriculados en la asignatura mostraron inicialmente su disposición a participar en el intercambio virtual. Se realizó una selección de los solicitantes basada en criterios objetivos de mérito y capacidad demostrables (expediente académico, nivel de participación activo en las sesiones de asignaturas cursadas anteriormente, etc.). Los alumnos seleccionados se comprometieron a cumplir con responsabilidad, puntualidad y diligencia las tareas derivadas de su participación en esta práctica.

4.2. Lengua vehicular

Se ha optado por que la lengua vehicular utilizada por los estudiantes participantes para las reuniones grupales, de coordinación, de preparación y análisis de la materia objeto de estudio y de redacción de la propuesta final, sea indistintamente el español, el italiano y el inglés, no obstante, la propuesta final se deberá redactar obligatoriamente en español e italiano. La exposición oral de la misma combinará ambos idiomas, a no ser que los alumnos hayan optado por la lengua inglesa en cuyo caso tanto la propuesta como la exposición final se realizarán este idioma (finalmente se desarrolló en español e inglés).

5 *Vid.*, en tal sentido, Estellés Peralta, P. M.ª y Muñiz, R., «Combining simulation and Virual Exchange in Legal Education», en *Simulation for Participatory Educatiom, Virtual Exchange and worldwide collaboration*, Springer, Cham (Switzerland), 2023, págs. 369-380.

4.3. Metodología

El proceso de aprendizaje se desarrolla en línea y en modalidad sincrónica a través de la plataforma educativa Teams.

La participación de los alumnos en este aprendizaje se realizará mediante el trabajo en equipo de tipo colaborativo.

Los grupos son formados por lo profesores coordinadores del intercambio entre los alumnos participantes procurando guardar una proporción mixta entre alumnos de la LUMSA y la UCV, teniendo en cuenta para la distribución de los alumnos, tanto el número de alumnos por cada universidad como el sexo de todos ellos en cada uno de los grupos. Una vez adjudicadas los grupos de trabajo no se aceptan cambios durante la realización del intercambio.

4.4. Organización del trabajo

En torno a la organización del trabajo podemos destacar cuatro fases.

Fase uno: En la que los docentes de las asignaturas implicadas han estructurado y organizado el intercambio virtual.

Fase dos: En esta fase se ha facilitado la información y se ha realizado la convocatoria previa para la presentación de solicitudes por parte de los alumnos interesados.

Fase tres: En esta fase y durante varias semanas se han celebrado diversas reuniones virtuales entre los alumnos participantes y los profesores promotores de la actividad, así como las reuniones virtuales de trabajo de los equipos con el fin de compartir las distintas regulaciones y soluciones jurídicas en función de los sistemas jurídicos de los países de intercambio y donde se analizan a la luz de su propia normativa; posteriormente, se lleva a cabo un análisis comparativo y se analizan ventajas e inconvenientes de las regulaciones de los distintos sistemas jurídicos y de los respectivos pronunciamientos jurisprudenciales y se proponen soluciones conjuntas que destaquen los aspectos más relevantes y enriquecedores de las distintas soluciones normativas. Los alumnos deben coordinarse y trabajar en equipo y de manera colaborativa, por lo que no se admiten actividades desarrolladas por uno solo de los integrantes o varios de ellos. Durante el intercambio se combinan las sesiones grupales de acompañamiento con las sesiones de trabajo independiente y autónomo de cada equipo.

Fase cuatro: En esta última fase, que sigue siendo completamente virtual, los equipos deben realizar la presentación oral y pública de sus conclusiones ante los profesores participantes y los alumnos de los demás equipos.

4.5. Tutorías de acompañamiento

Con la finalidad de contrarrestar la falta de contacto directo profesor/alumno como consecuencia de la utilización de una metodología y herramienta digitales se ha facilitado el contacto virtual con los alumnos mediante la herramienta Teams que permite mantener reuniones síncronas participativas y visuales. De esta manera se ha fomentado el acercamiento al discente intentado contrarrestar el innegable aislamiento que provocan el uso de las tecnologías y la comunicación virtual con resultados muy positivos. El intercambio ha contado con el acompañamiento y tutoría permanente de los profesores de las asignaturas implicadas. Los grupos de trabajo han recibido, por tanto y globalmente, una orientación y retroalimentación de los avances de sus tareas, a fin de que pudieran mejorarlas y avanzar para la siguiente sesión previamente planificada.

4.6. Evaluación

Las fechas de entrega, criterios de evaluación y equipos estarán en la página de UCVnet de la asignatura.

La ponderación será indicada por el profesor titular. Es responsabilidad de cada estudiante estar al tanto de fechas de las reuniones virtuales, de las fechas de presentación y entrega del trabajo, así como de la presentación oral del mismo.

La asistencia y participación del alumno tiene asignado un 20 % de la nota global de la asignatura de Derecho Civil IV; no obstante, la mera asistencia del alumno no es valorada positivamente si no va acompañada de una participación activa demostrativa del interés por la asignatura y seguimiento del desarrollo de las sesiones. Ello cobra especial relevancia en las enseñanzas online y se valora muy especialmente la participación del alumno en el intercambio virtual propuesto. El intercambio virtual se encuadra, asimismo, en la parte del desarrollo práctico de la asignatura. El porcentaje global correspondiente a la parte práctica es el 40 % de la nota final. Se informó a los alumnos mediante la plataforma docente UCVnet, que la participación satisfactoria del alumno seleccionado en esta actividad le reportaría entre un 10 y 20 % adicional a la nota obtenida en la parte práctica.

En la evaluación de los trabajos presentados a través del intercambio virtual se tuvieron en cuenta, la adquisición y/o mejora de las habilidades, destrezas y competencias adquiridas durante el intercambio, los resultados del mismo a la vista de las propuestas presentadas por los equipos, la solidez de las argumentaciones, el consenso entre los participantes, las argumentaciones jurídicas de los miembros del equipo disidentes de las soluciones de conjunto, así como de las exposiciones orales (a través de reuniones virtuales síncronas por medio de Teams).

4.7. El *Feedback*

Tras la realización del COIL y con la finalidad de obtener un *feedback* para la implementación de futuras mejoras, se solicitó de los estudiantes participantes que respondieran a una encuesta anónima, que respondieron el 100 % de los mismos.

Los estudiantes valoraron los intercambios virtuales como una experiencia de aprendizaje altamente positiva y muy útil en su futura profesión pues los preparó como futuros juristas para el intercambio virtual de reuniones y propuestas de contratación y resolución de conflictos jurídicos. No sólo mejoraron su capacidad de entender el mundo global, de forma integral (legislación, cultura, sistema de valores, idioma, etc.) indispensable para poder trabajar —a través de las tecnologías— en equipos multinacionales y multidisciplinares, especialmente en las grandes compañías y firmas jurídicas internacionales, en las que empleados están físicamente repartidos por los cinco continentes, pero permanentemente presentes por videoconferencias, chats, etc.

En consecuencia, los alumnos participantes aseguran que los intercambios virtuales contribuyen al desarrollo de sus competencias digitales y de sus competencias interculturales y así como colaborativas y plurilingües.

En relación con las infraestructuras tecnológicas de sus respectivas instituciones educativas, se muestran muy satisfechos por el alto nivel tecnológico de sus universidades. No obstante, se destaca el escaso reconocimiento institucional al trabajo añadido que esta actividad conlleva.

5. Ventajas de la ejecución del COIL para el análisis y estudio del derecho

Como la enseñanza del Derecho no puede entenderse aislada sino en mutua dependencia de las necesidades sociales, los temas propuestos para el análisis comparativo legal y jurisprudencial entre ambos países inciden en problemáticas de gran actualidad que exigen respuestas jurídicas inmediatas[6]. Se analizó y comparó la regulación de estas problemáticas en los distintos países, sus ventajas e inconvenientes (análisis y razonamiento crítico), para poder plantear propuestas de mejora en nuestra legislación (abrir la

6 En el caso del COIL con la Universitá degli studi La Sapienza/UCV en 2024, se plantearon las siguientes temáticas: las consecuencias sucesorias del maltrato moral a nuestros mayores y la debilitada situación jurídico-económica del cónyuge viudo (normalmente la mujer, de edad avanzada, y por tanto, en situación de vulnerabilidad); en el COIL con la Universidad Católica de Santo Toribio de Mogrovejo (USAT) de Perú/UCV, 2022 se planteó una temática transversal al tratarse de alumnos de grados, cursos y asignaturas totalmente diferentes: la memoria *defuncti*. En el Caso de LUMSA/UCV, 2020, se planteó analizar distintas problemáticas relacionadas con el interés de los hijos.

mente y fomentar la creatividad). Así, los estudiantes adquirieron y afianzaron conocimientos en aspectos básicos y relevantes del Derecho mediante el análisis y la resolución de las prácticas planteadas.

Por otra parte, el uso de la tecnología resultó una interesante herramienta para la innovación docente y el aprendizaje teniendo en cuenta la predisposición de los alumnos hacia el uso de las tecnologías (cuya edad está en el rango de los 20 años) lo que ha supuesto un factor determinante para crear un contexto idóneo para innovar mediante el intercambio virtual.

Aprendieron de forma óptima lo que significa el trabajo en equipos multidisciplinares, internacionales, interculturales y jurídicos, con ordenamientos jurídicos y planteamientos de la ciencia del Derecho diversos y enriquecedores.

Respecto a las ventajas desde el punto de vista docente: para los profesores participantes el intercambio virtual había tenido un impacto positivo en su enfoque docente, al permitirles innovando en sus clases y mejorando sus propios métodos de enseñanza. Igualmente, mejoraron los lazos de colaboración con otros docentes a nivel internacional, tanto en el ámbito de la docencia como en el de la investigación.

6. Algunos desafíos en el desarrollo del COIL

Los mayores desafíos que encontraron los profesores durante sus intercambios estaban relacionados con la gestión del tiempo pues hubo que arbitrar y asignar horas fuera del horario docente para la celebración tanto de las reuniones virtuales con los estudiantes de ambas instituciones como para las reuniones de trabajo de los distintos equipos. Asimismo, los decentes debieron coordinarse entre ambos para la puesta en práctica y desarrollo del intercambio y la evaluación de los resultados.

El idioma fue otro inconveniente que se solventó fácilmente porque los docentes y alumnos de los COIL con las universidades italianas hablaban español y los alumnos españoles comenzaron a estudiar italiano.

Otra dificultad se hallaba en la diferencia de asignaturas, cursos e incluso grados y la necesidad de buscar elementos en común. Sin embargo, ello otorgó mayor transversalidad a la actividad.

En el caso del COIL con la universidad de Perú, la diferencia horaria era un grave problema (8 horas) que los alumnos resolvieron satisfactoriamente adaptándose unos a los horarios de los otros.

Además, en Sudamérica inician el curso académico y el semestre en abril y a esas fechas, en las universidades españolas ya estamos a mitad-final de nuestro segundo semestre. Esta es la mayor dificultad junto con otras dificultades administrativas como la certificación de la actividad a los alumnos y/o la posibilidad de incluirla en el Suplemento Europeo al Título.

7. Pero no todo son TIC en la innovación pedagógica jurídica

Las TIC son herramientas novedosas para enseñanza/aprendizaje, sobre todo en la materias jurídicas pero no la únicas ni las más interesantes para favorecer en el alumnado la capacidad de gestionar sus propios aprendizajes y potenciar su personalidad y autonomía; para promover la asimilación introspectiva de los conocimientos académicos mediante otros métodos que, asimismo, le procuren una mejora de otras competencias y habilidades necesarias para su formación y proyección profesional como egresado. Para abrirse al mundo y a la cultura.

7.1. La ventana de la cultura

Por ello, además de los intercambios virtuales planteé una propuesta de lecturas de novelas con algún componente o argumento jurídico para estimular la lectura y la aplicación práctica del Derecho civil con mayor o menor éxito. En primer lugar, porque se aprecia un desinterés importante por la lectura en los estudiantes fruto o consecuencia de problemas de comprensión lectora, análisis y síntesis de textos escritos más o menos largos y, en segundo lugar, los escasos o nulos hábitos de lectura que proceden de su etapa educativa anterior a su ingreso en la universidad.

7.2. La ventana de la realidad

Asimismo, detecté que los alumnos necesitaban un contacto más directo con la realidad por lo que planteé de cara a un futuro congreso sobre Derecho de sucesiones que estaba organizando para finales de 2023 que, con micrófono y cámara al hombro pulsáramos la calle y así lo hicimos: hicimos un viaje a la vida real y para ello, entrevistamos en el Mercado de Colón de Valencia a todos aquellos (valencianos y extranjeros) que lo permitieron y les preguntamos sobre su opinión en relación a determinadas cuestiones del Derecho de sucesiones: como la legítima, la libertad de testar, la posición del cónyuge viudo.

La experiencia resultó fascinante, motivadora y muy instructiva porque pudimos comprobar (docentes y alumnos/as) la distancia entre lo legislado y la opinión de los destinatarios de la norma: esta ventana a la vida real fue de lo más enriquecedora y motivadora para los participantes. En este caso, la actividad formativa se planteó también como voluntaria en el marco de la asignatura de Derecho de sucesiones y calificó en el apartado de prácticas de la evaluación continua de la misma.

7.3. La ventana virtual combinada

Así las cosas, me planteé que el próximo COIL que tenía previsto debía contar con otro ritmo y aliciente por lo que lo plateé como híbrido: haríamos todo el trabajo de investigación y en grupo virtualmente, pero viajaríamos a la universidad con la que colaborábamos para las fases finales de esta actividad: las últimas reuniones de los alumnos para preparar la exposición final oral serían presenciales, así como su exposición y evaluación.

Todo ello permitió afianzar vínculos entre los alumnos de la misma universidad, generar nuevos con los de la universidad de destino, practicar un nuevo idioma, asistir a sesiones docentes nada menos que en la Universitá Degli Estudi La Sapienza, visitar de la mano de los alumnos italianos, la belleza cultural, histórica y también gastronómica y musical de Roma.

Para conocer qué opinaban de esta experiencia, realizaron a su vuelta una encuesta anónima que me proporcionó interesantes datos sobre las ventajas e inconvenientes de realizar esta actividad de forma híbrida.

En fin, una experiencia que han evaluado posteriormente muy positivamente y que ya están recomendado a sus compañeros.

Bibliografía

Doodly, M. y **Masats, D.**, «What do you zinc about the proyect?: examples of technoogy-enhanced proyect-based language learning», en *Global perspectives on Project-based language learning, teaching and assestment: key aproaches, technology tools and framworks*, obra colectiva, Routledge, London, 2019.

Estellés Peralta, P. M.ª, «Nuevas oportunidades de mejora en la docencia y evaluación docente derivadas del estado de alarma generado por el COVID-19», en Chaparro Matamoros, P. y Hernández Guijarro, F. (coords.), *La adecuación de la docencia presencial al Estado de alarma derivado del COVID-19*, Cuadernos Jurídicos del Instituto de Derecho Iberoamericano, Valencia, 2021.

Estellés Peralta, P. M.ª y **Muñiz, R.**, «Combining simulation and Virual Exchange in Legal Education», en *Simulation for Participatory Education, Virtual Exchange and worldwide collaboration*, Springer, Cham (Switzerland), 2023.

Florido, C., Jiménez, J. y **Santana, I.**, «Obstáculos en el camino hacia Bolonia: efectos de la implantación del Espacio Europeo de la Educación Superior (EEES) sobre los resultados académicos», *Revista de Educación*, vol. 354, Ministerio de Educación, Cultura y Deporte, Madrid, 2011.

Garrido, J., «Clases prácticas y asistencia a las mismas por parte del alumnado. Un ejemplo en Enseñanzas Técnicas», en *I Jornada sobre innovación docente y adaptación al EEES en las Titulaciones Técnicas*, Godel Impresores Digitales S.L., Granada, 2010.

Jano, D. y **Ortiz, S.**, «Determinación de los factores que afectan al rendimiento académico en la educación superior», en *XII Jornadas de la Asociación de Economía de la Educación*, Madrid, 2005.

López, E., «Asistencia a Clase y Rendimiento», *Revista Española de Pedagogía*, vol. XL, núm. 155, 1982.

O'Downd, R., «From telecoraboration to virtual Exchange: state-of-the-art and role of UNICollaboration in moving foward», *Journal of Virtual Exchange*, núm. 1, 2018.

O'Downd, R., Sauro, S. y **Spector-Cohen, E.**, «The role of pedagogical mentoring in virtual Exchange», *Tesol Quarterly*, vol. 54, núm. 1, 2019.

Paisey, C. y **Paisey, N.**, «Student attendance in an accounting module-reasons for non-attendance and the effect on academic performance at a Scottish University», *Accounting Education*, vol. 13, núm. 1, 2004.

Pérez, J. y **Granell, S.**, «Asistencia a clase y rendimiento académico en estudiantes de Medicina. La experiencia de la Universidad Autónoma de Barcelona», *FEM Revista de La Fundación Educación Médica*, vol. 7. núm. 2, 2004.

Rodríguez, C. y **Herrera, L.**, «Análisis correlacional-predictivo de la influencia de la asistencia a clase en el rendimiento académico universitario. Estudio del caso en una asignatura», *Revista de Currículum y Formación del Profesorado*, vol. 13. núm. 2, 2009.

COORDINACIÓN DOCENTE EN EL DISEÑO DE ACTIVIDADES COLABORATIVAS Y GAMIFICACIÓN EN EL AULA UNIVERSITARIA

M.ª Esther Camarasa Gimeno
Prof.ª Asociada de Derecho Civil
Universitat de València

David Aviñó Belenguer
Profesor Ayudante Doctor de Derecho Civil
Universitat de València

RESUMEN: En el ámbito universitario tradicionalmente se ha venido aplicando el método expositivo, la conocida «clase magistral», donde el alumnado adopta una posición pasiva. En los últimos tiempos, a raíz de los profundos cambios introducidos por el Plan de Bolonia y la creación del Espacio Europeo de Educación Superior (EEES), se han ido abriendo paso metodologías activas en las que el alumnado adquiere un papel protagonista. Dentro de este tipo de metodologías realizaremos una hibridación entre el aprendizaje cooperativo y la gamificación con el fin de fomentar actitudes propositivas por parte del alumnado. Asimismo, se ha desarrollado una experiencia conjunta entre alumnos de diferentes clases, fruto de la coordinación entre docentes. En este capítulo analizaremos la planificación, diseño, desarrollo y evaluación de una actividad que se propuso en la asignatura de «Derecho Civil III» impartida en dos grupos de los siguientes dobles grados: Administración y Dirección de Empresas (ADE)-Derecho y Derecho-Ciencias Políticas.

1. Introducción

Una de las novedades que trajo consigo el Plan Bolonia (1999) y la creación de un Espacio Europeo de Educación Superior (EEES), fue la introducción de las metodologías activas en las enseñanzas universitarias lo que supone un cambio de paradigma a la hora de afrontar la docencia. Se produce un cambio de roles y el foco se desplaza hacia los estudiantes, los cuales van a convertirse en sujetos activos de su propio proceso de aprendizaje. En este escenario, la docencia ya no gira en función del profesor y los contenidos, sino en el alumno y las actividades que éste realiza para alcanzar el aprendizaje.

Este proceso de renovación en la forma de impartir la docencia implica, por un lado, que el docente va a dejar de ser un transmisor de conocimientos para convertirse en un colaborador o guía del aprendizaje y, por otro lado, que el alumnado dejará de ser un receptor pasivo pasando a participar de manera activa en su aprendizaje, elaborando materiales o compartiendo sus conocimientos, pues el aprendizaje ya no se concibe como una actividad individual al cobrar gran protagonismo la cooperación con otros alumnos. De este modo, con el empleo de las metodologías activas se requiere un mayor nivel de compromiso y trabajo por parte de los estudiantes, se propicia su autonomía a la vez que se generan competencias para «aprender a aprender» en colaboración con los compañeros. Por otro lado, a lo largo de este proceso se adquieren habilidades que serán de gran utilidad en los ámbitos académico, social y profesional, como son la colaboración y el autoaprendizaje[1].

En la aplicación de metodologías activas, en ocasiones, el profesorado se encuentra aislado o con ciertas dudas sobre cómo desarrollar una actividad, cómo plantearla al alumnado o incluso en qué medida va a ser aceptada por los estudiantes o cómo afectará a sus resultados. En este supuesto, de la comunicación habitual entre docentes sobre estas cuestiones y de la casualidad de que ambos impartieran la misma asignatura en el mismo horario, pero en distintos grados, surgió el proyecto que a continuación se desarrolla, aplicando el aprendizaje cooperativo y la técnica de la gamificación.

En este caso se aborda la colaboración y coordinación docente en la planificación de una actividad evaluable del segundo cuatrimestre del curso 2023-2024, en la asignatura de Derechos Reales en los dobles grados de Derecho y Ciencias Políticas y ADE-Derecho de la Universitat de València.

La actividad se planificó de manera coordinada entre los dos docentes, si bien se anunció y explicó de forma separada en ambos grados, y consistió en la distribución de cada clase por equipos donde cada uno debía preparar

---

1 Silva Quiroz, J. y Maturana Castillo, D., «Una propuesta de modelo para introducir metodologías activas en educación superior», *Innovación Educativa*, vol. 17, núm. 73, 2017, págs. 117 y ss. En línea, fecha de consulta 20 de mayo de 2024. Disponible en: https://www.scielo.org.mx/pdf/ie/v17n73/1665-2673-ie-17-73-00117.pdf.

un juego sobre el temario impartido en el segundo cuatrimestre, utilizando alguna aplicación o herramienta informática. Este juego debía ir dirigido al resto de compañeros de la clase, los cuales tenían que participar resolviendo las preguntas o retos planteados. La actividad se planificó para realizarla en cuatro sesiones, dos de ellas con los dos grupos conjuntamente.

Finalmente, hubo una valoración de la dinámica de la actividad por parte de los alumnos; y los profesores evaluaron al alumnado según la rúbrica.

2. Objetivo de la actividad

Con esta actividad se pretende alcanzar varios objetivos. En primer lugar, comprobar si con el desarrollo de una práctica académica diferente a lo común (habitualmente la clase magistral), aumenta la motivación del alumnado.

En segundo lugar, comprobar si con la creación de equipos se fomenta la comunicación y cooperación entre los alumnos dentro del aula. Los alumnos deben aumentar sus habilidades socio-emocionales, es decir, deben aprender a auto-organizarse, a escucharse entre sí, a distribuirse el trabajo, a resolver los conflictos, a asumir responsabilidades y a coordinar las tareas.

En tercer lugar, al realizar la actividad conjunta con un grupo de otro grado, se quiere comprobar si se fomenta un ambiente de aprendizaje inclusivo y colaborativo, donde se valore la diversidad y se promueva el respeto mutuo. Los estudiantes tienen la oportunidad de interactuar con una variedad de perspectivas y estilos de enseñanza, lo que enriquece su experiencia educativa y fomenta el desarrollo de habilidades sociales y emocionales importantes.

En cuarto lugar, al realizar las actividades con herramientas informáticas se incorporan las nuevas tecnologías de la información y de la comunicación (TIC) en el aprendizaje, potenciando las competencias digitales del alumnado y fomentando un aprendizaje ameno en un entorno amable, distendido y sano.

Por último, la asignatura de Derechos Reales contiene muchos conceptos nuevos y complejos para los estudiantes, los cuales requieren de un tiempo de estudio que en muchas ocasiones dejan para el último momento. Con esta dinámica se pretende que, al realizar una actividad dirigida al resto de compañeros, el alumnado deba leer y trabajar el temario, lo cual supone aprender, reforzar o repasar conocimientos, según los casos. Esto se presenta como una ventaja para afrontar la preparación del examen, pues los participantes de la actividad habrán revisado el temario, tanto al realizar su dinámica como al participar en las que propongan los otros equipos. Por lo que respecta a los docentes implicados, se trata de una actividad que favorece la mejora de la calidad de la enseñanza puesto que se lleva a cabo un intercambio de conocimientos y una retroalimentación entre ellos. Durante la realización de este trabajo conjunto, el profesorado comparte ideas, estrategias y procedimientos, lo cual redunda en su crecimiento profesional y mejora su práctica docente.

3. Marco conceptual. Técnicas utilizadas

En el proyecto de innovación docente que se presenta se ha considerado que, de las metodologías activas existentes, el aprendizaje cooperativo es la más adecuada para conseguir los objetivos propuestos. En un contexto social en el que predomina el individualismo, el aprendizaje cooperativo puede actuar como paliativo contra aquél y la competitividad mal entendida que, en ocasiones, muestran algunos alumnos[2], además de los beneficios que aporta a nivel académico, psicológico y social por las competencias y habilidades que con el mismo se desarrollan y que los prepara para la vida futura[3].

En este caso, el aprendizaje cooperativo se ha hibridado con la gamificación[4] (de la mano del uso de TIC) dando lugar a una gamificación cooperativa[5]. Todo ello con el objetivo de encontrar un método de enseñanza-aprendizaje enfocado a motivar a los estudiantes y hacer que estos desarrollen un mayor compromiso con la asignatura y en su aprendizaje. La idea de la gamificación no es crear juegos sino aprender de lo que los juegos nos aportan y utilizar los elementos que ellos utilizan para hacer la experiencia del alumnado en clase más atractiva[6]. Aplicar el juego en educación ofrece

2 Según JOHNSON D. W. y JOHNSON, R. T., «Cooperative Learning in 21st Century», en *Anales de psicología*, vol. 30, núm. 3, 2014, págs. 841-851. DOI: https://doi.org/10.6018/analesps.30.3.201241, existen investigaciones que han demostrado que el trabajo cooperativo, enfocado a alcanzar un objetivo común, produce en el alumnado un rendimiento mayor que el trabajo competitivo o individual.

3 Un resumen del resultado de distintas investigaciones sobre los beneficios del aprendizaje cooperativo se encuentra en MARTÍNEZ GABALDÓN, E., «Folio giratorio: una metodología novedosa para enseñar economía», en OLIVER ALONSO, M. D. y ALBORT MORÁN, G. (coords.), *Innovación en la formación docente y en el desarrollo de competencias en el aprendizaje de las ciencias económicas y colectiva*, Dykinson, Madrid, 2023, págs. 230-231.

4 Véase como ejemplo de hibridación LAMONEDA, J., GONZÁLEZ-VÍLLORA, S. y FERNÁNDEZ-RÍO, J., «Hibridando el Aprendizaje Cooperativo, la Educación Aventura y la Gamificación a través de la carrera de orientación», *Retos*, núm. 38, 2020, págs. 754-760. En línea, fecha de consulta 2 de junio de 2024. Disponible en: https://cutt.ly/6NjhfkX.

5 Véase GUANOLUISA, J., QUICHIMBO, J. y MUEVECELA, S., «La gamificación cooperativa como estrategia docente inclusiva en la Unidad Educativa "Molleturo", Una revisión de la literatura», *Religación*, vol. 7, núm. 34, 2022. En línea, fecha de consulta 1 de junio de 2024. Disponible en: https://doi.org/10.46652/rgn.v7i34.939.

6 DE PUY, M. y MIGUELENA, R., «Importancia de la Gamificación en la Educación Aplicado en Entornos de la Investigación», LACCEI International Multi-Conference for Engineering, Education, and Technology: «Global Partnerships for development and engineering education», 2017, pág. 4. En línea, fecha de consulta 1 de junio de 2024. Disponible en: http://www.laccei.org/LACCEI2017-BocaRaton/student_Papers/SP282.pdf.

algunas ventajas como es la adquisición de habilidades sociales, la mejora en la atención y la concentración, el desarrollo de habilidades cognitivas, el aumento en la capacidad para tomar decisiones, o el fomento de la motivación hacia el aprendizaje[7]. La implementación del juego en el aula no solo significa entretener en sí mismo, sino utilizar lo lúdico como técnica de enseñanza-aprendizaje, propiciando la gamificación aplicada[8]. En este sentido, lo lúdico constituye una motivación para el trabajo grupal, porque mediante un juego, se establecen relaciones comunicativas espontaneas y se fortalecen los vínculos entre los participantes, llevando la educación al campo de la experiencia auténtica, recreando un aprendizaje pleno de la vida real[9].

Finalmente, para la coordinación de la actividad se ha utilizado la metodología de la colaboración docente, que se entiende como toda aquella que tiene lugar cuando dos o más docentes trabajan coordinadamente con un fin educativo común[10]. Para aplicar esta metodología debe organizarse el proceso en tres fases: planificación (diseño de la actividad), preparación (colaboración y diálogo entre los docentes y ejecución de la actividad), y evaluación (*feedback* de los estudiantes y de los propios docentes al alumnado)[11]. Es necesario, además, compartir información relevante entre los docentes y generar sinergias entre ellos. Y pueden aprovecharse las distintas habilidades y estilos de enseñanza que pueden tener los docentes para optimizar el desarrollo de la actividad.

En definitiva, se trata de combinar las máximas de «aprender a aprender» y «aprender jugando» en el marco de una actividad fruto de la coordinación docente. Todo ello sin perder la perspectiva de que se trata de complementar al método expositivo o clase magistral tradicional, tan necesaria en algunas enseñanzas.

---

7 Bovermann, K. y Bastiaens, T., «Towards a motivational design? Connecting gamification user types and online learning activities», *Research and Practice in Technology Enhanced Learning*, núm, 15, 2020.

8 Rodríguez, J. y Foncubierta, J., «Didáctica de la gamificación en la clase de ELE», *Edinumen*, 2014. En línea, fecha de consulta 1 de junio de 2024. Disponible en: https://cutt.ly/PNjkRtT.

9 Trinidad, M., Ruiz, M. y Calderón, A., «Un análisis bibliométrico de la investigación sobre gamificación», *IEEE Access*, vol. 9, 2021, págs. 46505-46544, 2021. En línea, fecha de consulta 1 de junio de 2024. Disponible en: https://doi.org/10.1109/ACCESS.2021.3063986.

10 Según Ramos García, A. M., «La colaboración docente en la educación superior», *Revista de Educación de la Universidad de Granada*, núm. 23, 2016, pág. 269, «los términos en inglés *team teaching, co-teaching* o *collaborative teaching* se han tomado como sinónimos y se han traducido indistintamente por colaboración docente, enseñanza en equipo, enseñanza en grupo o enseñanza compartida para no repetir un único término continuamente».

11 Olsen, T. y Guffey, S., «Intentional process for intentional space: Higer education classroom spaces for learning», *Journal of Learning Spaces*, vol. 5, núm. 1, págs. 41-51.

4. Desarrollo de la actividad

El alumnado de ambos grupos coincidió en dos sesiones. La primera de ellas correspondió a la presentación las actividades del Doble Grado de Ciencias Políticas-Derecho. La siguiente sesión compartida fue de cargo del grupo de Doble Grado ADE-Derecho. Cada grupo tuvo una sesión añadida, si bien por motivos de organización ésta se realizó de forma independiente por cada grupo. Las sesiones fueron de unas 2 horas de duración cada una. Se conformaron equipos de 4 ó 5 componentes cada uno. El grupo de Ciencias Políticas-Derecho propuso contenidos separados por temas, mientras que el grupo de ADE-Derecho lo hizo como repaso del temario del 2.º cuatrimestre.

En la primera de las sesiones compartidas, los grupos del Doble Grado Ciencias Políticas-Derecho propusieron las siguientes actividades:

Gr.	Contenido	Gamificación	Mecánica
1	Propiedad de los animales	Dos crucigramas. Dibujados en la pizarra	División de la clase en dos equipos, pregunta y contestación con la palabra que corresponda.
2	Usufructo	¿Quién quiere ser millonario? Uso de power point	División de la clase en equipos. Se reparten carteles con letras A, B, C y D (respuestas del test)[12].
3	Servidumbres	Kahoot (interactivo)	13 preguntas test, 4 respuestas posibles. 30 seg. /pregunta.
4	Censos, Derecho de superficie y vuelo	Pasapalabra (Educaplay) Cuestionario con casos prácticos	Dos actividades. La primera es un Pasapalabra. La segunda una pregunta test por caso práctico.

Tabla 1. Actividades primer día. Grupo Ciencias Políticas-Derecho. Elaboración propia

12 Asimismo, cada grupo disponía de 3 comodines impresos y plastificados que podían emplear en cualquier momento del juego; no obstante, en caso de que hubiera un gran número de participantes, se recomendó suprimir la opción de los comodines. Los comodines son el de «50:50», que elimina dos respuestas incorrectas; «La llamada», que dice la respuesta correcta; y «El público», que permite que los profesores den alguna pista sobre la respuesta. Se consideró mantener el primero de los comodines. Había 20 segundos para levantar el cartel con la respuesta. Había 10 preguntas en total. Ganaba el grupo con más aciertos.

En la segunda de las sesiones compartidas, los grupos del Doble ADE-Derecho propusieron las siguientes actividades:

Gr.	Contenido	Gamificación	Mecánica
1	Temario del segundo cuatrimestre	Pasapalabra (Educaplay)	División de la clase en equipos.
2		Trivial (tablero diseñado)	División de la clase cuatro equipos, eligiendo representante de cada uno para tirar los dados[13].
3		Kahoot (interactivo)	24 preguntas tipo test, con 4 posibles respuestas
4			18 preguntas tipo test, con 4 posibles respuestas

Tabla 2. Actividades primer día. Grupo ADE-Derecho. Elaboración propia

En la primera de las sesiones independientes, los grupos del Doble Grado Ciencias Políticas-Derecho propusieron las siguientes actividades:

Gr.	Contenido	Gamificación	Mecánica
5	Derechos de adquisición preferente	Yincana jurídica: Kahoot (interactivo) y caso con debate.	Kahoot con 9 preguntas (5 tipo test y 4 V/F). Caso práctico para debatir. Participación en equipos.
6	Prenda e hipoteca mobiliaria	Pasapalabra (preguntas en power point).	División de la clase en equipos. El primero que levante la mano responde. Si se falla hay rebote[14].
7	Hipoteca inmobiliaria	Saber y Juzgar (diseño del juego en power point)	División por equipos. Pruebas: abogado avispado[15], diccionario jurídico[16] y cada jurista con su tema[17].
8	Hipoteca inmobiliaria	Pasabalabra adaptado. Uso de pizarra y pegatinas	Se divide la clase en dos equipos. Se da una campana que marcará quién responde primero[18].

Tabla 3. Actividades segundo día. Grupo Ciencias Políticas-Derecho. Elaboración propia

13 Los jugadores se mueven por el tablero tirando los dados, respondiendo preguntas (si aciertan siguen tirando, si no, pierden el turno) y obteniendo el quesito que se elija si caen en la casilla arcoíris. Cada color corresponde a uno de los temas del segundo cuatrimestre. Gana el grupo que obtenga los seis quesitos de diferente color, o el que más consiga en el tiempo destinado.

14 Si todos los alumnos fallan o no saben responder se pasa a la siguiente pregunta y la pregunta fallada se vuelve a realizar en una segunda vuelta del rosco, hasta dejarlo contestado.

15 En la prueba del «abogado avispado» los participantes deberán escoger la opción correcta entre 4 posibles respuestas (tan solo los aciertos marcarán puntuación para el equipo).

16 En la prueba de «diccionario jurídico» se deberá contestar la palabra exacta como respuesta a una definición (esta prueba se asemeja a lo que sería el «reto» del programa de televisión).

17 La prueba «cada jurista con su tema» consiste en escoger un tema entre varias opciones propuestas (los concursantes deberán contestar una serie de preguntas acerca del mismo. A diferencia de las dos fases anteriores del juego, en esta fase el fallo es eliminatorio.

18 Cada grupo tendrá un color: uno será rojo y el otro verde, que se irán adhiriendo a las letras del Rosco en la pizarra (velcro adherente). Hay rebote en caso de fallo.

Finalmente, en la segunda de las sesiones independientes, los grupos del Doble Grado ADE-Derecho propusieron las siguientes actividades:

Gr.	Contenido	Gamificación	Mecánica
5	Temario del segundo cuatrimestre	El Cazador (en power point)	División de la clase en 4 equipos: semifinales (preguntas test) y final (Cazador y concursante)[19].
6		Factile (Jepoardy Rocks). Interactivo	División de la clase en equipos. Elección preguntas y puntuación según grado de dificultad[20].
7		Panel de preguntas (Baamboozle). Interactivo	División de la clase en 4 equipos. Responden a preguntas. Posible uso de comodín[21].

Tabla 4. Actividades segundo día. Grupo ADE-Derecho. Elaboración propia

En la ejecución de las prácticas se han cumplido escrupulosamente los «tiempos». Todos los equipos pudieron presentar sus actividades, a pesar de que en algunas ocasiones se produjera un retraso fruto del tiempo necesario (y de los nervios de algunos alumnos) para poner en marcha la actividad. El ordenador y el proyector estuvo en todo momento encendido y las clases fueron grabadas con la aplicación Zoom (habiendo solicitado consentimiento para ello a los alumnos). En ocasiones, se utilizaba el ordenador portátil de los equipos.

La participación e implicación del resto de equipos en el aula fue muy buena. En todo momento respondían a las preguntas, y en la mayoría de los casos de forma efectiva, lo que denota que se habían preparado la materia (o al menos llevaban un tiempo estudiando para el examen). Los equipos comentaron a los profesores (y pudo corroborarse en la propia ejecución) que se habían repartido el trabajo y que finalmente habían efectuado una puesta en común de la actividad.

19 La posición de Cazador o de concursante se sortea. Se plantean preguntas de diverso tipo (test, abiertas, verdadero o falso, sí o no) y ambos equipos deberán responder. El concursante tendrá 2 minutos para responder las preguntas. De forma que cuando se consuma el tiempo habrán contestado X número de preguntas. Después el cazador tendrá 2 minutos para responder preguntas y debe superar al número de preguntas que consiguió el concursante para ganar. Se destina 1 minuto para la resolución del juego y entrega del premio al grupo ganador.

20 Cada grupo elige las preguntas en base a los puntos que cuentan (van del 100 al 500, siendo 100 las más fáciles y 500 las más difíciles). Si se acierta se suma y sigue jugando; si se falla resta y rebota la pregunta al siguiente grupo y así sucesivamente. Ganará el equipo que acabe con más puntuación. Las preguntas serán: tipo test, V o F y preguntas abiertas.

21 Cada grupo escoge un número, que revela la pregunta que deben responder. Cada equipo cuenta con un comodín para usarlo cuando no sepan la respuesta. Quien acierte la pregunta obtiene 20 puntos; quien la falle ni suma ni resta puntos. Existen 4 casillas especiales que no consisten en preguntas: se trata de «potenciadores» que pueden dar un giro inesperado al juego.

El uso de las aplicaciones y herramientas de gamificación fue muy interesante, dado que algunas de ellas eran desconocidas para parte del público, p. e. Factile o Bamboozle. En cuanto a otras actividades que se realizaron con medios más tradicionales, como el uso de la pizarra o el power point, resultaron ser novedosas y amenas por el propio formato (p. e. el concurso de «Quien quiere ser millonario», el juego del Trivial o el concurso de «Saber y Juzgar». No obstante, algunas actividades fueron menos novedosas, como p. e. la utilización de Kahoot. Las versiones utilizadas eran gratuitas, por lo que existían algunas limitaciones, como p. e. con un número máximo de participantes muy bajo. Tampoco se vuelcan los resultados o calificaciones en el aula virtual, dado que dichas herramientas o aplicaciones no se integran en la misma.

Se pudo advertir por el profesorado (a instancia también de algunos alumnos) algunas deficiencias a la hora de realizar las actividades. En primer lugar, los ordenadores no tienen instalado un entorno Windows, más allá del posible uso del Office 365, lo que no resulta del todo operativo. En segundo lugar, en las clases del Aulario Norte (Facultad de Derecho) el proyector es muy pequeño para el tamaño del aula, lo que dificulta la participación de los equipos más alejados. En tercer lugar, una pizarra digital facilitaría la implementación de este tipo de actividades. En cuarto lugar, el mobiliario es fijo, lo que dificulta la ejecución de actividades por equipos. Cuando se llevaron a cabo las actividades en las aulas 204 del Aulario Norte y la 36 del Aulario Oeste (donde se impartían las clases de ambos grupos), al ser más pequeñas, la participación mejoró.

5. Evaluación de la actividad

Inicialmente, se presentó al alumnado de ambos grupos una rúbrica de la actividad evaluable con las siguientes áreas y calificación: «habilidades comunicativas»[22] (30 %), «originalidad e innovación»[23] (20 %) y «preparación

22 En el apartado de «habilidades comunicativas» la calificación de insuficiente (< 5) se obtiene cuando el alumno «Desconoce por completo el contenido que quiere transmitir, y no consigue un clima que capte la atención ni fomente el aprendizaje»; suficiente (5-6) cuando «Comprende parcialmente el contenido que quiere transmitir, pero no capta la atención ni facilita el clima necesario para fomentar el aprendizaje»; notable (7-8) cuando «Comprende el contenido que quiere transmitir, pero no capta la atención ni facilita el clima necesario para fomentar el aprendizaje, o lo hace en un grado mínimo»; y excelente (9-10) cuando «Explica con claridad los contenidos que desea transmitir, y en un clima que capta la atención y favorece el aprendizaje».

23 En cuando a la «Originalidad e innovación» el insuficiente (< 5) se obtiene cuando «Plantea la tarea de manera lineal, sin que se aprecie ninguna cuestión original o innovadora»; suficiente (5-6) cuando «La tarea muestra un formato que puede captar el interés del alumnado, aunque no se detectan técnicas o métodos innovadores propiamente dichos»; notable (7-8) cuando «La tarea muestra un grado notable de originalidad e innovación, utilizando

del tema, contenido y rigor»[24] (50 %). La valoración que se puede poner en cada área es de 0 a 10. La nota obtenida se aplicó a la parte de la evaluación continua asignada a la actividad, que en el caso del grupo de ADE-Derecho era de 0,75 ptos. (sobre 3) y en el grupo de Ciencias Políticas-Derecho fue de 0,7 ptos.

La nota media de los grupos fue de 7,76 ptos. (notable) sobre 10. Por áreas, la nota media fue la siguiente: habilidades comunicativas 7,5 ptos.; originalidad e innovación 6,57 ptos.; y preparación del tema, contenido y rigor 8,5 ptos.

6. Valoración de la experiencia por el alumnado

Como retroalimentación de la actividad propuesta se les pasó a los alumnos un enlace en Google Forms para que pudieran realizar una encuesta de 18 preguntas dividida en cinco bloques (organización, comunicación, aprendizaje de la asignatura, otras competencias y valoración general), con una escala Likert de valoración 1 a 5, siendo 1 muy en desacuerdo y 5 muy de acuerdo. Votaron de forma confidencial un total de 31 alumnos (contando ambas clases). La valoración global de la actividad fue de 4,33 sobre 5 en la escala de Likert.

Bloques	Valoración
Bloque organizativo	
¿El profesor ha facilitado con suficiente antelación instrucciones para la realización de la actividad?	4,61
¿Las sesiones han discurrido de forma ordenada y adecuada al tiempo facilitado?	4,55
¿La carga de trabajo ha sido razonable?	4,61
Bloque comunicación	
¿Las explicaciones del profesor acerca de cómo ha de realizarse la práctica han sido claras?	4,61
¿El profesor ha logrado motivarle para la realización de la actividad?	4,42

algún método de presentación, material o técnica innovadora»; y excelente (9-10) cuando «La tarea muestra una gran originalidad e innovación, utilizando diferentes métodos de presentación, materiales o técnicas innovadoras».

24 En el apartado de «Preparación, del tema, contenido y rigor» la calificación de insuficiente (< 5) se obtiene cuando el alumno «No conecta la tarea con los conocimientos adquiridos»; suficiente (5-6) cuando «Expone la tarea conectada con los temas, pero sin una clara organización»; notable (7-8) cuando «Es capaz de integrar sus conocimientos a la tarea, existe cierta organización en su discurso o desarrollo»; y excelente (9-10) cuando «Expone y analiza todos los elementos de la tarea perfectamente y los articula de forma muy adecuada».

Bloques	Valoración
¿El profesor ha estado disponible en todo momento para aclarar posibles dudas?	4,90
Bloque de aprendizaje	
¿El aprendizaje basado en juegos es una metodología apropiada para afianzar conocimientos?	4,29
Después de realizar la actividad ¿considera que ha ampliado sus conocimientos sobre la materia?	4,13
¿El planteamiento de la actividad de un tema por grupo es adecuado?	4,23
¿El planteamiento de la actividad como repaso general con varios temas por grupo es adecuado?	4,29
Otras competencias	
¿La actividad ha permitido desarrollar competencias digitales?	3,97
¿Los alumnos han podido interactuar en sus respectivos grupos?	4,19
¿La experiencia de compartir la actividad con alumnos de otro grado ha sido enriquecedora?	4,10
Valoración general	
¿La actividad está diseñada para que el alumno aprenda haciendo?	4,39
¿La aplicaría de forma extensiva a todo el temario?	4,00
¿Recomendaría esta práctica?	4,00

Tabla 5. Valoración de la experiencia por parte del alumnado. Elaboración propia

Dentro del bloque de valoración general, se pidió al alumnado que citaran el juego o aplicación que más les había gustado, destacando entre todos los vistos el rosco de «Pasapalabra» (8 votos), «Quién quiere ser millonario» (7 votos), «El Cazador» (5 votos), el juego del Trivial (3 votos), Factile-Jeopardy (2 votos), Bamboozle (1 voto), «Saber y Juzgar» (1 voto) y Kahoot (1 voto).

En la última pregunta de la encuesta se les concedió a los alumnos la posibilidad de que expresaran sugerencias o similares. Como *feedback* positivo destacamos cinco respuestas en el sentido de que las actividades han servido para repasar el temario de una forma amena, dinámica, interactiva y atractiva. Por el contrario, se recibieron algunas valoraciones críticas, como p. e. la inconveniencia de realizar la actividad la última semana de clase; que las actividades no sirvieron de repaso dado que los alumnos aún no habían empezado a estudiar; o que se debía haber hecho una mejor gestión del tiempo por parte de los profesores.

7. Reflexiones finales

Consideramos que los objetivos planteados han sido alcanzados (colaboración docente, fomento del aprendizaje colaborativo de los alumnos, incremento de la autonomía del alumnado, diseño atractivo de la actividad, competencia sana entre ambos grupos, fomento de las habilidades sociales, etc.). Para lograrlo, es necesaria una buena planificación, colaboración y motivación de los docentes; se recomienda además que dichas actividades puedan ser ya incluidas en los Anexos a las Guías Docentes. No es una tarea sencilla, pues deben sortearse posibles inconvenientes como los diferentes horarios de los grupos o la distinta ubicación de las clases (p. e. cuando se encuentran en distintos aularios).

Por otro lado, la mayoría del alumnado ha mostrado una valoración positiva de la experiencia. Agradecen el hecho de poder compartir experiencias académicas con otros grupos de la misma asignatura, ya que pueden intercambiar opiniones y medir sus competencias y conocimientos de la asignatura de forma lúdica. Asimismo, se genera un ambiente distendido, amenizándose en gran medida el uso del tiempo en clase, de forma que los alumnos «aprenden haciendo» de una manera original y se convierten en los protagonistas de las clases. Se ha podido contrastar el compromiso y predisposición del alumnado para con la actividad.

No obstante, se echa en falta una mayor dotación de medios técnicos e informáticos en las aulas (p. e. instalar sistemas operativos tipo Windows en los ordenadores, incorporar proyectores más grandes y/o uso de pizarra digital, etc.). Sería interesante también que la Universitat de València adquiriera licencias para el uso de algunas herramientas de gamificación que los alumnos vienen utilizando habitualmente, para la mejora de su uso, la integración en el aula virtual, el uso de la versión completa y el cumplimiento de la normativa de protección de datos. Como proyecto futuro se propone la coordinación de actividades de este tipo a modo de «Olimpiadas» entre más grupos de una misma asignatura, si bien ello requeriría una mayor cooperación entre los docentes y un ajuste de los horarios, carga lectiva, contenidos y objetivos de la asignatura.

Bibliografía

Bovermann, K. y **Bastiaens, T.**, «Towards a motivational design? Connecting gamification user types and online learning activities», *Research and Practice in Technology Enhanced Learning*, núm, 15, 2020.

De Puy, M. y **Miguelena, R.**, «Importancia de la Gamificación en la Educación Aplicado en Entornos de la Investigación», LACCEI International Multi-Conference for Engineering, Education, and Technology: «Global Partnerships for development and engineering education», 2017.

Guanoluisa, J., **Quichimbo, J.** y **Muevecela, S.**, «La gamificación cooperativa como estrategia docente inclusiva en la Unidad Educativa "Molleturo", Una revisión de la literatura», *Religación*, vol. 7, núm. 34, 2022.

Johnson D. W. y **Johnson, R. T.**, «Cooperative Learning in 21st Century», en *Anales de psicología*, vol. 30, núm. 3, 2014.

Lamoneda, J., González-Víllora, S. y **Fernández-Río, J.**, «Hibridando el Aprendizaje Cooperativo, la Educación Aventura y la Gamificación a través de la carrera de orientación», *Retos*, núm. 38, 2020.

Martínez Gabaldón, E., «Folio giratorio: una metodología novedosa para enseñar economía», en Oliver Alonso, M. D. y Albort Morán, G. (coords.), *Innovación en la formación docente y en el desarrollo de competencias en el aprendizaje de las ciencias económicas y colectiva*, Dykinson, Madrid, 2023.

Olsen, T. y **Guffey, S.**, «Intentional process for intentional space: Higer education classroom spaces for learning», *Journal of Learning Spaces*, vol. 5, núm. 1.

Ramos García, A. M., «La colaboración docente en la educación superior», *Revista de Educación de la Universidad de Granada*, núm. 23, 2016.

Rodríguez, J. y **Foncubierta, J.**, «Didáctica de la gamificación en la clase de ELE», *Edinumen*, 2014.

Silva Quiroz, J. y **Maturana Castillo, D.**, «Una propuesta de modelo para introducir metodologías activas en educación superior», *Innovación Educativa*, vol. 17, núm. 73, 2017.

Trinidad, M., Ruiz, M. y **Calderón, A.**, «Un análisis bibliométrico de la investigación sobre gamificación», *IEEE Access*, vol. 9, 2021.

INNOVACIÓN DOCENTE Y DERECHO CIVIL: EJEMPLOS DE GAMIFICACIÓN COMO MÉTODO DE APRENDIZAJE[1]

Manuel Ortiz Fernández
Profesor Ayudante Doctor de Derecho Civil
Universidad Miguel Hernández de Elche

RESUMEN: La enseñanza basada únicamente en la clase magistral se encuentra superada en la actualidad. A este respecto, las exigencias del EEES han provocado que se haya producido una reorientación de la docencia universitaria, integrando el modelo basado en competencias. En este sentido, al margen de la relevancia de la explicación y adquisición de conocimientos, resulta fundamental que el estudiantado adquiera una serie de competencias que no están relacionadas directamente con los conocimientos teóricos. Así las cosas, el entorno aludido ha permitido al profesorado desarrollar nuevos modelos de enseñanza gracias al uso de plataformas virtuales que se han venido a englobar dentro de las denominadas técnicas de innovación docente. Entre otros, hay que destacar la gamificación o ludificación para incrementar la concentración, el esfuerzo y la motivación de los discentes.

---

1 El presente trabajo se enmarca en el *Proyecto de Innovación Educativa Consolidado* «La ludoteca jurídica», concedido por la Universitat de València (ref. UV-SFPIE_PIEC-2734629), del cual es coordinador el prof. Pedro Chaparro Matamoros.

1. El aprendizaje basado en competencias en el sistema universitario

La metodología empleada en la enseñanza universitaria ha sido, tradicionalmente, la denominada clase magistral. En este sentido, se consideraba que los docentes son los encargados de transmitir la información (los conocimientos) al estudiantado a través, fundamentalmente, de la exposición. Desde esta perspectiva, no se puede obviar que el papel que desempeñaba el alumnado era totalmente pasivo, pues se limitaba a recibir y asimilar la comunicación oral. Además, el recurso al método expositivo ha sido todavía más notorio en los estudios de ámbito jurídico, lo cual agrava, más si cabe, las consideraciones anteriores.

Sin embargo, a nadie se escapa que, en la actualidad, el problema no radica en el acceso a dicha información. Como apunta GARCÍA VALCÁRCEL[2], los docentes han dejado de ser la única o primordial fuente de dicha información. De hecho, la cuestión que se plantea es precisamente la contraria, pues la gran cantidad de datos a los que se puede acceder de una forma relativamente sencilla a través de internet puede producir un efecto perjudicial. Y es que, es verdaderamente complejo escoger aquellas referencias que son las adecuadas y diferenciarlas de las que son erróneas.

A este respecto, lo cierto es que el Espacio Europeo de Educación Superior (EEES) exige que se produzca una reformulación y reorientación de la docencia en las universidades. Así, a pesar de que la adquisición de conocimientos continúa, como no podría ser de otro modo, ocupando una posición relevante, se pretende que el estudiantado adquiera una serie de competencias que no están relacionadas directamente con estos conocimientos teóricos[3].

Ello no quiere decir que tenga que renunciarse a la mencionada clase magistral y a los necesarios contenidos de carácter teórico. Muy al contrario, entendemos que el sistema que se enmarca dentro del EEES nos obliga a conjugar esta metodología con otros recursos y herramientas que permitan

2 GARCÍA-VALCÁRCEL MUÑOZ-REPISO, A., «La función docente del profesor universitario, su formación y desarrollo profesional», *Didáctica universitaria,* La Muralla S.A., Madrid, 2001, pág. 1.

3 En este sentido, LÓPEZ RICHART, J., «El Proceso de Bolonia: ¿una oportunidad para la modernización de la enseñanza del Derecho?», en *Redes de investigación docente universitaria: innovaciones metodológicas*, Universidad de Alicante, Alicante, 2011, págs. 1315-1330. Así, CHAPARRO MATAMOROS, P., «La gamificación como herramienta para facilitar la adquisición de competencias por el alumnado del Grado en Derecho», en ORTEGA GIMÉNEZ, A., MORENO TEJADA, S. y ARRABAL PLATERO, P. (coords.), *Innovación docente y ciencia jurídica (ahora en tiempos del COVID-19)*, Aranzadi, Cizur Menor, 2021, págs. 215-216, pone de relieve que, de unos años a esta parte, las preocupaciones de la relación Universidad-Empresa se han centrado en formar a profesionales capacitados para desempeñarse con éxito y rendimiento en un entorno profesional cada vez más competitivo y exigente.

la adquisición por parte del alumnado de competencias y destrezas de tipo práctico. En lugar de partir de una actividad meramente pasiva del estudiantado, se fomenta su participación en el aula y el propio trabajo autónomo del mismo. Se trata, en suma, del aprendizaje basado en competencias, el cual conlleva, sin duda, que el profesorado de implique en mayor medida[4].

Asimismo, hemos de indicar que este cambio se ha visto muy favorecido por el desarrollo de las TIC's, «con la utilización de todo tipo de herramientas que se nos ofrecen y que resultan tan cercanas a las nuevas generaciones[5]». En todo caso, diversos estudios muestran la necesidad de profundizar más sobre el uso de los entornos personales de aprendizaje del profesorado, puesto que la utilización de las TIC por parte del mismo está respondiendo por ahora a un enfoque tradicional de la enseñanza[6].

Sobre el particular, es importante tener en cuenta que las TIC han permitido desarrollar los denominados «Student Response Systems» (SRS), herramientas que permiten obtener información sobre el proceso de aprendizaje en el momento en que el/la estudiante resuelve las cuestiones, lo que también ha contribuido a una mejora en la participación e interés del alumnado, aunque empleado dentro del aula[7].

Pues bien, el presente trabajo se centra en la descripción de cuatro experiencias de innovación docente que hemos incorporado, conjunta o individualmente, para fomentar la intervención del estudiantado y para tratar de generar una suerte de motivación en relación con el Derecho civil. Y es que, como se ha señalado, consideramos muy relevante que, a la clase magistral, se anuden otro tipo de herramientas o prácticas que aproxime los contenidos

4 A este respecto, resultan muy interesantes las reflexiones que desarrolla De La Orden, A., «Formación, selección y evaluación del profesorado universitario», *Bordón: Revista de pedagogía,* n.º 266, 1987, págs. 5-30. De igual modo lo pone de relieve Arbizu Bakaikoa, F., *La función docente del profesor universitario*, Universidad del País Vasco, Bilbao, 1994.

5 López Mas, P. J., Cremades García, P., Esteve Girbes, J., López Richart, J., López Sánchez, C., Moreno Martínez, J. A. y Ortiz Fernández, M., «Game is not over: una nueva experiencia de gamificación en la docencia del Derecho a través de Trivinet», en *La docencia en la Enseñanza Superior. Nuevas aportaciones desde la investigación e innovación educativas*, Octaedro, Barcelona, 2020, pág. 1236.

6 Artiles, J., Aguiar, M. V. y Rodríguez, J., «El uso didáctico de los entornos personales de aprendizaje en el alumnado del grado», *Píxel-Bit. Revista de Medios y Educación*, vol. 51, 2017, págs. 69-80. En igual sentido, Martínez Martínez, N., Berenguer Albaladejo, C., Bustos Moreno, Y., Extremera Fernández, B., López Mas, P., López Sánchez, C., Múrtula Lafuente, V., Ortiz Fernández, M., Ramos Maestre, A. y Ribera Blanes, B., «Las e-flashcards y Brainscape como método de aprendizaje autónomo del Derecho civil en el Grado en Turismo», en *Redes de Investigación e Innovación en Docencia Universitaria. Volumen 2019*, Instituto de Ciencias de la Educación, Universidad de Alicante, 2019, págs. 655-667.

7 Heaslip, G., Donovan, P. & Cullen, J. G., «Student response systems and learner engagement in large classes», *Active Learning in Higher Education*, vol. 1, núm. 15, 2014, págs. 11-24.

expuestos al alumnado y que les facilite su comprensión. No se puede obviar que, en ocasiones, no es sencilla la asimilación de determinados términos o conceptos, máxime si no se poseen ciertos conocimientos previos.

2. La importancia de las herramientas de innovación docente

Como hemos tenido ocasión de señalar, el entorno aludido ha permitido al profesorado desarrollar nuevos modelos de enseñanza gracias al uso de plataformas virtuales que se han venido a englobar dentro de las denominadas técnicas de innovación docente. Entre los múltiples procedimientos que pueden ser empleados para fomentar la participación activa, la implicación y el trabajo autónomo por parte del estudiante, encontramos, por un lado, los que se centran en la gamificación o ludificación, a los que nos referiremos posteriormente.

Por otro lado, disponemos del denominado aprendizaje basado en proyectos o de casos concretos, supone «una estrategia de enseñanza-aprendizaje, en la cual los estudiantes protagonizan su propio aprendizaje, desarrollando un proyecto de aula, que (...) busca aplicar los conocimientos adquiridos sobre un producto o proceso específico, donde el alumno tendrá que poner en práctica conceptos teóricos para resolver problemas reales»[8]. A ello hay que anudar uno de los métodos que, sin duda, más acogida han tenido. Nos referimos al modelo de aprendizaje semipresencial y, dentro del mismo, el aula invertida (o *flipped classroom*). En definitiva, este sistema conlleva el cambio de roles entre profesorado y estudiantado, potenciando que este último se convierta en el protagonista del proceso. En este punto, se puede hacer referencia a una metodología que, partiendo del conocimiento de la realidad actual, permite la participación del estudiantado, su trabajo autónomo y un entorno favorable para el debate jurídico.

En este sentido, el docente ha de proponer noticias relacionadas con el Derecho civil para que, a través del debate jurídico, sean analizadas y comentadas grupalmente por los discentes. En este escenario, el profesorado es el encargado de «dirigir» ese debate para que, a partir de esta tarea, el alumnado sea capaz de conocer lo que ocurre en su sociedad y ofrecer la respuesta más adecuada. En primer lugar, la actividad consiste en seleccionar distintas noticias relacionadas con los apartados de la asignatura concreta (en nuestro caso, Derecho civil I impartida en el doble grado en Derecho y Administración de Empresas).

8 Medina Nicolalde, M. A. y Tapia Calvopiña, M. P., «El aprendizaje basado en proyectos una oportunidad para trabajar interdisciplinariamente», *Olimpia: Publicación científica de la facultad de cultura física de la Universidad de Granma*, vol. 14, núm. 46, 2017, pág. 237.

Una vez realizado lo anterior, se remite al alumnado para que puedan leerla detenidamente y analizar los aspectos más relevantes que se plantean. Para compartir la noticia y llevar a cabo el precitado estudio, se decidió utilizar Moodle *(Modular Object Oriented Dynamic Learning Environment)* y, en concreto, la aplicación «Foro». Sin duda, Moodle tiene un gran potencial (en parte descubierto tras la situación generada por la Covid-19) y, dentro del mismo, la herramienta mencionada permite la comunicación asincrónica entre el docente y el estudiantado, sin que ambos tengan que estar al mismo tiempo en el aula. Esta última permite que, siguiendo las indicaciones del profesorado, los discentes puedan compartir sus impresiones, comentarios, etc. Para su configuración, es relevante que se incorpore una descripción adecuada de la tarea y que se decida el tipo de foro que se desea. En nuestro caso, optamos por el «Debate sencillo», ya que no se pretende que se abran diferentes líneas de debate, sino que se establezca un único canal a partir del cual se establezcan aquellas cuestiones importantes. Siguiendo a BERGMANN y SAMS[9], estamos ante «un enfoque pedagógico en el que la instrucción directa se mueve desde el espacio de aprendizaje colectivo hacia el espacio de aprendizaje individual, y el espacio resultante se transforma en un ambiente de aprendizaje dinámico e interactivo en el que el educador guía a los estudiantes a medida que se aplican los conceptos y puede participar creativamente en la materia».

3. La gamificación como método de enseñanza: dos experiencias contrastadas

La gamificación o ludificación (con herramientas tales como Kahoot o Quizziz[10]) en las clases tiene como finalidad es fomentar «el uso de los recursos propios de los juegos como elementos de atracción, convirtiendo a los

9 BERGMANN, J. & SAMS, A., «What Is Flipped Learning? Flipped Learning Network (FLN)», en *Flip your Classroom: Reach Every Student in Every Class Every day*, obra colectiva, ISTE, Washington, DC, ASCD, Alexandria, Virginia, 2012. Sobre el particular, BERENGUER ALBALADEJO, C., «Acerca de la utilidad del aula invertida o *flipped classroom*», en *XIV Jornadas de redes de investigación en docencia universitaria. Investigación, innovación y enseñanza universitaria: enfoques pluridisciplinares*, obra colectiva, Universidad de Alicante, Alicante, 2016, págs. 1468-1469 indica que «la idea básica inherente a este modelo educativo sería la de promover que el alumno trabaje por sí mismo y fuera del aula los conceptos teóricos a través de diversas herramientas que el docente pone a su alcance, principalmente vídeos o podcasts grabados por su profesor o por otras personas (pero no exclusivamente), y el tiempo de clase se aproveche para resolver dudas relacionadas con el material proporcionado, realizar prácticas y abrir foros de discusión sobre cuestiones controvertidas».

10 Un ejemplo de su aplicación en el ámbito jurídico lo encontramos en MARTÍNEZ MARTÍNEZ, N., BERENGUER ALBALADEJO, C., CABEDO SERNA, L, EVANGELIO LLORCA, R., LÓPEZ RICHART, J. y MÚRTULA LAFUENTE, V., «Aprender Derecho jugando: Quizizz y su aplicación a la asignatura Regulación jurídico-civil del Turismo», en *El compromiso académico y social a través de la investigación e innovación educativas en la Enseñanza Superior*, Octaedro, Barcelona 2018, págs. 684-693.

participantes del sistema en jugadores comprometidos con los objetivos, aumentando su motivación frente a la tarea encomendada y ayudando a la consecución de dichos objetivos con éxito»[11].

A este respecto, estas «metodologías del juego para 'trabajos serios' es un excelente modo de incrementar la concentración, el esfuerzo y la motivación fundamentada en el reconocimiento, el logro, la competencia, la colaboración, la autoexpresión y todas las potencialidades educativas compartidas por las actividades lúdicas»[12]. A continuación, nos detendremos en dos experiencias que han sido incorporadas en el aula y que han presentado unos resultados adecuados.

En todo caso, como pone de relieve de forma muy acertada CHAPARRO MATAMOROS[13], la gamificación no implica convertir el aula en un «circo», sino que únicamente cabe introducir elementos del juego en entornos no lúdicos (como el educativo) con el objetivo de potenciar el interés del alumnado y ayudarles a alcanzar algunas de las competencias, habilidades o destrezas que no cabe desarrollar con la lección magistral.

En primer lugar, nos gustaría comentar una propuesta que fue seleccionada y financiada en el marco del Programa REDES-I3CE de investigación en docencia universitaria 2018/2019 del Instituto de Ciencias de la Educación de la Universidad de Alicante: «La aplicación de Brainscape a la enseñanza del Derecho civil: las tarjetas didácticas o Flashcards como método de aprendizaje»[14] (Redes I3CE 2018-4463).

Muy resumidamente, la misma consistió en el uso de tarjetas mnemotécnicas, esto es, cartulinas en las que se escribe en el anverso un concepto y en el reverso su definición, de modo que, con la visualización del primero, se debe recordar lo que se contiene en el segundo. Esta metodología pretende

---

11 ARÍS REDÓ, N. y ORCOS, L., «Gamificación en el entorno educativo», en *Edunovatic 2017. Conference proceedings: 2nd Virtual International Conference on Education, Innovation and ICT*, Universidad Internacional de La Rioja, 2018, pág. 1088.
Sobre la utilidad y los beneficios de la gamificación, *vid.* CHAPARRO MATAMOROS, P., «La gamificación como herramienta para facilitar la adquisición de competencias por el alumnado del Grado en Derecho», cit., págs. 219-222.

12 SÁNCHEZ I PERIS, F. J., «Gamificación», *Education in the knowledge society* (EKS), vol. 16, núm. 2, 2015, pág. 13.

13 CHAPARRO MATAMOROS, P., «La gamificación como herramienta para facilitar la adquisición de competencias por el alumnado del Grado en Derecho», cit., pág. 217.

14 Para más información sobre esta experiencia, *vid.* MARTÍNEZ MARTÍNEZ, N., BERENGUER ALBALADEJO, C., BUSTOS MORENO, Y., EXTREMERA FERNÁNDEZ, B., LÓPEZ MAS, P., LÓPEZ SÁNCHEZ, C., MÚRTULA LAFUENTE, V., ORTIZ FERNÁNDEZ, M., RAMOS MAESTRE, A. y RIBERA BLANES, B., «Las e-flashcards y Brainscape como método de aprendizaje autónomo del Derecho civil en el Grado en Turismo», cit., págs. 655-667.
En igual sentido, CABERO, J., BARROSO, J. y LLORENTE, M. C., «El diseño de Entornos Personales de Aprendizaje y la formación de profesores en TIC», *Digital Education Review*, vol. 18, 2010, págs. 26-37.

favorecer el aprendizaje autónomo del estudiantado y la autoevaluación de conocimientos. En suma, tratamos de introducir la experiencia del uso de las tarjetas de memoria virtuales *(e-flashcards)* como una especie de juego para el estudiantado (motivándole para el estudio en esta materia) y una forma más de familiarizarle en el uso de las TIC.

Por ello, se decidió emplear la herramienta virtual *Brainscape* con el objeto de alcanzar tales fines y facilitar el aprendizaje de cuestiones jurídico-civiles. Con ella, el profesorado elaboró un mazo de 5 cartas por tema, a los que accedieron los discentes a través de un enlace, pudiendo hacerlo cuantas veces quisieran. En algunos casos, este enlace se incorporó en las propias que se comparten con el alumnado para facilitar el estudio de cada uno de los temas.

El estudiantado accedió a los mazos correspondientes y, en cada uno de ellos encontró, como se ha señalado, distintas cartas en las que, en su anverso, aparecía una pregunta y, por su parte, en el reverso se mostraba la respuesta que el profesorado entendió como idónea. Además, el discente puntuó cada vez del 1 al 5 el grado de correspondencia que hay entre lo que ellos recordaban y la solución que recogía la carta. Las tarjetas didácticas peor asimiladas, aparecieron al estudiante con más frecuencia.

El grado de satisfacción del alumnado participante se evaluó mediante unas encuestas en las que se valoró positivamente la experiencia educativa (76 %), recomendándose su uso en otras asignaturas (83 %). En conclusión, el uso de *e-flashcards* a través de las TIC se mostró como una metodología docente apropiada para la enseñanza, también en el ámbito universitario.

En segundo lugar, en el Programa REDES-I3CE de investigación en docencia universitaria 2019/2020 del Instituto de Ciencias de la Educación de la Universidad de Alicante, fue concedida la propuesta «La aplicación de Trivinet como herramienta didáctica en las enseñanzas de Derecho civil: aprender jugando al Trivial»[15] (Redes I3CE 2019-4670).

En este sentido, aprovechando su gran potencial, se puso en práctica la herramienta *Trivinet* con un doble objetivo. Por un lado, conseguir que la alumna o el alumno asentase los contenidos explicados en clase de manera autónoma y telemática. Por otro lado, permitirle autoevaluar el nivel de conocimiento que tenía sobre las lecciones presentadas. A este respecto, hay que señalar que *Trivinet* es una plataforma abierta que posibilita la creación de preguntas tipo test o cuestionarios de respuesta múltiple acerca de cualquier tema y pensada fundamentalmente para el uso en centros educativos de

15 Para más información sobre esta experiencia, *vid.* López Mas, P. J., Cremades García, P., Esteve Girbes, J., López Richart, J., López Sánchez, C., Moreno Martínez, J. A., Ortiz Fernández, M., «Game is not over: una nueva experiencia de gamificación en la docencia del Derecho a través de Trivinet», cit., págs. 1236-1247.

cualquier nivel académico. A tal fin, se crearon entre 15 y 20 preguntas con 4 respuestas posibles y una única correcta para cada uno de los temas que conforman la asignatura.

El alumnado pudo acceder a la misma desde cualquiera de los dispositivos electrónicos que suelen llevar a clase (móvil, *tablet*, ordenador) siempre que tengan conexión a Internet. No obstante, también sería posible proyectar en el aula las preguntas y resolverlas de forma presencial.

Además, esta plataforma permite exportar los contenidos introducidos en formato examen, tanto PDF como *online*. De esta suerte, puede optarse por tres vías: exponer las preguntas en el ordenador de clase y que se solucionen de forma colectiva, que el alumnado acceda *online* fuera del aula o imprimir el examen de uno, varios o todos los bloques y que se resuelva/n individualmente.

Finalizado el curso académico, el estudiantado pudo evaluar personalmente la consecución de los objetivos planteados a través de la cumplimentación de un cuestionario facilitado al efecto. Así, el 58,1 % de los encuestados expresó que *Trivinet* le había ayudado para asentar los conocimientos previamente explicados, considerando un 77,5 % de ellos que su empleo le permitió autoevaluarse e identificar los contenidos que peor sabía. En conclusión, el uso de *Trivinet* supone una metodología docente apropiada para la enseñanza universitaria.

Bibliografía

Arbizu Bakaikoa, F., *La función docente del profesor universitario*, Universidad del País Vasco, Bilbao, 1994.

Arís Redó, N., Orcos, L., «Gamificación en el entorno educativo», en *Edunovatic 2017. Conference proceedings: 2nd Virtual International Conference on Education, Innovation and ICT*, Universidad Internacional de La Rioja, 2018.

Artiles, J., Aguiar, M. V. y **Rodríguez, J.**, «El uso didáctico de los entornos personales de aprendizaje en el alumnado del grado», *Píxel-Bit. Revista de Medios y Educación*, vol. 51, 2017.

Berenguer Alabaladejo, C., «Acerca de la utilidad del aula invertida o *flipped classroom*», en *XIV Jornadas de redes de investigación en docencia universitaria. Investigación, innovación y enseñanza universitaria: enfoques pluridisciplinares*, Universidad de Alicante, Alicante, 2016.

Bergmann, J. & **Sams, A.**,

— *Flip your Classroom: Reach Every Student in Every Class Every day*, ISTE, Washington, DC, ASCD, Alexandria, Virginia, 2012.

— «What Is Flipped Learning? Flipped Learning Network (FLN)», 2014.

Cabero, J., Barroso, J. y **Llorente, M. C.**, «El diseño de Entornos Personales de Aprendizaje y la formación de profesores en TIC», *Digital Education Review*, vol. 18, 2010.

Chaparro Matamoros, P., «La gamificación como herramienta para facilitar la adquisición de competencias por el alumnado del Grado en Derecho», en Ortega Giménez, A., Moreno Tejada, S. y Arrabal Platero, P. (coords.), *Innovación docente y ciencia jurídica (ahora en tiempos del COVID-19)*, Aranzadi, Cizur Menor, 2021.

De la Orden, A., «Formación, selección y evaluación del profesorado universitario», *Bordón: Revista de pedagogía*, núm. 266, 1987.

García-Valcárcel Muñoz-Repiso, A., «La función docente del profesor universitario, su formación y desarrollo profesional», *Didáctica universitaria*, La Muralla S.A., Madrid, 2001.

Heaslip, G., Donovan, P. & **Cullen, J. G.**, «Student response systems and learner engagement in large classes», *Active Learning in Higher Education*, vol. 1, núm. 15, 2014.

López Mas, P.J., Bustos Moreno, Cremades García, P., Esteve Girbes, J., López Richart, J., López Sánchez, C., Moreno Martínez, J. A., Ortiz Fernández, M. y **Vera Vargas, R. M.**: «Una adaptación forzosa al modelo de docencia dual gracias a Moodle en los estudios de Derecho civil a causa del COVID-19», en *Redes de Investigación e Innovación en Docencia Universitaria*, Alicante, Universidad de Alicante. Instituto de Ciencias de la Educación.

López Mas, P. J., Cremades García, P., Esteve Girbes, J., López Richart, J., López Sánchez, C., Moreno Martínez, J. A. y **Ortiz Fernández, M.**, «Game is not over: una nueva experiencia de gamificación en la docencia del Derecho a través de Trivinet», en *La docencia en la Enseñanza Superior. Nuevas aportaciones desde la investigación e innovación educativas*, Octaedro, Barcelona, 2020.

López Richart, J., «El Proceso de Bolonia: ¿una oportunidad para la modernización de la enseñanza del Derecho», en *Redes de investigación docente universitaria: innovaciones metodológicas*, Universidad de Alicante, Alicante, 2011.

Martínez Martínez, N., Berenguer Albaladejo, C., Bustos Moreno, Y., Extremera Fernández, B., López Mas, P., López Sánchez, C., Múrtula Lafuente, V., Ortiz Fernández, M., Ramos Maestre, A. y **Ribera Blanes, B.**, «Las e-flashcards y Brainscape como método de aprendizaje autónomo del Derecho civil en el Grado en Turismo», en *Redes de Investigación e Innovación en Docencia Universitaria. Vo-*

lumen 2019, Instituto de Ciencias de la Educación, Universidad de Alicante, 2019.

Martínez Martínez, N., Berenguer Albaladejo, C., Cabedo Serna, L, Evangelio Llorca, R., López Richart, J. y **Múrtula Lafuente, V.**, «Aprender Derecho jugando: Quizizz y su aplicación a la asignatura Regulación jurídico-civil del Turismo», en *El compromiso académico y social a través de la investigación e innovación educativas en la Enseñanza Superior*, Octaedro, Barcelona 2018.

Medina Nicolalde, M. A. y **Tapia Calvopiña, M. P.**, «El aprendizaje basado en proyectos una oportunidad para trabajar interdisciplinariamente», *Olimpia: Publicación científica de la facultad de cultura física de la Universidad de Granma*, vol. 14, núm. 46, 2017.

Ortiz Fernández, M., «La plataforma Moodle como instrumento de evaluación: criterios y consideraciones acerca de la creación de un examen tipo test», *Cuadernos jurídicos del Instituto de Derecho Iberoamericano*, núm. 1, 2021.

Sánchez i Peris, F. J., «Gamificación», *Education in the knowledge society (EKS),* vol. 16, núm. 2, 2015.

APRENDIZAJE COLABORATIVO INTERNACIONAL EN LÍNEA (COIL) Y HERRAMIENTAS PARA SU MEJORA Y PERFECCIONAMIENTO

M.ª Salomé Lorenzo Camacho
Profesora Ayudante Doctora de Derecho Mercantil
Universidad de Sevilla

RESUMEN: Durante los cursos académicos 2021/22, 2022/23 y 2023/24, se han desarrollado en la Universidad de Sevilla experiencias de aprendizaje colaborativo internacional y en línea (COIL), en colaboración con la Universidad Católica de Temuco (Chile), y en asignaturas pertenecientes al área de conocimiento «Derecho mercantil». En este estudio se analizan los elementos fundamentales de dichas actividades, incluyéndose propuestas para la mejora y el perfeccionamiento de las mismas.

1. Introducción

El recurso a las nuevas tecnologías ha tenido en los últimos años un innegable impacto en el ámbito de la educación superior, provocando un cambio de paradigma en el proceso enseñanza-aprendizaje que tiende a la consolidación tras la pandemia de COVID-19[1].

1 Cotoman V. y otros, «Un (COIL)ing the pandemic: active and affective learning in times of COVID-19», *PS: Political Science and Politics*, vol. 55, 2022, págs. 189-190. https://doi.org/10.1017/S1049096521001050.

Actualmente, las TIC favorecen que alumnos y profesores tengan acceso a una ingente cantidad de material electrónico para la docencia, el aprendizaje y la investigación, al que puede accederse desde cualquier lugar y en cualquier momento (p. e., a través de las bibliotecas digitales). Junto a ello, las nuevas tecnologías posibilitan que los profesores creen y administren cursos en línea, recurran a herramientas de comunicación asíncrona para contactar con el alumnado (foros, anuncios, correos electrónicos), y empleen videoconferencias que facilitan la interacción síncrona con la clase (Blackboard, Moodle, Google Classroom, Microsoft Teams, Zoom).

En la misma línea que estos recursos, se han desarrollado, además, innovadoras plataformas que utilizan la gamificación para lograr que el aprendizaje sea más dinámico y entretenido por medio cuestionarios, juegos de rol, encuestas, clasificaciones o niveles y recompensas (Kahoot!, Quizziz, Socrative).

Es en el contexto digital descrito en el que se ubica el modelo de aprendizaje colaborativo internacional en línea (Collaborative International Learning, COIL). El mismo, constituye un modelo que permite, mediante el recurso a plataformas educativas online (p. e., Blackboard Collaborate Ultra), la conexión de la docencia universitaria entre distintos países. Su principal ventaja es que favorece el desarrollo de experiencias educativas de carácter multicultural, lo que, adicionalmente, permite la internacionalización de los planes de estudios[2]. Además, el aprendizaje colaborativo en línea presenta otras dos ventajas. La primera, es que la actividad podrá desarrollarse sin necesidad de que los estudiantes realicen ningún desplazamiento. Y la segunda, derivada precisamente de la anterior, es su bajo coste, dado que su ejecución sólo exige el recurso a las plataformas educativas en línea y medios de comunicación asíncrona (correo electrónico, foros, Whatsapp o Telegram).

Durante los cursos académicos 2021/22, 2022/23 y 2023/24 se ha desarrollado un módulo de aprendizaje colaborativo en línea (COIL) en la Universidad de Sevilla, en colaboración con la Universidad Católica de Temuco (Chile). Concretamente, en asignaturas pertenecientes al área de conocimiento «Derecho mercantil» (US) y «Derecho comercial» (UCT). Durante dichos periodos, el programa ha gozado de una buena acogida por parte de los estudiantes españoles y chilenos. La experiencia cuenta, además, tras su conclusión, con una valoración muy positiva por parte del alumnado. No obstante, la experiencia alcanzada durante estos tres cursos académicos ha evidenciado que la configuración y el diseño de los módulos COIL exigen un cierto margen de mejora, lo que aconseja su perfeccionamiento de cara a futuras ediciones.

2 Sobre los objetivos generales y específicos del estándar COIL, Aznar, G. y Frank, E., «No passport required: social learning innovation through collaborative online education», *Revista Iberoamericana de Economía Solidaria e Innovación Socioecológica*, vol. 4, 2021, págs. 97-99. https://doi.org/10.33776/riesise.v4i1.5245.

A continuación, se presentan, en primer lugar, las líneas fundamentales de las experiencias de aprendizaje colaborativo internacional desarrolladas durante los últimos tres cursos académicos en la Universidad de Sevilla, en colaboración con la Universidad Católica de Temuco. Seguidamente, atendiendo tanto a la experiencia del profesorado participante como a las evaluaciones realizadas por los estudiantes, el estudio se detiene en las herramientas de mejora y perfeccionamiento de la actividad, de cara al diseño de las futuras experiencias.

2. Implementación de módulos COIL en titulaciones no jurídicas de la Universidad de Sevilla

2.1. Asignaturas

Como primer paso, resulta necesario que las asignaturas de las Universidades que se vinculen a la actividad COIL pertenezcan a planes de estudio de titulaciones semejantes, o bien pertenecientes al misma área de conocimiento, siendo en el caso concreto del módulo COIL US-UCT las del área de Derecho mercantil y Derecho comercial, respectivamente[3].

Durante los tres cursos académicos en los que se ha desarrollado la actividad, y en el caso de la Universidad de Sevilla, la principal asignatura implicada en los módulos COIL ha sido «Derecho privado del empresario turístico», que se imparte en el segundo curso del Grado en Turismo. Por su parte, la asignatura participante de la Universidad Católica de Temuco ha sido «Economía y Derecho», impartida en el tercer semestre del Grado en Derecho. Como puede apreciarse, existe una diferencia entre el alumnado español (que pertenece a una titulación no jurídica) y el chileno (que cursa el Grado en Derecho), lo que deriva, como se advertirá posteriormente, en posibles desequilibrios a nivel formativo para la resolución de las actividades propuestas. Esto último, que constituye un reto para el profesorado participante a la hora de diseñar las actividades COIL dado el abordaje de las mismas desde la diversidad formativa, deriva, no obstante, en un beneficio tanto para el alumnado como para los resultados del programa, dado que con ello se promueve que las actividades planteadas se analicen y resuelvan por el alumnado participante desde distintos puntos de vista[4].

3 Gaytán-Oyarzun, J., y otros, «Implementación de la metodología COIL, como estrategia para potenciar el proceso de enseñanza aprendizaje y la movilidad académica y estudiantil en la modalidad virtual», *Revista de Innovación y Buenas Prácticas Docentes*, vol. 11, núm. 1, 2022, págs. 144-145. https://doi.org/10.21071/ripadoc.v11i1.14142.

4 Cruz Rivero, D. J., «Aprendizaje colaborativo en línea (COIL) en los estudios de Derecho privado del empresario turístico del Grado en Turismo», en Martos Martínez, Á. y otros (comps.), *Innovación docente e investigación en Ciencias sociales, económicas y jurídi-*

Con el objetivo de otorgarle tanto visibilidad como reconocimiento institucional, el módulo COIL se incorporó al proyecto docente de la asignatura «Derecho privado del empresario turístico», del Grado en Turismo. En concreto, se reconocía, en materia de evaluación, que los alumnos participantes en la actividad quedaban liberados de examinarse, tanto en las pruebas de evaluación continua como en la primera convocatoria oficial, de la lección correspondiente a la materia trabajada en el COIL. Además, la participación satisfactoria en la experiencia era reconocida con dos certificados: uno expedido por la Universidad Católica de Temuco y otro por el profesor coordinador de la actividad en la Universidad de Sevilla.

2.2. Alumnado

Una de las funciones de los profesores participantes, así como de los pares colaborativos de la Universidad Católica de Temuco es, junto con la previsión del módulo COIL en los correspondientes proyectos docentes, darle la suficiente difusión entre los alumnos de sus grupos al inicio de la asignatura.

En concreto, durante las primeras clases del cuatrimestre se les explica en qué consiste la actividad, su duración, los temas del programa que se van a tratar y el sistema de evaluación de la actividad. En el caso de los alumnos participantes de la Universidad de Sevilla, al inicio del segundo cuatrimestre les da un tiempo razonable (quince días, aproximadamente) para que valoren su participación o no. Una vez que los alumnos interesados contactan con el profesor y elaborados los listados de los alumnos participantes, tanto en la Universidad de Sevilla como en la Universidad Católica de Temuco se procede por parte de los profesores a la formación de los grupos, que se realiza de manera aleatoria, aunque garantizándose su composición por alumnos de ambas universidades.

Durante estos tres cursos académicos, han participado un total de 326 alumnos (españoles y chilenos), por lo que el resultado ha sido ciertamente satisfactorio en términos cuantitativos. Una vez organizados los grupos, se les asigna un número concreto para su identificación (Grupo 1, Grupo 2...), así como un tutor de entre los profesores participantes en la experiencia. Ese profesor tiene la tarea de contactar por correo electrónico con los miembros de los grupos que tenga asignados, informándoles de los correos y datos de contacto de los compañeros que forman el mismo. Igualmente, será el que reciba las hojas de trabajo de los grupos que coordine, valorando las actividades que han realizado, así como, en su caso, el grado de compromiso de cada alumno participante con el resto de sus compañeros de grupo.

cas: nuevas tendencias para el cambio en la enseñanza superior, Dykinson, Madrid, 2023, págs. 25-26.

2.3. Fases

Con carácter general, las experiencias COIL duran entre cinco semanas (mínimo recomendado) y quince semanas. En el caso del módulo desarrollado durante tres cursos académicos por la Universidad de Sevilla y la Universidad Católica de Temuco la duración ha sido de cinco semanas, a lo largo de las cuales se han desarrollado las actividades (tanto individuales como grupales, así como síncronas y asíncronas) en tres fases diferenciadas.

La fase inicial o rompehielo está destinada a que los alumnos participantes conozcan, en una sesión síncrona, a sus compañeros de grupo de la Universidad Católica de Temuco. Con ello se persigue que tengan la oportunidad de comenzar a relacionarse en grupos multiculturales, así como que se sientan familiarizados para trabajar en línea. Durante esta primera sesión, cada grupo dispondrá de su primera «hoja de trabajo» consistente en un cuestionario inicial, sobre cuyo contenido nos detendremos posteriormente.

En la fase central los distintos grupos de alumnos desarrollan la actividad principal de colaboración, consistente en la resolución de problemas prácticos diseñados por los profesores participantes. Una vez elaborada la actividad y remitida al profesor tutor, se organiza en esta misma fase la segunda sesión síncrona, en la que cada grupo de trabajo expone los resultados alcanzados en la actividad, abriéndose un espacio para la reflexión y discusión de las soluciones y respuestas jurídicas alcanzadas conforme al Ordenamiento español y chileno.

Por último, la fase final se caracteriza por incorporar una actividad individual, puesto que los profesores participantes ponen a disposición de los estudiantes una hoja de evaluación de la experiencia COIL.

2.4. Materiales

2.4.1. Hojas de trabajo

Con el objetivo de impulsar el trabajo autónomo del alumnado participante, tanto individualmente como en los grupos que se crean, el módulo COIL exige que los profesores diseñen un total de tres hojas de trabajo[5], correspondiéndose cada una ellas a cada una de las tres fases que componen el módulo COIL: un cuestionario inicial (que se realiza en la fase inicial o rompehielo), problemas prácticos (fase central) y evaluación (fase final).

El cuestionario inicial se trabaja, en la fase inicial o rompehielo, por cada grupo de alumnos en la primera sesión síncrona que se realiza. El mismo,

5 FINKEL, D., *Dar clase con la boca cerrada*, Publicacions de la Universitat de València, València, 2008, págs. 167-168.

sirve para que, en dicha reunión, los estudiantes puedan conocerse y comiencen a compartir experiencias, a lo que hay que sumar que puede servir de excusa para que puedan conversar sobre cualquier otro tema.

En el mismo se incorporan algunas cuestiones para conocer su trayectoria académica («¿qué estudias?», «¿qué curso estudias actualmente?», «¿cuáles son tus asignaturas favoritas hasta el momento?», «¿has participado alguna vez en una experiencia de internacionalización en tu formación universitaria?»). Igualmente, se plantean preguntas para fomentar el desarrollo de la conciencia intercultural a través de la comparación de la realidad política, jurídica, económica, social y cultural de los países participantes en el COIL. Por ejemplo, dado que el módulo se centra en el estudio de la protección del consumidor o usuario y, más concretamente, con el turista, se incluyen cuestiones como las siguientes: «¿Consideras que los consumidores están suficientemente protegidos en tu país?», «¿Has tenido alguna experiencia a partir de la que eches de menos una mayor protección?»[6].

La segunda hoja de trabajo incorpora una serie de problemas prácticos, cuya resolución se realiza en de forma grupal, y no individual, tanto desde la perspectiva del Derecho español como chileno. En este sentido, y atendiendo al calendario de entrega que comunique el profesor tutor, cada grupo se organizará de forma autónoma para resolver el cuestionario (pueden, por ejemplo, coordinarse para tener una reunión en plataformas como Microsoft Teams, Google Meet o Zoom).

A la hora de presentar esta tarea, cada grupo de trabajo remitirá a su tutor el correspondiente dictamen o informe, donde den respuesta a los problemas jurídicos planteados desde ambas perspectivas (española y chilena), sintetizándose igualmente las principales conclusiones. Resulta conveniente que el documento que presenta cada grupo de trabajo cuente con una estructura uniforme, organizada en torno a cinco apartados: 1. Resumen de los problemas prácticos, 2. Cuestiones planteadas, 3. Normativa aplicable tanto desde el punto de vista del Derecho español como chileno, 4. Análisis de cada cuestión planteada (igualmente dando las respuestas correspondientes conforme al régimen legal aplicable en cada país), y 5. Conclusiones[7].

Una vez entregada la actividad por cada grupo a sus correspondientes tutores, este último habrá de valorar el trabajo realizado y comunicarse con cada grupo asignado a efectos de que sugerirles las lecturas y observaciones oportunas, de cara a su posterior presentación en la segunda sesión síncrona.

---

6 Sobre la naturaleza variada de las interacciones que pueden plantearse en la fase rompehielo, VILLAR-ONRUBIA, D. y RAJPAL, B., «Online international learning: Internationalising the curriculum through virtual mobility at Coventry University», en *Perspectives: Policy and Practice in Higher Education*, vol. 20, 2016, pág. 79. https://doi.org/10.1080/13603108.2015.1067652

7 LUCEÑO OLIVA, J. L., *Casos prácticos de Derecho Mercantil*, Tecnos, Madrid, 2017, págs. 27-30.

Por último, los profesores participantes también elaboran la hoja de trabajo correspondiente a la evaluación final de la experiencia COIL, que adopta el formato de encuesta, permitiendo conocer cuestiones como qué actividades han resultado más interesantes para el alumnado, que grado de satisfacción han tenido con la realización del trabajo grupal y en un entorno íntegramente virtual, qué valoración les merece los recursos online empleados o la duración del módulo, así como qué mejoras serían susceptibles de incorporar en futuras ediciones. Esta hoja de evaluación constituirá, junto con las otras hojas de trabajo, los contenidos del porfolio o carpeta de aprendizaje de cada estudiante, que informará al profesorado del resultado del aprendizaje de cada uno de ellos, así como de su proceso y evolución en la experiencia[8].

2.4.2. Recursos digitales de comunicación a distancia

Para el desarrollo del módulo COIL se emplean, preferentemente, dos canales de comunicación a distancia. En primer lugar, los profesores participantes que actúan como tutores de los distintos grupos contactarán con estos a través de correo electrónico, a efectos de informarles de las actividades correspondientes a cada fase la experiencia COIL, los plazos de entrega y la recepción de las hojas de trabajo correspondientes. Este medio es, además, el que en primer lugar sirve para que los alumnos integrantes de cada grupo contacten entre ellos (esto último al margen de que, posteriormente, opten por comunicarse por otros canales, como WhatsApp o Telegram, principalmente).

En segundo lugar, el desarrollo de la experiencia exige el recurso a la plataforma Blackboard Collaborate Ultra para las dos sesiones síncronas que se realizan (la primera, correspondiente a la fase inicial o rompehielo, en la que los grupos se conocen y dan respuesta al cuestionario inicial; y la segunda, que se desarrolla en la fase central, en la que los grupos resuelven los problemas prácticos que previamente han trabajado y enviado a sus tutores en forma de dictamen). Hay que tener en cuenta, no obstante, la posibilidad de que, por cualquier razón técnica, dichas sesiones no puedan llevarse a cabo a través de Blackboard Collaborate Ultra. Para ello, resulta conveniente que el profesorado participante tenga convocada, paralelamente, una sesión en otras plataformas como Google Meet o Zoom, a efectos de dar una solución más rápida a problemas de conexión que pudieran sobrevenir en ambas reuniones.

8 Rivero, A. y Porlán, R., «La evaluación de la enseñanza universitaria», en Porlán, R. (coord.), *Enseñanza universitaria: cómo mejorarla*, Ediciones Morata, Madrid, 2017, pág. 85.

2.5. Resultados

Las experiencias COIL desarrolladas en colaboración con la Universidad Católica de Temuco durante estos tres últimos cursos académicos han resultado, general, muy satisfactorias, tanto para el alumnado participante como para los profesores tutores. Atendiendo a las rúbricas de evaluación, se observa que los estudiantes que participaron en el módulo valoraron positivamente que con las actividades realizadas fortalecieron en mayor medida sus competencias interculturales, así como de trabajo en equipo, comunicacionales y digitales.

Atendiendo a la rúbrica «¿Qué es lo que más ha disfrutado del COIL?», se reproducen a continuación algunas de las respuestas de los estudiantes:

- «Ver y aprender sobre las diferentes costumbres y pensamientos de un país distinto al nuestro. Por supuesto, conocer nuevas personas y aprender sobre sus conocimientos adquiridos en el Grado, que nos ayudan a nutrirnos de nuevos conocimientos unos a los otros. Una forma mucho más dinámica y productiva a la hora de realizar actividades siempre que exista una colaboración general del grupo, que así ha sido».
- «Lo que más me disfruto del COIL es la colaboración con participantes de otro país, compartiendo ideas y conocimientos entre nosotros. Además, fue enriquecedor poder aprender sobre cómo se enfrentan los problemas en otro país. La interacción con mis compañeros internacionales fue, sin duda, la parte más gratificante de COIL».
- «Lo que más he disfrutado del COIL ha sido la experiencia de poder compartir nuestros puntos de vista con personas que tienen una cultura muy distinta a la nuestra, ya que nos llamaba mucho la atención cuando hemos hablado entre nosotros, cómo veíamos las cosas desde cada país. Las videollamadas creo que han estado muy bien para ello».
- «Conocer las diferencias y similitudes que tienen el Derecho español y el Derecho chileno, además de conocer un poco sobre la cultura chilena gracias a las videollamadas de la actividad».
- «La experiencia de trabajar en equipo con alumnos de Chile y poder explorar un tema relevante desde diferentes perspectivas culturales y académicas. Fue enriquecedor aprender de sus conocimientos y compartir los míos para alcanzar un objetivo común».

Por otra parte, y en cuanto a la incorporación de posibles mejoras en la experiencia, la mayoría de los estudiantes se han referido en sus hojas de evaluación a las horas fijadas para la celebración de las sesiones síncronas («Es difícil por la diferencia horaria que existen entre los dos países», «Lo que mejoraría sería que el horario de las videoconferencias fuera otro distinto», «Modificar a una mejor hora de conexión para los estudiantes españoles»). En menor medida, también se refieren en sus evaluaciones a la reducción de las intervenciones orales de los grupos en las sesiones síncronas («Obligar, en la segunda sesión síncrona, a que los grupos sinteticen más las respuestas ayudaría a que los alumnos no se desconcentrasen mientras sus compañeros hablan, al final se hizo bastante larga y pesada la llamada», «El tiempo de las reuniones, pondría más reuniones de menos duración»), así como a la ampliación del módulo COIL («Sinceramente lo único que mejoraría sería que esta actividad durase más tiempo para seguir aprendiendo nuevos aspectos del derecho chileno y poder seguir conociendo a los alumnos chilenos»).

3. Herramientas para la mejora de los módulos COIL

3.1. Redefinición de las hojas de trabajo

Si bien es cierto que tanto el cuestionario inicial como la evaluación final constituyen materiales que no plantean dificultades para su trabajo, tanto de forma individual como grupal, es cierto que la actividad central del módulo COIL, esto es, la resolución de problemas prácticos en los grupos de alumnos españoles y chilenos, plantean dificultades, sobre todo, para los alumnos españoles. De entrada, los problemas prácticos diseñados han tenido como tema central la protección del consumidor o usuario y, más concretamente, la protección del turista ante posibles incidencias en el viaje (transporte y alojamiento).

Esta materia, que se imparte para los alumnos españoles en la asignatura «Derecho privado del empresario turístico» en el ecuador del segundo cuatrimestre (mes de abril) ha llegado, generalmente, de manera anticipada con la actividad COIL, por lo que ha dificultado su resolución, sobre todo, si no se les facilita la normativa aplicable, al tratarse de estudiantes de titulación no jurídica.

Téngase en cuenta que los alumnos de la Universidad Católica de Temuco estudian el Grado en Derecho, y se encuentran cursando el tercer semestre (equivalente al segundo curso), por lo que puede derivar en un desequilibrio en el nivel formativo de los grupos de estudiantes. Sería conveniente, en consecuencia, que se realizase un reajuste en la organización de la materia a impartir, de tal forma que para los estudiantes españoles se adelantase, al menos, los temas a tratar en el COIL unas semanas, con el objetivo de que se encuentren más familiarizados con la materia.

3.2. Ajustes horarios

Como se ha advertido previamente, uno de los principales inconvenientes que apuntan los alumnos en sus hojas de evaluación final son los problemas horarios. En efecto, la diferencia horaria con Chile es de seis horas, a lo que hay que añadir que, durante estos tres cursos académicos, las sesiones síncronas se programan en horarios que no interfieran con las horas de clase de los estudiantes. Esto último provoca que las reuniones en línea se desarrollen en España a mediodía (a las 14:00 hrs., siendo en Chile las 08:00 hrs.) o bien por la tarde (a las 20:00 hrs., siendo en Chile las 14:00 hrs.).

Aunque, de cara a futuras ediciones, parece inevitable que las sesiones síncronas se convoquen en dichos tramos horarios, sí sería conveniente que la asistencia y participación en las mismas del alumnado no se considerase como una actividad extraescolar, sino que una de las clases a impartir durante la semana se trasladen al horario de dichas reuniones. De esta forma, y pese a la dificultad del horario en que se fije la sesión síncrona, la participación en la misma constituiría un incentivo dado que en la misma también se desarrollaría una de las clases del horario lectivo.

3.3. Organización de las sesiones síncronas

Otra de las cuestiones que se ha puesto de manifiesto por el alumnado es que las sesiones síncronas, tanto en la que se trabaja el cuestionario inicial como en la que se exponen la resolución de los problemas prácticos, son excesivamente largas (aproximadamente, dos horas y media). La razón de ello es que el profesorado participante procura dar voz a cada grupo, de tal forma que todos puedan participar aportando sus soluciones a los problemas prácticos planteados.

Como posible alternativa a ello, sería conveniente no condensar en una misma sesión síncrona a todos los grupos, sino distribuir cada actividad síncrona (cuestionario inicial y resolución de problemas prácticos) en tres o cuatro sesiones durante una misma semana, en las que participen un menor número grupos. De esta forma, las reuniones en línea podrían reducirse a unos treinta o cuarenta minutos, facilitando la comunicación entre los profesores y los alumnos y, en suma, permitiendo una comunicación más cercana y dinámica entre ellos.

3.4. Duración de las actividades

Los alumnos también se refieren a la escasa duración del módulo COIL. Teniendo en cuenta algunas de las propuestas de mejora que se indican en los apartados precedentes, sería igualmente conveniente su ampliación a seis u ocho semanas. En efecto, la ampliación del módulo ayudaría a reducir el desequilibrio existente en materia de conocimientos jurídicos entre los alumnos españoles (que pertenecen a una titulación no jurídica) y los alumnos chilenos (que estudian el Grado en Derecho). Además, posibilitaría la organización de las sesiones síncronas como apuntábamos anteriormente, es decir, sustituyendo las macro sesiones síncronas por su distribución en varios días a lo largo de una misma semana, de tal forma que cada día puedan participar varios grupos.

Bibliografía

Aznar, G. y **Frank, E.**, «No passport required: social learning innovation through collaborative online education», *Revista Iberoamericana de Economía Solidaria e Innovación Socioecológica*, vol. 4, 2021.

Cotoman, V. y **otros**, «Un (COIL)ing the pandemic: active and affective learning in times of COVID-19», *PS: Political Science and Politics*, vol. 55, 2022.

Cruz Rivero, D. J., «Aprendizaje colaborativo en línea (COIL) en los estudios de Derecho privado del empresario turístico del Grado en Turismo», en Martos Martínez, Á. y otros (comps.), *Innovación docente e investigación en Ciencias sociales, económicas y jurídicas: nuevas tendencias para el cambio en la enseñanza superior*, Dykinson, Madrid, 2023.

Finkel, D., *Dar clase con la boca cerrada*, Publicacions de la Universitat de València, València, 2008.

Gaytán-Oyarzun, J. y **otros**, «Implementación de la metodología COIL, como estrategia para potenciar el proceso de enseñanza aprendizaje y la movilidad académica y estudiantil en la modalidad virtual», *Revista de Innovación y Buenas Prácticas Docentes*, vol. 11, núm. 1, 2022.

Luceño Oliva, J. L., *Casos prácticos de Derecho Mercantil*, Tecnos, Madrid, 2017.

Rivero, A. y **Porlán, R.**, «La evaluación de la enseñanza universitaria», en Porlán, R. (coord.), *Enseñanza universitaria: cómo mejorarla*, Ediciones Morata, Madrid, 2017.

Villar-Onrubia, D. y **Rajpal, B.**, «Online international learning: Internationalising the curriculum through virtual mobility at Coventry University», *Perspectives: Policy and Practice in Higher Education*, vol. 20, 2016.

EL AULA INVERTIDA EN LA ENSEÑANZA DEL DERECHO CIVIL

Teresa López Tur
Profesora Ayudante Doctora de Derecho Civil
Universidad de las Islas Baleares

RESUMEN: El presente capítulo tiene por objeto dar a conocer mi experiencia personal en la aplicación del sistema de clase invertida en el presente curso (2023-2024), que he puesto en práctica en la asignatura «Responsabilidad contractual y extracontractual». Además de una aproximación al concepto de esta metodología docente, el trabajo se detiene en el modelo concreto que se ha aplicado en este curso, y realiza un análisis de las ventajas e inconvenientes que se han detectado para, posteriormente, proponer alternativas para mejorar el sistema.

1. Introducción: la necesidad de nuevas metodologías docentes

La educación universitaria se encuentra en un proceso de transformación constante, impulsado por diversos factores que demandan la adaptación continua de las metodologías docentes. La implementación del Plan Bolonia supuso el punto de partida del cambio de los sistemas universitarios europeos, promoviendo un enfoque más centrado en los estudiantes y un nuevo reto para los docentes universitarios. Todo ello, unido a las tecnologías emergentes y herramientas digitales a disposición del alumnado que han transformado, no solo el perfil de los estudiantes universitarios, sino el modo de acceder a la información, suponen un nuevo contexto social en el que surge la necesidad de introducir nuevas metodologías docentes que permitan una mejor asunción de los conocimientos y de competencias transversales por parte de los alumnos[1].

Ante tal situación, debemos plantearnos nuevos métodos de aprendizaje en los que el alumnado participe de forma activa, se implique en las aulas y aplique, de forma práctica, los conocimientos adquiridos[2].

2. El aula invertida o *flipped classroom*

Hay que empezar señalando que, como por todos es sabido, con el sistema la clase invertida o *flipped classroom* pretendemos transferir determinados procesos fuera del aula con el objetivo de potenciar, durante el tiempo de clase, otras dinámicas de práctica y adquisición de conocimientos. Esta metodología persigue, dar la vuelta a la pedagogía tradicional y dejar a un lado la exposición teórica de los contenidos en el aula, para dar paso a actividades basadas en aprendizaje colaborativo entre compañeros de clase para la resolución de problemas, mientras el docente orienta el desarrollo de las actividades[3].

Frente a la docencia tradicional basada en la lección magistral, a la que se le reprocha que se trata de un proceso centrado casi exclusivamente en la exposición de conocimientos por parte del profesor mientras los estudiantes mantienen una posición pasiva, el modelo de clase invertida se ajusta más al actual sistema educativo universitario que surge del Plan Bolonia[4].

El modelo de clase invertida da lugar a que los estudiantes estudien en casa antes de la sesión presencial y aprendan los conceptos a través de los materiales que pone a su disposición el profesor. De esta manera, el tiempo

1 Martínez Calvo, J., «El desarrollo de las habilidades comunicativas del alumnado en derecho a través de las presentaciones 20x20», en Andrés Segovia, B., Pedrosa López, C., Chaparro Matamoros, P. y Gómez Asensio, C. (dirs.), *Innovación docente en Derecho: herramientas digitales, nuevos desarrollos y perspectiva global*, Colex, A Coruña, 2023, pág. 109.

2 Andrés Segovia, B., «La creatividad en la educación ante la crisis sanitaria», en Ortega Giménez, A., Moreno Tejada, S. y Arrabal Platero, P. (coords.), *Innovación docente y ciencia jurídica (ahora en tiempos del COVID-19)*, Aranzadi, Cizur Menor, 2021, pág. 78, «vertiginoso, las necesidades que plantean las aulas».

3 Cedeño Escobar, M.R. y Vigueras Moreno, J. A., «Aula invertida una estrategia motivadora de enseñanza para estudiantes de educación general básica», *Revista científica dominio de las ciencias*, vol. 6, núm. 3, 2020, pág. 881.

4 Castillo Olano, A., Mate Satué, L. C. y Gállego Lanau, N., «La clase invertida a través de contenidos audiovisuales en abierto: una experiencia en Derecho Mercantil y Civil», en Chaparro Matamoros, P., Gómez Asensio, C. y Pedrosa López, C. (dirs.), *Actualización de la docencia y metodologías activas del aprendizaje del Derecho en el entorno digital*, Universitat de València, Valencia, 2022, pág. 283.

en el aula se dedica a profundizar en aspectos más complejos y realizar actividades tendentes a que el alumno asiente los conceptos previamente estudiados, mientras que, a su vez, asume otro tipo de competencias transversales. El alumno se convierte así, en el protagonista de la clase.

Y es que no debemos perder de vista que parte del sistema de aula invertida se asienta sobre el método inductivo, entendido este como el método que se basa en el acceso al conocimiento de los contenidos de una materia académica siguiendo el itinerario que va de los casos o problemas a las instituciones o categorías[5]. La docencia a través del método inductivo da lugar a que el docente deja de ser un mero transmisor de contenidos (ya a disposición del alumno) para tener un rol activo en el aprendizaje, guiando al alumno en la resolución de los problemas que se le plantean.

3. La aplicación del sistema de aula invertida

Dentro del amplio concepto de clase invertida al que nos referíamos, las posibilidades del docente para aplicar este sistema son, prácticamente, infinitas. Por ello, es importante aclarar que en este epígrafe nos vamos a centrar en su implementación en el curso 2023-2024, en la asignatura «Responsabilidad Contractual y Extracontractual», que se imparte en el tercer curso del grado en Derecho en la Universidad de las Islas Baleares.

A continuación, desarrollaremos, por tanto, la aplicación concreta del sistema de aula invertida en la mencionada asignatura, el sistema de evaluación que en ésta se sigue, así como a los materiales y dinámicas de clase que se aplican.

3.1. Los materiales docentes

Como ya hemos apuntado, el sistema de aula invertida se caracteriza por trasladar fuera del aula procesos propios de la misma. En este caso el proceso trasladado no es otro que el estudio previo de la materia, por lo tanto, para que los alumnos puedan realizar tal actividad previa a las clases resulta imprescindible que dispongan de materiales docentes.

En este caso, disponemos de dos blogs docentes, la Zona responsabilidad civil[6] y la Zona obligaciones y contratos[7], elaborados por los profesores CAVANILLAS MÚGICA y TUR FAÚNDEZ. Ambas webs docentes disponen de diversos

5 ÍNIGO, E. y SÁNCHEZ-OSTIZ, P., «Sobre el uso del método inductivo en la enseñanza del Derecho (Penal)» *REJIE: Revista Jurídica de Investigación e Innovación Educativa*, núm.9, 2014, pág. 19.

6 https://zonaresponsabilidadcivil.uib.es/.

7 https://zonaobligacionesycontratos.uib.es/.

recursos para los alumnos, todos ellos utilizados durante el curso para la asunción de distintas competencias. Así, el estudiante tiene a su disposición desde el inicio:

- Apuntes. Divididos en distintos temas y apartados. Al acceder a los apuntes en versión web los alumnos pueden consultar normativa y jurisprudencia destacada (previamente seleccionada y resumida) sobre el concepto o materia que están estudiando en cada ocasión.
- Casos y cosas. Un espacio donde el alumno puede consultar sentencias y noticias interesantes o curiosas relacionadas con la materia objeto de estudio. Esas entradas son previamente seleccionadas por el profesorado que las resume y señala los aspectos propios de la materia que se imparte.
- Legislación. En este apartado los alumnos acceden a toda la legislación aplicable en la materia que están estudiando.
- Guías. Se trata de documentos preparados previamente por el profesorado que pueden ser útiles para el estudiante para la aplicación práctica de los conocimientos previamente estudiados, como, por ejemplo, una guía para la aplicación del Baremo.

Hay que tener en cuenta que, si trasladamos al estudiante la carga de estudiar la materia antes de que el profesor la trabaje en el aula, los materiales que los alumnos deben tener a su disposición tienen que ser más sencillos, centrados en los conceptos fundamentales de la asignatura. Así, una vez hayan estudiado los fundamentos de la materia, en la siguiente sesión se podrá profundizar en ella y abordar cuestiones de mayor complejidad.

3.2. El sistema de evaluación

Para realizar un sistema de aula invertida como el aplicado en este caso es necesario, no solo tener los materiales a los que anteriormente nos hemos referido, sino también, plantear un sistema de evaluación que fomente el trabajo por parte del alumnado fuera del aula.

En la guía docente de la asignatura «Responsabilidad contractual y extracontractual» disponemos de tres elementos de evaluación: (i) los miniexámenes, a los que el alumno puede renunciar y examinarse en una prueba final, con un peso del 40 %, (ii) el informe jurisprudencial como trabajo individual del alumno, que supone otro 40 % en la nota final, y (iii) la defensa oral del mismo informe jurisprudencial que aporta un 20 % a la nota final de la asignatura.

A continuación, desarrollaremos cada uno de estos elementos de evaluación de forma separada, así como la dinámica seguida en las aulas.

a) Los miniexámenes y la dinámica de clase

Debemos empezar señalando que los miniexámenes constituyen el elemento de evaluación que hace posible que el alumno se implique en este sistema de aula invertida. Sin embargo, somos conscientes de que nuestros alumnos tienen perfiles diversos y no todos ellos pueden dedicar el mismo tiempo a la materia por lo que, aquellos alumnos que así lo deseen, pueden renunciar desde el principio de curso al sistema de miniexámenes y acudir directamente a un examen final de toda la materia con el mismo peso (40 % sobre la nota final). Merece la pena señalar que en el curso 2023-2024 solo el 3,2 % del alumnado renunció a la evaluación por medio de miniexámenes al inicio del curso.

Centrándonos en la evaluación por medio de miniexámenes, la dinámica aplicada es la siguiente. Cada semana les indicamos a los alumnos la materia de la siguiente clase, concretamente qué parte del temario deben estudiar y se va a trabajar en clase. Además, les indicamos algunas entradas del Blog que también deben trabajar, puede tratarse de sentencias relacionadas con la materia objeto de estudio, guías de la asignatura o casos curiosos.

La clase se inicia con la realización del miniexamen, que consta de dos preguntas cortas sobre esa materia que les hemos indicado que deben estudiar. Pueden versar sobre el temario, guías o cualquiera de las sentencias que se les señalan previamente. La calificación de cada miniexamen solo puede ser de 0 (no superado), 0,5 (aprobado) o 1 (perfecto). Aquellos miniexámenes que tengan una calificación de 0 pueden ser recuperados al inicio de la siguiente sesión, sin embargo, los alumnos solo pueden recuperar un máximo de cuatro miniexámenes durante el curso, de un total de doce que se les realizan. Si agotan tales recuperaciones abandonan este sistema de evaluación y deben ir al examen final. En esta experiencia docente un 3 % de los alumnos agotaron las recuperaciones y debieron asistir al examen final, y un 35 % tuvieron que recurrir en algún momento a alguna recuperación de miniexamen, de los cuales, tan solo el 8 % tuvieron que utilizar tres o cuatro recuperaciones.

Centrándonos ya en la dinámica de la clase, una vez finalizado el miniexamen la sesión se centra en la resolución de casos prácticos y en reforzar los conceptos estudiados con antelación por los alumnos. Dentro de esa dinámica se hacen distintos tipos de ejercicios. Dependiendo de la materia objeto de la clase, podemos optar por trabajar y analizar alguna de las sentencias que se les han indicado que deben estudiar, o bien realizar casos prácticos cortos para la aplicación concreta de ciertos conceptos. También se plantean ejercicios o casos prácticos más complejos en los que los alumnos se dividen en grupos para plantear las acciones que pueden ejercitar para defender los intereses de la parte que se les ha asignado como cliente y los mecanismos de defensa ante las que ejerciten contra ellos.

Con todo ello, se pretende que los alumnos razonen y apliquen de forma práctica los conceptos estudiados de forma teórica. Con esta aplicación del método inductivo los alumnos fijan conceptos a la vez que adquieren competencias transversales como el trabajo en grupo o el análisis jurisprudencial.

b) Informe jurisprudencial

Como decíamos, además del anterior elemento de evaluación, los alumnos deben elaborar un informe jurisprudencial sobre un tema concreto de responsabilidad civil (con un peso del 40 % sobre la nota final). A cada uno se le asigna un tema específico sobre la materia (estos temas son muy variados, desde accidentes con patinetes, a lances del juego, accidentes en pistas de esquí o accidentes en pistas de esquí, por nombrar algunos de ellos).

El estudiante dispone de un mes y medio para realizar el informe, para el que deben buscar y analizar entre diez y veinte sentencias sobre el tema asignado dictadas en los diez últimos años.

Para la evaluación del trabajo se tiene en cuenta la capacidad del alumno de relacionar la jurisprudencia con los conceptos estudiados en clase, de forma que el Informe no sea una mera recopilación de jurisprudencia, sino que demuestre que el estudiante entiende y aplica correctamente la materia estudiada.

Con este elemento de evaluación se pretende tanto la aplicación práctica de los conocimientos previamente adquiridos, como que el alumno aplique correctamente las técnicas de búsqueda y análisis de jurisprudencia.

c) Las defensas orales

Tras la entrega de los informes jurisprudenciales, los estudiantes defienden su trabajo oralmente, teniendo la exposición oral, un peso del 20 % sobre la nota final.

Para esta defensa oral se divide a los alumnos en grupos de entre seis y siete participantes y se organiza un seminario. Cada estudiante dispone de un tiempo de cinco minutos para exponer su trabajo. Finalizada la exposición, los compañeros presentes en el aula deben intervenir y formular consideraciones o preguntas y, finalmente, el profesor le plantea algunas cuestiones al estudiante.

Con las defensas orales de los informes jurisprudenciales conseguimos, no solo evaluar y reforzar las técnicas de expresión oral de nuestros alumnos, sino también comprobar la autoría de los trabajos. Además, los alumnos deben trabajar la capacidad de síntesis para decidir qué exponen en el tiempo del que disponen y prestar atención a los compañeros en su intervención.

3.3. Resultados obtenidos

Expuesto así el sistema de evaluación y la dinámica de las clases, nos resta ahora hablar de los resultados obtenidos en este curso.

Por lo que al sistema de evaluación por medio de miniexámenes se refiere, el 90,4 % de los alumnos que participaron superaron este elemento de evaluación, tan solo un 9,6 % no lo superó. Al ser preguntados, parte de los alumnos manifiestan que no abandonaron la asignatura el último mes de clases [a pesar del alto grado de dedicación que les exigía] por estar tan cerca de superar este elemento de evaluación. Esto nos permite afirmar que es un sistema que mantiene al alumno pendiente de la asignatura durante todo el curso.

En cuanto al informe jurisprudencial (elemento recuperable en periodo extraordinario), llama la atención que 16,2 % de los alumnos optaron por no presentar el trabajo en periodo de evaluación ordinario, dejando la entrega pendiente para el periodo extraordinario. Hay que tener en cuenta que la no superación de este elemento de evaluación supone el suspenso de la asignatura.

Finalmente, en cuanto a las defensas orales, el 19,5 % de los alumnos no se presentaron a evaluación, renunciando directamente a este elemento de evaluación, configurado como elemento «no recuperable» en la guía docente.

4. Ventajas e inconvenientes del sistema de aula invertida

Tras la aplicación del sistema anteriormente expuesto, podemos apreciar que la aplicación del sistema de aula invertida tiene ventajas e inconvenientes para el alumnado y para el docente. Las analizaremos de forma separada.

4.1. Ventajas

No son pocas las ventajas que presenta el sistema de aula invertida. Nos detendremos a continuación en los que hemos observado durante este curso.

a) Aplicación del plan Bolonia y trabajo autónomo del alumno

Desde la entrada en vigor del plan Bolonia, el uso de los créditos ECTS pone el énfasis en la importancia de las horas de trabajo que el alumno debe realizar de manera autónoma para así aprender más. En nuestras asignaturas cuatrimestrales de 6 créditos ECTS hay programada una carga de trabajo total de 150 horas (6 x 25) de las cuales (según la definición de crédito de cada universidad) 50-60 corresponden a horas presenciales y otras 90-100 horas de trabajo no presencial. Con la aplicación del sistema de aula invertida garantizamos que el alumno dedica esas horas de trabajo no presencial a estudio de la asignatura.

b) El alumno dedica cada semana tiempo a la asignatura

Al realizar los miniexámenes semanalmente el alumno asume que debe dedicar tiempo a la preparación de la asignatura. El estudiante toma conciencia de la necesidad de dedicar tiempo a la materia y a la preparación de las sesiones si quiere superar ese elemento de evaluación y poder participar en la clase. Además, conseguimos que el alumno asuma los conocimientos a medida que avanza en la asignatura.

c) Permite que los alumnos trabajen competencias transversales

Trasladar el estudio previo fuera del aula permite que las sesiones se dediquen a realizar ejercicios prácticos sobre la materia que, como ya hemos expuesto anteriormente, son de distinta índole. Nuestros alumnos asumen competencias de expresión oral, trabajo en grupo, búsqueda y análisis de jurisprudencia y aplicación práctica de los conocimientos.

d) Asunción de los conceptos fundamentales de la materia a través de la aplicación del método inductivo

Tras esta experiencia hemos podido comprobar que los alumnos que superan el sistema de evaluación por miniexámenes asumen los conceptos básicos y fundamentales de la materia. El hecho de tener que estudiarlo de forma previa en sus casas y posteriormente tener que aplicarlo a casos concretos en el aula da lugar a que asienten los conocimientos por medio de la aplicación del método inductivo.

e) Capacidad para resolver los casos prácticos

La realización de distintos tipos de prácticas durante las sesiones de clases nos garantizan que los alumnos que superan la asignatura tienen capacidad para resolver supuestos de hecho que en un futuro se les puedan plantear sobre esta materia. Hay que tener en cuenta que, como decíamos al inicio de este trabajo, la asignatura de «Responsabilidad contractual y extracontractual» se imparte en el Grado en Derecho en el segundo semestre de tercero. Por ello, resulta importante para nosotros tener la garantía de que, alumnos que en poco tiempo se incorporarán al mercado laboral, podrán aplicar de forma práctica los conocimientos adquiridos.

f) Realización del profesor

Finalmente, resulta evidente que para el profesor que imparte la asignatura este método genera una gran satisfacción. En primer lugar, porque al haber estudiado previamente la materia, el alumno se siente más cómodo en sus intervenciones y las clases pueden ser más participativas. En segundo lugar, porque el estudio previo de la materia permite centrar la clase en profundizar sobre aspectos más complejos. Y, por último, porque el profesor toma parte activa del aprendizaje de los alumnos cuando se realizan casos prácticos y observa día a día la evolución de los estudiantes.

4.2. Inconvenientes

Es evidente que, como todos los métodos docentes, aunque el sistema de aula invertida presenta muchas ventajas, también tiene algunos inconvenientes.

a) Alta carga de trabajo para el profesor.

El profesor que opta por aplicar un sistema de aula invertida asume una alta carga de trabajo que, de hecho, tiene que asumir mucho antes del inicio del semestre. Y es que el profesor debe empezar por preparar los materiales que el alumno debe tener a su disposición desde el principio de curso para su estudio previo.

Además, el sistema de evaluación por medio de miniexámenes implica que el profesor debe corregir al acabar cada sesión todas las pruebas de evaluación realizadas en esa clase. Sobretodo teniendo en cuenta que el alumno que no supere la prueba debe acudir a recuperación en la siguiente clase.

La corrección de los informes jurisprudenciales también supone un gran número de horas de trabajo. Pero sin ninguna duda, mayor es el tiempo invertido en la organización y celebración de los seminarios para las exposiciones orales de los mismos.

Por todo ello consideramos que es un sistema de evaluación para llevar a cabo en grupos reducidos o cuando el profesor tiene descuentos docentes. Asumir este sistema con varios grupos, con multitud de alumnos, de forma simultánea puede resultar una tarea harto complicada para el docente.

b) Dificultades para relacionar toda la materia por parte de algunos alumnos.

Este inconveniente ha sido observado únicamente en la materia de responsabilidad civil extracontractual, pero no en otros aspectos de la materia impartida u otras asignaturas que utilizan sistemas similares.

Hemos observado que, cuando los alumnos tienen que relacionar toda la materia explicada durante el curso, aunque tienen claros los conceptos fundamentales, manifiestan ciertas dudas en el ámbito práctico cuando tienen que optar por aplicar un remedio u otro o, a veces, tienen dificultades para relacionar unos términos estudiados con otros.

Ante este inconveniente nos hemos planteado dos alternativas. En primer lugar nos planteamos la posibilidad de establecer un sistema de miniexámenes acumulativos, en el que los alumnos, además de estudiar la materia correspondiente a cada clase deba acumular los conceptos fundamentales estudiados con anterioridad. Esto, aunque obligaría al alumno a seguir repasando el temario de forma constante, creemos que no solventaría el problema, puesto que, como decíamos anteriormente, los conceptos básicos los asumen, y el problema es la relación entre los mismos. En segundo lugar, nos planteamos la posibilidad de dedicar el último mes de docencia a realizar casos prácticos globales de la asignatura. De esta manera, una vez estudiada toda la materia, los alumnos trabajarán de forma práctica lo estudiado previamente y, además, relacionarán y entenderán qué remedios deben elegir en cada caso.

5. Reflexiones finales

Podemos afirmar que la experiencia de aplicar el sistema de aula invertida en la asignatura «Responsabilidad Contractual y Extracontractual» ha sido satisfactoria.

Y esa satisfacción no es solo a nivel personal o docente, sino por los resultados obtenidos durante el curso, sino también porque los alumnos al finalizar el curso manifiestan que tienen la sensación de haber aprendido durante la asignatura. Evidentemente es un sistema docente que tiene aspectos que mejorar, como ocurre con todos los métodos docentes, que deben irse solventando con la experiencia.

Aunque el sistema de aula invertida ha demostrado ser un sistema que genera beneficios a profesor y alumno, debemos apuntar que es un método aplicable a grupos reducidos (por la elevada carga de trabajo del profesor) y que requiere de los alumnos un mínimo conocimiento previo para poder estudiar los materiales y comprenderlos de forma previa a la clase. Por ello es recomendable que se realice en asignaturas impartidas en los últimos años del Grado.

A pesar de que creemos en la aptitud de este sistema, la grandeza de nuestro sistema universitarios es precisamente que los alumnos tengan distintos métodos docentes y que asuman diversos tipos de competencias con cada uno de ellos. No podemos caer en el riesgo de establecer sistemas de innovación sin sentido que no aporten nada a la enseñanza. Periago Morant[8] apunta acertadamente que la innovación docente es una necesidad actual pero no debemos perder de vista que la función principal del docente es que el alumno asuma los conocimientos propios de cada materia y entendiendo que, innovar por innovar carece de sentido. Cualquier innovación que se lleve a cabo en las aulas debe perseguir una verdadera mejora del sistema docente, lo contrario, es introducir novedades que no implican ninguna transformación efectiva a nivel educativo o metodológico[9].

Bibliografía

Andrés Segovia, B., «La creatividad en la educación ante la crisis sanitaria», en Ortega Giménez, A., Moreno Tejada, S. y Arrabal Platero, P. (coords.), *Innovación docente y ciencia jurídica (ahora en tiempos del COVID-19)*, Aranzadi, Cizur Menor, 2021.

Castillo Olano, A., Mate Satué, L. C., y **Gállego Lanau, N.**, «La clase invertida a través de contenidos audiovisuales en abierto: una experiencia en Derecho Mercantil y Civil», en Chaparro Matamoros, P., Gómez Asensio, C. y Pedrosa López, C. (dirs.), *Actualización de la do-*

8 Periago Morant, J. J., «Innovación docente en las asignaturas de derecho penal. Algunas dudas y certezas», en Andrés Segovia, B., Pedrosa López, C., Chaparro Matamoros, P. y Gómez Asensio, C. (dirs.), *Innovación docente en Derecho: herramientas digitales, nuevos desarrollos y perspectiva global*, Colex, A Coruña, 2023, págs. 182 y 183.

9 Grané, M. y Casas, M., «Tecnologías digitales en la docencia universitaria», en Turull, M. (coord.), *Manual de docencia universitaria*, Octaedro- ICP/ICE, UB, 2020, pág. 250.

cencia y metodologías activas del aprendizaje del Derecho en el entorno digital, Universitat de València, Valencia, 2022.

Cedeño Escobar, M. R. y **Vigueras Moreno, J. A.**, «Aula invertida una estrategia motivadora de enseñanza para estudiantes de educación general básica», *Revista científica dominio de las ciencias*, vol. 6, núm. 3, 2020.

Íñigo, E. y **Sánchez-Ostiz, P.**, «Sobre el uso del método inductivo en la enseñanza del Derecho (Penal)», *REJIE: Revista Jurídica de Investigación e Innovación Educativa*, núm. 9, 2014.

Grané, M. y **Casas, M.**, «Tecnologías digitales en la docencia universitaria», en Turull, M. (coord.), *Manual de docencia universitaria*, Octaedro-ICP/ICE, UB, 2020.

Martínez Calvo, J., «El desarrollo de las habilidades comunicativas del alumnado en derecho a través de las presentaciones 20x20», en Andrés Segovia, B., Pedrosa López, C., Chaparro Matamoros, P. y Gómez Asensio, C. (dirs.), *Innovación docente en Derecho: herramientas digitales, nuevos desarrollos y perspectiva global*, Colex, A Coruña, 2023.

Periago Morant, J. J., «Innovación docente en las asignaturas de derecho penal. Algunas dudas y certezas», en Andrés Segovia, B., Pedrosa López, C., Chaparro Matamoros, P. y Gómez Asensio, C. (dirs.), *Innovación docente en Derecho: herramientas digitales, nuevos desarrollos y perspectiva global*, Colex, A Coruña, 2023.

https://zonaresponsabilidadcivil.uib.es/

https://zonaobligacionesycontratos.uib.es/

EL *MENTORING* COMO ELEMENTO PARA LA TRANSMISIÓN DE CONOCIMIENTOS Y HABILIDADES

Almudena Carrión Vidal
Doctora en Derecho
Profesora Sustituta de la Universitat de València
Profesora Tutora en UNED Valencia.

RESUMEN: El *mentoring* educativo ha resultado ser en los últimos tiempos una fuerte herramienta en materia de innovación docente con una multitud de beneficios que reportan en beneficio no solo del alumno, sino también del propio mentor. Por un lado, se consigue ampliar y reforzar de modo notable el potencial y las habilidades de los estudiantes, permitiéndoles aumentar su destreza en determinadas áreas. Por otro, permite al propio mentor compartir ideas, mejorar sus habilidades interpersonales y detectar posibilidades de mejora.

1. Concepto de *mentoring*

Nos encontramos con diferentes definiciones de *mentoring*:

- La Real Academia Española de la Lengua define al mentor como consejero, guía, maestro o padrino.
- En Wikipedia se dice de alguien con mayor experiencia o conocimiento que ayuda a una persona de menos experiencia o conocimiento.
- La International Mentoring Association (IMA) define el *mentoring* como un proceso complejo de apoyo, guía y aprendizaje basado en la experiencia, la competencia, la confidencialidad y la confianza, con la finalidad de promover el crecimiento y desarrollo personal de los demás en los negocios, la educación y todas las áreas de la vida.

En definitiva, podemos decir que el *mentoring* es un proceso de aprendizaje y desarrollo personal, en el cual una persona con mayor experiencia o conocimiento en un campo específico (mentor) guía y apoya a otra persona (mentorado) con el objetivo de impulsar su crecimiento y progreso en dicha área[1].

Este proceso de acompañamiento se basa en la construcción de una relación de confianza mutua y respeto, en la cual el mentor transmite sus habilidades, conocimientos y experiencias, mientras que el mentorado se compromete a aprender, aplicar y mejorar sus propias capacidades. El mentor, a través de una metodología determinada, basada fundamentalmente en las conversaciones que mantiene con la persona mentorizada permite desarrollar el potencial de esta. Aunque esta relación de mentoría tiene, normalmente carácter vertical, es decir, se da entre una persona con mayor status o posición superior y otra de status o posición inferior, también cabría la posibilidad de que se realizará con carácter horizontal, es decir, entre iguales[2].

---

1 Clutterbuck, D.: «El mentoring se define como una relación de desarrollo en la que una persona más experimentada o conocedora ayuda a otra a desarrollar sus habilidades y conocimiento para mejorar su desempeño personal y profesional» en *Everyone needs a mentor*, Cipd, Londres, 2004, pág. 13.

2 Bouquillon, E, Sosik, J, Lee, D: «El mentoring entre iguales se ha demostrado como una estrategia efectiva para fomentar el aprendizaje colaborativo y el desarrollo de habilidades críticas, proporcionando un entorno dónde los estudiantes pueden compartir conocimientos y experiencias y apoyarse mutuamente en su crecimiento académico personal», en *Shared Leadership: Reframing the hows and Whys of Leadership*, Sage Publications, Thousand Oaks, 2005, pág. 120.

2. Origenes del *mentoring*

La palabra mentor tiene su origen en la antigua Grecia[3], en concreto, en el famoso libro «La odisea» de Homero. Mentor era el nombre del tutor al que Ulises encomendó hacerse cargo de su hijo Telémaco, mientras él estaba en la guerra de Troya. Este mentor era un sabio experimentado que conduce y aconseja a Telémaco, para que desarrolle y potencie sus habilidades con la finalidad de crecer no solo como individuo, sino también como líder, ya que este es el príncipe de Ítaca. Para convertirlo en un hombre de gran talento, no le da clases magistrales, sino que acerca al hijo de Ulises al conocimiento a través de retos y sobre todo del diálogo a fin de que este aprenda por sí mismo.

3. Famosos con mentor

En el ámbito digital, nos encontramos con. Mark Zuckerberg, fundador de Facebook y que tuvo como mentor al fundador de Apple, Steve Jobs. Cuando Facebook comenzaba, se reunían a menudo para hablar de temas de gestión, prácticas, y del desarrollo de la tecnología. Cuando Jobs falleció víctima de cáncer en 2011, Zuckerberg publicó en su página de Facebook: «Steve, gracias por ser un mentor y un amigo. Gracias por demostrar que lo que construyes puede cambiar el mundo. Te extrañaré». En el ámbito político, Martin Luther King, tuvo como mentor a el ex presidente de Morehouse College, el Dr. Benjamin Mays. Mays que criticó siempre abiertamente la segregación antes del movimiento de los derechos civiles y conoció a Luther King en el pregrado de aquel colegio. Desde ese momento siguieron su vínculo hasta el asesinato de King en 1968. Por último, en el ámbito religioso, la madre Teresa de Calcuta que dedicó su vida a ayudar a los demás, especialmente a los leprosos, pacientes con SIDA, y personas en situación de pobreza extrema tuvo como mentor al Padre Michael van der Peet. Se conocieron mientras esperaban un bus en Roma, entablaron una gran amistad y se ayudaron para desarrollar la inmensa obra y legado de la Madre Teresa.

4. Finalidad del *mentoring*

El propósito del *mentoring* es fomentar el desarrollo integral de la persona, abarcando diversos aspectos: profesionales, académicos, personales y

3 Kram, K. E: «Los orígenes del mentoring se remontan a tiempos antiguos, con ejemplos de mentorazgo que se encuentran en mitos, leyendas y literatura clásica. Estas narrativas arrojan luz sobre la importancia y la omnipresencia del mentoring en la sociedad humana desde tiempos inmemoriales», en *Mentoring at Work: Developmental Relationships in Organizational Life*, University Press of America, Lanham, 1988, pág. 5.

sociales. Por medio de este proceso de mentoría, el mentor contribuye al crecimiento del mentorado, proporcionándole consejos, orientación, recursos y apoyo emocional, lo que le permite enfrentar desafíos, adquirir nuevas habilidades y fortalecer sus propias capacidades[4]. Podemos decir que el *mentoring* beneficia a ambas partes. Desde el punto de vista del mentorado, le permite contar con una figura de referencia y un modelo a seguir, lo que potencia su motivación y compromiso en el proceso. Por lo que se refiere al mentor, le ofrece la posibilidad de compartir ideas, mejorar sus habilidades de liderazgo y comunicación, detectar sus propias áreas de mejora y enriquecer su vida personal y profesional gracias a esas conexiones establecidas con el mentorado, a través sobre todo del diálogo. Podemos decir que, en definitiva, este proceso de mentoría permite una colaboración entre mentor y mentorado y, por ende, un apoyo mutuo entre ambas partes.

5. Aplicación del *mentoring* en el campo del derecho civil

5.1. Características del mentor

El mentor ha de presentar una serie de aptitudes para llevar a cabo la labor de mentoría[5]:

- Especialización, por razón de su labor investigadora o profesional en un campo concreto del Derecho Civil: A modo dejemplo, un profesor asociado que ejerza como abogado y este especializado en sucesiones, un ayudante doctor que haya realizado su tesis en un tema concreto de familia o, incluso un estudiante de cuarto curso que pueda aportar conocimientos específicos gracias a la realización de un trabajo de fin de grado sobre un contrato determinado.

4 Núñez-Cacho Utrilla, P, Grande Torraleja, F. A: «El núcleo básico de un proceso de mentoring es la relación que se establece entre los dos intervinientes, el mentor y el pupilo o protegido. Esta relación «uno a uno» tiene la ventaja de ser una instrucción personalizada diseñada a medida del pupilo y es, además, un mecanismo rápido de información sobre los resultados del proceso. En ella interviene el mentor, que ha de ser un contrastado experimentado supervisor, bien situado profesionalmente, que se toma un interés personal por el desarrollo y la educación del pupilo menos experimentado a su cargo», «El desarrollo de los recursos humanos a través del mentoring: El caso español» en *Intangible Capital*, vol. 8, núm. 1, Universidad Politécnica de Catalunya, Barcelona, 2012, págs.67-68.

5 Soler Anglés, M. R: «En su rol debe comunicarse con asertividad, proporcionar *feedback* de forma constructiva, guiar, proveer información e ideas, confrontar, alentar y explorar opciones», «el mentoring como herramienta de motivación y retención del talento» en *Capital humano: Revista para la integración y desarrollo de los recursos humanos*, núm.184, 2005, pág. 102.

- Empatía y Comprensión: Es necesario que el mentor sea capaz de colocarse en el lugar de los estudiantes, a fin de entender sus preocupaciones y brindarles su apoyo.
- Habilidades Comunicativas: debe ser capaz de transmitir información de manera clara y concisa sobre el tema en cuestión, así como escuchar activamente las preguntas de los estudiantes y solucionar sus dudas.
- Motivación en el ejercicio de su profesión: Han de ser capaces de transmitir a los estudiantes el entusiasmo con el que realizan la función de mentor y la gratificación que ello conlleva.

5.2. Personas que podrían ser mentores

Dentro de las personas que podrían desarrollar este proceso de mentoría podríamos citar a las siguientes:

- Catedráticos.
- Titulares.
- Contratados Doctores.
- Ayudantes Doctores.
- Profesores Eméritos.
- Profesores Asociados.
- Profesores Sustitutos.
- Alumnos de último curso.

5.3. Características de las personas a las que se mentoriza

- Estudiantes de primeros cursos de Derecho (de primero a tercero, preferiblemente)
- Escaso o nulo conocimiento en el área de Derecho Civil concreta.
- Motivación para aprender la materia de que se trate[6].

---

6 Correonero Rodríguez, J: «El tutelado deberá ser el interviniente activo de la relación, deberá tirar del proceso; en el sentido de que necesitará mostrar el suficiente interés, con el fin de que el mentor, que se ha ofrecido voluntario, se sienta realizado (sentimiento de utilidad, de enriquecimiento del pupilo) y atraído a prestar su asistencia» en *Shadow Mentoring. Herramienta de desarrollo profesional para la aportación de valor en instituciones educativas y empresas*, Universidad Pontificia de Comillas, Facultad de Ciencias Económicas y Empresariales, Madrid, 2019, pág. 11.

- Capacidad de esfuerzo y responsabilidad a efectos de cumplir los objetivos del proceso de *mentoring*
- Claridad de los objetivos que pretenden obtenerse gracias a la aplicación de estas técnicas de aprendizaje.
- Habilidad para en el futuro poder transmitir a otros los resultados obtenidos con el *mentoring*.

6. Ventajas del ejercicio de la mentoría para mentor y mentorado

6.1. Ventajas para el mentor

- Posibilidad de obtener un certificado en mentoría.
- Reconocimiento de la mentoría como contribución a la Innovación Docente.
- Puntuación a efectos de currículum universitario y acreditaciones.
- Reducción de horas lectivas, si quien desarrolla el proceso de mentoría es un profesor.
- Reconocimiento de esas horas que se destinan al *mentoring* como créditos, si quien las imparte es un alumno de último curso.

6.2. Ventajas para el mentorado

- Contribuir a su desarrollo profesional, aumentando sus conocimientos en determinadas áreas del Derecho Civil (sucesiones, familia, contratos etc.)
- Ayudar a los alumnos a identificar problemas jurídicos en un ámbito concreto y a saber resolverlos con seguridad y decisión.
- Desde el punto de vista personal, mejorar su autoconfianza e, incluso su capacidad para el liderazgo en la resolución de conflictos legales.
- Fomentar la toma de decisiones razonadas en asuntos civiles.
- Aumentar la motivación del alumno en el aprendizaje de una rama específica del derecho.
- Crear vínculos y contactos que en un futuro pueden ser muy útiles, tanto para el mentor como para el mentorado, generando un *networking* entre ellos.
- Desarrollar sus habilidades de comunicación y relación con los demás.

7. Fases de un proceso de mentoría

Se distinguen las siguientes fases[7]:

7.1. Fase inicial

En ella los mentores se presentarán, indicarán su especialización en la materia, bien por razón de su experiencia investigadora o bien, profesional y explicarán porqué han decidido participar en el programa de mentoría, creando de esta manera un buen clima de confianza con los alumnos.

7.2. Fase informativa y de fijación de metas

En ella los mentores suministran a los alumnos información de cómo se va a desarrollar el programa de mentoría. En concreto:

- Definirán los objetivos a conseguir.
- Determinarán las dificultades con las que se pueden encontrar.
- Disiparán las dudas que pudieran tener los alumnos.

7.3. Fase de trabajo

Es una fase más larga que las anteriores. En ella se desarrollarán diversas sesiones con actividades prácticas variadas que serán supervisadas por los mentores y en las que los alumnos:

- Aprenderán conceptos jurídicos y los relacionarán con otros.
- Aplicarán sus conocimientos a supuestos reales.
- Fundamentarán jurídicamente sus respuestas con seguridad y decisión.

7.4. Puesta en práctica del aprendizaje

- Se realizará un caso práctico sobre alguna de las materias explicadas a fin de poner en práctica los conocimientos adquiridos.

7 KRAM, K.E: «El proceso de *mentoring* típicamente se divide en varias fases para asegurar un desarrollo estructurado y efectivo. Estas fases incluyen la iniciación, la cultivación, la separación y la redefinición, cada una de las cuales requiere una planificación cuidadosa y una ejecución meticulosa para maximizar los beneficios del *mentoring* para el mentorado» en *Mentoring at Work: Developmental Relationships in Organizational Life*, University Press of America, Lanham, 1988, pág. 48.

- Se resolverá dicho caso para poder detectar aciertos y fallos de los alumnos.

7.5. Fase de cierre y evaluación de resultados

En ella se realizará:

- Un balance de los logros y fracasos de forma detallada.
- Se concretará aquello que se pueda mejorar.
- Se fijarán nuevos retos para el futuro.

8. Ejemplo práctico de proceso de mentoría

8.1. Materia, número de sesiones y mentores

Por ejemplo, pongamos por caso un supuesto práctico en materia de contratos, con doce sesiones y cuatro mentores (dos profesores asociados que ejerzan como juez y abogado, un profesor ayudante doctor y un alumno de cuarto de derecho).

8.2. Fases

A) Fase inicial. Constaría de dos sesiones que se celebrarían en septiembre

En ella, se presentan dos mentores en cada sesión, explican su experiencia debido a su labor investigadora o profesional y porqué han intervenido en el programa de *mentoring*, creando un ambiente amistoso con los alumnos.

B) Fase informativa y de fijación de metas. Constaría de dos sesiones que se celebrarían en octubre.

En cada sesión asistirían dos mentores y explicarán cómo se desarrollará el plan de mentoría, los objetivos a conseguir, dificultades existentes y dudas que pudieran surgir.

C) Fase de trabajo. Constaría de cuatro sesiones a celebrar en noviembre y diciembre.

Las dos sesiones de noviembre tratarían sobre:

El aprendizaje y aplicación de conceptos a través de la jurisprudencia: En esta sesión el profesor asociado que ejerce de juez puede explicar conceptos como el de cláusula abusiva mediante un examen jurisprudencial.

El aprendizaje y aplicación de conceptos a través de casos prácticos reales: En esta sesión el profesor asociado que ejerce como abogado puede explicar conceptos como el de saneamiento por vicios ocultos en la compraventa mediante el examen de casos reales en los que el mismo haya participado.

Las dos sesiones de diciembre versarían sobre:

El aprendizaje y aplicación de conceptos tomando como base una tesis doctoral: En esta primera sesión el profesor ayudante doctor que haya realizado una tesis en una materia concreta de contratos: **acción de reembolso y la acción de subrogación en la fianza,** puede explicar con detalle las dificultades que plantea su ejercicio.

El aprendizaje y aplicación de conceptos tomando como base un trabajo de fin de grado: En esta segunda sesión un estudiante de cuarto puede transmitir los conocimientos adquiridos gracias al trabajo de fin de grado que haya realizado sobre una materia concreta del derecho de contratos, por ejemplo, sobre la revocación de donaciones por ingratitud.

D) Puesta en práctica del aprendizaje mediante un caso y resolución de este. Esta fase constaría de dos sesiones que se celebrarían en diciembre.

En la primera se realizaría una prueba práctica sobre uno de los temas tratados con una duración de una hora y media o dos horas aproximadamente.

En la segunda, se procederá a la resolución de la citada prueba a fin de que los estudiantes conozcan sus aciertos y fallos.

E) Fase de cierre y evaluación de resultados. Se desarrollaría en dos sesiones que se celebrarían en enero.

En la primera se pondrían de manifiesto de forma detallada mediante una tabla los logros y fracasos obtenidos en el proceso de mentoría.

En la segunda, se realizaría un plan de mejora y se fijarían nuevos retos y desafíos para el año siguiente.

9. Retos de futuro

9.1. *Mentoring* virtual

La educación en línea ha cambiado el concepto de *mentoring*.

Tradicionalmente, este proceso se llevaba a cabo en un entorno, presencial, cara a cara, pero gracias al desarrollo de la tecnología y a las herramientas digitales hoy en día podemos hablar ya del *mentoring* virtual.

Plataformas como *Zoom*, *Skype* y *Teams* hacen posible esa conexión entre mentores y mentorados a través de la red y con independencia de su ubicación geográfica.

Este *mentoring* virtual, permite, además de aumentar ese talento y potencial del alumno, enseñarle a sacar el máximo rendimiento a todos los recursos digitales disponibles en línea[8].

9.2. *Mentoring* internacional

Cabría también, la posibilidad de conectar, bien de modo presencial (por ejemplo, caso de profesores visitantes de otros países que vengan España) o bien online, a los alumnos con mentores de otros lugares del mundo a fin de conocer su propio derecho a través de casos prácticos, jurisprudencia o trabajos de investigación y compararlo con el nuestro. De esta manera el alumno adquiriría una formación mucho más completa en la materia tratada[9].

10. Conclusión

Para finalizar debemos destacar, por un lado, la importancia del *mentoring* en las Universidades como herramienta de innovación docente[10] y, por otro, la necesidad de contar con medios y recursos adecuados para poder garantizar que esas relaciones de mentoría sean lo más exitosas posible ya que, como afirma el filósofo griego Epicteto: «Todos llevamos las semillas de la grandeza dentro de nosotros, pero necesitamos una imagen como punto de referencia para que esta pueda brotar».

8 Murphy, S, Ensher, E: «El mentoring virtual permite a los mentores y mentorados conectarse y colaborar a través de diversas tecnologías digitales, superando las limitaciones de distancia y tiempo. Esta modalidad facilita un acceso más amplio y flexible a la mentoria, enriqueciendo la experiencia con herramientas tecnológicas que apoyan la comunicación y el desarrollo continuo» en *Power Mentoring: How Successful Mentors and Protégés Get the Most Out of Their Relationships*, Jossey- Bass, San Francisco, 2005, pág. 98.

9 Clutterbuck, D, Poulsen, K: «El mentoring en contextos internacionales presenta desafíos únicos debido a las diferencias culturales, lingüísticas y educativas, pero también ofrece oportunidades significativas para el intercambio de conocimientos y el desarrollo de competencias globales. Adaptar las prácticas de mentoría a estos entornos es crucial para el éxito del proceso» en *Developing Successful Diversity Mentoring Programmes: An International Casebook*, McGraw- Hill Education, Londres, 2012, pág. 45.

10 Donald, S: «Las relaciones de mentoría pueden ser cruciales para apoyar el desarrollo de individuos comprometidos con el aprendizaje y la innovación. Los mentores desempeñan un papel fundamental al guiar a los participantes a través de las complejidades de la práctica profesional, ayudándolos a desarrollar sus propias formas de pensar y actuar», en *Educating The Reflective Practicioner: Towar a New Design for Teaching and Learning in the Professions*, Jossey- Bass, San Francisco, 1987, pág. 56.

Bibliografía

Bouquillon, E, Sosik, J, Lee, D: *Shared Leadership: Reframing the hows and Whys of Leadership*, Sage Publications, Thousand Oaks, 2005.

Clutterbuck, D, Poulsen, K: *Developing Successful Diversity Mentoring Programmes: An International Casebook*, McGraw- Hill Education, Londres, 2012.

Clutterbuck, D: *Everyone needs a mentor*, Cipd, Londres, 2004.

Correonero Rodríguez, J: *Shadow Mentoring. Herramienta de desarrollo profesional para la aportación de valor en instituciones educativas y empresas*, Universidad Pontificia de Comillas, Facultad de Ciencias Económicas y Empresariales, Madrid, 2019.

Donald, S: Educating *The Reflective Practicioner: Towar a New Design for Teaching and Learning in the Professions*, Jossey- Bass, San Francisco, 1987.

Kram, K. E: *Mentoring at Work: Developmental Relationships in Organizational Life*, University Press of América, 1988.

Murphy, S, Ensher, E: *Power Mentoring: How Successful Mentors and Protégés Get the Most Out of Their Relationships*, Jossey- Bass, San Francisco, 2005.

Núñez-Cacho Utrilla, P, Grande Torraleja, F. A: «El desarrollo de los recursos humanos a través del mentoring: El caso español» en *Intangible Capital*, vol. 8, núm.1, Universidad Politécnica de Catalunya, Barcelona, 2012.

Soler Anglés, M. R: «El mentoring como herramienta de motivación y retención del talento» en *Capital humano: Revista para la integración y desarrollo de los recursos humanos*, núm.184, 2005.

EL MÉTODO DE APRENDIZAJE COOPERATIVO Y EL USO DE LAS HERRAMIENTAS DIGITALES EN EL AULA[1]

Víctor Moreno Soler
Profesor Ayudante Doctor de Derecho Eclesiástico del Estado
Universitat de València

RESUMEN: La formación universitaria debe responder a los desafíos que se nos presentan en la actualidad. De un lado, la utilización de las herramientas digitales, ya que estas mismas serán las que utilicen los alumnos cuando se conviertan en profesionales. De otro, las habilidades blandas y, dentro de ellas, el trabajo cooperativo. Y ello porque resultará esencial que puedan servirse de los recursos disponibles y que tengan la capacidad de cooperar y trabajar en equipos humanos. El mercado laboral no espera autómatas sin una capacidad de reflexión y discusión con los demás acerca de un determinado trabajo o proyecto. Al mismo tiempo, la sociedad tampoco espera individuos aislados que se limiten a asimilar un contenido sin la capacidad de ponerlo en común y contribuir a la sociedad a través de la transferencia de este conocimiento por medio de equipos humanos y organizaciones. Por ello, es fundamental que desde las aulas universitarias se potencien ambos elementos desde una metodología coherente con este objetivo.

1 Esta investigación ha sido financiada por el Ministerio de Universidades a través del Programa de Formación del Profesorado Universitario. Referencia: FPU19/00862.

1. Introducción

La formación que se imparte en la Universidad es objeto de numerosas críticas por parte de la sociedad. Existe un número de creciente de voces que defiende una educación capaz de preparar de mejor forma al alumnado de cara a la posterior etapa laboral a la que se enfrentarán los egresados una vez hayan finalizado sus estudios universitarios.

En este sentido, conviene destacar que el panorama actual parece advertir dos premisas que resultan de indudable interés si pretendemos enfocar la mejora de la educación en las aulas universitarias.

De un lado, nos encontramos en un momento en el que la tecnología goza de una omnipresencia en los distintos ámbitos de nuestra vida. Sin duda, el ámbito educativo no resulta una excepción, pues el alumnado recurre cada vez más a estas herramientas con el afán de poder resolver cuestiones relativas a las materias. Y mucho menos el ámbito profesional, en el que estamos viviendo una revolución tecnológica que parece no tener precedentes, al menos, en lo que respecta a la velocidad con la que se presentan y desarrollan algunos cambios en la forma en la que se organiza el trabajo.

De otro lado, estamos también ante un escenario en el que las habilidades blandas no parecen estar en su mejor momento. Quizá las tecnologías no sean un elemento facilitador en este sentido, y tampoco la pandemia global producida por la COVID-19 haya favorecido mucho en este ámbito. Las personas —y, por ende, también los estudiantes— parecen estar cada vez más aislados, con la particularidad de que nunca antes ha habido un número mayor de herramientas para estar conectados. No parece aventurado sostener que quizá estas conexiones digitales no son el mejor instrumento para lograr un mejor desarrollo de estas habilidades.

Ante este diagnóstico cabría preguntarse: ¿Dónde se ha de situar la Universidad? ¿En la inmersión digital o en la burbuja digital? Pues bien, a nuestro juicio la formación universitaria debe ocupar la centralidad. Y ello porque no puede ignorar el mundo en el que vive y, por tanto, permanecer alejada de la realidad que nos circunda. De lo contrario, se estaría produciendo una discordancia entre la formación recibida y el mundo profesional en el que se moverán en el futuro.

Pero tampoco puede perderse en el mundo tecnológico, creando una suerte de formación tan específica que no responda a las exigencias que impone una formación humanista. Y este humanismo «se concibe como un proceso selecto para el establecimiento de relaciones más humanas, transformaciones dialógicas y métodos de colaboración, por medio del ejercicio colectivo entre semejantes; desde luego, con la invaluable ayuda de los profesores»[2].

2 Sesento García, L., «La formación humanista en educación superior. Programas de tutorías en las universidades», en *Revista Innovaciones Educativas*, vol. 23, núm. 34, 2021, pág. 70.

Por todo ello, es conveniente que se implementen actividades que tengan como objetivo una formación que comprenda la importancia de las herramientas que tenemos en nuestro día a día, al mismo tiempo que se vean también reforzadas las habilidades blandas. En este trabajo hacemos un mayor énfasis al aprendizaje cooperativo, sin que ello sea óbice para que otras habilidades estén siendo desarrolladas al mismo tiempo.

2. El aprendizaje cooperativo y el uso de las herramientas digitales en el aula universitaria

Leyendo el título de este epígrafe podría surgir el interrogante: ¿Resultan el aprendizaje cooperativo y el uso de las herramientas digitales compatibles?

Lo que cabe enfatizar desde el inicio es que, tal y como hemos mantenido desde el inicio, la consciencia acerca de la relevancia de ambos factores es esencial en el mundo que vivimos y, quizá más todavía, en el mundo al que nos dirigimos.

Pues bien, no nos parece un binomio incompatible, ya que consideramos que ambas pueden conjugarse. Y ello por medio de la actividad del supuesto práctico en clase. Tal y como se ha afirmado: «El objetivo principal del método de caso es que los alumnos y las alumnas, a partir de la descripción de una situación específica, aprendan a resolver situaciones complejas, generalmente mediante el trabajo en grupo, la construcción del conocimiento, el intercambio de opiniones, la búsqueda y el análisis de información y la toma de decisiones»[3].

A continuación, analizaremos el modo en que se ha realizado en este curso académico 2023/2024 una actividad con el ánimo de perseguir este objetivo.

2.1. La resolución de un supuesto en un tiempo limitado

La clase se divide en grupos de tres o cuatro alumnos. El profesor llega a clase enunciando un supuesto —que suele ser de plena actualidad— y formula unos interrogantes. A partir de ese momento, los grupos tienen 45 minutos para dividirse el trabajo y distribuirlo entre los distintos miembros del equipo.

Los grupos son libres de decidir el modo en que trabajarán. Lo lógico es que identifiquen las distintas tareas en las que se puede dividir el supuesto,

3 ARAMENDI JAUREGUI, P., BUJAN VIDALES, K., GARÍN CASARES, S. y VEGA FUENTE, A., «Estudio de caso y aprendizaje cooperativo en la universidad», *Profesorado: Revista de curriculum y formación del profesorado*, vol. 18, núm. 1, 2014, pág. 417.

para optimizar mejor el tiempo. Pueden utilizar códigos, manuales, jurisprudencia y todos los recursos disponibles a su alcance, incluidas las últimas tecnologías como la propia Inteligencia Artificial.

Agotados estos 45 minutos, será el momento de la discusión. No existe un orden de palabra preestablecido, por lo que cualquier grupo puede empezar con el debate. Posteriormente, el profesor irá moderando las participaciones del alumnado de forma que se pueda lograr una participación equitativa por parte de los alumnos.

Finalmente, el profesor extrae una serie de conclusiones con el objeto de poder resolver algunos puntos que se han puesto de manifiesto en el debate y no son del todo precisos. Esta última fase es muy importante, ya que es la que permite que el alumnado pueda abandonar el aula con más respuestas que interrogantes. O, al menos, teniendo la certeza de que no finaliza la clase con incerteza de no saber qué contenido expuesto era correcto y cuál incorrecto.

Resulta siempre de interés explicar el contexto en el que se implementa la actividad. De lo contrario, podría darse la sensación de que es la naturaleza de la actividad la que determina la conveniencia de su implementación, cuando en realidad las circunstancias de la asignatura, grupo, curso y modalidad representan extremos que deben ser tenidos en cuenta.

En este caso, la actividad se encuadra dentro de la asignatura de «Derecho Eclesiástico del Estado», que es una materia troncal correspondiente al primer curso del Grado en Derecho de la Universitat de València. Y este hecho supone un hándicap importante, porque el estudiantado objeto de esta actividad está todavía en una fase incipiente de sus estudios, por lo que la profundidad de sus conocimientos en el mundo del Derecho es más limitada.

La actividad se presenta como obligatoria, ya que forma parte de la evaluación continua. En nuestro caso, supuso de hecho un total de 2 puntos de los 3 puntos que tiene la evaluación continua sobre la nota final. Es un valor bastante significativo para que el alumnado lo tome en consideración, aunque su no realización tampoco suponga un impedimento para poder superar la materia.

La valoración de esta actividad corresponde a la participación oral en clase —contenido y forma— y también al contenido del documento que entregan al profesorado al finalizar el supuesto. De este modo, se tiene en cuenta la resolución del supuesto tanto en su modalidad escrita como oral.

2.2. Efectos beneficiosos de la actividad

Los beneficios de esta actividad se pueden resumir en dos planos: la faceta «racional» o «lógica» y la faceta «emocional» o «humana».

Por lo que respecta a la primera de ellas, es importante destacar el concepto de inteligencia que utiliza GARDNER: «Una inteligencia implica la habilidad necesaria para resolver problemas o para elaborar productos que son de importancia en un contexto cultural o en una comunidad determinadas. La capacidad para resolver problemas permite abordar una situación en la cual se persigue un objetivo, así como determinar el camino adecuado que conduce a dicho objetivo»[4].

El alumnado, por tanto, debe resolver un problema jurídico que se plantea en clase, por lo que desarrolla la capacidad de aproximarse a una cuestión relativa a un contenido específico y ofrecer una respuesta adecuada a aquello que se plantea.

Este trabajo de formulación de ideas y resolución de problemas puede verse en los tres momentos de la actividad. En primer lugar, en la fase autónoma, ya que cada uno de ellos estará encargado de resolver una parte del supuesto práctico. Más tarde, deberá discutirlo con el resto de los componentes del grupo. De forma que puedan adoptar un posicionamiento común. Por último, lo expondrán al resto de la clase, con el fin de persuadir de que se trata de la mejor opción posible.

Para ello, habrán de asimilar la información que han obtenido y contrastarla con otras fuentes, estimulando el pensamiento crítico que permite extraer unas conclusiones con base en el conocimiento adquirido.

Por lo que respecta a la faceta emocional o humana, puede verse el modo en que la capacidad de trabajo en equipo se ve fortalecida, ya que es necesario explicar y, sobre todo, escuchar al resto del equipo para poder converger en una posición que les permita una mejor defensa posterior.

En este proceso de puesta en común con el resto de los miembros del equipo es necesaria una dosis considerable de empatía y respeto por el pensamiento diferente. En algunas ocasiones los temas abordados son además sensibles y requieren una voluntad de querer entender lo que el otro compañero está exponiendo.

Al mismo tiempo, el trabajo dentro del mismo grupo facilita que posteriormente pueda explicarse y debatirse mejor en la última fase de puesta en común entre los distintos grupos de la clase.

2.3. Riesgos de la actividad

Normalmente las actividades de innovación docente entrañan una serie de riesgos que cabe no olvidar. Así, si se tienen en cuenta se podrá minimizar su impacto.

Lo primero que debemos subrayar es que resulta esencial que el alumnado sepa utilizar correctamente las herramientas disponibles a su alcance.

4 GARDNER, H., *Inteligencias múltiples*, Paidós, Barcelona, 1995, pág. 4.

Con esta actividad no se pretende obtener las respuestas más precisas, ya que el tiempo destinado al desarrollo de esta lo imposibilita. Se ha de tener de nuevo en consideración que se trata de alumnos de primer curso, por lo que no tienen bagaje suficiente para poder buscar y analizar un número suficiente de pronunciamientos judiciales o de artículos doctrinales para resolver el supuesto con todos los elementos de juicio.

De este modo, se puede comprender mejor qué es lo que se pretende con esta actividad: aproximarse a la cuestión. El alumnado debe estar capacitado de identificar el conflicto jurídico que existe en el supuesto y de señalar cuál es la normativa aplicable al caso. De esta forma, se pueden enunciar hipótesis para discutirlo más adelante en la última fase.

Pues bien, la correcta utilización de las herramientas digitales condiciona el éxito en la resolución del caso. Si los alumnos no saben utilizar bien los medios que tienen, la aproximación será equivocada y el tiempo empleado no habrá servido para avanzar en su formación.

Además, el alumnado debe tener la capacidad crítica y de reflexión para analizar todo aquello que se ha obtenido en la fase autónoma de búsqueda de resultados. De esta forma se podrán obtener frutos de la posterior puesta en común con el equipo. Si el alumnado no ejerce esta capacidad, la actividad se limitará a exportar todo aquello que se ha obtenido, sin discriminar entre aquello que realmente responde al supuesto y aquello que no es de aplicación.

Por último y como consecuencia de lo anterior, el nivel exigido deberá fijarse de conformidad con las características del grupo y el curso que se trate. De este modo, debe ser lo suficientemente exigente para que pueda ser realmente provechosa la actividad sin ser inalcanzable, ya que ello la convertiría en inútil. En cualquier caso, es preferible que sea más exigente, pues en un momento posterior siempre se puede corregir oportunamente en la resolución del supuesto.

3. Algunas consideraciones finales

Como hemos podido observar a lo largo de estas líneas, la formulación de esta actividad no constituye una absoluta revolución en el proceso de aprendizaje universitario.

Los supuestos prácticos son una tónica general en nuestro sistema, ahora bien, la nota novedosa que se añade es la utilización de todos los recursos que se encuentran al alcance. Y ello porque los alumnos deben desarrollar las competencias relativas al uso de estas herramientas, ya que sencillamente trabajarán con ellas en el futuro.

Ahora bien, no pueden perderse en la utilización de estas herramientas. Un uso inadecuado conllevaría un fracaso en su formación y en el posterior desarrollo de las profesiones jurídicas. Por ello, es necesario que se enfatice al mismo tiempo en el fomento de otras habilidades blandas que desarrollan esenciales en el mundo de hoy.

El trabajo cooperativo se presenta como una de las habilidades más valoradas en un entorno profesional en el que la creciente e imparable especialización de los trabajadores les fuerza a estar en contacto con otros compañeros para poder poner en común los resultados obtenidos de forma separada por distintos equipos o personas.

La resolución del caso tal y como se plantea resulta una actividad que puede ser explorada por algunas materias del Grado en Derecho, especialmente, aquellas de Derecho positivo que se sitúan en el primer curso. Y ello porque estas asignaturas traen consigo una serie de dificultades por la complejidad que tiene su temario. Más, si se tiene en cuenta el momento incipiente en el que están los alumnos.

Por ello, la realización de una actividad que se desarrolla de forma semanal y que consiste no tanto en la obtención de los resultados más precisos, sino en la capacidad de obtener resultados lo más precisos posibles dentro de un período de tiempo limitado. De esta forma, se profundiza la aproximación jurídica a los supuestos prácticos que versan sobre asuntos que tienen lugar en la realidad.

El alumnado tiene la oportunidad todas las semanas de llevar a cabo una profundización en la materia. Y ello mediante el dominio del Anexo a la Guía Docente, que facilita la estructura y orden de los distintos bloques temáticos y lecciones de la asignatura; también los manuales de referencia, las presentaciones y los apuntes. Por ello, el esfuerzo invertido suele obtener su recompensa también en la prueba final.

También cabe destacar que en el transcurso de esta actividad es más sencilla para el profesorado la identificación de la parte del temario que ha sido mejor asimilada y las áreas que requieren mayor atención. Y ello trae consigo la oportunidad de trabajar más aquello que no se ha entendido tan bien por parte del alumnado.

En definitiva, se trata de una actividad que persigue acompañar al alumnado en su formación, convirtiéndolo así en pleno protagonista del proceso de aprendizaje. Y ello con una metodología abierta al futuro, pero sin renunciar a los pilares básicos sobre los que se ha sustentado tradicionalmente la formación universitaria.

Bibliografía

Aramendi Jauregui, P., Bujan Vidales, K., Garín Casares, S. y **Vega Fuente, A.**, «Estudio de caso y aprendizaje cooperativo en la universidad», *Profesorado: Revista de curriculum y formación del profesorado*, vol. 18, núm. 1, 2014.

Gardner, H., *Inteligencias múltiples*, Paidós, Barcelona, 1995.

Sesento García, L., «La formación humanista en educación superior. Programas de tutorías en las universidades», *Revista Innovaciones Educativas*, vol. 23, núm. 34, 2021.

LAS COMPETICIONES JURÍDICAS INTERNACIONALES DE ESTUDIANTES COMO MÉTODO DE APRENDIZAJE INNOVADOR

Paula Granell Ramírez
Contratada predoctoral FPU
Departamento de Derecho Financiero e Historia del Derecho
Universitat de València

RESUMEN: Las competiciones jurídicas de estudiantes con alcance internacional son un método muy interesante desde la óptica de la innovación docente, con multitud de beneficios para el desarrollo educativo del alumno. Tanto desde una fase preliminar de estudio, en la que el alumno aprende a gestionar de forma autónoma su trabajo, hasta la celebración de la competición internacional, en la que el alumno mejora sus habilidades orales, se ponen en práctica competencias esenciales que cualquier futuro jurista debería desarrollar en su formación universitaria.

1. Introducción

Uno de los principales desafíos a los que se enfrenta la enseñanza universitaria en la actualidad consiste en dotar a los estudiantes de conocimientos teóricos, junto con un conjunto de las llamadas «soft skills»[1] o habilidades

1 Las «soft skills» pueden definirse como una combinación dinámica de habilidades interpersonales, intelectuales o prácticas, así como cognitivas y metacognitivas que ayudan a la gente a adaptarse y comportarse de forma positiva para poder lidiar con los distintos retos que surgen en el desarrollo de su vida profesional.

blandas, que les permitan llevar a la práctica profesional de forma correcta y eficaz lo aprendido durante sus años de formación. En este sentido, la innovación docente no solo pretende aportar técnicas de enseñanza más eficientes desde el punto de vista del profesor, sino también proponer actividades que resulten interesantes para fomentar esas competencias y que ayuden a los alumnos participantes a mejorarlas, sobre todo, desde la perspectiva práctica.

Con ese mismo objetivo de fomentar la enseñanza práctica y mejorar las habilidades competenciales de los alumnos, surgen las competiciones internacionales de estudiantes, que en los últimos años han tenido un crecimiento exponencial y que sin duda tienen un impacto positivo en el proceso de aprendizaje de los estudiantes que participan en las mismas. En el campo jurídico, estas competiciones internacionales, entre las cuales podríamos encontrar los «moot courts» o juicios simulados, tienen gran parte de su razón de ser en la importancia que tienen las destrezas orales y escritas, así como la capacidad de adaptación a los retos, en las principales profesiones jurídicas a las que en el futuro se dedicarán los alumnos del Grado en Derecho.

Las competiciones jurídicas internacionales son actividades opcionales que complementan la formación clásica llevada a cabo en el aula, en la que los estudiantes compiten en un ambiente interuniversitario y aprenden Derecho no memorizando ni estudiando, sino analizando casuística real y tratando de solventar problemas propuestos por parte del profesorado. Mediante estas competiciones, los estudiantes se acercan a la resolución de casos asumiendo diferentes roles en el ejercicio profesional del jurista[2].

A través de este capítulo, explicaremos la idoneidad de este tipo de actividades en la compleja tarea de preparar a los estudiantes de Derecho para su futuro laboral, en el cual muchas veces no solamente es necesario tener unos conocimientos teóricos importantes, sino que se valora muy positivamente haber participado en actividades de carácter práctico como estas, en las que se desarrollan competencias esenciales para el correcto desarrollo profesional.

En concreto, se explicará el funcionamiento de una competición de estudiantes de alcance internacional real llamada «EUCOTAX Wintercourse»[3], en la que participan alumnos de distintas universidades tanto europeas como norteamericanas, en el área concreta de Derecho Financiero y Tributario. A través de la misma, los estudiantes se sienten parte de un reto y se esfuerzan para conseguir los resultados óptimos mediante el trabajo en equipo y la

2 LIMPIAS, J. L., «El método del estudio de casos como estrategia metodológica para desarrollar habilidades investigativas en la formación del jurista», *Revista Boliviana de Derecho*, núm. 13, 2012, pág. 66.

3 EUCOTAX es el acrónimo de «European Universities Cooperating on Taxes».

exposición de los resultados ante el resto de participantes, lo que sin duda complementa su formación universitaria desde un punto de vista práctico, a la vez que les permite vivir una experiencia internacional e interuniversitaria que puede despertar nuevos intereses profesionales y académicos en ellos.

2. Las competiciones jurídicas de estudiantes: principales objetivos docentes

Las competiciones internacionales de estudiantes son actividades dirigidas a promover el pensamiento crítico y la proactividad del alumnado que participa en las mismas. Estas actividades podrían englobarse en el concepto de «flipped classroom», que se define como un método de enseñanza cuyo principal objetivo es que el alumno asuma un rol mucho más activo en su proceso de aprendizaje que el que venía ocupando tradicionalmente[4]. De hecho, en este tipo de propuestas formativas es el alumno el que debe adquirir el papel central de la formación, no el profesor, quien simplemente aporta el planteamiento de la actividad sobre el que se trabaja y supervisa el proceso de aprendizaje de los alumnos.

Las competiciones de estudiantes se erigen sobre dos máximas básicas que son, principalmente: la puesta en práctica de los conocimientos teóricos y la mejora de las capacidades de expresión oral y escrita.

En cuanto a la puesta en práctica de conocimientos teóricos, se trata de una cuestión de importancia manifiesta, ya que los estudiantes de Derecho necesitan aprender de una forma más práctica, sobre todo de cara a estar lo suficientemente preparados para sus primeros años de carrera profesional. En este sentido, las profesiones jurídicas requieren unas competencias prácticas que los estudiantes no suelen adquirir solamente gracias a la formación clásica llevada a cabo en las aulas, sino que es recomendable completar su preparación a través de estas actividades de carácter práctico. Un ejemplo de este tipo de competiciones jurídicas de estudiantes son los «moot courts» o juicios simulados, que permiten a los alumnos de Derecho trabajar en equipo para resolver un supuesto práctico de complejidad y que suele ser multidisciplinar. Los resultados de satisfacción en el alumnado que participa en estas actividades suele ser muy positivos, permitiendo una mejor percepción de los conocimientos teóricos, un acercamiento real a la práctica profesional o una mayor motivación para el estudio del Derecho[5].

---

4 Berenguer Albaladejo, C., «Acerca de la utilidad del aula invertida o flipped classroom», en XIV *Jornadas de Redes de Investigación en Docencia Universitaria: investigación, innovación y enseñanza universitaria: enfoques pluridisciplinares*, Universidad de Alicante, Alicante, 2016, pág. 1466.

5 Zaragoza Martí, M. F. y Zaragoza Martí, A., «La docencia invertida y la simulación de juicios como nueva metodología del aprendizaje jurídico», en *Investigación en docencia*

El hecho de que estas competiciones de estudiantes no sean un fin en sí mismo, sino una forma de adquirir una formación jurídica sólida, hace que solamente sean interesantes cuando se llevan a cabo por los alumnos de una manera seria y adecuada, además de cuando las actividades preparatorias planteadas por los profesores supervisores son correctas[6]. Aun así, como en la mayoría de los casos estas actividades son opcionales para el alumnado universitario, los estudiantes suelen estar lo suficientemente motivados e interesados para sacar provecho de la actividad.

Respecto a la mejora de las capacidades de expresión oral y escrita, la participación en una competición de estudiantes es una oportunidad idónea para practicar las mismas, ya que, si bien la implantación del Espacio Europeo de Educación Superior en España trató de darles más importancia, en la práctica esta sigue siendo una de las principales tareas pendientes de los actuales planes de estudios del Grado en Derecho[7].

La metodología normalmente empleada en las ciencias jurídicas no se ha modificado desde hace muchos años, siendo habitual utilizar las lecciones expositivas como método de enseñanza. No obstante, si lo que se busca es orientar la docencia hacia el desarrollo de la comunicación oral de los alumnos, deben introducirse nuevas metodologías consecuentes con ese fin[8]. En este sentido, las competiciones de estudiantes pueden suponer un buen método de enseñanza-aprendizaje, en el que los alumnos estudian en profundidad un caso complejo y buscan soluciones jurídicas que, normalmente, exponen frente a un jurado. Yendo más allá, en el caso de que las competiciones sean de alcance internacional, el idioma de la competición podría ser inglés u otro idioma extranjero. En ese supuesto, los alumnos podrían mejorar a través de la práctica oral y escrita con otros estudiantes y profesores extranjeros esta segunda lengua tan importante en el día a día profesional y que habitualmente en su formación universitaria no suelen practicar.

Además, el hecho de tener que socializar con otros estudiantes de universidades distintas les hace desarrollar sus habilidades y competencias sociales, además de conocer e interesarse por otras culturas jurídicas, cuestión muy interesante de cara a tener estudiantes con una mente abierta y respe-

universitaria: Diseñando el futuro a partir de la innovación educativa, Octaedro, Barcelona, 2017, pág. 762.

6 SCHUMANN BARRAGÁN, G., «La simulación de juicios desde una perspectiva histórica y docente», en *Reflexiones actuales en torno a la dialéctica, la retórica y otros métodos en la formación del jurista*, obra colectiva, Aranzadi Cizur-Menor, Navarra, pág. 429.

7 REGUART SEGARRA, N., «Las competiciones de juicio simulado desde la perspectiva del coach: a propósito de la primera edición de la Moot Court AEDEUR», *Revista de Educación y Derecho*, núm. 27, 2023, pág. 4.

8 MADALINA BOBOC, S. y VICENTE MAMBEL, C., «El desarrollo de las competencias orales en el Grado en Derecho a través de la participación en competiciones de arbitraje (moot courts)», *Revista de Educación y Derecho*, núm. 21, 2021, pág. 5.

tuosos con la diversidad y multiculturalidad. En este sentido, algunos autores señalan la importancia de potenciar en los planes de estudio las habilidades sociales, en la medida en que a través de ellas los alumnos pueden afrontar y gestionar soluciones mediante la aplicación de habilidades de negociación, trabajo en equipo, asertividad y manejo de conflictos[9], habilidades altamente valoradas en el mundo profesional del que luego formarán parte.

En definitiva, la formación integral de los estudiantes universitarios requiere que aprendan los conocimientos teóricos y prácticos relativos a una profesión, pero también metodologías dirigidas a promover la autonomía en el aprendizaje, la creatividad para la resolución de problemas, el pensamiento crítico, así como el compromiso con la sociedad o el trabajo en equipo. Por tanto, esa formación completa requiere formar para hacer y formar para ser, aprender a aprender, aprender a ejercer la iniciativa y aprender a convivir[10], aspectos claramente relacionados con las «soft skills».

3. Una competición internacional sobre Derecho Tributario: el EUCOTAX Wintercourse

El EUCOTAX Wintercourse es una competición de carácter internacional fundada en el año 1993 por tres universidades europeas, con el objetivo de estimular el estudio y la investigación sobre aspectos europeos del Derecho tributario. Con el tiempo, y debido al gran éxito y repercusión de la competición, se fueron sumando al consorcio universidades de otros países europeos.

Actualmente, en la competición EUCOTAX Wintercourse participan un total de 12 universidades, incluyendo una universidad norteamericana: Tilburg University (Países Bajos), Universitat de València (España), Université Paris 1 Panthéon-Sorbonne (Francia), Universität Osnabrück (Alemania), Eötvös Loránd University (Hungría), Uppsala University (Suecia), KU Leuven (Bélgica), LUISS Guido Carli (Italia), University of Lodz y Warsaw (Polonia), University of St. Gallen (Suiza) y Georgetown University (Estados Unidos).

La participación en la competición EUCOTAX Wintercourse se ofrece públicamente a los estudiantes de último curso tanto del Grado en Derecho como de los Dobles Grados que incluyen Derecho, así como a los estudiantes de los Másteres que tengan relación con la fiscalidad internacional y puedan estar interesados en el contenido de la competición, cuyo específico tema de estudio es distinto cada año. Debido a la demanda de estudiantes para participar en la misma, se abre un proceso de selección con entrevista fruto del

9 BAENA GARCÍA, V., «Innovación docente e identificación de inhibidores del aprendizaje en el área de empresa. Una propuesta metodológica», *Espiral. Cuadernos del Profesorado*, vol. 3, núm. 6, 2010, pág. 4.

10 RUIZ LUGO, L., «Formación integral: desarrollo intelectual, emocional, social y ético de los estudiantes», *Revista Universidad de Sonora*, núm. 19, 2007, págs. 11-13.

cual se eligen seis estudiantes de cada una de las universidades participantes para acudir en representación de la misma. Cada año la competición se celebra en una de las universidades participantes, por lo que a los estudiantes se les ofrece la posibilidad no solo de participar en una competición de un tema que les resulta interesante, sino de vivir una experiencia internacional en una universidad extranjera. En total, participan 72 estudiantes que son guiados por los respectivos responsables del programa en cada universidad, que suelen ser profesores de Derecho tributario.

A modo de ejemplo, durante el presente curso académico, el EUCOTAX Wintercourse se celebró del día 10 al 18 de abril de 2024 en la Universidad de Tilburg, Países Bajos. El tema a tratar este año fue el siguiente: «Tax Reforms between Success and Failure: From the Past through the Present towards the Future» (en castellano, «Reformas fiscales entre el éxito y el fracaso: Del pasado al futuro pasando por el presente»).

En cuanto al funcionamiento de la actividad, podemos diferenciar, por un lado, el trabajo previo por parte del alumno para preparar su participación, y por otro, la celebración de la competición en sí misma, que suele durar 7 días aproximadamente.

Por un lado, desde el comienzo del curso académico en el que se celebra la actividad, los estudiantes seleccionados comienzan a preparar la respuesta a un cuestionario elaborado por los profesores organizadores. En concreto, la elaboración del trabajo de investigación individual se realiza a través de un enfoque doméstico o nacional, puesto que en la competición se tienen en cuenta las respuestas de cada uno de los alumnos y gracias a las mismas se lleva a cabo una labor de comparación entre los distintos ordenamientos jurídicos de las universidades participantes. Además, el alumno también debe preparar su exposición oral individual ante el resto de profesores y estudiantes en inglés, que tiene lugar al principio de la semana de competición.

La realización de estas actividades por parte del alumno lo convierte en un agente autónomo[11], capaz de organizar su tiempo por sí mismo, así como analizar con profundidad temas relacionados con la fiscalidad europea a través de la investigación jurídica. De esta forma, también se fomenta la proactividad del alumno, y se le da una responsabilidad propia de alcanzar los resultados propuestos en un lapso de tiempo que le permite organizarse de forma independiente, aunque siempre su trabajo siendo supervisado por los tutores de la actividad.

En cuanto a la competición que se celebra en la universidad de acogida, los estudiantes participantes deben asistir a lo largo de la semana a jornadas de trabajo con el objetivo de debatir y elaborar un informe final en el marco

11 Pedrosa López, J. C., «Las actividades online adaptadas a la enseñanza universitaria en la era digital», en Marullo, M.ª C. y Andrés Segovia, B. (dirs.), *Revolución tecnológica e innovación docente*, Horsori, Barcelona, 2021, pág. 95.

de sus respectivos subgrupos. En tal tarea, cuentan con el apoyo y la supervisión de los distintos profesores, que también se dividen por subgrupos de trabajo. Cada subgrupo está compuesto por un alumno o alumna de cada universidad y por 2 o 3 profesores supervisores, que son los que han redactado el cuestionario específico. No obstante, durante la semana pueden perfeccionar la presentación de su trabajo y elaborar el informe que se prepara junto al resto de participantes, dotando al análisis de un enfoque comparado gracias al intercambio de ideas entre estudiantes y profesores de distintos ordenamientos jurídicos. Finalmente, la última jornada concluye con la ceremonia de presentaciones de los informes comparados de cada subgrupo, después de los cuales se desarrolla un debate entre todos los estudiantes y profesores participantes y, por último, se entregan los diplomas.

La participación de los estudiantes en el EUCOTAX Wintercourse es muy positiva para el desarrollo de sus habilidades de expresión oral y escrita, además de contribuir al desarrollo de sus competencias de trabajo en equipo. Además, como hemos adelantado en el anterior apartado, participar en una actividad de alcance internacional en la que, durante toda una semana, asisten a talleres de trabajo con otros estudiantes de distintas universidades, les permite ejercitar su inglés, algo esencial en las últimas etapas universitarias en tanto en cuanto el mercado laboral demanda cada vez más profesionales que muestren una competencia profesional completa tanto en inglés oral como escrito.

En línea con lo anterior, podríamos mencionar algunas competencias generales del Grado en Derecho (en este caso, de la Universitat de València) que pueden conseguirse a través de la participación del estudiantado en el EUCOTAX, y que muchas veces no se alcanzan a través de la enseñanza tradicional. Estas competencias son, concretamente, las siguientes: *«CG5: Capacidad para comunicar correctamente de forma oral y escrita»*; *«CG8: Capacidad para trabajar en equipo de manera coordinada»*; *«CG10: Capacidad para trabajar en un contexto internacional»*; *«CG11: Capacidad para reconocer y valorar la diversidad y la multiculturalidad»*; *«CG15: Capacidad para adaptarse a nuevas situaciones»*; *«CG16: Capacidad para crear y generar ideas»*[12].

En consecuencia, la actividad del EUCOTAX Wintercourse tiene unas consecuencias muy positivas en el aprendizaje de los alumnos participantes, que ponen en práctica los conocimientos adquiridos en las asignaturas del Grado relacionadas con el Derecho tributario, estudiando además aspectos europeos o internacionales en los cuales no habrían profundizado de no participar en la actividad. Ese impacto positivo en el proceso de aprendizaje de los estudiantes se debe, entre otras cosas, al contacto continuo entre profesores y

---

12 Véase el conjunto de competencias del Grado en Derecho: Universitat de València, «Grado en Derecho. Competencias generales». Disponible en: www.uv.es/uvweb/universidad/es/estudios-grado/oferta-grados/oferta-grados/grado-derecho-1285846094474/Titulacio.html?id=1285847455682&plantilla=UV/Page/TPGDetaill&p2=3-2.

alumnos, así como a la interacción entre los propios estudiantes. La unión de diversos elementos como pueden ser el trabajo propio, el trabajo en equipo, las actividades sociales y las charlas académicas, consistentes en seminarios o conferencias relacionadas con el tema de la competición, fomenta el desarrollo de competencias y habilidades esenciales para los futuros juristas.

4. Conclusiones

Los estudiantes universitarios deberían obtener una serie de competencias, esenciales hoy en día, para tener una formación integral en su campo de trabajo. Por esta razón, y debido a su eminente carácter práctico, las competiciones internacionales de estudiantes se erigen como una actividad complementaria a la formación tradicional, que permite a los alumnos aprender de temas concretos y mediante procesos de aprendizaje muy distintos a los habituales o clásicos en las aulas.

La competición internacional EUCOTAX Wintercourse puede ser un ejemplo de actividad que promueve un aprendizaje basado en competencias y permite a los estudiantes ser autónomos y proactivos en su participación en el programa, además de crear relaciones con el resto de estudiantes y profesores en un contexto interuniversitario. Sin duda, se trata de una experiencia muy positiva para los alumnos del Grado en Derecho interesados en el ámbito específico del Derecho tributario, no solo desde un punto de vista doméstico sino también internacional. Por ende, esta competición podría servir de referencia para profesores de otras ramas del Derecho, puesto que podrían organizar competiciones de este tipo en sus concretas áreas de estudio, con el objetivo de motivar a estudiantes a aprender desde un punto de vista práctico acerca de sus asignaturas preferidas.

En conclusión, las competiciones internacionales de estudiantes son actividades que permiten dar un paso más en el aprendizaje basado en la práctica, tanto desde una perspectiva general como específica en función del ámbito de estudio de la competición, así como obtener competencias transversales para su desarrollo personal y profesional. En el concreto ámbito de la formación jurídica, gracias a estas competiciones de estudiantes, los alumnos de Derecho salen más preparados al mundo laboral, en el cual las destrezas orales y escritas, así como las competencias relacionadas con el trabajo en equipo, la autogestión, las habilidades sociales o la capacidad de pensamiento crítico, cobran hoy en día más relevancia que nunca.

Bibliografía

Baena García, V., «Innovación docente e identificación de inhibidores del aprendizaje en el área de empresa. Una propuesta metodológica», *Espiral. Cuadernos del Profesorado*, vol. 3, núm. 6, 2010.

Berenguer Albaladejo, C., «Acerca de la utilidad del aula invertida o flipped classroom», en *XIV Jornadas de Redes de Investigación en Docencia Universitaria: investigación, innovación y enseñanza universitaria: enfoques pluridisciplinares*, Universidad de Alicante, Alicante, 2016.

Limpias, J. L., «El método del estudio de casos como estrategia metodológica para desarrollar habilidades investigativas en la formación del jurista», *Revista Boliviana de Derecho*, núm. 13, 2012.

Madalina Boboc, S. y **Vicente Mambel, C.**, «El desarrollo de las competencias orales en el Grado en Derecho a través de la participación en competiciones de arbitraje (moot courts)», *Revista de Educación y Derecho*, núm. 21, 2021.

Pedrosa López, J. C., «Las actividades online adaptadas a la enseñanza universitaria en la era digital», en Marullo, M.ª C. y Andrés Segovia, B. (dirs.), *Revolución tecnológica e innovación docente*, Horsori, Barcelona, 2021.

Reguart Segarra, N., «Las competiciones de juicio simulado desde la perspectiva del coach: a propósito de la primera edición de la Moot Court AEDEUR», *Revista de Educación y Derecho*, núm. 27, 2023.

Ruiz Lugo, L., «Formación integral: desarrollo intelectual, emocional, social y ético de los estudiantes», *Revista Universidad de Sonora*, núm. 19, 2007.

Schumann Barragán, G., «La simulación de juicios desde una perspectiva histórica y docente», en *Reflexiones actuales en torno a la dialéctica, la retórica y otros métodos en la formación del jurista*, Aranzadi, Cizur Menor (Navarra).

Zaragoza Martí, M. F. y **Zaragoza Martí, A.**, «La docencia invertida y la simulación de juicios como nueva metodología del aprendizaje jurídico», en *Investigación en docencia universitaria: Diseñando el futuro a partir de la innovación educativa*, Octaedro, Barcelona, 2017.

QUINTA PARTE

Las nuevas tecnologías en la enseñanza del Derecho

UNA HISTORIA EN INSTAGRAM COMO FACTOR DE MOTIVACIÓN DEL ESTUDIANTADO UNIVERSITARIO

Cristina López Sánchez
Profesora Titular de Derecho Civil
Universidad Miguel Hernández de Elche

RESUMEN: El profesorado universitario por su propia experiencia conoce de cerca la falta de motivación de gran parte del estudiantado. Ello parece un contrasentido si tenemos en cuenta que, un alumno que ha elegido cursar un grado concreto, debería contar con la suficiente motivación inicial como para implicarse en su propio aprendizaje con una actitud proactiva, a través de la cual demuestre un interés creciente a medida que va avanzando en sus estudios, al propio tiempo que va superando los exámenes. Sin embargo, la realidad es bien distinta y a menudo los profesores universitarios nos preguntamos cómo podemos contribuir a despertar en ellos el interés por nuestra asignatura, como en este caso, a través de algo tan sencillo, pero al mismo tiempo tan eficaz, como la publicación de una historia en Instagram.

1. Introducción

Tengo la suerte de haber convertido una de mis pasiones en mi profesión y, a esa suerte, le sumo el convencimiento de que a un buen profesor —o profesora— lo conforman unos buenos estudiantes. Sin ellos, la labor docente que llevamos a cabo durante cada curso académico no tendría sentido alguno. Es por y para ellos que seguimos formándonos tanto en metodologías innovadoras como en nuevas tecnologías, así como también actualizamos nuestros conocimientos para dar la mejor versión de cada uno de nosotros en el aula a partir del mes de septiembre de cada año académico y durante los meses que siguen.

Tenemos claro que en la última década ha aumentado exponencialmente el uso de las redes sociales en nuestro país. Ello conlleva un cambio de paradigma en el ámbito relacional de las personas, lo cual deriva en una forma diferente de comunicarse, buscar información y proceder en las actividades cotidianas. En este contexto, la docencia universitaria no debe permanecer inmune a ese profundo cambio, sino que ha de intentar adaptarse a las nuevas necesidades del estudiantado[1]. Y es que todos los entornos, incluido el universitario, van evolucionando y, entre los nuevos enfoques debemos revisar y reformular cómo los docentes podemos llegar hasta el estudiantado, pues la generación de estudiantes universitarios actual es más crítica y sus necesidades han cambiado[2].

Hoy en día resulta difícil concebir un mundo sin conexión a internet, del mismo modo que no podemos imaginar no utilizar alguna red social como medio de interacción y comunicación. Son muchas y muy variadas las plataformas existentes ya que vivimos en un mundo hiperconectado[3]. Efectivamente, las redes sociales son una herramienta habitual para la información y comunicación, entre cuyos beneficios destaca el efecto de atracción social que implica un acercamiento del aprendizaje informal con el formal, así como la sencillez y el fomento de la comunicación con el estudiantado y con su motivación[4].

No en vano, la tecnología se ha hecho mediadora de una adaptación de las relaciones sociales que no deja indiferente a las universidades[5], lo que ha provocado que uno de los desafíos actuales sea lograr alcanzar los objetivos establecidos a través del profesorado que descubre nuevos conocimientos, esclarece y trasmite el existente y promueve el aprendizaje de todos los estudiantes, lo cual solo puede alcanzarse si los profesores se implican en el proceso[6].

---

1 De forma similar, HORTIGÜELA ALCALÁ, D. y PÉREZ PUEYO, A., «Uso de las redes sociales como elemento formativo en el aula: Análisis de la motivación del alumnado universitario», *ICONO14*, vol. 13, núm. 2, 2015, pág. 97.

2 En este sentido, ESPINOSA GALARZA, M. O. y NOVILLO MALDONADO, E. F., «Motivación en la superación personal y profesional en estudiantes universitarios», *Revista Atlante: Cuadernos de educación y desarrollo*, 2016, págs. 3 y 6.

3 En este sentido, BLASCO DOÑAMAYOR, E., «Historias en Instagram e *Instagram stories*. Relatos en 15 segundos», en CALVO REVILLA, A. y ARIAS URRUTIA, Á. M. (coords.), *Escrituras enREDadas,* 2021, pág. 209.

4 Así, PEINADO ROCAMORA, P., «Aumento de la motivación mediante el uso de redes sociales», *Revista DIM*, año 10, núm. 29, 2014, pág. 2.

5 DANS ÁLVAREZ DE SOTOMAYOR, I. y MUÑOZ CARRIL, P. C., «Las redes sociales como motivación para el aprendizaje: opinión de los adolescentes», *Innoeduca. International Journal of Technology and educational innovation*, vol. 2, núm.1, 2016, pág. 21.

6 Así, PACHECO, A., «La motivación en la Universidad», *Ingeniería industrial*, núm. 6, 1993, pág. 16.

Resulta fácilmente constatable que las redes sociales se han convertido en una vía para que el profesorado se conecte con los estudiantes actuales. Efectivamente, la incorporación de la tecnología permite dotar al sistema de cierta flexibilidad en la impartición de contenidos, facilitando la creación de estrategias para que el profesorado busque la mejor manera de involucrar a los estudiantes y ayudarles a construir el conocimiento[7].

Fiel reflejo de ello, durante el curso académico que acaba de concluir decidimos poner en práctica un sencillo método para motivar durante las clases a los estudiantes, lo que concluyó con una publicación en Instagram, como veremos en el apartado siguiente. La muestra estaba formada por un total de 37 estudiantes (entre un total de 51 matriculados) de tercer curso del doble Grado en Derecho y ADE de la Universidad Miguel Hernández de Elche, con una edad media de 20/21 años. Por su parte, el contexto en el que situamos la actividad se circunscribe al curso académico 2023/2024, dentro de la asignatura de Derecho civil III, del mencionado doble grado.

Es así como se llevó a cabo una actividad de motivación constante durante el cuatrimestre que culminó con la publicación de una historia a través de la red social de Instagram. Como decimos, la publicación se llevó a cabo al final de un cuatrimestre en el que a través de estímulos tanto expresos como subliminales que se iban volcando durante las clases, se habían ido transmitiendo mensajes[8] que culminaron con la publicación de una historia en Instagram. En concreto, a los estudiantes se les lanzó un reto, en el sentido de un «objetivo o empeño difícil de llevar a cabo, y que constituye por ello un estímulo y un desafío para quien lo afronta», según uno de los significados recogidos en el diccionario de la RAE. Y ese reto consistía en que todos aprobasen el examen. Esta era la segunda vez que decidíamos ponerlo en práctica, pues la primera que lo intentamos no funcionó, probablemente porque se hizo con estudiantes de primer curso, donde la desmotivación de algunos resulta difícilmente reconducible.

A tal fin, días antes del examen, en el transcurso de la última clase, se les dedicaron unas palabras finales de motivación del tipo «vosotros podéis conseguirlo», «os estáis esforzando mucho», «se nota que habéis asimilado los contenidos», «hemos trabajado a fondo la asignatura, tanto en el plano teórico como en el práctico», que desarrollaremos en los apartados III y IV.

7 Pineda Martínez, M. y Puente Torre, P., «Instagram, una herramienta de aprendizaje para el alumnado universitario», *Reidocrea*, vol. 11, núm. 60, 2022, pág. 685.

8 Tanto los éxitos totales como los parciales alcanzados por un alumno o por un grupo de ellos, han de ser reconocidos y resaltados. El reconocimiento generoso y sincero es la recompensa más precisada del esfuerzo, sin necesidad de entrar en comparaciones y sin fomentar artificialmente la competitividad, en definitiva, se debe reconocer el éxito del estudiante y del grupo y si es posible hacerlo en público, así López Muñoz, L., «La motivación en el aula», *Pulso*, núm. 27, 2004, pág. 99.

Lo anterior fue fruto de una reflexión precedida por un convencimiento en torno al alejamiento de temores ínsitos a todo profesor en relación con una hipotética e improbable pérdida del respeto de su estudiantado si implementa innovaciones en su tarea docente, ya que la adecuación a los intereses de estos exige una continua formación y actualidad, siempre con unos límites medidos[9]. Y precisamente porque la renovación metodológica es uno de los retos ineludibles que tiene que afrontar la universidad[10], conviene asumir el riesgo de innovar puesto que el factor sorpresa conlleva un incremento de atención y participación, lo que al propio tempo deriva en una mayor implicación personal del estudiantado[11].

No podemos desconocer que en las aulas conviven estudiantes motivados y con ansias de aprender con un gran porcentaje de estudiantes desmotivados y sin interés. El reto reside en mantener la chispa en los primeros y en hacer que nazca en los segundos, lo cual no es tarea sencilla.

2. La motivación en los estudiantes universitarios. ¿Un oxímoron?

A estas alturas afirmar que la motivación de los estudiantes universitarios resulta fundamental en su desarrollo y éxito académico, resulta palmario. Sin embargo, lo cierto es que si tenemos en cuenta que en esta etapa son ellos quienes deciden qué estudiar, nos encontramos con un contrasentido ante tanta desmotivación por su parte. Es por ello que a los profesores nos corresponde un rol clave en este proceso, que se corresponde con la capacidad de motivarles, constituyendo un pilar esencial hacia el fortalecimiento de su autoestima y seguridad.

El término motivación tiene su origen en la palabra latina *motus* que significa movimiento. En el diccionario de la RAE se define la palabra motivación como el «conjunto de factores internos o externos que determinan en parte las acciones de una persona», a lo que se podría añadir que la motivación es un proceso psicológico que determina la planificación y la actuación del sujeto, además de que es un estado dinámico más que un estado fijo, no es algo permanente ni inmutable, sino variable según los contextos de aprendizaje[12]. Motivar es despertar el interés y la atención de

9 En sentido parecido, MORA DE LA TORRE, V. y GONZÁLEZ CABALLERO, M., «Instagram como herramienta motivacional docente: estudio de caso», *index.comunicación*, vol. 12, núm. 2, 2022, pág. 166.

10 Igualmente, CAÑABATE ORTIZ, D., AYMERICH ANDREU, M., FALGÀS ISERN, M. y GRAS PÉREZ, M. E., «Metodologías docentes. Motivación y aprendizaje percibidos por los estudiantes universitarios», *Educar*, vol. 50, núm. 2, 2014, pág. 428.

11 Asimismo, LÓPEZ MUÑOZ, L., «La motivación en el aula», cit., pág. 101.

12 *Vid.* BRYNDUM, S. y JERÓNIMO MONTES, J. A., «La motivación en los entornos telemáticos», *RED. Revista de Educación a Distancia*, año V, núm.13, 2005, pág. 10;

los estudiantes por los valores contenidos en la materia, excitando en ellos el interés en aprender, el gusto de estudiarla y la satisfacción de cumplir las tareas que exige[13].

Asimismo, la motivación está relacionada con tres parámetros, a saber, la autoestima —es decir, el aprecio hacia uno mismo—; la autoeficacia —o grado de capacidad para llevar a cabo acciones específicas— y el autoconcepto —como conjunto de imágenes, pensamientos y sentimientos que el sujeto tiene de sí mismo—[14].

Por todo ello resulta fundamental promover y practicar la motivación como un estímulo que provoque que el estudiantado muestre una actitud proactiva en su proceso de aprendizaje. Es el clic que enciende sus ansias por aprender y explorar nuevos campos, la fuerza que les empuja a estudiar y a esforzarse constantemente. No hay duda de que lo que hacen los profesores en el aula incide sobre la motivación para aprender de los estudiantes. Además, sabemos que los estudiantes motivados aprenden de forma más rápida y eficaz y esa motivación ha de estar presente tanto al comienzo como durante todo el curso. Un estudiante motivado logrará rendimientos más satisfactorios lo cual redundará en desempeños profesionales de calidad y construcción de saberes de excelencia y, para ello, no hay combinación más perfecta que un alumno motivado para aprender y un profesor amante de su materia, con buenas herramientas para enseñarla[15].

A su vez, la motivación puede ser intrínseca o extrínseca. Por una parte, es intrínseca si proviene de intereses personales, curiosidad y satisfacción en el aprendizaje por uno mismo, es la que trae, pone, ejecuta y activa la persona por sí misma, es una motivación que lleva consigo, no depende del exterior y la pone en marcha cuando lo considera oportuno[16].

---

13 Así, Ulloa Arteaga, H., Gutiérrez Rodríguez, M. A., Simancas Altieri, I. M. y Ayala Ramírez, I., «La motivación a los estudiantes por el profesor ¿Se aprende mejor?», *Revista Educateconciencia*, vol. 17, núm. 18, 2018, pág. 129.

14 Así, Campillo Seva, N., Hernández-Córdoba, M., Viñas López-Pelegrín, P. y López-García, I. F., «Los pasatiempos como herramientas para mejorar el proceso de aprendizaje de los alumnos a través de la motivación: aplicación práctica a una asignatura de 2.° curso de Grado», en *II Congreso Internacional de Innovación Docente 2014: Murcia, 20-21 de febrero de 2014*: Libro de Actas. Murcia: Universidad de Murcia, Universidad de Cartagena, 2014, págs. 775-776.

15 Asimismo, Rinaudo, M. C., de la Barrera, M. L. y Silvio Donolo, D., «Motivación para el aprendizaje en alumnos universitarios», *Revista electrónica de motivación y emoción (R.E.M.E)*, vol. IX, núm. 22, 2006, pág. 5.

16 Como bien señala Mena Bastidas, K. Y., «Análisis de relación entre motivación y rendimiento académico en estudiantes universitarios», *GADE: Revista Científica*, ed. especial, septiembre 2022, pág. 62.
Por lo tanto se vincula con acciones realizadas por el interés que genera la propia actividad, considerada como un fin en sí misma y no como un medio para alcanzar otras metas En este sentido, López Noguero, F., *Metodología participativa en la enseñanza universita-*

Y, por otra parte, la motivación es extrínseca —o externa— cuando se provoca desde fuera por otras personas o por factores exógenos, es decir, depende del exterior, de que se cumplan una serie de elementos o de que alguien genere esa motivación[17]. Efectivamente, la motivación extrínseca es aquella que mueve a la persona a realizar una determinada acción para satisfacer otros motivos que no están relacionadas con la actividad en sí misma, sino más bien con la consecución de otras metas que, en nuestro caso, se fijarían en obtener buenas calificaciones[18].

Con carácter general, la motivación no debería considerarse como una característica de una personalidad relativamente estable, sino que más bien concierne a un proceso psicológico en el que las características de personalidad (motivos, razones, habilidades, intereses, expectativas, perspectiva de tiempo de futuro y la percepción de las características ambientales) interactúan. Ello implica que la motivación puede ser influenciada por los cambios ocasionados en el propio estudiante (disminución de ansiedad ante los exámenes, incremento de autoeficacia académica), o por los cambios producidos en el ambiente de aprendizaje (el currículum, las expectativas familiares, el ambiente de clase, la cultura escolar)[19].

Efectivamente, nos encontramos ante un terreno en el que inciden muchas biografías y experiencias y, en este contexto, el profesor debería procurar o alcanzar el objetivo motivacional que centra su actuación en el estudiante. Sin embargo, no se puede desconocer que cuando este llega al aula no es una tabla rasa, sino que viene conformado de distintas influencias y factores, cuyo cúmulo define su autoconcepto actual[20].

En todo momento nos referimos a una motivación positiva fundada en incentivos de persuasión y alabanza, pues la negativa, hecha por amenazas, gritos, reprensiones y castigos cae fuera del propio sentido que le conferi-

---

ria, Narcea, Madrid, 2005, pág. 82; Cid Cid, S., «El uso de estrategias de aprendizaje y su correlación con la motivación de logro en los estudiantes», *REICE*, vol. 6, núm. 3, 2008, pág. 108.
La motivación intrínseca de los estudiantes tendría capacidad predictiva sobre su disciplina y comportamiento y esto estaría directamente relacionado con su rendimiento académico, así, Gutiérrez, M. y López, E., «Motivación, comportamiento de los alumnos y rendimiento académico», *Infancia y Aprendizaje,* vol. 35, núm. 1, 2012, pág. 69.

17 En el mismo sentido, Mena Bastidas, K. Y., «Análisis de relación entre motivación y rendimiento académico en estudiantes universitarios», cit., pág. 61.

18 En sentido similar, Román Pérez, M. y Díez López, E., *Aprendizaje y currículo*, Ediciones Novedades Educativas, Buenos Aires, 2003, pág. 142; Cid Cid, S., «El uso de estrategias de aprendizaje y su correlación con la motivación de logro en los estudiantes», cit., pág. 108.

19 Así, Lens, W., Matos, L. y Vansteenkiste, M., «El profesor como fuente de motivación de los estudiantes: Hablando de qué y del por qué del aprendizaje de los estudiantes», *Revista Digital de Investigación en Docencia Universitaria*, año 4, núm. 1, 2008, pág. 2.

20 López Muñoz, L., «La motivación en el aula», cit., págs. 96-97.

mos al término. La superioridad de la motivación positiva sobre la negativa es evidente, tanto por el esfuerzo ahorrado como por la superior calidad de los resultados[21].

Es por ello que estamos de acuerdo con que la motivación es una variable de gran importancia a la que, sin embargo, no se le suele prestar la atención que merece. Dedicar tiempo a cultivar la motivación resulta esencial para cualquier docente, ya que impacta profundamente en el éxito de los estudiantes[22]. Es más, la motivación, no se activa de forma automática ni es privativa del comienzo de la actividad, sino que abarca todo el proceso de enseñanza-aprendizaje[23].

Con todo, la ilusión y el grado de compromiso del estudiante motivado contrasta con la apatía y la evasión de responsabilidades del estudiante desmotivado y, con ello, surgen las diferentes calificaciones en unos y otros. Para ello el profesorado debería esforzarse por crear una atmosfera interpersonal cálida de respeto y optimismo con los estudiantes, puesto que el esfuerzo que destinemos a fomentar ese clima de compañerismo y de confianza mutua estará más que justificado y provocará agradecimiento por parte del estudiantado[24]. Y, por supuesto, habrá de tenerse en cuenta cuál es el nivel de estimulación óptimo: ni tan reducido que no otorgue eficacia al proceso, ni dotado de un nivel tan excesivo que prime la angustia sobre la tensión superadora de unas metas que suponen estímulo y motivación[25].

3. Procedimiento

Son muchas las estrategias que se pueden utilizar en aras de motivar al estudiantado como por ejemplo integrar la tecnología en el aula —satisfaciendo con ello sus necesidades con experiencias de aprendizaje interactivas—, conectar los contenidos de la asignatura con la realidad o establecer objetivos alcanzables, con metas realistas y bien diseñadas[26]. En el caso que nos ocupa, la motivación constituyó un factor importante, transmitiendo a los estudiantes confianza en su preparación al propio tiempo que se les hacía

21 Ulloa Arteaga, H., Gutiérrez Rodríguez, M. A., Simancas Altieri, I. M. y Ayala Ramírez, I., «La motivación a los estudiantes por el profesor ¿Se aprende mejor?», cit., pág. 129.

22 *Vid.* https://impulso06.com/como-motivar-a-los-alumnos-en-el-aula-herramientas-y-estrategias/, consulta de 11/05/2024.

23 En este sentido, Ulloa Arteaga, H., Gutiérrez Rodríguez, M. A., Simancas Altieri, I. M. y Ayala Ramírez, I., «La motivación a los estudiantes por el profesor ¿Se aprende mejor?», cit., pág. 127.

24 Así, López Muñoz, L., «La motivación en el aula», cit., pág. 100.

25 *Ibid.*, pág. 98.

26 Tal y como se recoge en https://famma.org/motivacion-la-clave-para-el-exito-del-alumnado/ (consulta de 10/05/2024).

partícipes de ello, así como prometiéndoles subir una historia de Instagram si todos superaban el examen. La historia se grabó en el aula a modo de simulacro el mismo día que se les motivó en clase, se hicieron varias fotos y por sugerencia de ellos también se grabó un vídeo para que se viera el aula desde todos sus ángulos, que es lo que finalmente se publicó.

Sin lugar a dudas, cada uno de los 37 estudiantes prepararon la asignatura con empeño y se esforzaron para cumplir sus objetivos, debiendo reconocer que la motivación desempeñó un papel fundamental en los resultados. Incluso las calificaciones fueron más altas de lo que suele ser habitual cuando hemos impartido la misma asignatura en otros cursos, con siete sobresalientes.

Durante este ejercicio de motivación hemos llegado al convencimiento de que lo importante es ser una persona normal y mostrarse ante los estudiantes de forma corriente, que vean al docente como a ellos y al mismo tiempo conseguir que se le respete. Que igual estamos para reírnos de cualquier comentario en clase que para decirles a los de la antepenúltima fila que respeten al resto porque no paran de hablar.

Nada más publicar la historia a la que nos estamos refiriendo hubo muchas visualizaciones, un total de 179, cuando en ese momento la cuenta de Instagram tenía poco más de 200 seguidores, con un elevado número de *likes* para lo que suele ser habitual en las historias, avatares aplaudiendo y algún comentario destacando el resultado y la labor llevada a cabo.

La cuenta desde la que se subió la historia es privada (@crislopezsnchz) y además de facilitársela a los estudiantes (17 decidieron seguirla) se les indicó que durante la duración de la historia (24 horas) cambiaría la cuenta a perfil público para que tuvieran absoluta libertad. En ningún caso hubo intromisión en su esfera privada porque, insistimos, durante el tiempo de publicación, estuvo en abierto y accesible para todos. Incluso lo vieron alumnos de otros cursos del mismo grado, o sea que el logro que conseguimos fue comentado entre ellos.

No en vano, Instagram es una de las redes sociales con más popularidad entre los jóvenes[27]. Esta red social surgió en el año 2010, creada por Kevin Systrom y Mike Krieger y en 2012 fue adquirida por Facebook. El formato «historias» al que ahora nos estamos refiriendo fue introducido en el año 2016. Las publicaciones pueden ser publicaciones propiamente dichas en el panel de la cuenta, historias, (que son contenidos con una vigencia de 24 horas), *reels* (o videos cortos formados por varios fragmentos), o emisiones en directo (retransmisiones vía *streaming* en el mismo momento en que se produce)[28].

---

27 De unos años aquí ha crecido el interés por su uso en las aulas, con ella se pude incentivar la competitividad y la motivación, así, SEMPERE FERRE, F., «Instagram como herramienta de aprendizaje en el contexto universitario», *Congreso In-Red*, 2022, pág. 1051.

28 MORA DE LA TORRE, V. y GONZÁLEZ CABALLERO, M., «Instagram como herramienta motivacional docente: estudio de caso», cit., pág. 150.

Como decimos, las historias son videos de unos segundos de duración que solo se muestran durante 24 horas en el perfil del creador, donde se comparten momentos cotidianos a través de videos o fotografías que desaparecen después de esas horas, salvo que se añada como historia destacada. Esta opción de historias en Instagram nació como una adaptación de Snapchat[29]. En ellas, incluso se puede reducir el número de seguidores que pueden verla, a través de la función «mejores amigos» que te permite ir seleccionándolos. En ese contenido audiovisual que se publica (es aconsejable utilizar el formato vertical) se puede añadir texto (incluso cambiar el tipo de letra o los colores), *stickers*, GIF, ubicación, música, encuestas, etiquetas, etc., con un máximo de 100 historias publicadas al día por usuario. En cuanto a las horas aconsejables de cara a las publicaciones, para hacerlas coincidir con el horario de más uso no hemos encontrado datos coincidentes. Por un lado, se hacía referencia a que la franja horaria aconsejable es entre las entre las 21:00 y las 23:00 horas, mientras que en otra fuente se abarcaba desde las 10:00 hasta las 14:00 horas, por lo que consideramos que lo más práctico es fijarse en el momento de conexión de los usuarios de cada uno. Los principales indicadores clave de rendimiento (KPI por las iniciales en inglés) son los *likes*, los comentarios, el compartir la publicación, las publicaciones grabadas, o las visitas al perfil.

Es por ello que las historias de Instagram pueden considerarse microrrelatos visuales, sociales y efímeros con función narrativa, si bien constituyen un material volátil, a menos que esté resaltada en el perfil[30].

En la actualidad es la red social que registra hasta 58 veces más interacción por seguidor que Facebook y 150 veces más que Twitter[31]. Además, según datos estadísticos, esta red social, que tiene más de 1.200 millones de usuarios activos mensuales, es una de las redes sociales más populares del mundo. En enero 2024, más de un tercio de la población mundial de Instagram tiene 34 años o menos. Un 35 % de los españoles participantes en un estudio sobre redes sociales realizado en marzo de 2024 afirmó utilizar la mencionada plataforma social varias veces al día, mientras que un 3 % hacía uso de ella cada dos o tres días, siendo el promedio de uso de 11,7 horas al mes[32].

---

29 Fondevila-Gascón, J., Gutiérrez Aragón, O., Copeiro, M., Villalba Palacín, V. y Polo-López, M., «Influencia de las historias de Instagram en la atención y emoción según el género», *Revista Científica de Educomunicación*, vol. XXVIII, 2020, pág. 43.

30 Blasco Doñamayor, E., «Historias en Instagram e *Instagram stories*. Relatos en 15 segundos», cit., págs. 210 y 214.

31 Más información en Blanco Sánchez, T. y Moreno Albarracín, B., «Instagram como canal de comunicación en el ámbito académico. Comparativa de las estrategias de las mejores universidades del mundo», *Revista de Comunicación,* vol. 22, núm. 1, 2023, págs. 36 y 39.

32 Véase https://es.statista.com/estadisticas/875258/distribucion-por-edad-de-los-usuarios-mundiales-de-instagram/ (consulta de 3/06/2024).

4. Resultados

Como hemos podido comprobar, cuando conseguimos que los estudiantes, estén motivados adquieren un mayor grado de compromiso con el aprendizaje, manifiestan una actitud positiva ante cualquier propuesta docente, desarrollan más habilidades, retienen más información y, sin darse cuenta, aprenden más. Consecuencia de todo ello es que consiguen mejores calificaciones.

En cuanto a los resultados obtenidos ya se ha dicho prácticamente todo. No cabe duda de que los estudiantes asimilaron mejor los contenidos y se generó en el aula un ambiente de trabajo, respeto, responsabilidad y ciertas dosis de complicidad, que influyeron en las calificaciones.

Como ya hemos señalado en otro lugar, de los 37 estudiantes que se presentaron aprobaron todos el examen de Derecho de familia de Derecho civil III de DADE. El examen tenía tres bloques, uno con preguntas tipo test, otro con tres peguntas de desarrollo y un caso práctico, y aprobaron tanto la teoría como la práctica, destacando el hecho de que ningún estudiante dejó ninguna pregunta de desarrollo sin contestar, aunque sí del bloque de preguntas tipo test, supuestamente porque tres repuestas erróneas restaban una bien contestada y así no arriesgaban demasiado.

5. Conclusiones

En las páginas anteriores hemos traído a colación una experiencia de motivación extrínseca del alumnado universitario a través de la confianza y estímulos generados durante el cuatrimestre, lo que derivaría en la publicación de una historia de Instagram en el caso de que todos los estudiantes aprobasen el examen, como así sucedió.

Sin duda, resulta incuestionable el impacto que llega a tener una buena motivación en el rendimiento académico. No obstante, y pese a ello, en la formación del profesorado universitario no abundan los cursos sobre técnicas de motivación, pues si bien en algunos casos los profesores tienen interiorizado la necesidad de generar este clima en el aula, en otros no se percibe esa necesidad con la misma intensidad, siendo recomendable en estos últimos los cursos de reciclaje en técnicas de metodología docente.

Hemos de poner de manifiesto que para conseguir que los estudiantes asimilen los contenidos no es suficiente con una clase magistral, sino que resulta imprescindible despertar en ellos curiosidad, interés y atención, estimulando con ello su deseo de conseguir los resultados previstos, sobre todo en esta época de hiperconexión a la que hacíamos referencia al comienzo.

Ante la duda de si lo que estamos haciendo en el aula funcionará o no, lo que está claro es que cualquier motivación, sea la que sea, siempre será preferible a ninguna. En el caso que hemos comentado, la motivación resultó ser un factor esencial para el éxito de los resultados, creer en los estudiantes y decírselo con el compromiso de subir una historia de IG si aprobaban todos desde el convencimiento de que así sería —lo cual no dejó a nadie indiferente—, funcionó.

Bibliografía

Blanco Sánchez, T. y **Moreno Albarracín, B.**, «Instagram como canal de comunicación en el ámbito académico. Comparativa de las estrategias de las mejores universidades del mundo», *Revista de Comunicación*, vol. 22, núm. 1, 2023.

Blasco Doñamayor, E., «Historias en Instagram e *Instagram stories*. Relatos en 15 segundos», en Calvo Revilla, A. y Arias Urrutia, Á. M. (coords.), *Escrituras enREDadas*, 2021.

Bono, A., «Los docentes como engranajes fundamentales en la promoción de la normativa de sus estudiantes», *Revista Iberoamericana de Educación*, vol. 54, núm. 2, 2010.

Bryndum, S. y **Jerónimo Montes, J. A.**, «La motivación en los entornos telemáticos», *RED. Revista de Educación a Distancia*, año V, núm.13, 2005.

Campillo Seva, N., **Hernández-Córdoba, M.**, **Viñas López-Pelegrín, P.** y **López-García, I. F.**, «Los pasatiempos como herramientas para mejorar el proceso de aprendizaje de los alumnos a través de la motivación: aplicación práctica a una asignatura de 2.° curso de Grado», en *II Congreso Internacional de Innovación Docente 2014: Murcia, 20-21 de febrero de 2014*: Libro de Actas. Murcia: Universidad de Murcia, Universidad de Cartagena, 2014.

Cañabate Ortiz, D., **Aymerich Andreu, M.**, **Falgàs Isern, M.** y **Gras Pérez, M. E.**, «Metodologías docentes. Motivación y aprendizaje percibidos por los estudiantes universitarios», *Educar*, vol. 50, núm. 2, 2014.

Cid Cid, S., «El uso de estrategias de aprendizaje y su correlación con la motivación de logro en los estudiantes», *REICE*, vol. 6, núm. 3, 2008.

Dans Álvarez de Sotomayor, I. y **Muñoz Carril, P. C.**, «Las redes sociales como motivación para el aprendizaje: opinión de los adolescentes», *Innoeduca. International Journal of Technology and educational innovation*, vol. 2, núm.1, 2016.

Espinosa Galarza, M. O. y **Novillo Maldonado, E. F.**, «Motivación en la superación personal y profesional en estudiantes universitarios», *Revista Atlante: Cuadernos de educación y desarrollo*, 2016.

Fondevila-Gascón, J., Gutiérrez Aragón, O., Copeiro, M., Villalba Palacín, V. y **Polo-López, M.**, «Influencia de las historias de Instagram en la atención y emoción según el género», *Revista Científica de Educomunicación*, vol. XXVIII, 2020.

Gutiérrez, M. y **López, E.**, «Motivación, comportamiento de los alumnos y rendimiento académico», *Infancia y Aprendizaje*, vol. 35, núm. 1, 2012.

Hortigüela Alcalá, D. y **Pérez Pueyo, A.**, «Uso de las redes sociales como elemento formativo en el aula: Análisis de la motivación del alumnado universitario», *ICONO14*, vol. 13, núm. 2, 2015.

Lens, W., Matos, L. y **Vansteenkiste, M.**, «El profesor como fuente de motivación de los estudiantes: Hablando de qué y del por qué del aprendizaje de los estudiantes», *Revista Digital de Investigación en Docencia Universitaria*, año 4, núm. 1, 2008.

López Muñoz, L., «La motivación en el aula», *Pulso*, núm. 27, 2004.

López Noguero, F., *Metodología participativa en la enseñanza universitaria*, Narcea, Madrid, 2005.

Mena Bastidas, K. Y., «Análisis de relación entre motivación y rendimiento académico en estudiantes universitarios», *GADE: Revista Científica*, ed. especial, septiembre 2022.

Mora de la Torre, V. y **González Caballero, M.**, «Instagram como herramienta motivacional docente: estudio de caso», *index.comunicación*, vol. 12, núm. 2, 2022.

Pacheco, A., «La motivación en la Universidad», *Ingeniería industrial*, núm. 6, 1993.

Peinado Rocamora, P., «Aumento de la motivación mediante el uso de redes sociales», *Revista DIM*, año 10, núm. 29, 2014.

Pineda Martínez, M. y **Puente Torre, P.**, «Instagram, una herramienta de aprendizaje para el alumnado universitario», *Reidocrea*, vol. 11, núm. 60, 2022.

Rinaudo, M. C., de la Barrera, M. L. y **Silvio Donolo, D.**, «Motivación para el aprendizaje en alumnos universitarios», *Revista electrónica de motivación y emoción (R.E.M.E)*, vol. IX, núm. 22, 2006.

Román Pérez, M. y **Díez López, E.**, *Aprendizaje y currículo*, Ediciones Novedades Educativas, Buenos Aires, 2003.

Sempere Ferre, F., «Instagram como herramienta de aprendizaje en el contexto universitario», *Congreso In-Red*, 2022.

Ulloa Arteaga, H., Gutiérrez Rodríguez, M. A., Simancas Altieri, I. M. y **Ayala Ramírez, I.**, «La motivación a los estudiantes por el profesor ¿Se aprende mejor?», *Revista Educateconciencia*, vol. 17, núm. 18, 2018.

APUNTES SOBRE LA APLICACIÓN DE LAS REDES SOCIALES EN EL APRENDIZAJE DEL DERECHO CIVIL. EL PROYECTO *IURISLOVERS*

Borja del Campo Álvarez
Profesor Ayudante Doctor de Derecho Civil
Universidad de Oviedo

RESUMEN: La innovación docente continúa constituyendo un reto para los docentes universitarios. Cada vez resulta más complejo encontrar métodos alternativos de enseñanza que fomenten la participación y el aprendizaje de los estudiantes en el ámbito del Derecho Civil. En este trabajo se examina la aplicación de las redes sociales en el aprendizaje de la ciencia jurídica.

1. Las TIC como herramienta de innovación docente en la enseñanza universitaria

Las TIC constituye una nueva herramienta de innovación docente en la enseñanza universitaria[1]. Su utilidad no sólo ha quedado demostrada en otros ámbitos de nuestra vida cotidiana o profesional, sino que es palpable y cada vez más creciente su uso como medio de aprendizaje.

---

1 *Cfr*. Vallés Muñío, D., Espuny i Tomás, M.ª J. y Cañabate Pérez, J., Sobre una estrategia docente en Derecho mediante el uso de podcast, *en* Delgado García, A. M.ª y Beltrán de Heredia Ruiz, I. (coords.), *Las TIC y las buenas prácticas en la docencia del Derecho*, 2017, pág. 135-146.

De alguna forma, la idea principal pivota en que los alumnos utilicen las nuevas tecnologías, mediante un sistema diferente, para la preparación del temario correspondiente a una materia del plan de estudios del grado que se trate, en este caso, Derecho y, en concreto, de la asignatura de Derecho Civil. Se trata de aunar, por tanto, TIC y Derecho a través de nuevos formatos.

Este tipo de actividades buscan, en primer lugar, enriquecer la cultura tecnológica del alumnado, así como favorecer su capacidad de análisis e incrementar su destreza para la relación de conceptos y con el manejo de nuevas herramientas de comunicación. Se persigue, en último término, cambiar el sistema tradicional de enseñanza por uno más dinámico y ameno, en pro de la modernidad[2].

Los proyectos de uso de tecnologías consisten en que el alumno, en su tiempo de trabajo autónomo, maneje fundamentalmente alguna *app* o red social aplicando sus diferentes posibilidades al estudio de los conceptos del Derecho Civil. Naturalmente, para que este tipo de proyectos tengan recorrido y para incentivar la participación del estudiando debe acordarse premiar con puntuación extra en la evaluación continua a aquellos alumnos que hayan colaborado, con éxito, en el proyecto.

La enseñanza del Derecho presenta múltiples singularidades. En primer lugar, los alumnos de los primeros cursos de grado jamás han entrado en contacto con ninguna asignatura, durante su formación elemental, en la que se trate algún concepto jurídico o se puedan estudiar los aspectos más básicos de nuestro ordenamiento. Consecuentemente, el punto de partida es muy primario.

Por otra parte, el Derecho presenta un lenguaje muy específico y técnico. Ello hace que algunas ideas que el docente desea transmitir requieran de explicaciones más prolijas y, en muchas ocasiones, al alumno medio le resulta dificultoso entenderlas o ver su importancia en la práctica. Resulta difícil, con el actual sistema de estudios, desarrollar prácticas que verdaderamente respondan al espíritu con el que fueron configuradas.

Además, los temarios de las asignaturas jurídicas son amplios, lo que supone que las clases adolezcan de cierta velocidad sobre temas que deberían requerir más sosiego y tranquilidad en su desarrollo. Este cúmulo de factores desemboca, a la postre, en que algunas materias jurídicas resultan especialmente tediosas o confusas para los alumnos.

Ante este contexto, debemos plantearnos cómo hacer que las clases de Derecho sean más amenas para nuestros estudiantes y que puedan obser-

2 *Cfr.* López Herráiz, P. L. y Cagigal Casquero, M. A., «El *podcast*: una herramienta de aprendizaje colaborativo en el Grado en Derecho», en Soria Rodríguez, C. (coord.), *Innovación docente y renovación pedagógica en Derecho: especial referencia a experiencias exitosas de proyectos de innovación docente y la utilización de herramientas y metodologías colaborativas*, Dykinson, 2023, págs. 108-128.

var cómo el Derecho Civil tiene una gran virtualidad práctica, presente en muchísimos aspectos de nuestra vida cotidiana y en conexión con las nuevas herramientas de tecnología y comunicación.

Se trata, en definitivas, de propuestas novedosas en nuestro campo de trabajo y que, además busca resolver necesidades previas en el ámbito de la enseñanza del Derecho, como puede ser la superación de la *lectio magistralis* como sistema universalmente utilizado en las aulas y también la motivación al alumnado, en especial, para los de primer curso. Como tónica general, a los alumnos de primero les resulta difícil conectar con el Derecho y ver su atractivo. Con estas iniciativas se busca también que se acerquen a la materia de una forma diferente, utilizando medios que ellos conocen y manejan en su vida cotidiana.

El formato elegido tiene su fundamento en que para la mayoría de los jóvenes —cada vez más entre todos los segmentos poblacionales— constituye un elemento de su ocio. Así, el uso de redes sociales como herramienta de innovación docente hace que empleen un medio que asocian a su tiempo libre como herramienta de formación, de forma natural y en la que el alumno es el protagonista bidireccionalmente.

Es, en esta coyuntura, cuando surge la práctica de innovación docente *Iurislovers* mediante la cual buscamos incentivar el aprendizaje de nuevas habilidades, destrezas y competencias gracias al uso de las nuevas formas de comunicación.

2. El proyecto *Iurislovers*. Dinámica, objetivos y contribución a la innovación docente

El proyecto *Iurislovers* tiene como premisa que el alumnado y el profesorado responsable de la asignatura en cuestión interactúen a través de redes sociales, como por ejemplo Instagram[3], para el intercambio de información de interés sobre conceptos de Derecho Civil[4]. Así, debe existir una cuenta gestionada por el docente y con un control riguroso de los alumnos que participan, evitando así injerencias en el proyecto de usuarios de redes no vinculados con la docencia. A partir de ese momento, al albur del inicio de las sesiones teóricas o prácticas, es posible comenzar con el proyecto y que los alumnos cuelguen contenidos de interés en la red, al igual que el profesor.

3 *Cfr.* León Alapont, J., «La enseñanza del Derecho penal a través de los blogs on line, de los podcasts y de Youtube», en Chaparro Matamoros, P., Gómez Asensio, C. y Pedrosa López, C. (dirs.), *Actualización de la docencia y metodologías activas del aprendizaje del Derecho en el entorno digital*, Universitat de València, Valencia, 2022, págs. 197-210.

4 *Cfr.* Simó Soler, E., «Instagram y Derecho: las TIC como herramientas de innovación docente», *Innovación educativa*, núm. 32, 2022.

Se busca pues combinar el sistema tradicional de enseñanza con nuevas formas de metodología docente. En este sentido, el uso de las TIC ha complementado a otros métodos más clásicos también utilizados en la enseñanza del Derecho, como han podido ser las clases magistrales o las presentaciones mediante programas como Power Point o Canva.

Introducir las redes sociales como herramienta al servicio de la innovación docente constituye un objetivo primordial. El proyecto, de los más pioneros en la ciencia jurídica sirve también para demostrar a colegas de otras disciplinas la existencia nueva forma de enseñar conocimientos jurídicos; es decir, considerar las nuevas tecnologías y las redes sociales no sólo como una alternativa de ocio o periodística sino también darle su perspectiva docente[5].

Por otra parte, se nutre la cultura tecnológica del alumnado. Aunque cada vez más jóvenes son proclives al uso de las tecnologías, muy pocos ven una verdadera utilidad más allá de una función eminentemente recreativa. Con este proyecto, el alumnado puede ver otra dimensión de las nuevas tecnologías en general y de las redes en particular. Pueden comprobar, en primera persona, cómo las redes sociales pueden repercutir en su formación para la preparación de la asignatura de Derecho Civil y sus conceptos más esenciales.

De alguna manera, se favorece también la capacidad de análisis, la comunicación y la relación de conceptos conectando TIC y Derecho. Con este proyecto el alumno participante debe manejar el programa de la asignatura, prepararse la materia y combinar sus conocimientos con las nuevas tecnologías.

Iurislovers quiere incidir en la vertiente práctica del Derecho. El Derecho trasciende de la mera teoría y con la aplicación de las redes sociales también ha podido observarse que se puede acceder a su estudio desde un prisma ameno, práctico, distinto e innovador.

Cabe reseñar que debe adaptarse esta práctica de innovación docente en caso de alumnos con necesidades especiales y que debe contarse con un protocolo básico alternativo —dependiendo del grado de diversidad funcional— conforme a los informes y recomendaciones de la oficina de atención a la discapacidad de cada universidad[6].

A modo de conclusión, puede llegarse a la conclusión de que esta iniciativa redunda también en mejorar la capacidad de iniciativa y espíritu emprendedor. Este proyecto, aun cuando se debe favorecer su partici-

5 *Cfr*. Noguera Fernández, A., «Redes sociales e innovación docente en la educación universitaria», en Villca Pozo, M. y Carreras i Casanovas, A. (coords.), *Docencia virtual y experiencias de innovación docente: entornos b-learning y e-learning*, Huygens, 2015, págs. 65-76.

6 *Cfr*. AA. VV., *Las redes sociales como herramienta para trabajar actitudes hacia la inclusión*, Edunovatic2023, Conference Proceedings: 8th Virtual International Conference on Education, Innovation and ICT November 29-30, 2023, págs. 153-154.

pación con una puntuación extra en la evaluación continua, potencia la iniciativa del alumno. Se trata de una actividad completamente voluntaria, por lo que su éxito depende totalmente del grado de autonomía e interés del propio estudiantado. En definitiva, el empeño del docente al poner en práctica este proyecto debe ser el de desarrollar las habilidades de aprendizaje necesarios para emprender estudios posteriores con un alto grado de autonomía.

3. El papel del docente en el manejo de nuevas tecnologías como medio formativo

Es el docente el que debe hacer una primera labor de información a los alumnos durante una clase sobre el desarrollo del proyecto de innovación. Así, se debe hacer una comunicación detallada acerca de las características de la práctica, de la puntuación que se puede obtener y de la dinámica a través de la red social. Se tiene que motivar e incentivar la participación de los alumnos en el proyecto, destacando sus ventajas formativas.

Hay que poner especial de dedicación a la resolución de dudas acerca de la puesta en marcha de la iniciativa, de los diferentes pormenores y del interés en el uso responsable de la red social utilizada. Se les hizo saber que la idea no era la de interacción exagerada, sino la de mostrar el abc de partes del programa mediante la difusión de contenidos (noticias, fotografías, recortes de prensa, reflexiones...).

El docente de cada grupo tiene también que controlar los alumnos participantes y otorgarles una puntuación de hasta 0,5 dependiendo de su esfuerzo, del nivel expositivo y de su adecuación a los contenidos del programa. Asimismo, debe procurar que no se produzcan comportamientos inadecuadas que vulneren las normas de la red social.

Es muy importante potenciar la función del profesor de cada grupo con el resto de los miembros del equipo. Por un lado, se abre una primera fase de coordinación y explicación entre el responsable y los miembros del equipo de trabajo a efectos de clarificar la dinámica del proyecto. Se debe explicar el sistema y plantearse las posibilidades de puntuación en la evaluación continua.

Posteriormente, a lo largo del cuatrimestre, los profesores participantes en estos proyectos tienen que ponerse en contacto entre ellos para saber de la evolución de la práctica en los diferentes grupos y resolver pequeñas dudas que puedan surgir en torno a la evaluación y gestión de la red social.

Finalmente, tiene que realizarse una valoración conjunta mediante una reunión grupal en la que analizar las fortalezas y debilidades del proyecto y el nivel de seguimiento, a efectos de examinar resultado, la cota de participación de alumnos que han participado y su grado de satisfacción.

4. Fortalezas y debilidades. Reflexiones en torno a esta práctica de innovación

Se puede tratar de una práctica de innovación docente muy enriquecedora, con resultado altamente positivo y con un nivel de participación elevado, tanto por el perfil del proyecto como por el perfil de la asignatura y grado en los que se ha puesto en práctica.

Con esta iniciativa se analizan aspectos del temario de forma ágil, dinámica y diferente. Se conecta tecnología y Derecho de una forma natural y agradable, tanto para el alumno como para el docente. Se observa la posibilidad de darle a las TIC un uso verdaderamente útil y formativo. Este tipo de prácticas incrementan la participación e implicación del alumno. Favorece también su interacción y el debate, así como la exposición oral y la capacidad de síntesis, colaboración y adaptación. Se trabaja de forma diferente y amena una habilidad básica para los estudiantes de Derecho, cuyas carencias en esta destreza suelen ser bastante notables.

Se trata de una práctica relativamente sencilla, que no simple, pero gratificante. Requiere de una clase práctica para exponer el proyecto y tiempo del docente para revisar las publicaciones en la red social. No supone una carga de trabajo excesiva para el alumno y también es compatible con la labor docente e investigadora del docente implicado.

Como punto débil podría destacarse que, al tratarse de una actividad voluntaria, pueden surgir reticencias a participar. También podría subrayarse que podría darse un mal uso de la red social utilizada, con comentarios inapropiados o contenido inconexo con la materia. No obstante, esto se puede solventar con una labor de coordinación y supervisión adecuada por parte del profesor responsable de cada grupo.

Bibliografía

AA. VV., *Las redes sociales como herramienta para trabajar actitudes hacia la inclusión*, Edunovatic2023, Conference Proceedings: 8th Virtual International Conference on Education, Innovation and ICT November 29-30, 2023.

León Alapont, J., «La enseñanza del Derecho penal a través de los blogs on line, de los podcasts y de Youtube», en Chaparro Matamoros, P., Gómez Asensio, C. y Pedrosa López, C. (dirs.), *Actualización de la docencia y metodologías activas del aprendizaje del Derecho en el entorno digital*, Universitat de València, Valencia, 2022.

López Herráiz, P. L. y **Cagigal Casquero, M. A.**, «El podcast: una herramienta de aprendizaje colaborativo en el Grado en Derecho», en Soria Rodríguez, C. (coord.), *Innovación docente y renovación pedagógica en*

Derecho: especial referencia a experiencias exitosas de proyectos de innovación docente y la utilización de herramientas y metodologías colaborativas, Dykinson, 2023.

Noguera Fernández, A., «Redes sociales e innovación docente en la educación universitaria», en Villca Pozo, M. y Carreras i Casanovas, A. (coords.), *Docencia virtual y experiencias de innovación docente: entornos b-learning y e-learning*, Huygens, 2015.

Simó Soler, E., «Instagram y Derecho: las TIC como herramientas de innovación docente», *Innovación educativa*, núm. 32, 2022.

Vallés Muñío, D., Espuny i Tomás, M.ª J. y **Cañabate Pérez, J.**, «Sobre una estrategia docente en Derecho mediante el uso de podcast», en Delgado García, A. M.ª y Beltrán de Heredia Ruiz, I. (coords.), *Las TIC y las buenas prácticas en la docencia del Derecho*, 2017.

LA APLICACIÓN DE LAS NUEVAS TECNOLOGÍAS EN LA ASIGNATURA DE DERECHO MERCANTIL

Eduardo Miranda Ribera
Profesor Ayudante Doctor de Derecho Mercantil
Universitat Politècnica de València

RESUMEN: La presente contribución tiene como propósito proponer la implementación de una innovación docente proyectada sobre la asignatura de Derecho Mercantil para contribuir a la agilización y actualización de la explicación del Derecho de sociedades. Para ello, se pretende utilizar la herramienta informática Docassemble que permitirá a los estudiantes interiorizar los conocimientos sobre la materia mediante el autoaprendizaje que la plataforma les facilitará, así como la representación de situaciones adaptadas a la realidad (como, por ejemplo, la celebración de una Junta General). Este sistema plantea muchos retos de entre los que destaca la necesaria formación de los profesores implicados ya que la utilización de Docassemble exige la capacidad para programar la inteligencia artificial que permitirá el autoaprendizaje de los alumnos. Con todo, se considera que esta innovación resulta de especial interés para los estudiantes ante los retos que plantea la digitalización y la tecnología en el Derecho Mercantil y la necesidad de formar profesionales más competentes para un mayor éxito en su acceso al mundo laboral.

1. Introducción

En la actualidad, es frecuente encontrar diferentes sistemas de innovación docente que incorporan herramientas tecnológicas con el objetivo de agilizar los procesos de aprendizaje y enseñanza del Derecho Mercantil, en general, y Derecho de sociedades, en particular. La digitalización e impacto de la tecnología en el Derecho es una realidad que exige una adecuada formación de nuestros estudiantes para que puedan entender y solucionar los problemas jurídicos que surgen de su aplicación[1].

De todas las opciones disponibles, se considera que existe una herramienta tecnología que puede contribuir al desarrollo de competencias en el uso de las nuevas tecnologías y una mayor formación en este campo que resultaría muy beneficioso para el futuro profesional de los estudiantes. Concretamente, la innovación docente que se pretende aplicar está centrada en la utilización de la aplicación Docassamble que es un sistema gratuito y de código abierto de entrevistas guiadas y ensamblaje de documentos similar a cualquier otro sistema conocido de inteligencia artificial (*ad ex*. ChatGPT) como se explicará más adelante.

Con esta breve introducción y con el objetivo de contribuir en esta tarea formativa, la presente aportación pretende plantear una innovación docente proyectada sobre la asignatura de Derecho Mercantil para contribuir a la agilización y actualización de la explicación del Derecho de sociedades a través de la utilización de la herramienta informática Docassemble.

Pues bien, se considera que este sistema permitirá a los alumnos interiorizar los conocimientos sobre la materia mediante el autoaprendizaje que la plataforma les facilitará, así como la representación de situaciones adaptadas a la realidad (como, por ejemplo, la celebración de una Junta General). Con todo, se estima que esta innovación resulta de especial interés para los alumnos ante los retos que plantea la digitalización y la tecnología en el Derecho Mercantil y la necesidad de formar profesionales más competentes para facilitar su acceso en el mundo laboral.

2. Objetivos y metodología

En este caso, la innovación docente que se propone se proyecta sobre la asignatura de Derecho Mercantil I de 9 créditos ECTS, obligatoria y de segundo curso del Grado en Derecho de la Universitat de València.

Esta asignatura se imparte anualmente como asignatura obligatoria en el grado en Derecho de la Facultad de Derecho y en los programas con doble titulación del grado en Derecho (de entre las que se destacan en la Universitat de València el doble grado en Administración y Dirección de Empresas y

1 Véase, en este sentido, entre otros, Vega Clemente, V., «Revolución tecnológica y Derecho Mercantil», *Revista de Estudios Económicos y Empresariales,* núm. 30, 2018, págs. 150-151; y Blanco García, A. I. y Catalán Chamorro, M.ª J., «Blogs y redes sociales: vías para innovar en la docencia de las ciencias sociales y jurídicas», en Casanova Martí, R. y Villó Travé, C. (coords.), *Reflexiones sobre innovación docente en ciencias sociales y jurídicas,* Huygens, Barcelona, 2017, pág. 92.

Derecho, doble grado en Derecho y Ciencias Políticas y de la Administración Pública y doble grado en Derecho y Criminología). Esta asignatura está diseñada para abordar el estudio del estatuto jurídico del empresario. En particular la tercera parte del curso se centra en el Derecho de sociedades, y más concretamente, en el estudio de las sociedades de capital.

Entre las competencias específicas que se pretende que los alumnos de esta asignatura adquieran se destaca: la capacidad para comprender el carácter unitario del ordenamiento jurídico; la capacidad para interpretar textos jurídicos; la capacidad para utilizar las nuevas tecnologías de la información; la comunicación en la negociación y la conciliación en procesos digitalizados diseñados por el jurista profesional.

En este sentido, el Derecho de sociedades se articula como institución y herramienta fundamental tanto para la formación del jurista como del estudiante del grado en Administración y Dirección de Empresas, el grado en Economía o el grado en Finanzas y Contabilidad. En el caso del estudiante del grado en Derecho es evidente la importancia de esta asignatura al tratarse de una de las instituciones básicas sobre las que se configura el Derecho privado y su importancia de cara al acceso en el mercado laboral de los estudiantes, al ser el asesoramiento mercantil una de las profesiones más demandadas. En este sentido, la implementación de la tecnología y digitalización de las diferentes etapas de la vida societaria ha pasado de ser una utilidad a una necesidad e incluso los estudiantes pueden armarla como una ventaja competitiva a la hora de prestar servicios profesionales.

En el caso de los estudiantes de los grados en Administración y Dirección de Empresas, Economía o Finanzas y Contabilidad es algo más complejo. Normalmente los alumnos que se decantan por estudiar estos títulos rehúyen de las asignaturas de índole jurídica y no solo eso, sino que su interés respecto de esta materia es bajo y, en ocasiones, nulo. Sin embargo, esta clase de asignaturas son trascendentales para su desarrollo profesional bien sea si deciden emprender una idea de negocio o participar en la Dirección de algún Departamento de una empresa.

Es evidente que este perfil de estudiante no adquirirá las competencias necesarias para resolver problemas de este calibre ya que la formación recibida es básica. Pero su utilidad reside en dotarles de herramientas para poder identificar problemas jurídicos y saber reaccionar con la celeridad necesaria para apoyarse de expertos que les permitan resolver la situación planteada. Ello provoca que, en la mayoría de las ocasiones, al finalizar la asignatura los alumnos reconozcan el interés e importancia que presenta el Derecho Mercantil para sus inquietudes futuras, especialmente, en aquellos estudiantes que están pensando en emprender alguna idea de negocio.

Por ello, también se pretende incorporar la innovación proyectada en las asignaturas de otros grados o incluso otras universidades en las que se explique Derecho de sociedades. A modo de ejemplo, se pretende hacer extensible, entre otras, a la asignatura de Derecho de la Empresa que se imparte en el Grado en Administración y Dirección de Empresas de la Universitat Politècnica de València, la asignatura de Economía y Gestión de la Empresa Alimentaria del Grado en Ciencia y Tecnología de los Alimentos de la Universitat Politècnica de València y la asignatura Organización y gestión de Empresas del Grado en Ingeniería en Geomática y Topografía de la Universitat Politècnica de València.

Presentada la asignatura sobre la que se pretende proyectar la innovación docente, procede ahora explicar en qué consiste la metodología que se pretende implementar. Pues bien, la innovación que se propone pretende promocionar la utilización de herramientas tecnológicas para la adquisición de las competencias específicas y transversales en el proceso de enseñanza/aprendizaje del Derecho mercantil y con la finalidad de fomentar la adquisición de competencias digitales tanto del profesorado implicado en impartir la asignatura como de los estudiantes. Concretamente, la innovación planteada se centra en la utilización de la herramienta tecnológica Docassamble.

Como ya se ha avanzado, Docassemble es un sistema gratuito y de código abierto que sigue el sistema de entrevistas guiadas mediante el que se facilita información a sus usuarios. Básicamente esta herramienta proporciona un sitio web que realiza entrevistas con los usuarios cuyas respuestas pueden descargarse. Podría decirse que Docassamble es un sistema equivalente a ChatGPT, con la particularidad que Docassamble puede programarse por los usuarios y adaptarlo a determinadas circunstancias concretas como, por ejemplo, la asignatura de Derecho Mercantil. Las ventajas que plantea la utilización de este sistema y por el que se propone su utilización es porque serán los propios profesores de la asignatura quienes programen y adapten Docassamble con los contenidos de la asignatura para que sean acordes a la normativa aplicable.

Con ello, se pretende evitar uno de los problemas que plantea la utilización de determinados sistemas de inteligencia artificial, en concreto, la dudosa fiabilidad de las bases de datos de las que se nutren para dar respuesta a las preguntas formuladas por los usuarios. En este sentido, se eliminaría esta circunstancia al ser los propios docentes quienes incorporarían y verificarían la validez de las fuentes introducidas en el sistema. Ahora bien, la solución al problema se convierte en un importante reto ante el perfil de los docentes implicados en la innovación docente y la necesidad de formarles para que adquieran competencias tecnológicas en la programación de aplicaciones informáticas.

Lo que se pretende con esta herramienta tecnológica es que los alumnos, mediante el autoaprendizaje de la asignatura con la utilización del Docassamble, adquieran los conocimientos y competencias necesarias para poder representar en el aula ante sus compañeros una parte del funcionamiento de una sociedad de capital. Con ello, se espera que los estudiantes sean capaces de representar por grupos diferentes etapas del funcionamiento de la vida de la Junta General y sus diferentes modalidades (desde la preparación y publicación de los documentos de la convocatoria de la Junta General hasta la elaboración de, por ejemplo, un acta notarial).

Con este propósito se plantea una metodología práctica y experimental centrada en el alumno a través del aprendizaje cooperativo en el aula mediante la realización de tareas específicas por grupos y la supervisión y control por parte de los docentes implicados. Para ello, se plantean dos fases una previa en la que necesariamente se deberá formar al profesorado implicado en la innovación para que se familiarice y aprenda a programar en la aplicación Docassamble y otra fase central en la que se presentará la aplicación en el aula y se asignarán tareas específicas a los alumnos para que puedan interiorizar y asimilar los conceptos específicos de la materia.

Pues bien, esta innovación presenta diferentes objetivos. En primer lugar y de carácter global, se pretende promocionar la creación y difusión de recursos educativos abiertos de calidad e impacto que se pondrán a disposición de la comunidad universitaria a través del diseño, uso y evaluación de materiales tecnológicos configurados específicamente para poder ejecutar actos jurídicos vinculados con el Derecho societario.

El interés e importancia de que Docassamble sea un sistema abierto y global reside en la posibilidad de que los estudiantes sobre los que se proyecta la innovación docente puedan compartir sus resultados con estudiantes de otras universidades de otros países. De forma que se puedan generar sinergias positivas y así puedan obtener respuestas comparadas conforme a la normativa de otros países.

De forma más específica, centrándose en la fase previa y antes de iniciar la implementación de la innovación en el aula, se pretende formar a los profesores involucrados para que puedan programar la aplicación y así poder presentarla y adaptarla a la asignatura de Derecho Mercantil, en general, y el Derecho de sociedades, en particular.

Asimismo, respecto de los objetivos más específicos centrados en la figura de los estudiantes, se pretende que la innovación docente planteada contribuya a que estos adquieran la capacidad necesaria para poder resolver los problemas jurídicos que se les planteen.

3. Desarrollo e implementación

Dicho esto, y como se ha avanzado, la innovación docente planteada constará de dos fases: una primera fase o fase previa de aprendizaje y enseñanza del profesorado implicado en la metodología docente proyectada; y una segunda fase de aplicación en el aula para formar a los estudiantes.

3.1. Fase previa: aprendizaje y enseñanza del profesorado implicado en la metodología docente proyectada

Ante los desafíos planteados al hilo de la innovación proyectada, resulta necesario que los profesores implicados en el proyecto adquieran un determinado nivel técnico de programación para desarrollar la acción educativa en el aula. Para ello, se deberán realizar determinadas sesiones específicas para mejorar en la utilización de la herramienta informática Docassamble.

El objetivo reside en que los profesores implicados adquieran los conocimientos técnicos necesarios para diseñar diferentes acciones innovadoras en el proceso de enseñanza y aprendizaje del Derecho Mercantil. Aunque sea redundante, antes de iniciar la formación, se deberá seleccionar al profesorado interesado en participar en este proyecto. Respecto de esta cuestión, el equipo docente estará integrado fundamentalmente por profesores responsables de la citada asignatura Derecho Mercantil, sin perjuicio de que esta propuesta se haga extensible a otros profesores que expliquen Derecho de sociedades en otros grados o universidades, como, por ejemplo, sucede en la asignatura de Economía y Gestión de la Empresa Alimentaria del Grado en Ciencia y Tecnología de los Alimentos de la Universitat Politècnica de València o la asignatura Organización y gestión de Empresas del Grado en Ingeniería en Geomática y Topografía de la Universitat Politècnica de València.

Esta fase es esencial por cuanto el éxito del proceso depende de una correcta programación de la aplicación informática por parte de los docentes implicados. El funcionamiento de Docassamble, como ya se ha comentado, es similar al de ChatGPT, esto es, cada usuario realizará una pregunta al sistema y rápidamente este le contestará conforme a la información contenida en su base de datos. La labor del docente responsable de realizar la innovación es compleja ya que deberá programar la aplicación incluyendo toda la información que considere necesaria para que el sistema sea capaz de contestar a las preguntas que le formulen los estudiantes.

Puede cuestionarse la necesidad de la utilización de Docassamble, al presentar una función similar a ChatGPT y ser más sencillo para los profesores implicados remitir a los alumnos a que utilicen este sistema en lugar de tener que programarlos ellos. Sin embargo, ChatGPT plantea la incógnita relativa a las bases de datos de las que se nutre para contestar las preguntas formuladas por los usuarios. Con la innovación que se propone, a través de Docassamble, se salvaría esta circunstancia al ser cada profesor quién incorporaría directamente la información necesaria y fiable para garantizar un correcto autoaprendizaje de los alumnos.

Es evidente que este proceso será complejo al no ser habitual que los profesores de Derecho Mercantil estén familiarizados con la programación de aplicaciones. Ahora bien, para poder garantizar una adecuada formación y éxito del sistema, se cuenta con la colaboración de una institución pionera en la formación de estas materias que es el laboratorio Legal Tech de la Universitat de València (también conocido como UV Legal Tech Lab), que se encargará de la formación de los profesores participantes y la coordinación de la fase de aplicación de los sistemas expertos programados con Docassamble en el aula.

El motivo por el que se confía la formación del profesorado a esta institución es la calidad y valor añadido de los recursos materiales de los que dispone máxime cuando cuenta con instalaciones pioneras con diferentes equipos informáticos (Aula Legal Tech Lab) que facilitarán la tarea formativa en esta materia.

Por si fuera poco, el UV Legal Tech Lab cuenta en su plantilla con expertos en la materia y colaboradores externos que facilitaran la tarea formativa en el aprendizaje de Docassamble. Su experiencia facilitará el seguimiento y verificación del cumplimiento de los estándares exigidos que podrá prolongarse incluso a la fase de implementación en el aula, pudiendo incluso ayudar a los profesores implicados en alguna sesión con sus alumnos.

La labor de los docentes de la innovación proyectada es de gran interés para el laboratorio Legal Tech de la Universitat de València al querer nutrirse de las experiencias de estos docentes y los estudiantes sobre los que se proyecta la innovación para así poder adaptar su formación y oferta académica conforme a la demanda del mercado, generándose de esta manera sinergias positivas para ambas partes.

En esta fase está previsto que en el plazo de 1 a 3 meses se impartan las sesiones que sean necesarias para formar al profesorado (de forma paralela al inicio de la asignatura), de modo que cuando se inicie la explicación del Derecho societario, pueda ponerse en práctica la innovación docente proyectada.

Para ello, al inicio de la formación se realizará un plan para el aprendizaje del uso de la herramienta digital Docassamble y su función pedagógica. Este plan se iniciará con cuestiones sencillas de la programación (debido al perfil de los docentes) que irá incluyendo cuestiones más complejas con el paso del tiempo. El objetivo es que al finalizar la formación cada docente disponga ya de una aplicación programada en Docassamble con toda la información necesaria para poder presentarla a los estudiantes y que puedan iniciar el proceso de autoaprendizaje.

3.2. Fase central: aplicación en el aula

Superada la fase anterior, esto es, que los profesores implicados hayan adquirido los conocimientos necesarios para programar en Docassamble y configurar la aplicación sobre la que los estudiantes realizarán el autoaprendizaje, procede ahora detallar la fase central de la innovación presentada, concretamente la implementación de todo lo elaborado en la fase anterior en el aula. Esta fase está prevista que dure igualmente de 1 a 3 meses, atendiendo a que la asignatura sobre la que se proyecta es anual, pero que también puede ser cuatrimestral en el que caso de que se imparta en otros grados distintos al grado en Derecho.

En primer lugar, se realizará una presentación a los alumnos de la herramienta Docassamble y sus posibilidades en la digitalización y automatización de procesos legales societarios. Seguidamente se explicará cómo funciona el programa para que así los estudiantes puedan iniciar el autoaprendizaje. Pues bien, el docente les enseñara el funcionamiento de la aplicación y cómo deberán formular las preguntas para poder adquirir los conocimientos necesarios en materia societaria. Este proceso será sencillo ya que el funcionamiento de la aplicación es equivalente a cualquier otro sistema de inteligencia artificial al que la mayoría de los estudiantes están familiarizados a utilizar.

Aquí, además de enseñar a los estudiantes el funcionamiento de la utilización de la aplicación para que puedan adquirir los conocimientos necesarios para superar la asignatura vía autoaprendizaje, lo que se pretende es dotarles de herramientas para que puedan sacar un rendimiento económico de su utilización en el futuro como, por ejemplo, mediante la configuración de un paquete informático para sus clientes en el que puedan resolver rápidamente, a través del sistema, algunas de las dudas puntuales que les puedan surgir en el día a día.

Superado este trámite se presentarán las diferentes materias que los alumnos deberán escenificar en el aula, se formalizarán grupos y se repartirán las diferentes materias expuestas por equipos, asignándose un rol de representación a cada uno de sus miembros. En el largo plazo se pretende que la innovación que se plantea aborde la explicación y representación de toda la vida de una sociedad (constitución, funcionamiento y extinción de una determinada entidad).

Sin embargo, en este primer año, ante la novedad y estado de la innovación proyectada, se ha considerado oportuno centrar los esfuerzos en aplicar la metodología docente exclusivamente a la representación del funcionamiento de la Junta General y sus diferentes modalidades (desde la preparación y publicación de los documentos de convocatoria al acta notarial después de la finalización de su celebración). Realizada esta presentación, se repartirán por grupos los diferentes temas con el objetivo de que en la fecha señalada cada grupo represente su acción concedida (entre otras se adjudicará la representación del funcionamiento de una junta general ordinaria, extraordinaria, física o telemática).

Posteriormente se iniciará el proceso de preparación de la representación asignada a través del autoaprendizaje de cada alumno. La importancia de una adecuada explicación y entendimiento de la utilización de la herramienta tecnológica Docassamble derivará en el éxito para poder asimilar los conceptos de la asignatura con la aplicación.

En este proceso, el docente deberá velar porque se esté utilizando la herramienta digital de forma adecuada y deberá controlar el proceso de formación de los alumnos. Este seguimiento podrá realizarse mediante la realización de pequeñas pruebas de asimilación de conocimientos o a través de la supervisión por parte del docente responsable de la preparación de la exposición de cada equipo. En este punto, después de un mes de desarrollo y autoaprendizaje, se considera relevante exigir a los estudiantes la realización de un pequeño simulacro en el que presenten sus avances al objeto de poder realizar matizaciones que puedan ser de interés y eviten no alcanzar los resultados esperados.

Transcurrido el periodo formativo de los estudiantes, se les citará a la fecha prefijada para que presenten sus resultados en el aula. La representación versará sobre una simulación de una Junta General (ordinaria, extraordinaria, física, telemática).

En función del número de estudiantes matriculados se asignarán más o menos partes a cada grupo, esto es, constitución de la mesa, aprobación del orden del día, debate y toma de decisiones. A la finalización de la representación por parte de cada grupo de estudiantes, el profesor responsable se encargará de revisar el cumplimiento de los requisitos legales exigibles e hitos normativos necesarios para que cada modalidad de Junta sea válida (fase de supervisión y control).

Esta supervisión del docente irá acompañada de un *feedback* general al grupo y particular a cada alumno con el objetivo de garantizar una adecuada asimilación de los conocimientos y adquisición de las competencias planteadas; en aquellos casos en los que se considere oportuno, se realizarán propuestas de mejora o recomendaciones a los estudiantes. En concreto, se pretende que los estudiantes mejoren tanto sus habilidades digitales al utilizar Docassamble en la asimilación de conocimientos, como su expresión oral y capacidad de comunicarse en público.

Después de la finalización de las simulaciones, se citará a todos los estudiantes para comunicarles el resultado de la evaluación obtenida. El objetivo es que aquellos alumnos que realicen un adecuado seguimiento de la asignatura y una correcta representación en el aula de la simulación no deberán realizar ninguna otra prueba evaluable al respecto. Simplemente en los casos en los que el docente responsable considere que el estudiante no ha alcanzado los mínimos necesarios, se exigirá la realización de una prueba escrita u oral para poder determinar su calificación.

Ulteriormente, en una sesión posterior a la realización de las simulaciones y el *feedback*, se solicitará a todos los estudiantes que participen en una encuesta anónima de satisfacción con posibilidad de presentar sugerencias sobre los diferentes puntos sobre los que se proyecta la innovación docente propuesta. En concreto, se pretende conocer su percepción respecto de la idoneidad y ventajas (o inconvenientes) de enfocar la innovación mediante la utilización de Docassamble, si ello contribuye a la mejora de sus competencias digitales y si consideran que en el futuro utilizarán esta herramienta en su actividad profesional.

4. Resultados esperados

El propósito de la innovación docente proyectada es claro, contribuir a la mejora de la capacidad de los estudiantes para utilizar nuevas tecnologías e implementarlas en la vida societaria en busca de una mayor eficiencia en la toma de decisiones.

Esta finalidad se pretende realizar mediante la utilización de la herramienta tecnológica Docassamble, que no es más que un sistema de inteligencia artificial que, configurado por los profesores implicados, garantiza la obtención de respuestas adecuadas y coherentes con el temario de la asignatura sobre la que se proyecta la innovación docente. Con todo, se pretende poner a disposición de los estudiantes una herramienta que les permita intercambiar información y mecanizar procesos de toma de decisiones.

Asimismo, los resultados esperados no se limitan a la simple utilización de las nuevas tecnologías, sino que también se pretende que los estudiantes desarrollen su capacidad de comunicarse de forma oral y escrita. Por lo que concierne a la forma escrita, deberán esforzarse en plantear adecuadamente las preguntas que introduzcan en el sistema informático para poder realizar un correcto autoaprendizaje y, además, deberán preparar toda la documentación escrita exigible para una adecuada simulación de la Junta asignada (desde la preparación y publicación de los documentos de la convocatoria de la Junta al acta notarial después de la finalización de su celebración).

Respecto de la mejora de la comunicación oral en el ámbito jurídico, la realización de la simulación de la Junta General (ordinaria, extraordinaria o telemática) exigirá a los estudiantes el desarrollo de esta competencia al tener que exponer el rol asignado ante sus compañeros en el aula.

Del mismo modo, se pretende que los estudiantes sean capaces de: comprender el carácter unitario del ordenamiento jurídico y la necesaria visión interdisciplinaria de los problemas jurídicos que pueden surgir en la vida societaria; desenvolverse con soltura en la utilización y comprensión de las diferentes fuentes jurídicas disponibles (legales, jurisprudenciales y doctrinales); mejorar la capacidad de lectura y comprensión de los textos jurídicos y respuestas obtenidas a través de la utilización de Docassamble.

Con todo, subyace un propósito general que es el que justifica la utilización de Docassamble para desarrollar la innovación planteada. Ello tiene que ver con el propósito de su desarrollador que no es más que el de proporcionar un sistema informático para automatizar la práctica jurídica. De forma que, además de conceder las competencias citadas y contribuir a la formación de los estudiantes, lo que se pretende es dotarles de herramientas tecnológicas que les permitan sacar un rendimiento económico en el futuro. A modo de ejemplo, con los conocimientos adquiridos, los estudiantes podrían programar un paquete informático con Docassamble para sus clientes en el que pudieran resolver rápidamente algunas de sus cuestiones que les pudieran surgir en el día a día y así poder agilizar la toma de decisiones en la vida societaria.

Bibliografía

Blanco García, A. I. y **Catalán Chamorro, M.ª J.**, «Blogs y redes sociales: vías para innovar en la docencia de las ciencias sociales y jurídicas», en Casanova Martí, R. y Villó Travé, C. (coords.), *Reflexiones sobre innovación docente en ciencias sociales y jurídicas*, Huygens, Barcelona, 2017.

Vega Clemente, V., «Revolución tecnológica y Derecho Mercantil», *Revista de Estudios Económicos y Empresariales*, núm. 30, 2018.

LA UTILIDAD DE LAS IMÁGENES EN LA INNOVACIÓN EDUCATIVA

José María Cardós Elena
Abogado. Profesor Asociado de Derecho Civil
Universitat de València

RESUMEN: En la enseñanza universitaria del Derecho, las imágenes suelen desempeñar un papel muy residual. Sin embargo, la experiencia humana, así como la práctica seguida durante las etapas educativas preuniversitarias, evidencian que las imágenes, entendidas en un sentido amplio, desempeñan un papel fundamental para el conocimiento y para el aprendizaje. La complejidad de los estudios jurídicos universitarios no permite prescindir de los textos legales, que constituyen el elemento clave para el aprendizaje y la asimilación de ideas y de conceptos. Sin embargo, ello no debe llevar a concluir que las imágenes no resultan de utilidad para el estudio del Derecho. Más bien lo contrario: las imágenes pueden jugar un papel muy relevante en el estudio de las ciencias jurídicas, en general, y del Derecho Civil, en particular. No en vano, la experiencia empírica evidencia que la exhibición de imágenes durante las explicaciones del profesor contribuye positivamente, y de muy diversas maneras, a facilitar la comprensión, el aprendizaje y la memorización del contenido de las normas positivas y de los principios jurídicos fundamentales.

1. Las imágenes y la sabiduría popular

Dice una conocida frase, utilizada en buena parte de las lenguas del mundo, que «una imagen vale más que mil palabras»[1].

Con esta expresión se pretende enfatizar que cualquier representación visual puede transmitir ideas complejas, significados o la esencia de alguna cosa de manera mucho más efectiva que una mera descripción verbal o textual.

La sabiduría popular es reflejo de la experiencia acumulada a lo largo de decenas de miles de generaciones. No en vano, científicamente ha quedado demostrado que para el cerebro humano resulta mucho más fácil entender imágenes (entendidas en sentido amplio: dibujos, fotografías, signos, etcétera) que un conjunto de palabras, que a fin de cuentas son símbolos, y cuya cabal comprensión exige un mayor esfuerzo intelectual. A fin de cuentas, la escritura y la comprensión de los textos escritos constituye un proceso de asimilación y comprensión mucho más avanzado que el procesamiento de las imágenes, los sonidos y los olores.

El fundamento científico de la utilidad de las imágenes no solo se relaciona con el aprendizaje, sino también con la retención de los conocimientos. La memoria visual opera a corto y a largo plazo, por lo que las imágenes no solo permiten aprender y comprender de manera más rápida, sino que también facilitan recordar significados, ideas, conceptos o ejemplos.

2. El recurso a las imágenes en las diferentes etapas educativas

2.1. Las imágenes en la educación preuniversitaria

Si cualquier persona hace memoria, y piensa detenidamente cómo aprendió y estudió antes de llegar a la Universidad, llegará a la inevitable conclusión de que las imágenes ocuparon un papel fundamental en el aprendizaje y en los estudios, desde el jardín de infancia hasta el colegio o el instituto.

Ciertamente, cuanto menor es la edad, mayor es el número de imágenes utilizadas en la educación. Evidentemente, en la educación maternal e infantil las imágenes juegan un papel primordial. Es indiscutible que a medida que se crece, y que los conocimientos adquiridos tienen mayor complejidad, el

1 *A picture is worth a thousand words* (ingles); *Ein Bild sagt mehr als tausend Worte* (alemán); *une image vaut mille mots* (francés); *una imatge val més que mil paraules* (catalán). Y así sucesivamente.

papel de las imágenes se reduce progresivamente. Sin embargo, a pesar de ello, las imágenes continúan ocupando en papel relevante en la educación.

No en vano, si cualquier persona recuerda los libros de texto del bachillerato, última etapa de la educación preuniversitaria, convendrá que las imágenes seguían ocupando una función relevante, a modo de ilustración o refuerzo de las ideas, conceptos o significados que quedaban reflejados en el texto escrito.

2.2. Las imágenes en la educación universitaria

Siguiendo este razonamiento, podría llegarse a la precipitada conclusión de que, en la educación universitaria en general, y en la enseñanza del Derecho, en particular, el papel educativo de las imágenes debería ser muy pequeño, casi nulo, reducido a la mínima expresión.

Sin embargo, este planteamiento es contrario al sentido común. Si las imágenes han resultado de utilidad para el aprendizaje, la comprensión y el estudio durante la etapa preuniversitaria, ¿por qué deberían dejar de ser útiles durante los estudios universitarios? Más aún: si las imágenes ayudan a asimilar y a comprender significados o ideas complejas de manera mucho más efectiva que los textos, ¿por qué debería prescindirse de las imágenes en la enseñanza universitaria, cuyos contenidos tienen una dificultad y complejidad sensiblemente mayor que en anteriores etapas educativas?

A mayor abundamiento, desde hace más de quince años[2], los estudiantes que acceden a la Universidad han nacido y se han educado en plena efervescencia de la sociedad digital. Para los estudiantes de nuestro tiempo, el acceso a internet, con el consiguiente visionado constante de imágenes de todo tipo, ha formado parte de su manera habitual de adquirir conocimientos, dentro y fuera del ámbito educativo. Se trata de una realidad que no se puede soslayar, y que evidentemente debe ser asumida por los docentes que pretendan interaccionar adecuadamente con los alumnos para transmitirles los conocimientos que deben adquirir de una manera eficaz. Sería absurdo pretender establecer una barrera artificial entre la educación preuniversitaria (enmarcada en la sociedad digital) y la educación universitaria (a modo de compartimento estanco ajeno a una sociedad manifiestamente digitalizada).

2 Las fechas son aproximadas, y vienen condicionadas por la experiencia personal del autor de este artículo, quien recuerda perfectamente que tuvo contacto con internet por vez primera en 2003, meses después de haber comenzado en 2002 los estudios de la Licenciatura en Derecho en la Universitat de València. Por aquel entonces resultaba tremendamente llamativo que un alumno tomase apuntes en clase con un ordenador. Cuando en 2022 este autor volvió a la Universidad, en calidad de docente, se encontró con una realidad diametralmente opuesta: la práctica totalidad de alumnos toman apuntes con ordenador, y los estudiantes que toman apuntes manuscritos constituyen una excepción.

No es posible ignorar la realidad social imperante; es preciso intentar sacar provecho de sus circunstancias y características, con todas las ventajas y todos los inconvenientes que ello conlleva.

3. Las ventajas de la utilización de las imágenes en la enseñanza del Derecho

La utilización de las imágenes en la enseñanza del Derecho en el ámbito universitario proporciona múltiples ventajas. Con la finalidad de justificar esta afirmación, nos veremos obligados a exponer algunos ejemplos reales que ponen de manifiesto cómo el autor de este artículo ha hecho uso de las imágenes en algunas de las lecciones que ha impartido en la Facultat de Dret de la Universitat de València durante el curso académico 2023/2024: «Derecho Civil I»[3] del Grado en Derecho, y unas lecciones sobre el régimen económico matrimonial del empresario», dentro de la asignatura «La empresa y el estatuto jurídico del empresario»[4] del Máster Universitario en Derecho de la Empresa.

Obviamente, todos los ejemplos que el lector encontrará a continuación están referidos a la enseñanza y al aprendizaje del Derecho Civil, en la medida en que el autor tiene encomendadas funciones docentes en el Departamento homónimo de la Facultat de Dret de la Universitat de València. No obstante, las ventajas que se exponen resultan perfectamente extrapolables a cualquier otra asignatura con contenido jurídico.

Antes de abordar cada una de las ventajas que podremos de relieve, resulta necesario explicar que el autor, durante la explicación de las lecciones, introduce en las clases la exhibición de imágenes en algunas de las diapositivas con formato Power Point que contienen el contenido esencial teórico de cada lección. Dichas diapositivas se exhiben a los alumnos durante la explicación del temario, y las imágenes son insertadas oportunamente cuando el profesor desea resaltar alguna idea, algún concepto, facilitar la comprensión o facilitar el aprendizaje de cualquier cuestión jurídicamente relevante.

A nuestro juicio, las dispositivas constituyen un material didáctico doblemente útil. De un lado, ayudan al profesor a seguir un discurso coherente durante las clases, reduciendo el riesgo de que algunas cuestiones importantes queden sin ser explicadas como consecuencia de un olvido involuntario, a la vez que permiten hacer uso de imágenes como recurso educativo, intro-

---

3 Puede consultarse la guía docente de la asignatura en la siguiente dirección de internet: https://webges.uv.es/uvGuiaDocenteWeb/guia?APP=uvGuiaDocenteWeb&ACTION=-MOSTRARGUIA.M&MODULO=35198&CURSOACAD=2024&IDIOMA=C.

4 Puede consultarse la guía docente de la asignatura en la siguiente dirección de internet: https://webges.uv.es/uvGuiaDocenteWeb/guia?APP=uvGuiaDocenteWeb&ACTION=-MOSTRARGUIA.M&MODULO=43170&CURSOACAD=2024&IDIOMA=C.

duciéndolas en la diapositiva correspondiente. De otro lado, las diapositivas también suponen un recurso útil para los estudiantes, quienes disponen de un guion o esquema de todos los puntos del temario que puede facilitarles el aprendizaje y el estudio de la asignatura[5].

Sin embargo, es importante destacar que cualquier docente puede recurrir perfectamente a la exhibición de imágenes durante su exposición, a pesar de que no utilice diapositivas. A tal efecto, basta con proyectar en clase las imágenes que correspondan en el momento oportuno de la explicación del temario, a modo de «píldora visual».

A continuación, se enumeran las principales ventajas que puede proporcionar la utilización de las imágenes en la enseñanza del Derecho, a la vista de la experiencia del autor de estas líneas.

3.1. El carácter atractivo de las imágenes

La primera ventaja que proporcionan las imágenes en la enseñanza del Derecho es que hacen las clases más atractivas.

Indiscutiblemente, las imágenes captan la atención de los estudiantes. En cierta manera, se podría decir que la exhibición de imágenes provoca que el contenido de las lecciones «entre por los ojos».

En esta línea de razonamiento, las imágenes constituyen un poderoso recurso pedagógico para captar la atención de los alumnos, pues hacen las clases más amenas, y rompen la monotonía de las lecciones, especialmente cuando la materia es densa o compleja.

3.2. La comprensión de conceptos jurídicos

Las imágenes constituyen una poderosa herramienta que facilita que los estudiantes entiendan y comprendan conceptos jurídicos.

En este ámbito, la exhibición de imágenes puede utilizarse eficazmente a modo de ejemplificación del concepto jurídico. El recurso a las imágenes puede ser especialmente útil cuando el profesor explica conceptos jurídicos complejos, abstractos o que a primera vista pueden resultar abstrusos para el estudiante.

Para justificar esta ventaja, ponemos un ejemplo. Cuando se explican los principios inspiradores de la regulación del registro civil en la Ley 20/2011, de 21 de julio, del Registro Civil, siempre se alude a la intención del legislador

5 Obviamente, el autor deja bien claro a sus alumnos en la primera clase de cada asignatura que imparte que las diapositivas nunca pueden suplir la lectura y el estudio de los textos legales de referencia y del manual correspondiente.

de asegurar la informatización y el acceso electrónico al Registro Civil. Generalmente, los estudiantes dan por hecho que el Registro Civil es un conjunto de ficheros y datos obrantes en un expediente electrónico, cuando evidentemente no es así. Por ello, resulta interesante exhibir a los alumnos fotografías que muestran cómo es realmente un Registro Civil: estanterías con gruesos tomos en formato papel. También resulta útil enseñar a los estudiantes dos certificaciones registrales expedidas por el Registro Civil: la primera, de algunos años de antigüedad, y la segunda, mucho más reciente. De esta manera, los alumnos pueden apreciar rápidamente, de manera visual, que la digitalización del Registro Civil supone pasar de certificaciones expedidas en formato papel, con contenido manuscrito y sellos estampados en tinta, a certificaciones digitales, expedidas telemáticamente con firma electrónica.

Otro ejemplo. Cuando se explican las distintas situaciones de ausencia, y se alude a la menos grave de ellas, la desaparición, resulta ineludible destacar que una persona desaparecida es aquella con la que no resulta posible establecer contacto o comunicación, sin que necesariamente haya de temerse por su vida. Al hilo de la explicación de la lección, es habitual poner el ejemplo de los alpinistas o de los astronautas. Pues bien, cuando se exponen estas cuestiones, resulta útil mostrar una fotografía de un campamento de alpinistas en alta montaña, así como una fotografía de unos astronautas en la Estación Espacial Internacional. De esta manera, la comprensión del concepto jurídico de desaparición resulta mucho más sencilla para los estudiantes.

Una muestra más de la utilidad de las imágenes para aprender conceptos. Cuando se explica la doctrina del levantamiento del velo, se dice que sirve para penetrar en el sustrato de las personas jurídicas, con la finalidad de detectar quién se esconde detrás de la personalidad formal y fraudulenta de una persona jurídica. Para que los estudiantes entiendan lo que significa penetrar en el sustrato y apreciar la realidad material, resulta de extraordinaria utilidad exhibir una fotografía en la que se aprecia vagamente a una persona detrás de un velo o de una cortina.

Un último ejemplo. Resulta útil en términos didácticos definir el patrimonio personal como una suerte de «bolsillo» dentro del cual deben ser incluidos todos los derechos y todas las obligaciones de contenido económico de una determinada persona que no se extinguen con su muerte. Cuando se explica esta ejemplificación, es útil exhibir la fotografía de un bolsillo, para enfatizar que la idea de patrimonio no es más que 'reunir' el activo y el pasivo.

3.3. La diferenciación entre conceptos jurídicos

Las imágenes también son útiles para resaltar diferencias clave entre conceptos jurídicos o entre instituciones jurídicas. En este ámbito, las imágenes son especialmente provechosas para recalcar a los estudiantes los elementos clave que justifican la distinción.

Un primer ejemplo: la diferencia entre la ausencia legal y la declaración de fallecimiento. Cuando se explica que la ausencia no es una simple desaparición, sino una desaparición cualificada, por haber pasado un tiempo relevante sin haber tenido noticias del ausente, resulta de utilidad resaltar el concepto mostrando un interrogante, un signo de suma y un reloj de arena. Pero al explicar que la declaración de fallecimiento es algo todavía más grave, una desaparición muy prolongada en el tiempo o en circunstancias que objetivamente hacen temer por la vida humana, la idea puede enfatizarse exhibiendo un interrogante, un signo de suma y dos relojes de arena, así como un interrogante, un signo de suma y una señal de peligro.

Pondremos un segundo ejemplo. Cuando se explica el régimen económico matrimonial del empresario, es necesario poner de relieve que en España existen un Derecho Civil común y diversos Derechos Civiles forales, dado que en el Máster de Empresa hay un número bastante elevado de estudiantes latinoamericanos que no están familiarizados con la distribución competencial en materia de Derecho Civil que resulta del art. 149.1.8.ª CE. Sin embargo, también es necesario destacar que no todas las Comunidades Autónomas que tienen un Derecho Civil foral han regulado un régimen económico matrimonial propio; y que si se analiza la regulación de todas ellas, resulta que algunas Comunidades Autónomas han plasmado en sus leyes un régimen económico matrimonial primario basado en la separación absoluta de patrimonios entre los cónyuges (Catalunya e Illes Balears), mientras que otras conciben que en ausencia de pactos, el régimen económico matrimonial está caracterizado por la existencia de una masa patrimonial común (caso de Aragón, Bizkaia, parte de Extremadura y Navarra). Al explicar estas ideas, y consciente de los escasos conocimientos sobre la materia de buena parte del alumnado, al autor de este artículo se le ocurrió exhibir en clase dos mapas autonómicos de España. En el primero, fueron pintados en un color las Comunidades Autónomas que se rigen por el Derecho Civil común, y en otro color claramente diferenciado las Comunidades Autónomas que tienen un Derecho Civil foral. En el segundo mapa, en cambio, se utilizó un primer color para destacar aquellas Comunidades Autónomas que no tienen Derecho Civil foral y aquellas que sí que lo tienen, pero que no han regulado un régimen económico matrimonial propio; un segundo color para destacar aquellas Comunidades Autónomas que tienen un Derecho Civil foral cuyo régimen económico matrimonial supletorio de primer grado está basado en la absoluta separación de bienes; y un tercer color para destacar aquellas Comunidades Autónomas cuyo régimen económico matrimonial supletorio de primer grado está basado en la existencia de un patrimonio conyugal común. Mediante la exhibición de los dos mapas, los estudiantes aprecian con claridad que en España hay diversos Derechos Civiles, que la existencia de derechos forales no implica que todas las Comunidades Autónomas forales tengan regulado un mismo régimen económico matrimonial de primer grado, y que incluso existen Comunidades Autónomas forales en las que, en defecto de una regulación normativa propia, se aplica el régimen económico matrimonial regulado en el CC.

3.4. La relación entre conceptos jurídicos

Otra utilidad práctica de las imágenes en la enseñanza jurídica universitaria consiste en resaltar las relaciones existentes entre distintos conceptos jurídicos. De esta manera, es posible «ubicar» los distintos conceptos, y establecer visualmente la interrelación existente entre ellos.

Explicando una aplicación práctica de esta ventaja se comprenderá mejor su utilidad. En la asignatura «Derecho Civil I» se explican los derechos de la personalidad, poniendo énfasis en que la mayor parte de estos derechos son derechos fundamentales, y que estos últimos, a su vez, forman parte de un concepto mucho más amplio, el de derechos humanos. Si lo que se pretende es resaltar la relación existente entre los derechos de la personalidad, los derechos fundamentales y los derechos humanos, no hay mejor manera que exhibir un dibujo formado por tres círculos concéntricos: el mayor, con la expresión «derechos humanos»; el segundo, de menor tamaño, ubicado dentro del primero, con la expresión «derechos fundamentales»; y el tercer y último, el más pequeño de los tres, ubicado dentro del segundo, con la expresión «derechos de la personalidad».

3.5. La reiteración de ideas y de conceptos

Las imágenes también pueden resultar de utilidad para reiterar ideas y conceptos jurídicos. Mostrando determinadas imágenes, se pueden enfatizar los requisitos legales que contienen las normas jurídicas previamente explicados, que a juicio del profesor deben ser reiterados por su importancia.

En ocasiones, el empleo de las imágenes como medio de reiteración de ideas y de conceptos jurídicos puede permitir que los estudiantes sean conscientes de la aplicación práctica de las ideas y de los conceptos legales que se desean destacar.

A modo de ejemplo: cuando se aborda el nacimiento de la personalidad de las personas físicas, siempre se explica que las actas del Registro Civil constituyen la prueba del nacimiento, así como que acreditan la fecha, la hora y el lugar del nacimiento, el sexo y la filiación. Seguramente, el estudio memorístico de estas cuestiones no resulte demasiado atractivo para el estudiante. Sin embargo, al autor de este artículo se le ocurrió la idea de solicitar al Registro Civil un certificado de su propio nacimiento, y exhibirlo a los alumnos, quienes pudieron comprender las implicaciones prácticas del contenido de la lección. Al mismo tiempo, con la lectura del certificado de nacimiento se reiteró la idea esencial de que en el certificado de nacimiento constan la fecha, la hora y lugar del nacimiento, el sexo y la filiación de las personas.

3.6. Facilitar la memorización de causas o requisitos legales

Es de sobra conocido que existen algunas normas jurídicas que enumeran causas o requisitos, que exigen de un importante grado de memorización por parte del alumnado, y que pueden resultar áridas de estudiar.

La utilización de las imágenes puede resultar de gran utilidad para facilitar la memorización de causas y requisitos legales, si se exhiben imágenes adecuadas que permitan a los estudiantes relacionar el recuerdo visual a la causa o al requisito legal. El efecto didáctico de la exhibición de imágenes todavía es mayor si la imagen muestra un hecho públicamente conocido, en la medida en que de esa manera se cuenta con el valor añadido de que los alumnos advierten la aplicación real de las normas jurídicas.

Vamos a poner un ejemplo. Cuando los estudiantes deben aprender de memoria las causas de declaración de fallecimiento por haber desaparecido una persona en una circunstancia objetivamente peligrosa para la vida, seguramente les resulte difícil, en la medida en que el art. 194 CC es una norma bastante larga y farragosa. Sin embargo, es posible facilitar su estudio exhibiendo fotografías de supuestos reales que encajan con tales causas de declaración de fallecimiento: una fotografía del naufragio del *Costa Concordia*, en el que varios pasajeros nunca fueron hallados; una fotografía del sumergible *Titan*, que implosionó con varios turistas a bordo cuando intentaba alcanzar los restos del *Titanic*; una fotografía de soldados en el frente de la guerra existente entre Rusia y Ucrania; una fotografía de los restos del vuelo 447 de *Air France*, que se estrelló en medio del océano Atlántico; o un grabado de un cadalso con guillotina ambientado en la Revolución Francesa. Desde el punto de vista memorístico, resulta evidente que es mucho más fácil recordar las causas de declaración de fallecimiento contenidas en el art. 194 CC recordando estas imágenes que memorizando literalmente la norma escrita.

3.7. Incentivar la profundización en el estudio autónomo

Finalmente, las imágenes pueden resultar de utilidad en la enseñanza del Derecho porque pueden incentivar que los estudiantes, de manera autónoma, profundicen en el estudio de cualquier cuestión jurídica relacionada con una imagen exhibida durante la explicación de una lección.

El autor de este artículo puede exponer el siguiente supuesto real. Al explicar las lecciones relativas al régimen económico matrimonial del empresario, nos pareció necesario exponer sintéticamente los principios fundamentales de los tres regímenes económico-matrimoniales regulados en el CC. Para incentivar que los alumnos profundizasen en la compensación por trabajo doméstico regulado en el art. 1438 CC, para retener que no tiene por finalidad el reequilibrio de la situación patrimonial de los cónyuges, y que, si esa era la intención de los cónyuges, debieron haber pactado un régimen de participación, se hizo referencia expresa a la STS (Sala 1.ª, Sección 1.ª) de 11 de diciembre de 2019, rec. 5664/2018 (ECLI:ES:TS:2019:4080), que dilucidó una agria disputa entre un conocido multimillonario empresario español y su antigua esposa, quien reclamó en los Tribunales una indemnización multimillonaria con base en el art. 1438 CC.

Junto a la cita de la Sentencia se enseñó en clase la portada de la revista *Hola* en la que los protagonistas del pleito aparecían muy sonrientes y risueños al salir de la iglesia donde contrajeron matrimonio. El autor de estas líneas tuvo la satisfacción de comprobar que el simple hecho de haber exhibido en clase la portada estimuló a un buen número de alumnos, quienes leyeron la Sentencia relacionada con la publicación, comprendiendo por ellos mismos la trascendencia práctica de las cuestiones que se habían explicado sintéticamente durante la explicación de la lección en clase.

4. La utilización de las imágenes es un recurso sencillo y efectivo, que no exige que el profesor sea un experto en inteligencia artificial

Finalmente, deseamos exponer tres reflexiones finales relacionadas con la utilización de las imágenes como técnica de innovación educativa.

En primer lugar, podría deducirse que para poder utilizar las imágenes en la enseñanza del Derecho resultaría imprescindible que el profesor esté muy familiarizado con la utilización de la inteligencia artificial. Pues bien: nada más lejos de la verdad. La exhibición de imágenes durante las clases no exige en absoluto que el profesor esté versado con el empleo de programas y recursos informáticos avanzados. Buena muestra de ello es que el autor de este artículo ha hecho un uso efectivo de las imágenes a lo largo del curso académico 2023/2024 sin recurrir en ningún momento a la inteligencia artificial. Evidentemente, es perfectamente posible recurrir de la inteligencia artificial para mostrar imágenes a los alumnos; pero en ningún caso resulta imprescindible. Basta con recopilar dibujos, fotografías, símbolos o signos representativos, y exhibirlos durante las clases en el momento oportuno.

En segundo lugar, el recurso a la exhibición de imágenes debe ser utilizado en su justa medida. Constituye una técnica didáctica a disposición del profesor, pero no puede suponer dejar de lado el estudio de la norma jurídica. Se trata, en suma, de utilizar la técnica de manera oportuna, no de inundar la clase con imágenes proyectadas. Como dice el brocardo latino, las imágenes deben ser utilizadas *cum grano salis*: en su justa medida y solo cuando resulte de utilidad.

En tercer lugar, tal y como sucede con la implementación de cualquier técnica de innovación educativa, la exhibición de imágenes durante la explicación del temario supone un esfuerzo adicional para el profesor, quien se ve obligado a determinar en qué preciso momento de la explicación será oportuno exhibir una imagen; qué finalidad se persigue con la exhibición de esa imagen; proceder a la búsqueda de la imagen que más se adecue a la finalidad perseguida; e introducir la imagen en la diapositiva correspondiente o archivarla digitalmente para mostrarla a los estudiantes en el momento oportuno. Así las cosas, el trabajo adicional para el profesor es evidente, antes y durante las clases.

Sin embargo, el recurso a las imágenes para la enseñanza de cuestiones jurídicas resulta sumamente provechoso para los estudiantes, a quienes se les mantiene atentos durante las explicaciones, y se les facilita que puedan aprender, comprender y recordar las cuestiones esenciales del temario. En este sentido, resulta sumamente gratificante escuchar de los alumnos que las imágenes les han ayudado a entender la explicación, a recordar conceptos, a poder poner ejemplos relativos a cuestiones jurídicas, o incluso, a preparar un examen. En consecuencia, la utilización de las imágenes como técnica de innovación educativa supone un esfuerzo; pero merece mucho la pena.

Bibliografía

Ackerman, D., *Magia y alquimia de la mente*, El Ateneo, Buenos Aires, 2005.

Andrés Segovia, B., «La innovación docente dentro y fuera de las aulas de derecho», en *Innovación docente en Derecho: herramientas digitales, nuevos desarrollos y perspectiva global*, Colex, A Coruña, 2023.

Arnau Moya, F., «El método del caso en la docencia del derecho civil», en *Innovación docente en Derecho: herramientas digitales, nuevos desarrollos y perspectiva global*, Colex, A Coruña, 2023.

Chaparro Matamoros, P., «La innovación docente. Génesis y estado actual de la cuestión», en *Actualización de la docencia y metodologías activas del aprendizaje del derecho en el entorno digital*, Universitat de València, València, 2022.

Kandel, E., *Principios de neurociencia*, McGraw-Hill, Aravaca, 2001.

Moreno Soler, V., «La exposición de una noticia en el proceso de aprendizaje en Derecho», en *Actualización de la docencia y metodologías activas del aprendizaje del derecho en el entorno digital*, Universitat de València, València, 2022.

Ocanto Silvia, I., «La creación de imágenes mentales y su implicación en la comprensión, el aprendizaje y la transferencia», *Sapiens*, vol. 10, núm. 2, 2009.

Pedrosa López, C., «Modulación de técnicas analógicas a digitales para incentivar el aprendizaje», en *Innovación docente en Derecho: herramientas digitales, nuevos desarrollos y perspectiva global*, Colex, A Coruña, 2023.

TÉCNICAS DE INNOVACIÓN DOCENTE PARA LA ENSEÑANZA DEL USO DE LAS SEDES ELECTRÓNICAS DE LAS ADMINISTRACIONES PÚBLICAS Y OTRAS NUEVAS TECNOLOGÍAS

María José Fabregat Aragonés
Profesora Sustituta de Derecho Administrativo
Universitat Jaume I de Castelló

RESUMEN: Debido al auge cada vez mayor de la relación entre los ciudadanos y las Administraciones Públicas de forma telemática a través de sus sedes electrónicas, cobra mayor importancia para los docentes de la asignatura de Derecho Administrativo explicar de una forma pormenorizada la Administración Electrónica y sus singularidades en el procedimiento administrativo común. Proponiéndose en el presente escrito técnicas de innovación docente que amenicen la enseñanza y el conocimiento por parte de los estudiantes de la Administración Electrónica.

1. Introducción

La enseñanza en el Grado en Derecho, en gran medida, se ha centrado en una docencia más teórica. No obstante, si bien es cierto que el conocimiento de la teoría es de gran importancia, la misma sería más enriquecedora y comprensiva para los estudiantes desde un punto de vista más práctico. No es un secreto que uno de los temores de los docentes en el Grado en Derecho sea que sus alumnos se centren únicamente en la memorización del temario para superar la asignatura, sin llegar a comprender realmente el mismo, provocando como consecuencia, que los conocimientos adquiridos principalmente de forma memorística desaparezcan con mayor rapidez, y, pudiendo derivar, a su vez, en el desinterés en adquirir un conocimiento y comprensión real de las asignaturas. De modo que, para evitar dicho desinterés por parte de los estudiantes derivado del conocimiento exclusivamente memorístico del temario impartido por el docente, es de gran importancia abrirnos a realizar una docencia más práctica que ayude a la compresión por parte de los estudiantes de los aspectos teóricos.

Asimismo, la docencia a través de ejercicios prácticos incentiva la imaginación de los estudiantes, ayudándoles a comprender que el contenido de las asignaturas tiene una transcendencia fáctica en la «vida real», y no es un mero temario que memorizar para superar la asignatura en cuestión sin transcendencia real y profesional. Es por ello que, dar paso a la importancia de la perspectiva práctica en la docencia en el Grado en Derecho no solo ayuda a los estudiantes a mejorar su comprensión sobre los aspectos teóricos, sino que, asimismo, les incentiva y motiva a «lanzarse» al ejercicio de cualquier profesión del ámbito jurídico, al tener una comprensión práctica y real de sus conocimientos teóricos, generándoles mayor seguridad. Dicha docencia a través de la perspectiva práctica goza de especial relevancia a la hora de explicar por el docente la Administración Electrónica, al ser un mecanismo procedimental-administrativo con una regulación propia y con singulares características dentro del procedimiento administrativo común de las Administraciones Públicas. Singularidades que para una completa comprensión por parte de los estudiantes deben tratarse, asimismo, mediante la realización de casos prácticos, no centrándose únicamente en su perspectiva teórica. A través del presente texto se van a exponer técnicas de innovación docente que colaboren en agilizar el entendimiento de la Administración Electrónica, proponiéndose tanto actividades individuales como grupales, que fomenten el conocimiento de las singularidades de la regulación de la Administración Electrónica en el procedimiento administrativo común, resolviéndose las mismas tanto desde la perspectiva del interesado-administrado como desde la perspectiva de la Administración Pública.

2. Concepto y régimen jurídico de la Administración Electrónica

La Administración Electrónica es el mecanismo a través del cual se incorporan las tecnologías de la información y la comunicación en la administración pública, ofreciendo a la ciudadanía la posibilidad de relacionarse con las distintas administraciones públicas a través de internet[1]. Dicha relación

1 Valero Torrijos, J. *Administración pública, ciudadanos y nuevas tecnologías*, Tirant lo Blanch, Valencia, pág. 2955.

de la ciudadanía con la Administración Pública a través de sus medios electrónicos, asimismo, genera peculiaridades procedimentales, así como en el funcionamiento del sector público, que no están exentas de regulación.

En la actualidad, el régimen jurídico de la Administración electrónica se encuentra fundamentalmente en tres normativas, siendo éstas las siguientes:

- La Ley 39/2015, de 1 de octubre, del Procedimiento Administrativo Común de las Administraciones Públicas (en adelante, LPACAP).
- La Ley 40/2015, de 1 de octubre, de Régimen Jurídico del Sector Público (en adelante, LRJSP).
- El Real Decreto 203/2021, de 30 de marzo, por el que se aprueba el Reglamento de actuación y funcionamiento del sector público por medios electrónicos.

Si bien, tanto la LPACAP y como la LRJSP son la legislación básica a explicar por el docente en cuanto al Derecho Administrativo, en las mismas debe tomarse especial interés al articulado relativo a la Administración Electrónica, y ello debido al gran auge de la relación por medios electrónicos entre el interesado y la Administración Pública. En cambio, el Reglamento de actuación y funcionamiento del sector público por medios electrónicos desarrolla y complementa las antes mentadas LPACAP y LRJSP en lo referido a la actuación y el funcionamiento electrónico del sector público. Por lo que respecta al régimen jurídico de la Administración Electrónica en la LPACAP, en el mismo se encuentran varios artículos que regulan el procedimiento administrativo común de las Administraciones Públicas cuando la relación entre el ciudadano y la Administración se lleve a cabo por medios electrónicos.

Así, deben destacarse a la hora de la docencia en materia de procedimiento administrativo, los siguientes:

- Art. 6 de la LPACAP, referido al Registro electrónico de apoderamientos.
- Art. 12 de la LPACAP, referido a la asistencia en el uso de medios electrónicos a los interesados.
- Art. 14 de la LPACAP, referido al derecho y obligación de relacionarse electrónicamente con las Administraciones Públicas.
- Art. 43 de la LPACAP, referido a la práctica de las notificaciones a través de medios electrónicos.

Por lo que respecta a las singularidades de la Administración electrónica en el funcionamiento del sector público, éstas se encuentran reguladas, como ya se ha indicado, en la LRJSP, y en la misma, en su capítulo V, referido al «funcionamiento electrónico del sector público».

Finalmente, es en el Real Decreto 203/2021, de 30 de marzo, por el que se aprueba el Reglamento de actuación y funcionamiento del sector público por medios electrónicos, donde se realiza una regulación pormenorizada a los efectos de desarrollar el articulado tanto de la LPACAP como de la LRJSP en cuanto a la Administración electrónica, siendo de destacar el art. 2, referido a los principios generales de la Administración electrónica, y el art. 14, referido al régimen de subsanación cuando el procedimiento administrativo se esté tramitando por medios electrónicos.

La docencia del procedimiento administrativo electrónico no debe ser baladí, sino todo lo contrario, debe profundizarse en la misma y en las peculiaridades que muestra respecto al procedimiento administrativo común de las administraciones públicas, así como en sus efectos jurídicos. Pues, no es una mera hipótesis que la relación del ciudadano con la administración a través de sus medios electrónicos ha crecido de forma exponencial en los últimos años. Crecimiento que no menguará en el futuro debido a la gran digitalización de las propias Administraciones Públicas, lo cual ya ha empezado a implementarse a través del Plan de Digitalización de las Administraciones Públicas 2021-2025, siendo uno de los elementos principales del Plan de Recuperación, Transformación Y Resiliencia del Gobierno de España y financiado por los fondos *Next Generation* de la Unión Europea.

Dicho Plan de Digitalización de las Administraciones Públicas, el cual ya está en plena implementación, tiene como objetivos principales los siguientes:

- Mejorar la accesibilidad de los servicios públicos digitales a la ciudadanía y empresas.
- Superar la actual brecha digital.
- Favorecer la eficiencia y eficacia de los empleados públicos.
- Dotar de más medios para la consecución de los objetivos de resiliencia, cambio climático, medioambiente, transición digital, salud pública, cohesión, etc., establecidos en el Plan de Recuperación, Transformación y Resiliencia.

3. Técnicas docentes para el aprendizaje de las peculiaridades de la Administración Electrónica en el procedimiento administrativo común

Para el aprendizaje por parte de los estudiantes de las peculiaridades de la Administración electrónica, en un primer lugar, el docente deberá explicar pormenorizadamente el procedimiento administrativo común de las administraciones públicas, destacando las singularidades cuando dicho procedimiento se tramita electrónicamente. Empezar el aprendizaje docente desde el punto de vista teórico es esencial para que los estudiantes puedan tener los conocimientos necesarios y desarrollar éstos de una forma más profunda y con un conocimiento real a través de casos prácticos. Una vez se haya desarrollado teóricamente la Administración electrónica, y sus peculiaridades en el procedimiento administrativo común, deberemos dar lugar al aprendizaje desde una perspectiva práctica de la asignatura, mediante el planteamiento de casos prácticos en los que los estudiantes deberán poner en conocimiento lo aprendido teóricamente en cuanto a la Administración electrónica. Seguidamente, se expondrán a modo de ejemplo casos prácticos a plantear para los estudiantes para el aprendizaje y entendimiento de la Administración electrónica:

a) El primero de los casos prácticos que se propone plantear a los estudiantes para ayudarles en su conocimiento en el modo de relacionarse con las Administraciones públicas a través de sus medios electrónicos, es la realización de borradores de instancias a través de la sede electrónica de una determinada Administración Pública. Mediante la realización de dicha actividad los estudiantes aprenden a relacionarse con la Administración Pública de forma telemática, a través de sus medios electrónicos.

b) Por otro lado, asimismo, pueden plantearse supuestos prácticos respecto a la posible nulidad o anulabilidad de un acto administrativo por defectos en la tramitación electrónica de un determinado procedimiento administrativo. Tales supuestos prácticos pueden consistir, a modo de ejemplo, los siguientes:

> i) Defecto en la forma de relacionarse electrónicamente con las Administraciones Públicas, al no ser conforme con lo dispuesto en el art. 14 LPACAP[2].
>
> A través de la realización de dicho supuesto práctico, se pone en conocimiento que en las notificaciones administrativas la forma interesa, «no como ritual sin sentido, sino como medio para garantizar unas condiciones mínimas en la práctica de las notificaciones, cumplidas las cuales el acto de entienda notificado, sin necesidad de constatas,

2 Art. 14 LPACAP: «1. Las personas físicas podrán elegir en todo momento si se comunican con las Administraciones Públicas para el ejercicio de sus derechos y obligaciones a través de medios electrónicos o no, salvo que estén obligadas a relacionarse a través de medios electrónicos con las Administraciones Públicas. El medio elegido por la persona para comunicarse con las Administraciones Públicas podrá ser modificado por aquella en cualquier momento.
2. En todo caso, estarán obligados a relacionarse a través de medios electrónicos con las Administraciones Públicas para la realización de cualquier trámite de un procedimiento administrativo, al menos, los siguientes sujetos:
a) Las personas jurídicas.
b) Las entidades sin personalidad jurídica.
c) Quienes ejerzan una actividad profesional para la que se requiera colegiación obligatoria, para los trámites y actuaciones que realicen con las Administraciones Públicas en ejercicio de dicha actividad profesional. En todo caso, dentro de este colectivo se entenderán incluidos los notarios y registradores de la propiedad y mercantiles.
d) Quienes representen a un interesado que esté obligado a relacionarse electrónicamente con la Administración.
e) Los empleados de las Administraciones Públicas para los trámites y actuaciones que realicen con ellas por razón de su condición de empleado público, en la forma en que se determine reglamentariamente por cada Administración».

en cuanto al fondo, que el mismo ha sido conocido efectivamente por el administrado»[3].

ii) Los efectos jurídicos de la falta del envío de un aviso de notificación al dispositivo electrónico y/o a la dirección de correo electrónico del interesado que éste haya comunicado, que conforme lo dispuesto en el art. 41.6 LPACAP, la falta de dicho aviso de notificación no impedirá que la misma sea considerada plenamente válida[4].

Pues tal y como se dispone, entre otras, en la STS de 17 de julio de 2023, de la Sala de lo Contencioso-Administrativo (Roj: STS 4188/2013 - ECLI:ES:TS:2013:4188): «la eventual falta de notificación, o la notificación irregular, de un determinado acto administrativo, no afecta a su validez sino meramente a su eficacia (y al comienzo en su caso, de los plazos para impugnarlo)»[5].

iii) Los efectos jurídicos de la falta de sincronización de las sedes electrónicas de las distintas Administraciones Públicas con el Punto de Acceso General electrónico de la Administración a los efectos de que el interesado acceda a su notificación. Lo cual sería contrario con lo dispuesto en el art. 43.4 de la LPACAP[6/7].

Tales casos prácticos, serán resueltos tanto desde la perspectiva del interesado como de la Administración Pública. Para ello, el docente dividirá a los estudiantes en grupos, preferiblemente de forma aleatoria, fomentándose así la diversidad y no cerrarse en el círculo de amistad. A cada dos grupos se les asignará un mismo caso práctico, siendo uno la Administración Pública, y el otro el Administrado interesado. Conforme lo ya expuesto, en tales casos prácticos los grupos de alumnos que ostenten la figura de Administrado interesado deberán realizar el correspondiente recurso administrativo en el que fundamenten jurídicamente los motivos de nulidad o anulabilidad del acto administrativo que se impugne y. que así se expondrá por el docente en el

---

3 Guillén Caramés, J., *La Administración Electrónica. ¿Mito o realidad para los ciudadanos del siglo XXI?*, Centro PwC & IE del Sector Público, 2010, pág. 70.

4 Art. 41.6 LPACAP: «6. Con independencia de que la notificación se realice en papel o por medios electrónicos, las Administraciones Públicas enviarán un aviso al dispositivo electrónico y/o a la dirección de correo electrónico del interesado que éste haya comunicado, informándole de la puesta a disposición de una notificación en la sede electrónica de la Administración u Organismo correspondiente o en la dirección electrónica habilitada única. La falta de práctica de este aviso no impedirá que la notificación sea considerada plenamente válida».

5 STS (Sala de lo Contencioso-Administrativo, Sección 3.ª) de 17 de julio de 2023, rec. 472/2012 (Roj: STS 4188/2013-ECLI:ES:TS:2013:4188).

6 Martín Delgado, I., «Algunos aspectos problemáticos de la nueva regulación del uso de los medios electrónicos por las administraciones públicas», *Revista de la Comunidad de Madrid*, 2018.

7 Art. 43.4 LPACAP: «4. Los interesados podrán acceder a las notificaciones desde el Punto de Acceso General electrónico de la Administración, que funcionará como un portal de acceso».

enunciado del caso práctico. Una vez realizados tales recursos, los mismos se les trasladarán a los grupos que ostenten la figura de la Administración, los cuales deberán realizar el informe jurídico y la resolución que consideren oportunas a los efectos de defender el interés público. De esta forma, la práctica se realiza en relación a situaciones jurídicas concretas parejas a la realidad. Finalmente, los alumnos deberán exponer sus escritos en el aula, primero el grupo con la figura de Administrado interesado y, seguidamente el de la figura de Administración Pública, resolviéndose finalmente por el docente.

4. Conclusiones

La Administración Electrónica es el mecanismo a través del cual se incorporan las tecnologías de la información en la Administración Pública, ofreciendo a los ciudadanos la posibilidad de relacionarse con las distintas Administraciones Públicas de forma telemática a través de sus medios electrónicos.

Debido al gran auge en el «uso» de la Administración Electrónica, es esencial que los docentes en materia de Derecho Administrativo a la hora de explicar el procedimiento administrativo común hagan hincapié en las singularidades de la regulación de la Administración Electrónica en el procedimiento administrativo, así como, sus efectos en el régimen jurídico del sector público. Para ello, se recomienda hacer una previa y pormenorizada explicación teórica de las singularidades procedimentales de la Administración Electrónica, y, posteriormente, la realización de supuestos prácticos por los estudiantes en los que pongan en conocimiento lo aprendido teóricamente, tanto desde la perspectiva del ciudadano-interesado como desde la propia perspectiva de la Administración Pública. Consiguiendo así, acercarle un poco más a la problemática «real» de las peculiaridades del procedimiento administrativo común, cuando la relación entre el ciudadano-interesado y la Administración Pública se lleve a cabo por medios electrónicos.

Bibliografía

Guillén Caramés, J., *La Administración Electrónica. ¿Mito o realidad para los ciudadanos del siglo XXI?*, Centro PwC & IE del Sector Público, 2010.

Martín Delgado, I., «Algunos aspectos problemáticos de la nueva regulación del uso de los medios electrónicos por las administraciones públicas», *Revista de la Comunidad de Madrid*, 2018.

Valero Torrijos, J., *Administración pública, ciudadanos y nuevas tecnologías*, Tirant lo Blanch, Valencia, 2000.

SEXTA PARTE

El respeto a los valores en la educación superior

LA GESTIÓN DE LA DIVERSIDAD CULTURAL EN EL AULA[1]

María Elena Cobas Cobiella
Profesora Titular de Derecho Civil
Universitat de València

«Lo mejor que el mundo tiene está en los muchos mundos que el mundo contiene»
Eduardo Galeano

RESUMEN: El trabajo tiene entre sus objetivos presentar la educación universitaria desde la perspectiva de una nueva época. El aula como un espacio de acogida y coexistencia de diferentes valores y culturas, asumiendo la educación intercultural, la integración y la interculturalidad como categorías esenciales y competencias a desarrollar en las universidades.

1. Presentando el tema

En la actualidad el marco universitario ha cambiado, es totalmente diferente a la década anterior como mínimo. Es posible apuntar algunas razones, dentro de las cuales están el cambio de intereses en las nuevas generacio-

1 Este trabajo se ha realizado en el marco de los siguientes *Proyectos de Innovación Educativa Consolidados* concedidos por la Universitat de València: a) «Aprendizaje cooperativo. Los Mapas conceptuales como Metodología docente activa dentro del Nuevo Espacio de Educación Superior Europeo» (ref. UV-SFPIE_PIEC-2724641), del cual es coordinadora la prof. M.ª Elena Cobas Cobiella; y b) «La ludoteca jurídica» (ref. UV-SFPIE_PIEC-2734629), del cual es coordinador el prof. Pedro Chaparro Matamoros

nes, de opiniones, nuevos enfoques de género, la invasión de las nuevas tecnologías, ahora la Inteligencia artificial, los flujos de información galopantes y por supuesto la globalización que ha conllevado a importantes movimientos migratorios.

Al cambiar la universidad, la clase está sujeta a estos vaivenes. Bolonia fue un precedente y lo sigue siendo de nuevos tiempos y de una necesidad de transformación en la enseñanza. El aula es un lugar vivo y debe ser un espacio no sólo de aprendizaje sino también de intercambio, de retroalimentación, de crecimiento personal y profesional.

El trabajo del profesor esencial es la docencia, pero la clase no es sólo el profesor sino los estudiantes. Constituye un equipo, sin estudiantes no hay universidad, sin profesor no hay enseñanza. Mucho se ha escrito sobre el binomio alumno- profesor, pero pensando generalmente en un modelo único y homogéneo de clase y un tipo de profesor y alumnado igualmente homogéneos.

La enseñanza, por tanto, es igualmente homogénea basada en determinados presupuestos.

En primer lugar, la idea preconcebida de que todos los alumnos comparten entre sí los mismos códigos y valores culturales, ya que todos son de la misma ciudad, del mismo país o de igual etnia. En segundo orden de cosas, que el estudiantado comparte la misma situación social y económica. En tercer lugar, se piensa *ab initio* que en la clase no hay estudiantes con alguna causa de discapacidad o diversidad funcional. Finalmente se aprecia que por ser jóvenes la mayoría de los estudiantes son nativos tecnológicos.

Estas generalizaciones existen, pero hay muchas más excepciones que no están contempladas siquiera en la conformación de los programas y de las guías de asignaturas, fundamentándose en que todas las clases son iguales. Es cierto que las guías y programas deben ser de corte general, porque no es posible hacer normas específicas para cada alumno, no existe la docencia especializada. Pero ello no es óbice para que se pueda incidir en las competencias, en la formación del propio profesorado y en la educación del alumnado en los valores de integración, de admisión de una diversidad no sólo cultural sino funcional, incluso teniendo en cuenta la existencia de alumnos que trabajan y estudian a la vez, que no siempre está presente en la idea que se tiene cuando se imparte docencia.

Las universidades deben ser aulas abiertas a todo tipo de alumnado, si se quiere apartar la endogamia y desarrollar la internacionalización como uno de los objetivos esenciales del Espacio de Educación Superior, debe ser inclusiva en muchos sentidos, desarrollando el valor de la pertenencia a un grupo, y a una universidad, además. De forma tal que cuando el estudiante recuerde su paso por la universidad lo haga con alegría y con nostalgia.

A ello se una la creciente inmigración en España, que es otra arista del problema que incide en el contexto y afecta la composición de las aulas. En Europa, la inmigración se ha convertido en un fenómeno estructural, que ha impulsado un proceso continuo de aculturación, el cual se da cuando: «dos o más comunidades culturalmente diferenciadas entran en contacto y se producen cambios en muchos aspectos de la vida diaria de sus miembros»[2].

Este quehacer de movimientos migratorios, no dejan indiferente a la educación, ni las aulas, a contrario sensu, la clase se ha convertido y esperemos que cada vez más en un grupo de personas de diferentes culturas y con percepciones variadas[3], constituyendo además un tema de envergadura, porque las nuevas tendencias sociales que influyen y determinan la forma de vivir de la sociedad, también lo hacen en la educación[4].

El fenómeno de la inmigración es también global, porque es una cuestión que por demás afecta también a la política, la economía, la estabilidad de las sociedades, la sanidad e incluso la demografía. Debe por tanto ser tratado igualmente desde una perspectiva además humanitaria responsable y con la seriedad que corresponde por parte de las políticas legislativas, porque en el centro del debate está la persona con independencia de su nacionalidad, tradiciones y costumbres. La Universidad por su parte es también parte de este fenómeno y la preocupación por ello debería ir mucho más allá del planteamiento habitual que se tiene en la actualidad.

Estamos en presencia por tanto de un entorno donde puede convivir, trabajar y estudiar cualquier persona.

---

2 Retortillo Osuna, A. y Rodríguez Navarro, H., «Inmigración, estrategias de aculturación y valores laborales: un estudio exploratorio», *Revista de Psicología del Trabajo y de las Organizaciones*, vol. 24, núm. 2, 2008, pág. 189.

3 «Las escuelas se han transformado en campos culturales configurados de forma compleja y diferenciada, ya no es posible pensar en escuelas homogéneas. La pluralidad cultural plantea un escenario en el cual todos los actores deben construir un modelo educativo que permita comprender la realidad plural de las culturas y que a su vez convierta a la escuela en una generadora de construcción cultural: la escuela está llamada a convertirse en un ecosistema de plena convivencia y respeto entre todas las culturas». *Vid.* Ruiz Cabezas, A., «Modelos educativos frente a la diversidad cultural: la educación intercultural», *Luna Azul*, núm. 33, 2011, pág. 17.

4 Advierte Buscà Donet que: «este fenómeno al que se está haciendo referencia, el de la globalización, trae consigo una interdependencia planetaria (Delors, 1996) entre las sociedades y naciones que configuran la población mundial actual, recalcando además la importancia que ostenta, porque cualquier actuación o tendencia de la actividad humana, condicionará el objetivo, la finalidad y por tanto el desarrollo de actividades humanas como la educación». Buscà Donet, F., «El profesorado ante el reto de la diversidad cultural. un estudio de caso aplicado a la escuela rural .informe de investigación», http: // diposit.ub.edu/dspace/bitstream/2445/11493/3/Informe%20de%20investigacion%20diversidad%20cultural%20y%20escuela%20rural.pdf, 2001, pág. 10.

Este contexto me ha llevado a plantearme algunas cuestiones que dan vida a este ejercicio de pensamiento sobre la docencia en general y no sólo tomando como única fuente objetiva de conocimiento la innovación docente, aunque todas conllevan a una conclusión que ya aventuro que la docencia, el aprendizaje y la clase se estructuran de forma homogénea, así como los planes y programas de estudios en las universidades en la actualidad.

Por otra parte, como ya he señalado deberíamos reflexionar sobre cuestiones diversas, si, por ejemplo: «¿el aula está preparada para una diversidad cultural, si el alumnado y los profesores tienen conciencia de la importancia del tema?, esto, por un lado, por otra parte, cabe preguntarse ¿si el profesorado que es uno de los elementos fundamentales para desarrollar una integración y una gestión de la diversidad en el aula, tiene la formación requerida para ello?».

Estas preguntas dan paso a otras cuestiones que no dejan indiferente a los que día a día estamos en el aula: «¿Qué mecanismos existen para integrar a los estudiantes de otras culturas al aula? ¿O cómo ofrecer soluciones a los posibles conflictos que puedan producirse en un grupo de estudiantes universitarios? ¿Están adaptados los planes de estudios a un aula abierta, integrada e integradora? ¿Las políticas en referencia a este tema son materiales o están en el plano del reconocimiento formal?»[5]. Interrogantes de difícil contestación y de imposible análisis todas en este trabajo.

Es un tema complejo en general, porque depende de muchos factores, y de una toma de conciencia de su importancia, sobre todo en la educación infantil y media, porque las universidades al tratarse de estudiantes con capacidad jurídica la problemática pueden enfocarse con otra perspectiva y sobre todo desde un análisis crítico y una reflexión profunda y más exhaustiva.

Evidentemente partimos de la idea de la libertad de cátedra que debe primar en la docencia universitaria, ahora bien, esto no significa que deban trabajarse a nivel universitario determinadas competencias que promuevan el desarrollo de la diversidad cultural y de toda la diversidad en la universidad.

2. Multiculturalidad. Interculturalidad. Educación intercultural e integración conceptos esenciales para un buen desarrollo universitario

En la doctrina y en la práctica de estos temas se trabajan diversas categorías que conforman un marco conceptual que se ha de tener en cuenta para la comprensión del análisis y que permiten hacer visible la problemática.

5 Cobas Cobiella, M.ª E., «La interculturalidad en el aula universitaria. Algunas bases para su estudio», en Ortega Giménez, A. (dir.), *Práctica de la gestión de la diversidad cultural en las aulas universitarias: con especial referencia a las cuestiones legales aplicable a estudiantes e investigadores extranjeros*, Thomson Reuters Aranzadi, Cizur Menor, 2019, pág. 72.

En primer lugar, está la multiculturalidad que pone de manifiesto la diversidad cultural, lingüística y religiosa, en una misma sociedad, constituye la presencia en un territorio de diferentes culturas, que coexisten entre ellas, pero no conviven; es entendida como una cuestión distinta. Plantea por otra parte el reconocimiento de las diferencias basado en los principios de igualdad, y asimismo aborda el derecho a la diferencia. En segundo lugar, está la interculturalidad que, a diferencia de la multiculturalidad, es un concepto dinámico, que abarca todas las cuestiones de ésta, pero a su vez promueve el intercambio y la comunicación, sobre el respeto y aceptación de lo que es diferente. En resumen, una situación multicultural supone la existencia de muchas culturas unidas en lo espacial, pero no en lo social, mientras que la interculturalidad facilita la integración[6].

Estas dos categorías están relacionadas, pero a la vez plantean dos fenómenos complejos dentro del ámbito de la sociedad. La interculturalidad aboga por la existencia de otras culturas y su admisión, así como comunicación e interacción, mientras que la multiculturalidad es más pasiva en este entorno y frente al conflicto que se puede generar.

En lo que respecta a la integración y a la educación intercultural abordan cuestiones que se interrelacionan con la comprensión de la diversidad cultural.

El concepto de educación intercultural es analizado como instrumento para facilitar el diálogo entre culturas distintas[7]. Constituye una nueva perspectiva en el entorno educativo, que es un requerimiento de la realidad actual y de los nuevos paradigmas.

El objetivo esencial de la misma se centra en promover la educación ciudadana sobre el establecimiento de relaciones de igualdad entre personas de distintas culturas, promoviendo y manteniendo además el desarrollo de las identidades individuales y colectivas. La educación intercultural no es una moda de nuestro tiempo; es, sin duda, uno de los retos más importantes a los que los docentes del siglo XXI deben dar respuesta, como ha señalado Jordán Sierra[8].

La llamada educación intercultural tiene también una incidencia en el ámbito de la formación del profesorado universitario, aceptando, conci-

6 Bernabé Villodre, M.ª del M., «Pluralidad, multiculturalidad e interculturalidad, conocimientos necesarios para la labor docente», *Revista Educativa Hekademos*, año V, núm. 11, junio 2012, págs. 69-70.

7 Bernabé Villodre, M.ª del M., «Pluralidad, multiculturalidad e interculturalidad, conocimientos necesarios para la labor docente», cit., pág. 70.

8 Jordán Sierra, J. A., «Introducción: la formación permanente del profesorado en educación intercultural», en AA.VV., *La formación del profesorado en Educación Intercultural,* La Catarata, Madrid, 2004, pág. 12.

liando, colaborando y analizando críticamente que las diferencias son fuente de enriquecimiento, como la diversidad lingüística y la aceptación de un aula diferente[9].

Ello requiere el desarrollo de las llamadas competencias interculturales. Al hablar de estas los estudios las definen como: «las capacidades de la persona para desarrollar sus tareas y funciones en contextos profesionales multiculturales»[10]. Estas competencias a su vez permiten la convivencia en una sociedad plural, la valoración de las diferencias y sobre todo ser tolerante y respetar los valores, las creencias, las culturas y la historia personal y colectiva de los otros[11].

El concepto de integración es otra de las categorías que aportan contenido al debate.

En materia de inmigración el concepto de integración adquiere un enfoque más amplio y se expone como uno de los objetivos de la Ley de Extranjería cuando se señala entre las finalidades de la norma, la de reforzar la integración como uno de los ejes centrales de la política de inmigración que, teniendo en cuenta el acervo de la Unión Europea en materia de inmigración y protección internacional, apuesta por lograr un marco de convivencia de identidades y culturas, de ahí que la propia Ley de Extranjería en su enunciado hace referencia a la integración social[12].

La integración a nivel universitario debe partir del principio de igualdad no sólo en el plano formal. Debe inicialmente la universidad abrirse al mundo, a las necesidades sociales y a las demandas de un mundo exterior que no suele corresponderse con lo que se enseña ni con lo que se aprende. Ser menos endogámica y más abierta a las cuestiones y problemas del entorno y de la sociedad. Quizás cabría hablar de una responsabilidad social corporativa[13] por una parte como empresa y por otro desarrollar el sentido de perte-

---

9 *Vid*. Cobas Cobiella, M.ª E., «La interculturalidad en el aula universitaria. Algunas bases para su estudio», cit., pág. 79.

10 Lévy Leboyer, C., Gestión de competencias, Ediciones 2000, Barcelona, 1996, pág. 8.

11 Figueredo Canosa, V. y Ortiz Jiménez, L., «Desarrollo de competencias interculturales en la formación del profesorado en Andalucía», *Journal for Educators, Teachers and Trainers*, vol. 5 (2), 2013, págs.162-163.

12 *Cfr*. Ley Orgánica 2/2009, de 11 de diciembre, de reforma de la Ley Orgánica 4/2000, de 11 de enero, sobre derechos y libertades de los extranjeros en España y su integración social.

13 Fernández, S., « Universidad e integración social: un debate necesario», *El blog de Studia XXI*, https://www.universidadsi.es/universidad-e-integracion-social-un-debate-necesario/, 10/05/2019, al referirse a la igualdad de oportunidades señala que: «Este ha sido el principio fundamental de la universidad como mecanismo fundamental de integración social a nivel formativo, especialmente desde su progresiva expansión y generalización como máximo nivel de la Educación Superior pública, no solo en términos de currículo académico, sino especialmente de estatus sociocultural, de prestigio comunitario/familiar y de inserción laboral».

nencia, de orgullo y responder a los valores que la Academia ha transmitido y transmite.

Desarrollar la autonomía universitaria, suprimir el exceso de trámites burocráticos tanto para los estudiantes y profesores, y volver los ojos al aula y a los estudiantes.

La función principal del profesor (la docencia) ha caído si no en el olvido, en el ostracismo, por tanto, es casi absurdo que se pueda pedir que haya un reconocimiento de la diversidad en el aula cuando el día a día no permite ver lo esencial que como se diría en «El pequeño príncipe» es invisible para los ojos[14].

3. La gestión de la diversidad cultural en el aula

De la misma manera que emigrar constituye un acto de modernidad, la diversidad cultural también lo es, son fenómenos interrelacionados también entre sí, apareciendo así la necesidad de gestionar esta nueva diversidad cultural en el aula, en el grupo y en la sociedad. Téngase en cuenta que los estudiantes de hoy son la generación del día de mañana.

La gestión de la diversidad cultural en el aula y en cualquier ámbito en que coexistan más de dos culturas debe partir de la protección constitucional que concede el art. 10 de la Constitución española[15], unido a lo previsto en el art. 13.1 de la Constitución Española[16].

Ha de destacarse también que la actualidad educativa, aunque tímidamente esboza algunas cuestiones, apenas hace referencia a una de las consecuencias de vivir en un mundo globalizado: la llamada diversidad cultural.

Téngase además en cuenta la Declaración Universal de la Unesco sobre diversidad cultural, donde se reconocen algunos principios de análisis obligatorio porque marcan el camino a seguir en esta materia.

Entre estos destacan los siguientes: que la diversidad cultural constituye un patrimonio común de la humanidad a tenor de lo previsto en el art. 1, que se debe transitar de la diversidad cultural al pluralismo cultural según el art. 2, por su parte, en el art. 3 se reafirma que la diversidad cultural constituye un factor de desarrollo, porque ofrece la posibilidad de elegir mientras que en el art. 6 se señala la necesidad de una diversidad accesible a todos[17].

En el Anexo II de la Declaración donde se establecen las Orientaciones principales de un plan de acción para la aplicación de la Declaración Univer-

14 Antoine de Saint-Exupéry *Le petit prince*. 1943.

15 *Cfr*. citado artículo.

16 *Cfr*. citado artículo. Principio del formularioFinal del formulario

17 *Cfr*. los citados artículos.

sal de la UNESCO sobre la Diversidad Cultural cabe destacar algunas de ellas que se relacionan directamente con las políticas educacionales y el papel de éstas en este sentido[18].

La fórmula para promover la diversidad cultural no existe, entre otras razones porque al tratarse de entornos heterogéneos y de relaciones étnicas e interculturales entre otras resulta complejo trazar esquemas. No obstante, teniendo en cuenta los diversos modelos que se trabajan, cabe apostar dentro de todos estos, por el modelo basado en la integración[19].

La responsabilidad de trabajar con la diversidad en clase, de promoverla, respetarla y desarrollarla es del profesor y de la institución que debe velar por el respeto a la diferencia, a los valores de cada cultura, incluyendo dentro del aprendizaje las categorías básicas y esenciales de las nacionalidades que están en clase, en la medida de lo humanamente posible. Evidentemente esto conlleva un esfuerzo importante que no siempre ni en todos los casos será posible ejecutar, pero día a día debe ser la línea principal en la conducción de la docencia. Subrayo *diversidad*, porque, aunque el trabajo se centra en la diversidad cultural, existen muchas y variadas representaciones de ella en clase.

Téngase en cuenta que cada persona encierra un mundo, pero a la vez todos formamos parte de él[20].

En principio tres son las apuestas que conviene apuntar con vistas a la potenciación de la diversidad cultural en clase. Así tenemos la educación intercultural, la innovación docente y la mediación en el ámbito intercultural.

En cuanto la educación intercultural debe ser uno de los presupuestos en la organización de los Planes y programas, y aunque debe comenzar desde los primeros años de estudio, deberían las universidades educar en valores y fomentar el intercambio no meramente institucional con vistas a promover la internacionalización de las facultades sino también en clase tratando de

---

18 Así podemos destacar las siguientes: la de favorecer el intercambio de conocimientos y de las prácticas recomendables en materia de pluralismo cultural con miras a facilitar, en sociedades diversificadas, la integración y la participación de personas y grupos que procedan de horizontes culturales variados, alentar, a través de la educación, una toma de conciencia del valor positivo de la diversidad cultural y mejorar, a esos efectos, la formulación de los programas escolares y la formación de los docentes. Incorporar al proceso educativo, tanto como sea necesario, métodos pedagógicos tradicionales, con el fin de preservar y optimizar métodos culturalmente adecuados para la comunicación y la transmisión del saber.

19 Véase J. W. Berry, citado y comentado por Rodríguez Vargas, A., «Modelos de gestión de la diversidad cultural y la integración escolar del alumnado inmigrado» *(Models of Cultural Diversity Managment and Scholar Integration of immigrate students)*, *Revista Educación Inclusiva,* vol. 5, núm. 3, 2012, págs. 47 y ss.

20 Espero que las personas finalmente se den cuenta de que solo hay una raza-la raza humana- y que todos somos miembros de ella». Margaret Atwood (El cuento de la criada).

interrelacionar en la medida de lo posible la enseñanza de las materias con la educación en valores. Evidentemente en algunas materias se puede trabajar más que en otras por su contenido, habrá en todo caso que adaptar en lo posible la disciplina a los problemas del mundo circundante, presentando una visión si se quiere más universal de las problemáticas que afectan el libre desarrollo de la persona y la personalidad[21].

En segundo lugar, la clase se debe apreciar con un nuevo enfoque y por tanto la enseñanza, con un doble rasero: como lugar de transmisión de conocimientos y como espacio de integración no sólo en diversidad sino también en pertenencia a la universidad.

En tercer lugar, la innovación docente, al igual que la docencia tradicional pueden constituir una vía, de fomentar ese entorno de diversidad cultural, y a la vez de sentido crítico que deben tener las universidades. Apoyándose en el aprendizaje cooperativo como una de las competencias más empleadas en sede de innovación docente[22].

El aprendizaje cooperativo además de las múltiples ventajas que ostenta en la organización del proceso docente, facilita la integración en los equipos de trabajo de alumnos de culturas diferentes, logrando así no sólo el conocimiento de estas diferencias, sino el acercamiento y la ansiada integración. Sobre todo para estudiantes que vienen un corto período de tiempo (Erasmus) en muchos casos con dificultades idiomáticas e incluso de costumbres. Téngase además en cuenta que los propios estudiantes solucionan mucho mejor entre ellos las posibles faltas de entendimiento.

Amén del aprendizaje cooperativo que es la metodología más socorrida en clase, cualquier metodología docente es útil para promover el colectivismo, la participación del grupo y en definitiva el intercambio. Todas las ideas son bienvenidas, lo que hay es que tener interés y perseverancia. La mediación en el ámbito intercultural y la mediación educativa son instrumentos también a considerar para dirimir los conflictos en la clase, por las diferentes facetas que presenta y en especial la preventiva. La mediación se utiliza para paliar diversos tipos de conflictos, naciendo así la mediación aplicada al ámbito intercultural, que constituye una modalidad de resolución extrajudicial de conflictos aplicada a los conflictos culturales[23], que pueden sucederse entre personas de distintas culturas como de una misma cultura; cuestión que ha

21 Por ejemplo, en Derecho Civil, Parte de Persona, se puede abordar las cuestiones de extranjería en los temas de nacionalidad o en derecho de familia cuando se analiza el matrimonio y los matrimonios mixtos.

22 Cobas Cobiella, M.ª E., «El aprendizaje cooperativo: una competencia imprescindible para la formación de los juristas», *Revista Boliviana de Derecho,* núm. 18, 2014, pág. 604.

23 *Vid*. Cobas Cobiella, M.ª E., «Mediación en el ámbito cultural. Presentando el tema», en Azcárraga Monzonís, C. y Quinzá Redondo, P. (eds.), *Tratado de Mediación. Mediación en conflictos de familia*, Tirant lo Blanch, Valencia, 2017, pág. 77.

sido objeto de disquisiciones en el ámbito teórico, y no por ello de menos relevancia; habida cuenta que en ocasiones las diferencias culturales pueden darse entre estudiantes de la misma nacionalidad, pero de formación cultural, ideología o incluso creencias religiosas distintas, lo que nos abocaría a una mediación intercultural[24].

Los conflictos en el aula universitaria con independencia de los canales o instrumentos que tengan las universidades para solventarlos pueden ser resueltos en la propia aula, con la utilización de la mediación, en concreto la mediación intercultural, aunque también cabe trabajar la mediación educativa. La naturaleza mixta de la mediación intercultural permite su utilización en el aula universitaria en la gestión del conflicto, porque por una parte puede emplearse frente al conflicto, y por otra parte permite promover la integración[25] de personas con bagaje cultural diferente, potenciando la interculturalidad. En la gestión universitaria y en el contexto de la Educación Superior se ha tenido en cuenta la posible existencia de conflictos no sólo interculturales sino de cualquier naturaleza y se ha potenciado la mediación como vía para intervenir en estos supuestos. Téngase en cuenta la Ley 3/2022, de 24 de febrero, de convivencia universitaria[26].

En la actualidad en sede de mediación educativa y en este caso educativa intercultural, al tratarse de conflictos en clase y con personas de distintas culturas, se apuesta por una mediación realizada entre estudiantes por otro estudiante, formado como mediador, o bien podemos emplear el profesor como mediador en clase. La elección de un estudiante como mediador intercultural, requerirá que este cuente con determinadas peculiaridades y aptitudes naturales., haciendo por tanto funciones de mediador natural; habida cuenta que está más cerca de los problemas de su generación que el profesor en cuestión, sobre todo porque los problemas son comunes, la forma de ver la vida, mientras que la intervención del maestro podría no solamente agravar el conflicto, sino que permanezca latente.

---

24 *Vid.* Cobas Cobiella, M.ª E., «Mediación en el ámbito cultural. Presentando el tema», cit., págs. 80 y ss.

25 La integración entendida como: «el conjunto de relaciones sociales que permite a un individuo inscribirse en una sociedad y compartir sus códigos, sin abandonar los propios». *Vid.* Rodríguez Vargas, A., «Modelos de gestión de la diversidad cultural y la integración escolar del alumnado inmigrado», cit., pág. 48, donde cita a Ferréol y Jucquois.

26 «BOE» núm. 48, de 25/02/2022. *Cfr.* citada norma que en el art. 5 regula los Medios alternativos de solución de los conflictos de convivencia señalando que: «sin perjuicio del desarrollo que en el ámbito de sus competencias pudieran llevar a cabo las Comunidades Autónomas, las universidades desarrollarán en sus Normas de Convivencia medios alternativos de solución de los conflictos de la convivencia basados en la mediación, para ser aplicados antes y durante el procedimiento disciplinario. Los medios que se desarrollen se ajustarán, en todo caso, a los principios de voluntariedad, confidencialidad, equidad, imparcialidad, buena fe y respeto mutuo, prevención y prohibición de represalias, flexibilidad, claridad y transparencia».

Bibliografía

Bernabé Villodre, M.ª del M., «Pluralidad, multiculturalidad e interculturalidad, conocimientos necesarios para la labor docente», *Revista Educativa Hekademos*, año V, núm. 11, junio 2012.

Buscà Donet, F., «El profesorado ante el reto de la diversidad cultural. Un estudio de caso aplicado a la escuela rural. Informe de investigación», http: //diposit.ub.edu/dspace/bitstream/2445/11493/3/Informe %20de %20investigacion %20diversidad %20cultural %20y %20escuela %20 rural.pdf, 2001.

Cobas Cobiella, M.ª E.,

— «El aprendizaje cooperativo: una competencia imprescindible para la formación de los juristas», *Revista Boliviana de Derecho*, núm. 18, 2014.

— «La interculturalidad en el aula universitaria. Algunas bases para su estudio», en Ortega Giménez, A. (dir.), *Práctica de la gestión de la diversidad cultural en las aulas universitarias: con especial referencia a las cuestiones legales aplicable a estudiantes e investigadores extranjeros*, Thomson Reuters Aranzadi, Cizur Menor, 2019.

— «Mediación en el ámbito intercultural. Presentando el tema», en Azcárraga Monzonís, C. y Quinzá Redondo, P. (eds.), *Tratado de Mediación. Mediación en conflictos de familia*, Tirant lo Blanch, Valencia, 2017.

Fernández, S., «Universidad e integración social: un debate necesario», *El blog de Studia XXI*, https://www.universidadsi.es/universidad-e-integracion-social-un-debate-necesario/, 10/05/2019.

Figueredo Canosa, V. y **Ortiz Jiménez, L.**, «Desarrollo de competencias interculturales en la formación del profesorado en Andalucía», *Journal for Educators, Teachers and Trainers*, vol. 5 (2), 2013.

Giménez Romero, C., «La naturaleza de la mediación intercultural», *Revista Migraciones*, núm. 2, 1997.

Jordán Sierra, J. A., «Introducción: la formación permanente del profesorado en educación intercultural», en AA. VV., *La formación del profesorado en Educación Intercultural*, La Catarata, Madrid, 2004.

Lévy Leboyer, C., *Gestión de competencias*, Ediciones 2000, Barcelona, 1996.

Retortillo Osuna, A. y **Rodríguez Navarro, H.**, «Inmigración, estrategias de aculturación y valores laborales: un estudio exploratorio», *Revista de Psicología del Trabajo y de las Organizaciones*, vol. 24, núm. 2, 2008.

Rodríguez Vargas, A., «Modelos de gestión de la diversidad cultural y la integración escolar del alumnado inmigrado» *(Models of Cultural Diversity Managment and Scholar Integration of immigrate students)*, *Revista Educación Inclusiva*, vol. 5, núm. 3, 2012.

Ruiz Cabezas, A., «Modelos educativos frente a la diversidad cultural: la educación intercultural», *Luna Azul*, núm. 33, 2011

LA INNOVACIÓN DOCENTE ALINEADA CON LOS OBJETIVOS DE DESARROLLO SOSTENIBLE[1]

Carlos Pedrosa López
Profesor Permanente Laboral de Derecho Financiero y Tributario
Universitat de València

RESUMEN: Este trabajo aborda cómo la innovación docente en la enseñanza universitaria, especialmente en las Ciencias Jurídicas, puede alinearse con los Objetivos de Desarrollo Sostenible. Examina, en línea con el ODS 4, los métodos de innovación docente, como el aprendizaje basado en problemas, el uso de tecnologías digitales, la gamificación y el aula invertida, que transforman el proceso educativo y contribuyen a una educación universitaria de calidad, inclusiva y equitativa. Mediante el uso de enfoques de enseñanza centrados en los estudiantes, el ODS 5 tiene como objetivo mejorar la igualdad entre los géneros en la educación superior. A su vez, el ODS 10 pone de relieve la necesidad de igualar las oportunidades educativas para todos. Para ello, sugiere la utilización de la tecnología digital, los materiales educativos abiertos y las técnicas creativas para aumentar el acceso al conocimiento. Finalmente, el ODS 17 pone énfasis en el valor de las relaciones entre las universidades y organizaciones públicas y privadas para fomentar la innovación educativa y el desarrollo sostenible. Por tanto, para hacer frente a los retos asociados con la aplicación de las innovaciones didácticas son esenciales las políticas académicas y las colaboraciones orientadas a garantizar que la educación superior en el siglo XXI cumpla con las expectativas modernas.

---

1 El presente trabajo se ha elaborado en el marco de los siguientes proyectos de investigación: Proyecto bianual de Innovación Educativa *Lextalks* (Qualidret IV), financiado por la «Convocatòria d'ajudes a la innovació educativa de la Universitat Jaume I per a l'any 2023» Ref: 18G002-666 y dirigido por Sara Sistero Ródenas; GIE Practius Proyecto ref. 52079/24, Materials innovadors per a la pràctica jurídica, dirigido por María Lidón Lara Ortiz; La innovación docente inmersa en la digitalización y el debate jurídico para alcanzar los ODS *(UV-SFPIE_PIEE-2735215)* dirigido por José Carlos Pedrosa López; La ludoteca jurídica *(UV-SFPIE_PIEC-2734629)*, dirigido por Pedro Chaparro Matamoros y Proyecto de Innovación Docente «La creación de un aula práctica para la enseñanza jurídica» (UCM 165/2023), concedido y financiado por la Universidad Complutense de Madrid para el presente curso académico 2023-2024, dirigido por Adrián Arrébola Blanco.

SUMARIO: 1. INTRODUCCIÓN. 1.1. Contextualización de la educación universitaria orientada a los ODS. 1.2. Integración de los ODS en las técnicas innovadoras en el Grado en Derecho. 2. ANÁLISIS DE LOS ODS RELEVANTES EN LA EDUCACIÓN UNIVERSITARIA. 2.1. Técnicas de innovación docente para potenciar la educación de calidad (ODS 4). 2.2. Innovación para promover la igualdad de género en el ámbito educativo (ODS 5). 2.3. Herramientas innovadoras para reducir las desigualdades en el acceso a la educación (ODS 10). 2.4. Alianzas interdisciplinares e interinstitucionales para lograr fortalecer la educación académica (ODS 17). 3. DESAFÍOS Y OPORTUNIDADES EN EL MARCO DE LA FORMACIÓN UNIVERSITARIA. 3.1. Oportunidades para la continua mejora académica. 3.2. Rol de las políticas públicas y la colaboración internacional. 4. CONCLUSIONES. BIBLIOGRAFÍA.

1. Introducción

1.1. Contextualización de la educación universitaria orientada a los ODS

Mucho ha cambiado el aula en la última década como resultado de la tecnología y la globalización. Cada vez es más evidente que los Objetivos de Desarrollo Sostenible (en adelante, ODS) y Objetivos Globales, también conocidos como Agenda 2030[2], deben orientar la manera en que se imparte la docencia, en especial la universitaria.

La adición de nuevas técnicas, enfoques y tecnologías al proceso de aprendizaje tiene por objeto mejorar la enseñanza y el aprendizaje, lo cual se concibe como una enseñanza de la innovación. De modo que, crear en este contexto significa mirar la forma en que enseñamos y hacerlo de manera más abierta, justa y útil para todo el estudiantado. Mirando la educación a través de la lente de estos Objetivos de Desarrollo Sostenible se necesita tener presente en la docencia universitaria que los estudiantes deben impactar en la sociedad desarrollando unos valores sostenibles y construyendo habilidades técnicas justas respecto a su educación[3].

En este sentido, en el campo de los estudios jurídicos, se necesitan nuevas ideas de inmediato. No es suficiente enseñar a la próxima generación de abogados, jueces y otros profesionales de la abogacía la teoría y el conocimiento desde la óptica ética o moral, sino se debe asegurar su formación desde

---

2 Naciones Unidas, *Objetivo de Desarrollo Sostenible*, Nueva York, 2015. https://www.un.org/sustainabledevelopment/es/2015/09/la-asamblea-general-adopta-la-agenda-2030-para-el-desarrollo-sostenible/

3 Pedrosa López, C.: «Canales abiertos, transparentes y horizontales para generar el debate académico», en Chaparro Matamoros, P., Gómez Asensio, C. y Pedrosa López, C. (dirs.), *Actualización de la docencia y metodologías activas del aprendizaje del Derecho en el entorno digital*, Universitat de València, Valencia, 2022, pág. 165.

todas las esferas, incluyendo también la perspectiva crítica y social. Principalmente, porque nuevas formas de enseñanza en el ámbito de las ciencias jurídicas pueden facilitar mucho la formación de futuros profesionales que entiendan y apoyen los valores de justicia, igualdad y sostenibilidad.

Para asegurar que las prácticas educativas se ajusten a los ODS se debe utilizar las tecnologías de la información y la comunicación[4], fomentar un enfoque interdisciplinario que tenga en cuenta los aspectos sociales, económicos y ambientales del Derecho y utilizar métodos activos e interactivos. Estas estrategias no solo ayudan a los estudiantes a entender y cuidar mejor los problemas globales, sino que también mejoran la calidad de su educación.

Así, este trabajo examina cómo las nuevas formas de enseñanza pueden alinearse con los ODS, con énfasis en el ámbito jurídico. Al mismo tiempo que se analizan los efectos de algunos enfoques innovadores. De este modo, se valora cómo la educación jurídica necesita cambiar para seguir adelante con las necesidades de una comunidad global cambiante y en constante crecimiento.

1.2. Integración de los ODS en las técnicas innovadoras en el Grado en Derecho

Centrándose en el ámbito del Derecho, este trabajo pretende analizar cómo se podrían integrar los ODS en prácticas educativas innovadoras. Por eso, es importante aprender más sobre cómo los nuevos enfoques de enseñanza y aprendizaje pueden ayudar a alcanzar los ODS, en particular los que se ocupan de mejorar la educación. Al profundizar en las conexiones entre los ODS y la innovación de la educación, teniendo en consideración qué es la innovación en el aula, qué la hace única y por qué es importante en las aulas docentes de hoy en día.

Asimismo, este trabajo clasifica los ODS más relevantes en este campo, teniendo en cuenta su relevancia y aplicabilidad al ámbito de la educación en las ciencias jurídicas, centrándose particularmente en cómo la docencia del Derecho puede potenciar la calidad de sus métodos pedagógicos. Además, se trata varios enfoques innovadores que podrían mejorar el nivel de la educación jurídica. A estos efectos, se explora una variedad de técnicas de innovación docente, incluyendo la gamificación, el aprendizaje basado en problemas, el aprendizaje experiencial, las tecnologías digitales, los recursos abiertos y el modelo de clase inversa. Todo ello en línea con los Objetivos de Desarrollo Sostenible.

---

4 Cuadros Gutiérrez, J. M., «El aula virtual *Blackboard Learn Ultra* de la Universidad privada del norte y su utilidad en el desarrollo el debate jurídico», en Martínez Calvo, J. y Mayor del Hoyo, M.ª V. (dirs.), *Aprendizaje a través del debate jurídico*, Aranzadi, Cizur Menor, 2022, págs. 87-89.

2. Análisis de los ODS relevantes en la educación universitaria

2.1. Técnicas de innovación docente para potenciar la educación de calidad (ODS 4)

2.1.1. Importancia de la innovación en la educación de calidad

Proporcionar oportunidades de educación equitativas y de alta calidad a todas las estudiantes es el foco del Objetivo de Desarrollo Sostenible 4[5]. Tener esto como objetivo a lo largo de la vida también motiva a las personas a seguir aprendiendo. Para lograrlo a nivel universitario, en particular en el ámbito de las ciencias jurídicas, es necesario revisar constantemente los materiales de los cursos para abordar las cuestiones sociales y jurídicas emergentes y reevaluar los enfoques existentes para la enseñanza[6].

El estudio apropiado del Derecho requiere más que simplemente absorber conceptos y normativas abstractas. Los estudiantes requieren fortalecer sus habilidades de pensamiento crítico, social y responsable para tener éxito en la esfera profesional. Podemos lograr este objetivo mucho más rápidamente si adoptamos prácticas pedagógicas innovadoras, como las que hacen que los temas de aprendizaje sean agradables, al tiempo que fomentamos las habilidades prácticas, el pensamiento crítico y la resolución de problemas.

El aumento del compromiso de los estudiantes con el material del curso es un efecto secundario necesario para la aplicación de estrategias de enseñanza innovadoras. Estrategias como la clase inversa y el aprendizaje basado en problemas aumentan la memorización y la comprensión de los estudiantes. La participación en el proceso de construcción del conocimiento permite a los estudiantes ir más allá de la mera absorción de información y crear su propia.

Al desafiar el conocimiento convencional, los estudiantes pueden adquirir habilidades que les servirán tanto en su carrera como en su vida personal. Los estudiantes están mejor equipados para funcionar en una variedad de contextos dinámicos cuando tienen tanto conocimientos técnicos como estas habilidades adaptativas. Por ello, trabajar bien con las personas, expre-

---

5 Naciones Unidas, Objetivo de Desarrollo Sostenible 4: «Garantizar una educación inclusiva, equitativa y de calidad y promover oportunidades de aprendizaje durante toda la vida para todos», Nueva York, 2015.
https://www.un.org/sustainabledevelopment/es/education/

6 Andrés Segovia, B., «Innovación en la educación superior», en Marullo, M.ª C. y Andrés Segovia, B. (dirs.), *Revolución tecnológica e innovación docente*, Horsori, Barcelona, 2021, págs.14-16

sarse eficazmente, resolver dificultades y adaptarse a las nuevas condiciones son todas habilidades esenciales para una carrera jurídica exitosa.

Para que los estudiantes estén adecuadamente preparados para hacer frente a los problemas que enfrentan las empresas modernas, la educación jurídica debe adoptar nuevas prácticas y hacer uso de las tecnologías modernas. Usando modelos jurídicos, foros públicos y otras herramientas tecnológicas, los estudiantes pueden obtener una experiencia práctica comparable a lo que encontrarían en el mundo real. Los estudiantes se benefician de esto ya que los mantiene al día de los desarrollos en el ámbito jurídico y las últimas tendencias tecnológicas en los negocios.

Además, se pueden desarrollar enfoques innovadores para la educación que satisfagan las diversas necesidades de los estudiantes, fomentando la inclusión y la equidad en el aula. Los recursos educativos abiertos y los enfoques individualizados permiten a los estudiantes aprender a su propio ritmo y en sus propios modos únicos. Dado que los estudiantes universitarios vienen de todos los diferentes antecedentes, es esencial ser adaptable para ayudar a cada uno a alcanzar su máximo potencial.

2.1.2. Estrategias innovadoras para mejorar la calidad educativa

Desde la óptica académica, se requiere un enfoque distinto en la manera en que se enseñan y aprenden las ciencias jurídicas para alcanzar mejores resultados. El aprendizaje basado en casos es uno de los métodos más garantistas porque da a los estudiantes la oportunidad de trabajar en casos reales o hipotéticos que imitan cuestiones jurídicas complicadas. Los estudiantes perfeccionan sus habilidades en investigación, análisis y solución de problemas a través del aprendizaje basado en problemas, donde colaboran para producir soluciones similares a las que aplicarían en la vida real.

Además, hay que resaltar que los recursos educativos son cada vez más accesibles gracias a la integración de tecnologías y plataformas de aprendizaje on-line, herramientas de colaboración digital y simulaciones. Lo cual permite potenciar una educación más franca e individualizada mediante el uso de recursos educativos abiertos que plantean a profesores y estudiantes materiales de curso de alta calidad y de libre acceso. Entre otros, están la gamificación y el aprendizaje experiencial, que tratan de incorporar la mecánica del juego en la clase, o gamificación, con el fin de incrementar el interés, el compromiso y el rendimiento de los estudiantes[7]. Lo cual responde a

7 Chaparro Matamoros, P., «La gamificación como herramienta para facilitar la adquisición de competencias por el alumnado del Grado en Derecho», en Ortega Giménez, A., Moreno Tejada, S. y Arrabal Platero, P. (coords.), *Innovación docente y ciencia jurídica (ahora en tiempos del COVID-19)*, Aranzadi, Cizur Menor, 2021, pág. 217.

un enfoque más atractivo y entretenido para que los alumnos entiendan los temas jurídicos a través de juegos interactivos y competitivos. De este modo, los estudiantes participan en el aprendizaje experiencial cuando aplican lo que han aprendido en clase al mundo real o a escenarios simulados a través de actividades basadas en tribunales, debates y clínicas jurídicas.

Se puede obtener un resultado similar a través del enfoque *flipped classroom*, bajo el cual los estudiantes asumen una lectura independiente, ven videos o escuchan podcasts para refrescar sus conocimientos teóricos antes de las clases, y luego utilizan el tiempo en clase para resolver casos prácticos y generar debates reflexivos. Al aprovechar al máximo el tiempo que los profesores y los estudiantes pasan interactuando, este método promueve el aprendizaje que es más activo y colaborativo. Así, el progreso y las habilidades de los estudiantes se pueden evaluar de manera más completa, mediante el uso de evaluaciones formativas y sumarias que se extienden más allá de los exámenes convencionales.

2.2. Innovación para promover la igualdad de género en el ámbito educativo (ODS 5)

El logro de la igualdad de género forma parte el ODS 5[8]. Dada la centralidad del Derecho para el fomento y la preservación de los derechos incluido la igualdad de género, este objetivo es especialmente pertinente para el ámbito de la enseñanza de grado superior, en particular en las ciencias jurídicas[9]. Al utilizar enfoques creativos para promover la paridad de género en el aula, podemos crear un entorno más acogedor e igualitario para todos los estudiantes, lo cual implica el cumplimiento de parte del ODS 5.

Para ello, puede resultar conveniente revisar y actualizar los materiales del curso para incorporar las perspectivas de género. Como parte de este esfuerzo, tanto los cursos introductorios como los avanzados en el ámbito del Derecho los estudiantes deben de ser capaces de comprender la importancia de la igualdad de género y su relevancia para la profesión jurídica a través de la incorporación de estudios de casos, leyes y jurisprudencia. La igualdad de oportunidades entre mujeres y hombres también se puede promover mediante la utilización de prácticas pedagógicas inclusivas. Los estudiantes pueden investigar y sugerir soluciones para los problemas de la vida real que afectan a ambos sexos mediante el uso de estrategias como el aprendizaje

8 Naciones Unidas, Objetivo de Desarrollo Sostenible 5: «Lograr la igualdad entre los géneros y empoderar a todas las mujeres y niñas», Nueva York, 2015. https://www.un.org/sustainabledevelopment/es/gender-equality/

9 Gómez Asensio, C., «La evaluación entre iguales cualificada», en Ortega Giménez, A., Moreno Tejada, S. y Arrabal Platero, P. (coords.), *Innovación docente y ciencia jurídica (ahora en tiempos del COVID-19)*, Aranzadi, Cizur Menor, 2021, pág. 124.

basado en proyectos y la colaboración para abordar las preocupaciones jurídicas relacionadas con el género[10]. Puesto que, los estudiantes son capaces de adquirir habilidades prácticas en un entorno relevante, al tiempo que se hacen más conscientes de la desigualdad de género.

Una de esas técnicas eficaces para fomentar la igualdad entre los géneros es la inclusión de la tecnología digital y los materiales educativos abiertos. Todos los estudiantes, independientemente del género, pueden tener acceso a sistemas de aprendizaje en línea que incluyen módulos y cursos sobre género, y también Derecho específico para el género. Asimismo, otro factor relevante en el fomento de la paridad de género es el uso de la gamificación y el aprendizaje experiencial. Los estudiantes pueden participar activamente en los obstáculos a los que se enfrentan ambos sexos en la esfera jurídica y profesional a través de juegos y simulaciones didácticas sobre temas de género. Así, además de fomentar la compasión y comprensión, estas oportunidades alientan a los estudiantes a tomar una posición en favor de la igualdad de género en sus campos elegidos.

2.3. Herramientas innovadoras para reducir las desigualdades en el acceso a la educación (ODS 10)

La reducción de las disparidades de riqueza y oportunidades, tanto dentro de las naciones como entre ellas, es el énfasis primordial del Objetivo 10 de Desarrollo Sostenible[11]. Debido a que la educación es la piedra angular de la inclusión social y la justicia, este objetivo se convierte en muy pertinente cuando se considera en el contexto de la enseñanza educativa. Las estrategias innovadoras que pueden superar las barreras socioeconómicas, culturales y geográficas que impiden a muchos estudiantes obtener una buena educación son esenciales si queremos resolver las disparidades en el acceso a la educación, especialmente a nivel universitario. Se incluyen en esta categoría estrategias como la asignación de metodologías didácticas centradas en la igualdad, el uso de recursos digitales y el desarrollo de programas de enseñanza inclusivos[12].

---

10 Martínez Calvo, J. y Santillán Santa Cruz, R., «Blackboard Collaborate y Aprendizaje Basado en Proyectos: Tecnología y metodología como binomio clave en la docencia virtual y semipresencial», en Chaparro Matamoros, P. y Hernández Guijarro, F. (coords.), *La adecuación de la docencia presencial al Estado de alarma derivado del COVID-19*, Cuadernos Jurídicos del Instituto de Derecho Iberoamericano, Valencia, 2021, pág. 150.

11 Naciones Unidas, Objetivo de Desarrollo Sostenible 10: «Reducir la desigualdad en y entre los países», Nueva York, 2015.
https://www.un.org/sustainabledevelopment/es/inequality/

12 Jiménez Arroyo, S., «Una experiencia de innovación docente: El debate jurídico de la isla de las tentaciones desde un enfoque de igualdad», en Martínez Calvo, J. y Mayor del Hoyo, M.ª V. (dirs.), *Aprendizaje a través del debate jurídico*, Aranzadi, Cizur Menor, 2022, pág. 151.

Si queremos cerrar la brecha de logros entre diferentes grupos de estudiantes, las tecnologías digitales son el camino a seguir. Los estudiantes de todos los ámbitos pueden acceder a materiales y cursos de alta calidad de forma libre y fácil gracias a las plataformas de aprendizaje en línea. Estas herramientas permiten adaptar las clases a las necesidades de los alumnos, pero sobre todo garantizan que todos los alumnos tengan la misma oportunidad de aprender y democratizar el acceso a las perspectivas educativas depende en gran medida de la conectividad y la disponibilidad de equipos técnicos.

El diseño de programas educativos inclusivos es otra estrategia innovadora para cerrar la brecha académica. Para completar este proceso, necesitamos diseñar cursos que satisfagan las necesidades únicas de cada estudiante al tiempo que respetan su diversidad cultural y socioeconómica. La ayuda financiera, como las becas, es crucial para ayudar a los estudiantes de bajos ingresos a superar los muchos obstáculos que les han impedido asistir a la universidad en el pasado. Igualmente, es crucial asegurar que todos los estudiantes tengan la oportunidad de participar plenamente en su educación. De hecho, ahora más que nunca es posible adaptar las clases a las necesidades únicas de cada estudiante y los pasos de aprendizaje con la ayuda de métodos de enseñanza innovadores como la gamificación, el aprendizaje basado en problemas y la clase inversa.

2.4. Alianzas interdisciplinares e interinstitucionales para lograr fortalecer la educación académica (ODS 17)

El ODS 17 está en línea con la idea de que los estudiantes reciban una educación de calidad que los prepare para hacer frente a los desafíos actuales y futuros del mundo profesional, para lo cual es esencial las asociaciones estratégicas entre la educación superior y la innovación educativa[13]. Cada vez son más las relaciones generadas entre instituciones académicas con el fin de generar mayores oportunidades para los estudiantes, potenciar la experiencia del profesorado, e incluso generar mayores ayudas financieras.

Las instituciones educativas y las organizaciones públicas y privadas pueden colaborar en proyectos y actividades de investigación para abordar cuestiones de un sinfín de disciplinas. Los estudiantes tienen la oportunidad de obtener experiencias prácticas de aprendizaje a través de las colaboraciones que se dan mientras participan en iniciativas de impacto en el mundo profesional. Esto les ayuda a convertirse en mejores estudiantes en general,

13 Naciones Unidas, Objetivo de Desarrollo Sostenible 17: «Revitalizar la Alianza Mundial para el Desarrollo Sostenible», Nueva York, 2015. https://www.un.org/sustainabledevelopment/es/globalpartnerships/

debido a que proporcionan resultados cruciales, experiencias, apoyo financiero y oportunidades para poner el conocimiento teórico en práctica.

Además, las universidades están también alentando activamente las asociaciones para la educación sostenible, lo cual resulta crucial. Mediante la prestación de apoyo financiero y logístico, las colaboraciones con otras organizaciones y asociaciones abren camino a una investigación orientada a las políticas que tenga un impacto positivo en la sociedad y permita la ejecución de nuevos programas educativos. Así, estas sinergias y participaciones dan lugar a las universidades a ser pioneras en la enseñanza y el aprendizaje. De este modo, las universidades pueden integrar mejor los Objetivos de Desarrollo Sostenible en sus programas de estudios y prácticas pedagógicas, puesto que ello permite incrementar su visibilidad e influencia al tiempo que fomentan un enfoque holístico e interdisciplinario del desarrollo sostenible. Lo cual, genera como resultado directo que los estudiantes estén mejor equipados para ser participantes activos en sus comunidades y lugares de trabajo.

3. Desafíos y oportunidades en el marco de la formación universitaria

3.1. Oportunidades para la continua mejora académica

Hay un sinfín de oportunidades para la creatividad en el aula, lo que puede ayudar a la educación universitaria a evolucionar. Con el uso de la tecnología digital existen varias formas en que el aprendizaje puede hacerse más accesible y personalizado[14]. Los estudiantes son libres de estudiar con mayor autonomía y genera más facilidades para cumplir los objetivos establecidos. Hay un compromiso para el mejorar el dinamismo y la participación de los estudiantes en el proceso educativo a través del uso de herramientas de colaboración digital, simulaciones interactivas y plataformas de aprendizaje en línea.

La proliferación de los recursos educativos abiertos ha hecho que sea más fácil y barato para los profesores y los estudiantes tener acceso a contenidos de alta calidad. Debido a esto, ahora se puede desarrollar un plan de estudios más flexible y dinámico. La gamificación, la clase inversa y el aprendizaje basado en problemas son algunos ejemplos de enfoques educativos innovadores que fomentan el crecimiento de habilidades transferibles y conocimientos prácticos. El aumento del compromiso y la participación de los

---

14 Pedrosa López, J. C., «Las actividades online adaptadas a la enseñanza universitaria en la década digital», en Marullo, M.ª C. y Andrés Segovia, B. (dirs.), *Revolución tecnológica e innovación docente*, Horsori, Barcelona, 2021, págs. 95-96.

estudiantes que resulta de la utilización de estos métodos es otro importante plus. Cuando se acostumbran al estudio del Derecho, estos enfoques pueden ayudar a los estudiantes a desarrollar el pensamiento crítico y las habilidades prácticas que necesitarán para manejar los complicados problemas jurídicos que inevitablemente surgirán en el mundo real.

3.2. Rol de las políticas públicas y la colaboración internacional

Cuando se trata de promover y mantener las innovaciones educativas en la educación superior, nada es más importante que la ejecución de las políticas oficiales y la formación de alianzas internacionales. Un impulso legislativo a nuevos enfoques de la educación que fomenten el uso de herramientas tecnológicas y prácticas pedagógicas creativas podría facilitar el cambio educativo. Las inversiones en la infraestructura de la tecnología, el desarrollo profesional el profesorado y los proyectos de evaluación e investigación para averiguar cómo funcionan los nuevos métodos de enseñanza se encuentran en esta categoría. Las posibles soluciones al problema podrían compartirse mejor cuando las universidades, los gobiernos nacionales, las organizaciones no gubernamentales y las organizaciones internacionales trabajen conjuntamente a escala mundial. Un sistema educativo mejor y más coherente para todos los estudiantes de todo el mundo está al alcance de iniciativas de investigación colaborativa, intercambios académicos y programas de movilidad, y otras formas de cooperación internacional. Al trabajar juntos todos estos actores, las universidades pueden ser capaces de resolver los retos de proporcionar oportunidades educativas equitativas a todos los estudiantes y prepararlos para el éxito en el mercado laboral.

4. Conclusiones

Los resultados de este trabajo ponen de manifiesto la conveniencia de mejorar la forma en que la docencia universitaria en ciencias jurídicas se imparte con la finalidad de estar en línea con los Objetivos de Desarrollo.

Este trabajo pone énfasis en que los métodos innovadores son relevantes para superar las barreras de la educación[15], tal y como hemos destacado en relación al aprendizaje en problemas, la integración de tecnologías digitales, la gamificación y la clase inversa. Asimismo, se destaca la necesidad de adoptar en nuestro trabajo enfoques inclusivos y personalizados para reducir la desigualdad entre los géneros, respecto al ODS 5, así como la conveniencia de eli-

15 Chaparro Matamoros, P., «La enseñanza online en los estudios universitarios», en de Verda y Beamonte, J. R. (coord.), *La aplicación de nuevas metodologías docentes en el Grado en Derecho*, Actualidad Jurídica Iberoamericana, núm. 4 *bis*, 2016, págs. 12-13.

minar las disparidades en el acceso a la educación, siguiendo las indicaciones del ODS 10. Además, en línea con el ODS 17, se destaca el papel fundamental de generación de sinergias entre las asociaciones e instituciones para fomentar el intercambio de conocimientos y recursos, lo cual a su vez incrementa el impacto de la educación superior en el desarrollo sostenible.

Se espera que el logro de los ODS tenga un impacto significativo mediante la introducción de nuevos enfoques didácticos en la educación superior. El uso de técnicas activas e interactivas mejora la memorización y comprensión de los conceptos de los estudiantes, alienta el desarrollo de competencias interdisciplinarias y los prepara mejor para el mundo profesional. Estos factores afectan directamente a la calidad de la educación, respecto lo establecido en el ODS 4. Asimismo, respecto el ODS 5, es importante promover la igualdad entre los géneros a través de programas de enseñanza inclusivos y políticas de equidad. Esto ayudará a crear un entorno de aprendizaje más equitativo. En este sentido, otra forma en que los nuevos enfoques, incluidas las tecnologías digitales y los recursos educativos abiertos, están ayudando a nivelar el campo de la docencia es haciendo que el conocimiento sea más accesible a más personas, lo cual está en línea con el ODS 10. Así, de acuerdo con el ODS 17, las instituciones educativas han de potenciar las relaciones con otras instituciones y asociaciones para continuar fomentando las estrategias de colaboración e internacionalización.

La mejora de la educación en su conjunto y la preparación de la próxima generación de abogados de la mejor manera posible es fundamental en el marco de las ciencias jurídicas, pero para ello, cabe aprovechar plenamente las oportunidades con el objetivo de superar los retos, en especial la resistencia al cambio y la necesidad de recursos suficientes.

Bibliografía

Andrés Segovia, B., «Innovación en la educación superior», en Marullo, M.ª C. y Andrés Segovia, B. (dirs.), *Revolución tecnológica e innovación docente*, Horsori, Barcelona, 2021.

Chaparro Matamoros, P.,

— «La enseñanza online en los estudios universitarios», en de Verda y Beamonte, J. R. (coord.), *La aplicación de nuevas metodologías docentes en el Grado en Derecho*, Actualidad Jurídica Iberoamericana, núm. 4 bis, 2016.

— «La gamificación como herramienta para facilitar la adquisición de competencias por el alumnado del Grado en Derecho», en Ortega Giménez, A., Moreno Tejada, S. y Arrabal Platero, P. (coords.), *Innovación docente y ciencia jurídica (ahora en tiempos del COVID-19)*, Aranzadi, Cizur Menor, 2021.

Cuadros Gutiérrez, J. M., «El aula virtual *Blackboard Learn Ultra* de la Universidad privada del norte y su utilidad en el desarrollo el debate jurídico», en Martínez Calvo, J. y Mayor del Hoyo, M.ª V. (dirs.), *Aprendizaje a través del debate jurídico*, Aranzadi, Cizur Menor, 2022.

Gómez Asensio, C., «La evaluación entre iguales cualificada», en Ortega Giménez, A., Moreno Tejada, S. y Arrabal Platero, P. (coords.), *Innovación docente y ciencia jurídica (ahora en tiempos del COVID-19)*, Aranzadi, Cizur Menor, 2021.

Jiménez Arroyo, S., «Una experiencia de innovación docente: El debate jurídico de la isla de las tentaciones desde un enfoque de igualdad», en Martínez Calvo, J. y Mayor del Hoyo, M.ª V. (dirs.), *Aprendizaje a través del debate jurídico*, Aranzadi, Cizur Menor, 2022.

Martínez Calvo, J. y **Santillán Santa Cruz, R.**, «Blackboard Collaborate y Aprendizaje Basado en Proyectos: Tecnología y metodología como binomio clave en la docencia virtual y semipresencial», en Chaparro Matamoros, P. y Hernández Guijarro, F. (coords.), *La adecuación de la docencia presencial al Estado de alarma derivado del COVID-19*, Cuadernos Jurídicos del Instituto de Derecho Iberoamericano, Valencia, 2021.

Naciones Unidas, *Objetivo de Desarrollo Sostenible*, Nueva York, 2015.

Pedrosa López, C.,

— «Canales abiertos, transparentes y horizontales para generar el debate académico», en Chaparro Matamoros, P., Gómez Asensio, C. y Pedrosa López, C. (dirs.), *Actualización de la docencia y metodologías activas del aprendizaje del Derecho en el entorno digital*, Universitat de València, Valencia, 2022.

— «Las actividades online adaptadas a la enseñanza universitaria en la década digital», en Marullo, M.ª C. y Andrés Segovia, B. (dirs.), *Revolución tecnológica e innovación docente*, Horsori, Barcelona, 2021.

ACCIÓN FORMATIVA EN OBJETIVOS DE DESARROLLO SOSTENIBLE A TRAVÉS DEL DERECHO ADMINISTRATIVO[1]

María Lidón Lara Ortiz
Profª. Contratada Doctora de Derecho Administrativo
Universitat Jaume I de Castelló

RESUMEN: Este trabajo documenta una experiencia docente aplicada en el ámbito de la innovación educativa y un análisis de los resultados obtenidos. Su principal finalidad es explorar vías para la formación del alumnado en los Objetivos de Desarrollo Sostenible (en adelante, ODS) en conexión con una de las materias básicas del Grado en Derecho, y cuya metodología puede ser aplicada a todos los Grados y Másteres académicos. La presente investigación pretende poner de relieve la efectividad de la formación en los ODS a través del feedback del propio alumnado con el que se realizó la acción formativa que se expone, y de la utilidad de la metodología aplicada para formar a los alumnos y alumnas, como futuros profesionales, en la materia específica de cada asignatura, acompañada de un pensamiento crítico sobre la regulación para la sostenibilidad. Así, a partir del análisis de los resultados obtenidos en la presente acción docente, se evidencia el potencial de la misma, como medio de transferencia social de los valores insertados en los diecisiete ODS, en el medio y largo plazo, a través del alumnado, una vez egresado, viniendo a cumplir con ello, el compromiso social asumido por la universidad en la formación para la sostenibilidad.

1 Este trabajo se ha realizado en el marco del proyecto ref. 52079/24, *Materials innovadors per a la pràctica jurídica*, financiado por la UFIE, Universitat Jaume I, cuya investigadora principal es María Lidón Lara Ortiz.

sobre su grado de cumplimiento a través del Derecho Administrativo español. 4. PROPUESTAS DE MEJORA DE LA ACCIÓN FORMATIVA. 5. CONCLUSIONES. BIBLIOGRAFÍA.

1. Justificación, objetivos e hipótesis

1.1. Justificación y necesidad de la acción formativa aplicada

Los Objetivos de Desarrollo Sostenible (en adelante, ODS) son diecisiete objetivos que Naciones Unidas considera retos universales, transformadores e inclusivos, y que describen los principales desafíos de desarrollo para la humanidad[2]. Naciones Unidas reconoce el papel esencial de la educación para su consecución[3]. En consecuencia, el papel de las universidades, como centros educativos de estudios superiores, es esencial en la formación para el desarrollo sostenible, pero ello no se limita al ámbito individual del alumnado, sino que, además, con tal formación, puede iniciarse un proceso de transferencia en valores, que contribuye a cumplir con los compromisos sociales que las mismas asumen. Esta dinámica no ha pasado desapercibida a la Conferencia de Rectores de las Universidades Españolas (en adelante, CRUE) que, a través del Grupo de trabajo para la Calidad Ambiental y el Desarrollo Sostenible creado en el año 2002 en el marco de la CRUE, apuntó en el documento *Directrices para la Sostenibilización Curricular de 2005, revisado en 2016* que «...la educación superior es una herramienta clave para alcanzar un Desarrollo Humano Sostenible»[4], y en consecuencia se recomienda que las universidades españolas trabajen para fomentar, entre otros objetivos: la investigación en educación para la sostenibilidad, la introducción en las enseñanzas prácticas de procedimientos acordes con los principios de la sostenibilidad y de prevención de riesgos, acciones de educación en sostenibilidad no curricular que complementen la formación del estudiante, y elaboración de recursos y materiales de apoyo a la introducción de la sos-

2 UNESCO, *Educación para los objetivos de desarrollo sostenible, Objetivos de aprendizaje*, de la Organización de las Naciones Unidas para la Educación la Ciencia y la Cultura, 2017, pág. 6.

3 Así: «La educación no puede resolver por sí sola todos los problemas del desarrollo, pero una visión humanista y holística de la educación, puede y debe contribuir a lograr un nuevo modelo de desarrollo. En ese modelo, el crecimiento económico ha de estar regido por el respeto al medio ambiente y la preocupación por la paz, la inclusión y la justicia social». UNESCO, *Repensar la educación. ¿Hacia un bien común mundial?* Recuperado de http://unesdoc.unesco.org/images/0023/002325/232555e.pdf [24 de mayo de 2024], 2015, pág. 10.

4 CRUE, Grupo De Trabajo Para La Calidad Ambiental y el Desarrollo Sostenible, *Directrices para la Sostenibilización Curricular de 2005, revisado en 2016*, 2016, pág. 2.

tenibilidad en el currículum académico[5]. Esta acción, por tanto, se encuadra en el marco referido, al ser una investigación en educación para fomentar la formación en sostenibilidad.

1.2. Objetivos e hipótesis

La acción implementada a través de la asignatura Derecho Administrativo, Parte General, del Grado en Derecho, ha pretendido contribuir al cumplimiento del compromiso social asumido por la UJI en alineamiento con las recomendaciones de la CRUE, consistente en transferir al alumnado conocimientos en Derecho Administrativo desde la perspectiva de su utilidad para alcanzar un desarrollo sostenible[6], y cohesionar y compatibilizar las acciones anteriores con las competencias universitarias previstas en la Guía Docente de la asignatura para el curso académico 2019-2020, de modo que, cumpliendo las directrices de la misma, se incorporase un valor añadido en beneficio de un futuro sostenible[7].

Con ello, la principal hipótesis que sostenemos es la compatibilidad de la aplicación de actividades similares, para profundizar en los conocimientos teóricos naturalmente contenidos en la asignatura en que se inserte, con la generación de una consciencia social sobre la sostenibilidad en el alumnado, como valor añadido incorporable a todas las titulaciones universitarias.

2. Acciones realizadas y participación del alumnado

2.1. Diseño de las acciones aplicadas: contenido y metodología

La acción consistió en la realización de trabajos académicos individuales por el alumnado, una vez impartida el 70 % de la materia de la asignatura, en los que los y las estudiantes fueron trabajando mientras se impartía el restante 30 % de la teoría comprendida en la misma. Los alumnos podían, por

5 *Ídem*, págs. 3 y 4.

6 Gil-Galván, M. R., «¿Cuál es el perfil competencial del alumnado universitario?: Un estudio en la Facultad de ciencias de la educación de la U.S.», en Cardona Moltó, Chiner Sanz, Giner Gomis (coords.), *Investigación e Innovación Educativa al Servicio de Instituciones y Comunidades Globales, Plurales y Diversas, Actas del XVI Congreso Nacional / II Internacional Modelos de Investigación Educativa de la Asociación Interuniversitaria de Investigación Pedagógica (AIDIPE),* Ed. Alicante University (Alicante), 2013, pág. 1174.

7 Gil, M.ª R., «Análisis del grado de ajuste sobre el perfil competencial del estudiante: estrategias de orientación profesional universitaria», Revista de Innovación Educativa, núm. 22, 2012, págs. 203-215; y Kellermann, P., «Acquired competences and job requirements», *Careers of University Graduates*, Ed. U. Teichler, 2007, págs. 115-130.

ello, aplicar la mayor parte de los conocimientos teóricos que son contenido propio de la asignatura. Los alumnos tenían asignado al azar un ODS específico y diferente de los que tenían asignados sus compañeros. Cada uno de ellos debía realizar un trabajo que contuviera:

1. Explicación sumaria del sentido real del ODS asignado.
2. Análisis de la normativa administrativa general y/o especial vinculada con el ODS estudiado, o que pudiera afectar al mismo.
3. Propuestas de mejora normativa sobre la regulación estudiada para, con ello, contribuir a la consecución del ODS estudiado.

Se adjudicó a cada alumno y alumna una fecha para exponer su trabajo ante la clase, con la intención de que se produjera una comunicación de resultados. Tal metodología es encuadrable en las técnicas de aprendizaje colaborativo[8], siendo una adaptación del puzzle de Aronson[9] y pretendía incentivar el aprendizaje autónomo del alumnado[10] e iniciarle en las particularidades de la investigación jurídica[11].

Las exposiciones se realizaron a través de un foro-debate abierto a tal efecto en el aula virtual, en el que los alumnos y alumnas presentaron sus trabajos en la fecha prevista con videos o presentaciones locutadas, y al hilo de cada una de ellas, los restantes alumnos y alumnas participaron con pre-

---

8 Estas técnicas promueven, entre otros resultados, el logro de objetivos cualitativamente más ricos en contenido, incentiva el desarrollo del pensamiento crítico y la apertura mental, y permite conocer diferentes temas y adquirir nueva información. LUCERO M. M., «Entre el trabajo y el aprendizaje colaborativos», *Revista Iberoamericana de Educación*, núm. extra 33, 2003, pág. 5.

9 RÍOS MARTÍNEZ, A. M., «Aplicación práctica de la técnica del puzzle de Aronson en la facultad de Economía y Empresa de la Universidad de Murcia», en MIRALLES MARTÍNEZ y GUERRERO ROMERA (coords.), *Metodologías docentes innovadoras en la enseñanza universitaria*, 2018, págs. 89-99.

10 MORENO R. y MARTÍNEZ R. J., «¿Qué podemos entender por aprendizaje autónomo? Una aproximación conductual», conferencia presentada en el *VIII Congreso Internacional sobre el Estudio de la Conducta*, Infocop Online, 2006; PEÑA CALVO, A., «Diseño de materiales para el aprendizaje autónomo de E/LE», en ALONSO, K. y GIL BÜRMANN, M. (dirs), *Actas del VIII Congreso Internacional de ASELE*, Centro Virtual Cervantes, Alcalá de Henares, 1998, págs. 621-630; y COLL, C. y MARTÍN, E., «Vigencia del debate curricular. Aprendizajes básicos, competencias y estándares», en *Actas de la II Reunión del Comité Intergubernamental del Proyecto Regional de Educación para América Latina y el Caribe (PRELAC)*. Ed. Oficina Regional de Educación para América Latina y el Caribe (Santiago de Chile), 2006.

11 CERDIO, J., «Metodología, informática y derecho. El valor del método», en *Observar la ley: estudios sobre metodología de la investigación jurídica*, Trota (Madrid), 2006; FIX-ZAMUDIO, H., *Metodología, docencia e investigación jurídica*, Porrua (México), 2009; y SÁNCHEZ ZORRILLA, M., «La metodología en la investigación jurídica: características peculiares y pautas generales para investigar en el derecho», *Revista Telemática de Filosofía del Derecho*, núm. 14, 2011.

guntas, sugerencias y otras apreciaciones, todo ello sin apreciarse efectos negativos derivados de la hipotética brecha digital.

Finalmente, los y las estudiantes respondieron, al terminar todas las exposiciones virtuales, un cuestionario individual de reflexión final, sobre todos y cada uno de los ODS, y que les invitaba a reflexionar sobre el papel del Derecho Administrativo para lograr mayores cotas de sostenibilidad.

2.2. Participación del alumnado

El número de estudiantes matriculados en la asignatura Derecho Administrativo I, era un total de 70, de los cuales participaron en esta actividad 57 alumnos y alumnas. De ellos, 37 estudiantes realizaron en trabajo académico escrito, su presentación oral pública y participación en el debate del resto de exposiciones, 14 estudiantes realizaron el trabajo académico escrito y participaron en los debates, y finalmente, 5 alumnos sólo participaron de forma pasiva como espectadores de las exposiciones de sus compañeros y compañeras de clase, y en los debates realizados tras cada exposición, que fueron accesibles para todos los participantes. La nota de esta actividad se prorrateó en proporción con el grado de implicación en la actividad, circunstancia comunicada al alumnado previamente.

De todos ellos, un total de 52 alumnos respondieron a un cuestionario final sobre el grado de cumplimiento en España de cada ODS, a través del Derecho Administrativo.

3. Evaluación y resultados

3.1. Impacto general de la actividad docente implementada en la materia propia del Derecho Administrativo

Los cuestionarios contestados por el alumnado nos han permitido conocer la utilidad de esta actividad para profundizar en la materia estudiada y prevista curricularmente en la asignatura Derecho Administrativo I. En este sentido, el resultado es plenamente satisfactorio, puesto que, en el cuestionario, la totalidad de los alumnos que participaron, manifestaron haber aprendido más Derecho Administrativo. Una de las preguntas que se incluyeron en el cuestionario fue si tras la realización de la actividad completa, consideraban que el Derecho Administrativo actualmente vigente, les había sorprendido gratamente o no. En esta pregunta, de valoración personal del alumnado, se encontraba implícita, la necesidad de reflexionar sobre sus conocimientos en Derecho Administrativo, con la intención de que los alumnos apreciaran la vertiente práctica del Derecho Administrativo. El 90,38 % de los alumnos (47 de 52 alumnos) sí se sorprendieron de forma positiva con la regulación administrativa existente.

La mayoría de alumnos (un 96,2 %, que representan 50 de los 52 encuestados) consideró que el papel del Derecho Administrativo es relevante para lograr el pleno cumplimento de los ODS. Adicionalmente, los alumnos y alumnas atribuyeron al Derecho Administrativo un rol relevante, como vehículo para la consecución plena de los ODS. Así, queda patente en el hecho de que la mayoría situó su relevancia entre el 4 (un total del 53,85 % del alumnado) y el 5 (un total del 28,85 % del alumnado) que representan los valores más elevados de importancia, frente al 1 y 2, que representan la menor relevancia, apoyado por un 1,92 del alumnado), siendo el 3 un término medio, que reconoció también una minoría representada por el 5,77 %.

En relación con la tasa de éxito de la asignatura (superación de la misma), en primera convocatoria, los resultados fueron plenamente satisfactorios en cuanto que se situó en términos absolutos en el 90 %, ya que 63 estudiantes de un total de 70 aprobaron en primera convocatoria, 6 alumnos o alumnas suspendieron y hubo un no presentado. Aunque no podemos afirmar que el resultado se deba sólo a esta actividad, la misma, sin duda, ha contribuido a una mejor comprensión de la materia objeto de examen, confirmándose su utilidad a este efecto.

3.2. Impacto de la transferencia de conocimientos en ODS, y reflexión general sobre su grado de cumplimiento a través del Derecho Administrativo español

La primera pregunta incluida en el cuestionario, que nos permite conocer en qué medida esta actividad ha resultado útil para difundir conocimientos sobre los ODS, y concienciar al alumnado en la importancia de la materia estudiada para generar un futuro sostenible, es la que permite conocer cuántos alumnos y alumnas conocía previamente la existencia de los ODS. A esta pregunta respondió el 45'61 % indicando que sí los conocían antes, y el 54,39 % manifestando que no los conocían, y que su primer contacto con ellos ha sido esta actividad.

También se preguntó a los y las estudiantes si consideraban interesante esta actividad, a lo que respondieron el 92,98 % que sí, nadie respondió que no le había parecido interesante, y el 7,02 % no se pronunció al respecto. Esta pregunta parece baladí, pero no lo es porque requiere una previa reflexión sobre los conocimientos adquiridos.

La valoración global ofrecida por el alumnado en relación con la contribución actual del Derecho Administrativo para la consecución de los 17 ODS nos ofrece una visión general del cumplimiento actual de los mismos en España, a través de la regulación administrativa. Los estudiantes valoran que el ODS 4 (Educación de calidad) es el que cuenta con más desarrollo normativo en favor de su cumplimiento, seguido de los ODS 3 (Salud y bienestar), ODS 6 (Agua limpia y saneamiento), ODS 7 (Energía asequible y no contaminante), ODS 13 (Acción por el clima), y ODS 17 (Alianzas para lograr los objetivos).

Sin embargo, los estudiantes pusieron especial atención en el hecho de que existe menor desarrollo normativo en favor de otros ODS, quedando peor situados el ODS 12 (Producción y consumo responsables) y el ODS 15 (Vida de ecosistemas terrestres), seguidos del ODS 1 (Fin de la pobreza), ODS 2 (Hambre cero), y ODS 14 (Vida submarina).

También se preguntó qué ODS está más lejos de verse cumplido por completo en España, confirmándose que el ODS 12 (Producción y consumo responsables) no cuenta con suficiente desarrollo normativo en el Derecho Administrativo para verse cumplido, superado en su falta de regulación para el cumplimiento, por el ODS 13 (Acción por el clima), respecto del que existe cierta regulación, pues el alumnado le reconoce una previsión normativa media, pero ineficaz. Los ODS 8 (Trabajo decente y crecimiento económico) y ODS 10 (Reducción de las desigualdades), tampoco cuentan con regulación suficiente, en opinión del alumnado. Del mismo modo, la actual regulación administrativa es bastante adecuada para alcanzar el ODS 4 (Educación de calidad), seguida del ODS 3 (Salud y bienestar), ODS 6 (Agua limpia y saneamiento), y ODS 7 (Energía asequible y no contaminante).

4. Propuestas de mejora de la acción formativa

La acción de innovación docente aplicada puede ser mejorada ampliando los elementos de reflexión propuestos al alumnado. Concretamente, se ha apreciado que algunos ODS pueden servir para lograr la consecución de otros, por existir ciertas sinergias o vinculaciones materiales entre ellos. Ampliar el estudio incluyendo este elemento puede ser muy útil para analizar cómo alcanzar con mayor facilidad todos y cada uno de los ODS.

También puede ampliarse la actividad, incluyendo el análisis de las vías para alcanzar mejoras normativas frente a los incumplimientos concretos de los aspectos ya regulados en cada ODS, en especial, se puede proponer que los alumnos traten de plantear cómo buscar alternativas a la imposición de sanciones en forma de multas, ya que éstas no tienen siempre suficiente carácter coactivo para lograr la disuasión de ciertas prácticas no sostenibles, ello debido a que, en muchas ocasiones, la imposición de multas igualmente permite que el infractor obtenga un beneficio a través de las prácticas prohibidas objeto de sanción. Por ello, debería ser objeto de análisis qué otras opciones ofrecen el sistema sancionador para lograr ese efecto de inhibición de las actuaciones infractoras de las normas aprobadas para lograr los ODS. Por ejemplo, imponer la suspensión de actividades a las empresas que realicen vertidos contaminantes puede tener un efecto más disuasorio que la imposición de multas, porque el beneficio obtenido con su práctica suele ser mayor a la penalización. Del mismo modo, la previsión de refuerzos positivos frente a la imposición de sanciones puede lograr mejores resultados, si se incorpora a la estrategia o planificación para lograr cada ODS, lo que igualmente debería ser regulado.

Finalmente, la acción formativa de esta propuesta puede obtener mayor alcance si los videos de las presentaciones pudiesen ser utilizados, con el consentimiento de los alumnos y alumnas que los han realizado, en los cursos siguientes, para generar así un material audiovisual cuya utilidad no quede circunscrita a un solo curso.

5. Conclusiones

La presente experiencia de innovación docente revela la utilidad de la incorporación de actividades que impliquen poner en relación la materia propia de cada asignatura con los valores de los 17 ODS, para profundizar en el contenido natural de la asignatura de que se trate, lo que resulta patente, en el caso expuesto, a la vista de los resultados académicos obtenidos por el alumnado al referirnos a la valoración de los y las estudiantes a tal efecto y de la tasa de éxito de la asignatura.

Al mismo tiempo, ello es compatible con la incorporación de un valor añadido a la misma, a través de la formación del alumnado en valores de sostenibilidad en beneficio de la sociedad en general, ya que los y las estudiantes, una vez incorporados a la actividad profesional, podrán transferir estos valores a su labor, quedando así cumplidos los objetivos asumidos por la universidad en lo referente a su responsabilidad social.

Finalmente, la mayor utilidad de la actividad de innovación propuesta se podría obtener si las presentaciones en vídeo que realicen los alumnos pudieran ser utilizadas en los cursos siguientes como fondo de documentación audiovisual, contando, en todo caso, para ello, con su consentimiento.

Bibliografía

Cerdio, J., «Metodología, informática y derecho. El valor del método», en *Observar la ley: estudios sobre metodología de la investigación jurídica*, Trota, Madrid, 2006.

Coll, C. y **Martín, E.**, «Vigencia del debate curricular. Aprendizajes básicos, competencias y estándares», en *Actas de la II Reunión del Comité Intergubernamental del Proyecto Regional de Educación para América*

Latina y el Caribe (PRELAC). Ed. Oficina Regional de Educación para América Latina y el Caribe (Santiago de Chile), 2006.

CRUE, Grupo de trabajo para la calidad ambiental y el desarrollo sostenible, 2016, *Directrices para la Sostenibilización Curricular de 2005*, revisado en 2016.

Fix-Zamudio, H., *Metodología, docencia e investigación jurídica*, Porrua (México), 2009.

Gil, M.ª R., «Análisis del grado de ajuste sobre el perfil competencial del estudiante: estrategias de orientación profesional universitaria», *Revista de Innovación Educativa*, núm. 22, 2012.

Gil-Galván M. R., «¿Cuál es el perfil competencial del alumnado universitario?: Un estudio en la Facultad de ciencias de la educación de la U.S.», en Cardona Moltó, Chiner Sanz y Giner Gomis (coords.), *Investigación e Innovación Educativa al Servicio de Instituciones y Comunidades Globales, Plurales y Diversas, Actas del XVI Congreso Nacional / II Internacional Modelos de Investigación Educativa de la Asociación Interuniversitaria de Investigación Pedagógica (AIDIPE)*, Ed. Alicante University (Alicante), 2013.

Kellermann, P., «Acquired competences and job requirements», *Careers of University Graduates*, Ed. U. Teichler, 2007.

Lucero M. M., «Entre el trabajo y el aprendizaje colaborativos», *Revista Iberoamericana de Educación,* núm. extra 33, 2003.

Moreno R. y **Martínez R. J.**, «¿Qué podemos entender por aprendizaje autónomo? Una aproximación conductual», conferencia presentada en el *VIII Congreso Internacional sobre el Estudio de la Conducta*, Infocop Online, 2006.

Peña Calvo, A., «Diseño de materiales para el aprendizaje autónomo de E/LE», en Alonso, K. y Gil Bürmann, M. (dirs.), *Actas del VIII Congreso Internacional de ASELE*, Centro Virtual Cervantes, Alcalá de Henares, 1998.

Ríos Martínez, A. M., «Aplicación práctica de la técnica del puzzle de Aronson en la facultad de Economía y Empresa de la Universidad de Murcia», en Miralles Martínez y Guerrero Romera (coords.), *Metodologías docentes innovadoras en la enseñanza universitaria*, 2018.

Sánchez Zorrilla, M., «La metodología en la investigación jurídica: características peculiares y pautas generales para investigar en el derecho», *Revista Telemática de Filosofía del Derecho*, núm. 14, 2011.

UNESCO, *Repensar la educación. ¿Hacia un bien común mundial?*, 2015.

UNESCO, *Educación para los objetivos de desarrollo sostenible. Objetivos de aprendizaje*, de la Organización de las Naciones Unidas para la Educación la Ciencia y la Cultura, 2017.

EL IMPULSO DE LOS VALORES FUNDAMENTALES EN EL EEES

Sara Sistero Ródenas
Profesora doctora asociada de Derecho administrativo
Universitat Jaume I de Castelló

RESUMEN: El presente artículo se ocupa de un tema clásico, pero de renovada actualidad, debido a la tendencia y proyección creciente que el EEES muestra en torno a la protección de los denominados valores fundamentales. El trabajo hace un minucioso recorrido, ordenado cronológicamente, a través de los distintos documentos publicados en el marco de la convergencia europea de la educación superior, en el que se observa la paulatina, pero también acelerada reinterpretación de la concepción universitaria, bajo el refuerzo del compromiso universitario con la sociedad. Constituye el centro de la propuesta la noticia sobre el reciente Comunicado de Tirana (mayo 2024), puesto que incorpora un anexo referido en profundidad sobre los valores fundamentales que vertebran y dan sentido al EEES. Todo ello constituirá el marco analítico bajo el que la responsabilidad social de las universidades para con la formación integral de ciudadanos adquiere una nueva trascendencia, resultando clave que asuman su papel en la educación en Gobierno Abierto, incluso más allá de lo que las legislaciones de información y participación pública puedan prever, de lo que damos cuenta igualmente. El trabajo culmina con una breve formulación y proyección de la competencia ciudadana y los valores fundamentales sobre la docencia del Derecho administrativo, en la que el seminario constituirá la metodología de referencia.

1. Introducción

En el contexto de transformación de la Universidad española a partir de la creación del Espacio Europeo de Educación Superior (EEES) se han planteado de nuevo las funciones de la Universidad, en particular lo que concierne a su capacidad para formar competencias éticas. La necesidad de un compromiso ético en el proceso de convergencia europea es un imperativo, que debe contemplarse desde la planificación de la formación de los docentes universitarios, tanto en su vertiente educativa como en la de directivos de la institución. Correlativamente, para ser un buen profesional el estudiantado debe desarrollar en su formación universitaria competencias cognitivas, técnicas, sociales y también éticas, entendidas como «saber ser profesional» (valores, actitudes y estilos de comportamiento). En ese sentido, el proceso de convergencia concedió al profesorado universitario una función más educativa, orientada a formar personas integrales, y no solo como transmisora del saber. Por otro lado, en el marco de la creciente preocupación por la calidad, debe señalarse que la enseñanza universitaria de calidad está directamente vinculada al desarrollo de valores. El debate educativo del Siglo XXI, particularmente en los niveles superiores, se plantea en clave de conceptos como el de ciudadanía, ética, principios y valores. Aun en el contexto más economicista de exigencias de productividad y rentabilidad, la Universidad no puede desviarse de su misión educadora y de su compromiso con la justicia y la equidad. La Universidad es por naturaleza un instrumento de configuración del futuro.

El compromiso ético sobre la base de los principios democráticos es un pilar elemental de la Universidad europea, que no solo garantiza la movilidad y la homologación de Títulos, sino que se construye sobre una europeización de los principios y valores comunes, es decir de «un marco axiológico compartido para el ejercicio responsable y cívico de las profesiones»[1]. Ahora bien, ¿cómo introducir este componente de ética y civismo en la formación universitaria?, ¿cuál es el papel que ostenta el profesorado universitario como responsable de este desarrollo? Estas y otras preguntas necesitan de una renovada respuesta en el marco contemporáneo de avances y reformas del Espacio Europeo de Educación Superior (EEES), así por el contexto frágil y desafiante en el que se sitúan las sociedades democráticas en la actualidad.

1 García López, R., Sales Ciges, A., Moliner García, O. y Ferrandez-Berrueco, R. «La formación ética profesional desde la perspectiva del profesorado universitario», en *Teoria de la Educacion, 21*, 2009, págs. 199-222.

2. Las implicaciones éticas y cívicas del proceso de convergencia europea

Ya en 2008 el Libro Blanco del Consejo de Europa sobre el Diálogo Intercultural señalaba que las competencias que los ciudadanos deben adquirir para poder participar de manera efectiva en una cultura de democracia no se adquieren automáticamente, sino que deben aprenderse y practicarse. Por su parte, el 11 de mayo de 2010 se adoptaría por el Comité de Ministros del Consejo de Europa Carta del Consejo de Europa sobre la educación para la ciudadanía democrática y la educación en derechos humanos [Recomendación CM/Rec(2010)7][2]. Desde entonces, y de forma acelerada en los últimos cinco años, se han producido una serie de acontecimientos y documentos de origen europeo –dentro de un proceso global de revisión de la educación superior[3] –, que ponen en el centro del debate sobre el futuro de la educación superior la cuestión de la formación cívica. Es propósito de este primer apartado del artículo, servir de paraguas teórico, así como de muestra sobre la pertinencia e importancia creciente del tema. Por ello, a continuación, se relacionan los hitos que han transformado el debate sobre la educación para la ciudadanía en las instituciones universitarias.

2.1. Antecedentes

En 2017, la Comunicación de la Comisión sobre una agenda renovada de la UE para educación superior [COM (2017) 247 final] considera fundamental el papel de la educación superior en la cimentación de sociedades prósperas, integradoras y democráticas. De ahí la decisión de dar un nuevo impulso a la educación superior en la Unión Europea, con el convencimiento de que la configuración del sistema educativo, y particularmente la docencia universitaria eficaz son la base de las sociedades justas, abiertas y democráticas[4]. La

2 Según el apartado 2, a): «La educación para la ciudadanía democrática» se refiere a la educación, la formación, la sensibilización, la información, las prácticas y las actividades que, además de aportar a los alumnos conocimientos, competencias y comprensión y de desarrollar sus actitudes y su comportamiento, aspiran a darles los medios para ejercer y defender sus derechos y responsabilidades democráticas en la sociedad, para apreciar la diversidad y para jugar un papel activo en la vida democrática, con el fin de promover y proteger la democracia y el estado de derecho.

3 Karakhnyn, S., 2022, *Calidad y relevancia de los programas en la educación superior.* Documento encargado para la Conferencia Mundial de Educación Superior (UNESCO) 18-20 de mayo 2022.

4 Como contrapeso a la creciente polarización de nuestra sociedad y la desconfianza hacia las instituciones democráticas, la educación superior no puede desconectarse de los retos sociales y democráticos de Europa. Las instituciones de educación superior tienen que ser comunidades de aprendizaje con conciencia cívica conectadas a su entorno comunitario. Algunas instituciones ya están transformando su perfil para convertirse en **«universidades cívicas»** mediante la incorporación de temas sociales en los planes de estudio, implicadas en el desarrollo de sus ciudades y regiones y apoyando el diálogo público sobre cuestiones sociales.

educación es el motor de la ciudadanía activa y de vivir la identidad europea en toda su diversidad, por lo que la Comisión Europea plantea ocho competencias clave que se desarrollan a lo largo de la vida mediante la educación formal, no formal e informal[5]. Las ocho competencias se apoyan entre sí, son transversales y complementarias. Interesa destacar aquí que la sexta es la denominada «competencia ciudadana»[6].

Siguiendo con los hitos del desarrollo cívico de la educación superior en Europa, y correlativamente a la identificación de la mecionada competencia ciudadana, en 2018 el Consejo de Europa, publica el Marco de Referencia de las competencias para una cultura democrática (MRFCD)[7]. Se trata de un documento donde se describe el modelo conceptual de las competencias que debe adquirir un educando para poder participar efectivamente en una cultura de la democracia y convivir pacíficamente en sociedades democráticas culturalmente diversas. Es importante la referencia a la cultura democrática desde el punto de vista educativo, pues si bien la democracia no puede existir sin unas instituciones y leyes democráticas, dichas instituciones y leyes no pueden funcionar en la práctica, a menos que se asienten sobre una

5 La educación basada en competencias se caracteriza por que el aprendizaje ocurre en una amplia gama de contextos. Se considera ventajosa en un momento en que la base del conocimiento en nuestra sociedad se desarrolla disruptivamente. Los ciudadanos europeos necesitan poseer las competencias clave y habilidades básicas para su realización y su desarrollo personal, su empleabilidad y su participación cívica democrática. Se ha hablado de «habilidades del siglo XXI», «habilidades para la vida», «habilidades blandas» o «habilidades transversales». Sea como sea, el objeto de todas ellas es favorecer la consecución de sociedades más equitativas y democráticas. Un aspecto transversal en todas ellas, también en la competencia ciudadana, es la sostenibilidad y la lucha contra el cambio climático.
Véase, GIRÁLDEZ, M. C., y SALA, A. «LIFECOMP: El Marco de Referencia Europeo para la competencia personal, social y de aprender a aprender. Relevancia en el contexto de la Covid-19», en *Estudios de Deusto, 69*(1), 2021, págs. 109-140.

6 «La competencia ciudadana contribuye a que alumnos y alumnas puedan ejercer una ciudadanía responsable y participar plenamente en la vida social y cívica, basándose en la comprensión de los conceptos y las estructuras sociales, económicas, jurídicas y políticas, así como en el conocimiento de los acontecimientos mundiales y el compromiso activo con la sostenibilidad y el logro de una ciudadanía mundial. Incluye la alfabetización cívica, la adopción consciente de los valores propios de una cultura democrática fundada en el respeto a los derechos humanos, la reflexión crítica acerca de los grandes problemas éticos de nuestro tiempo y el desarrollo de un estilo de vida sostenible acorde con los Objetivos de Desarrollo Sostenible planteados en la Agenda 2030».
La entrada sobre competencia ciuddana, en el Glosario: *Terminology of European education and training policy,* dice: «The ability to act as a responsible citizen and to participate fully in civic and social life, based on understanding of social, economic, legal and political concepts and structures, as well as global developments and sustainability», y lo vincula a la ciudadanía active y al término Sociedad civil. Recuperado de: https://www.cedefop.europa.eu/es/tools/vet-glossary/glossary?letter=C#glossary-149981 (último acceso 10 de junio 2023).

7 Se trata de tres volúmenes, cuya consulta es pública. Recuperado de: https://epale.ec.europa.eu/es/resource-centre/content/marco-de-referencia-de-las-competencias-para-una-cultura-democratica (último acceso 10 de junio 2024).

cultura democrática, esto es, en actitudes, prácticas y valores democráticos, esto es un patrón de actuación acorde que oriente las conductas de los sujetos y actores implicados. En ese escenario, la competencia democrática e intercultural se define como la capacidad para movilizar y utilizar los valores, las actitudes, las aptitudes, el conocimiento y/o la visión pertinente con el fin de responder de manera apropiada y efectiva a las exigencias, retos y oportunidades que plantean las situaciones democráticas e interculturales. La competencia se aborda como un proceso dinámico en el que una persona competente moviliza y utiliza una serie de recursos psicológicos de una manera activa y flexible para responder a nuevas circunstancias a medida que surjan. La utilización del término competencia hace referencia a recursos individuales específicos. Todo ello condujo al establecimiento de 20 competencias para su inclusión en el modelo de competencias para una cultura democrática: 3 conjuntos de valores, 6 actitudes, 8 aptitudes y 3 corpus de conocimientos y visiones críticas[8].

Figura 1: Las 20 competencias incluidas en el modelo de competencia.

Página 40. Marco de referencia de las competencias para una cultura democrática – Volumen 1

8 Recuperado de: https://epale.ec.europa.eu/es/resource-centre/content/marco-de-referencia-de-las-competencias-para-una-cultura-democratica (último acceso 10 de junio de 2024).

Entre los valores identificados que forman parte de la competencia que permite a una persona participar de manera efectiva y apropiada en una cultura de democracia figura el de valorar la dignidad y los derechos humanos; y el de valorar la democracia, la justicia, la equidad, la igualdad y el Estado de Derecho. Asimismo, entre las actitudes aparece la denominada conciencia cívica, en tanto actitud o sentimiento de pertenencia hacia la comunidad o grupo social del que se forma parte. También se alude la responsabilidad en tanto actitud reflexiva hacia nuestras propias acciones. En el marco de las aptitudes destacan las analíticas y el pensamiento crítico, necesarias para analizar, evaluar y emitir juicios sobre materiales de cualquier tipo de una manera sistemática y lógica. Se acompaña de la capacidad de escucha y de observación como aptitud necesaria para darse cuenta de lo que se dice y cómo se dice y comprenderlo, y para percatarse del comportamiento no verbal de las personas y entenderlo. Por último, en el marco del conocimiento y la visión crítica del mundo se incluye un conjunto extenso y complejo de conocimientos y visiones críticas en ámbitos como la política, la legislación, los derechos humanos, la cultura, los medios de comunicación, el medio ambiente o la sostenibilidad, entre otros. Ante la falta de un enfoque claro y una visión común de los objetivos de la educación para la ciudadanía democrática, el marco ha sido, precisamente, concebido como un instrumento destinado a inspirar enfoques individuales de las enseñanzas de las competencias para una cultura democrática. Como un conjunto coherente, por lo que se recomienda a los educadores que se familiaricen con todos sus aspectos antes de hacer su planificación docente.

En el mismo año se adopta la Aplicación del Proceso de Bolonia: estado actual y seguimiento (Resolución del Parlamento Europeo de 19 de abril de 2018). Se considera que la educación es uno de los principales pilares de nuestra sociedad y que la educación superior desempeña un papel importante en el fomento del desarrollo y las habilidades personales. Se enfatiza en el refuerzo del compromiso cívico, la ciudadanía activa y la comprensión intercultural, la promoción de los valores comunes y la resolución de los desafíos de un mundo en continua evolución. Por ello pide a los países que refuercen su compromiso político y la cooperación en el marco del EEES. Se trata de una evaluación crítica del proceso de Bolonia, en cuanto a los obstáculos persistentes y la exploración de nuevos objetivos del EEES más allá del 2020.

Todavía en 2018 el Consejo de la Unión Europea aprueba las recomendaciones relativas a las competencias clave para el aprendizaje permanente (sesión no 3577, 22 de mayo de 2018). En ellas subraya cómo la automatización y las tecnologías han cambiado el paradigma profesional y personal, por lo que las competencias emprendedoras, sociales y cívicas cobran más importancia para poder asegurar la resiliencia y la capacidad de adaptación al cambio. Memorizar hechos y procedimientos es clave, pero no suficiente para el progreso y el éxito hoy en día. Se requiere del pensamiento crítico, la capacidad de resolver problemas, cooperar, la creatividad entre otros.

Se hace necesario revisar y dotar de unidad las competencias clave para el aprendizaje permanente. La importancia del aprendizaje no formal o informal, apoya el desarrollo de capacidades interpersonales, comunicativas y cognitivas esenciales como el pensamiento crítico que facilitan la transición a la edad adulta, la ciudadanía activa y la vida laboral. Se recomienda reforzar la adquisición de competencias ciudadanas para concienciar sobre valores comunes, a que se hace referencia en el artículo 2 del Tratado de la Unión Europea y en la Carta de los Derechos Fundamentales de la Unión Europea. Concienciar a todos los estudiantes y el personal docente sobre la importancia de adquirir competencias clave y su relación con la sociedad. El texto incluye un Anexo con las Competencias clave para el aprendizaje permanente: un marco de referencia europeo». Toda persona tiene derecho a una educación y un aprendizaje permanente a fin de adquirir capacidades que les permitan participar plenamente en la sociedad[9].

2.2. Un punto de inflexión en el Proceso de Bolonia

El Comunicado Ministerial de Roma 2020 sobre EEES[10] y los informes de implementación del Proceso de Bolonia, ponen el foco en la determinación de comprometer nuestras instituciones de educación superior con nuestras sociedades para dirigir los retos y objetivos de la paz mundial, los valores democráticos, la libertad de información y el bienestar. La visión del EEES 2030 está en plena armonía con el respeto de los valores fundamentales de la educación superior y la democracia y el Estado de Derecho. Las instituciones de educación superior tienen el potencial de orientar el gran cambio, mejorando las competencias, conocimientos y habilidades de los estudiantes y la sociedad para contribuir a la sostenibilidad, la protección del medio ambiente, y otros objetivos cruciales. Deben preparar a los aprendices para convertirse en ciudadanos activos, críticos y responsables, así como proveer oportunidades de aprendizaje a lo largo de la vida para cumplir con su rol

9 Las competencias clave del marco de referencia europeo responden a la necesidad de desarrollo adicional de la cultura democrática, entre otros aspectos como la cohesión social y el desarrollo sostenible. Identificar y definir las competencias coadyuva a la creación de una ciudadanía activa. Buscan proporcionar una herramienta de referencia para el personal docente y los responsables y para los propios alumnos. Entre las 8 competencias clave, destacamos 3 a los efectos de este proyecto: la lectoescritura, la de aprender a aprender (pensamiento crítico) y la competencia ciudadana. Totalmente complementarias e interdependientes. Las competencias clave son una combinación dinámica de los conocimientos, capacidades y actitudes de debe desarrollar una persona a lo largo de toda la vida. Debe darse apoyo al personal académico para incorporar los planteamientos orientados a las competencias en la educación, para modificar la enseñanza y el aprendizaje en sus contextos.

10 Recuperado de: http://ehea.info/Upload/Rome_Ministerial_Communique.pdf (último acceso 10 de junio 2024). En el marco de la Conferencia Ministerial sobre el Espacio Europeo de Educación Superior (EEES) celebrada en Roma en noviembre 2020.

social. Se reafirman en su compromiso de promover y proteger los valores fundamentales compartidos en todo el EEES intensificando el diálogo político y la cooperación como base del aprendizaje de calidad y también de las sociedades democráticas[11].

Como consecuencia del Comunicado de Roma, y como parte de la preparación de la siguiente conferencia ministerial que tendría lugar en 2024, se ha creó el «EHEA Working Group on Fundamental Values». Se trata de un paso definitivo que marcará el devernir del EEES en conexión con el potencial de la educación superior cívicamente concebida. Bajo este paraguas institucional se ha editado en 2023 la denominada «Task Force», en la que se proponen lo siguientes objetivos: 1. Evaluar cómo los valores fundamentales pueden ser claramente entendidos en los sistemas de educación superior a través del EEES; 2. Proponer una metodología para reportar a la conferencia ministerial los conceptos definidos como valores fundamentales; 3. Recomendar indicadores de los valores fundamentales.

También en el año 2020 se produjo la Resolución del Consejo relativa a un marco estratégico para la cooperación europea en el ámbito de la educación y formación con miras al Espacio Europeo de Educación y más allá (2021-2030), donde la primera de las cinco prioridades estratégicas es justamente la afirmación por la que la educación y la formación son fundamentales para el desarrollo personal, cívico y profesional de los ciudadanos europeos. Se insiste en la dimensión europea y valores comunes en el EEE. Concretamente, se estipula promover el dominio de competencias clave, incluidas las capacidades básicas, que son una condición previa para prosperar en la vida, encontrar empleos gratificantes y convertirse en un ciudadano comprometido. También se alude a la promoción de las competencias cívicas y la adhesión a los valores democráticos y los derechos fundamentales en todos los niveles y tipos de educación y formación.

Además, cabe apuntar que en el mismo año se alumbraría La Estrategia Europea para las Universidades 2020, la cual constituye el refuerzo de la dimensión europea de la educación superior y la consolidación de las universidades como centro neurálgico de promoción de nuestro *Modo de Vida Europeo* (las prácticas democráticas y los derechos fundamentales). Se pone el foco en el fomento de la creación de sociedades abiertas, democráticas y justas así como el crecimiento sostenido. Mediante los valores compartidos es posible crear una dimensión auténticamente europea en nuestra educación superior. En el punto 4.3 de la promoción del modo de vida europeo se subraya la promoción

11 En el Anexo III se incorporan las «Recomendaciones sobre aprendizaje y enseñanza en el EEES» a fin de que se refuerce el enfoque del aprendizaje centrado en el estudiante, promoviendo el desarrollo de habilidades blandas y las necesarias para alumbrar al ciudadano del siglo XXI, en el sentido de entender los retos sociales de un mundo complejo, el respeto a los otros y el medio ambiente. Se enfatiza en los métodos de aprendizaje activo, y el aprendizaje basado en la investigación, en tanto buenas prácticas de calidad docente.

y protección de los valores democráticos europeos. Según la estrategia, las universidades necesitan ser lugares de libertad y son clave de la promoción de la ciudadanía activa y el pensamiento crítico, que redundan en la protección de las democracias europeas. Las universidades tienen un rol activo en preparar a los graduados para ser ciudadanos europeos bien informados, por ello la Comisión se compromete en 2024 a proponer unos principios orientadores de la protección de los valores académicos fundamentales basado en el Comunicado de Roma 2020, en sinergia con el plan de acción para proteger la libertad académica. Esto se vería complementado con la aportación en 2021 de las Conclusiones del Consejo sobre la Iniciativa «Universidades Europeas» 2021/C221/03, donde se insiste en que ésta debe orientarse hacia la promoción de una visión europea común, también de unos valores académicos fundamentales que contribuyan a reforzar la identidad europea. Asimismo, en 2022 se aprueba la Propuesta de Recomendaciones del Consejo sobre: Construyendo Puentes para la cooperación efectiva en LA EDUCACIÓN SUPEROR EUROPEA: 2022/0008, donde se interpreta que la cooperación transnacional en la educación superior refuerza las sociedades democráticas.

Cerramos el repaso de las claves en la aceleración e intensificación de la vertiente cívica del Proceso de Bolonia, con la llamada Declaración de Dublín o Declaración Europea sobre la Educación Global hasta 2050. Un marco estratégico para mejorar la educación global en Europa hasta 2050 (Versión final adoptada en el congreso, 4 de noviembre 2022). Este documento impulsado por GENE —Red Europea de Educación Global— propone una definición de la Educación Global determinada por la capacidad crítica y de reflexión, así como el empoderamiento y la integridad como personas[12].

3. Tirana EHEA Ministerial Conference (29 - 30 de mayo 2024)

3.1. «Precuela» en de la Conferencia Ministerial del EEES 2024

Resultaría de todo punto clarificador y una suerte de avanzadilla, sobre el peso que iba a tener la potenciación cívica del EEES, no sólo ya la creación de un grupo de trabajo sobre los valores fundamentales, sino que en 2023

12 «La educación global es una educación que permite a las personas reflexionar de forma crítica sobre el mundo y su lugar en él; para abrir los ojos, corazones y mentes a la realidad del mundo a nivel local y global. Empodera a las personas a entender, a imaginar, a tener esperanza y a actuar para alcanzar un mundo con justicia social y climática, paz, solidaridad, equidad e igualdad, sostenibilidad planetaria y comprensión internacional. Implica el respeto de los derechos humanos y la diversidad, la inclusión y una vida digna para todos y todas, ahora y en el futuro».

se publicara el «Scoping paper on Citizenship Education», desde el «Working group on equality and values in Education and Training (2021-2025)», en el marco de la Comunicación de la Comisión Europea de 30/09/2020 sobre conseguir el Espacio Europeo de Educación en 2025. Se trata de un documento esencial y como decimos una suerte de adelanto de lo que llegaría en 2024, como confirmación de la reforma cívica del EEES[13]. A su vez, otro de los indicadores es el lanzamiento del Proyecto CiTEdEV: «Citizenship Education in the Context of European Values», por el que se ha constituido una red de 18 universidades en 19 países, mediante una plataforma de conocimiento y cooperación de expertos en el ámbito de la educación en ciudadanía y valores[14].

13 Se define **la competencia de ciudadanía** como la habilidad de actuar responsablemente como ciudadano y de participar plenamente en la vida social y cívica, basado en el entendimiento de los conceptos sociales, económicos, legales y políticos, así como la sostenibilidad y el desarrollo global. Esto incluye la comprensión de los valores comunes europeos, el conocimiento de los acontecimientos contemporáneos y una visión crítica de los principales acontecimientos históricos en clave nacional, europea y mundial. Se define **la educación para la ciudadanía**, como los aspectos de la educación que preparan a los estudiantes para convertirse en ciudadanos activos asegurándoles el conocimiento, las habilidades y actitudes para contribuir al buen desarrollo de la sociedad en la que viven. Incluye el aprendizaje en el aula y más ampliamente las experiencias prácticas asociadas a la vida académicas y en el ámbito social más ampliamente considerado. En el Informe sobre Ciudadanía de la UE 2020 (cada tres años), se apunta que la educación para la ciudadanía promueve la ciudadanía activa y ayuda a la gente joven a descubrir su lugar en la compleja sociedad de hoy en día. Se define **la educación cívica**, desde el punto de vista de la formación a lo largo de la vida, como el conocimiento que las personas crean, usan y preservan cuando toman parte de la sociedad civil. Se define **la ciudadanía democrática**, en referencia a una mayor participación, cohesión social, acceso, justicia y solidaridad. La inclusión, la participación, cultura y valores frente a la democracia procedimental del voto periódico, y mantenerse activo en la conformación de prácticas de ciudadanía. Se aclara que existen **dos enfoques pedagógicos** en la educación para la ciudadanía. El llamado de mínimos, basado en transmitir información sobre el estatus de ciudadanía y las estructuras de gobierno. En segundo término el denominado enfoque de máximos: con una visión mucho más amplia y la ciudadanía activa en el centro. Es un enfoque más inclusivo del aprendizaje. El conocimiento y la comprensión son lo relevante, pero el desarrollo de habilidades y actitudes son clave del modelo, permitiendo al estudiante adquirir competencias necesarias para participar en la sociedad. El enfoque metodológico se centraliza en la figura del estudiante, no tanto en la transmisión; es participativo y el proceso educativo trasciende del aula. Permite al estudiante aprender sobre, y experimentar la ciudadanía. Se enfatiza en la ciudadanía como proceso activo. La evaluación de los estudiantes debe reflejar esta traslación, incorporando Otras formas innovadoras de evaluación.
Sobre la cuestión clave de **cómo debe evaluarse la educación para la ciudadanía**: Debe ser multifacial, y abordar tanto el conocimiento, las actitudes y las habilidades. La autoevaluación, la evaluación entre iguales, con apoyo de herramientas tales que el portfolio de ciudadanía, o los archivos de progreso... Se aconseja la evaluación para el aprendizaje, basada en promover la autonomía del estudiante, una evaluación formativa.

14 En su seno, se han generado varios grupos de trabajo, con espíritu cívico, entre los que destacan: «conocimiento de los jóvenes sobre sociedad civil, ciudadanía y valores europeos»; «Conectando Europa: ciudadanía digital europea»; «Valores europeos y la enseñanza de la responsabilidad global»; «populismo y su impacto en los jóvenes»; «Aprender sobre el pasado: historia, ciudadanía y valores europeos«.

3.2. El Comunicado de Tirana 2024

El Comunicado de Tirana 2024, relativo a la Conferencia que cada cuatro años reúne a los ministros de educación superior de los Estados miembros de la Unión Europea y que evalúa los avances y nuevos retos del EEES, abre con la complejidad de los retos que afronta el mundo, incluyendo entre los geopolítico, lo socioeconómico y la ecología, la creciente polarización y las desigualdades. Y sitúa a la educación superior en tanto bien público como una fuerza transformadora para la sociedad, enfatizando el rol irremplazable que juega en la acometida de esos retos y «en la promoción de las sociedades democráticas». Sigue el Comunicado, enfatizando en que las instituciones de educación superior deben ser espacios seguros de diversidad y de apertura mental, donde mediante el aprendizaje, la docencia y la investigación se promuevan el pensamiento crítico, la tolerancia, el diálogo basado en la ciencia, y el intercambio pacífico de distintas visiones. Si bien el Comunicado de Roma de 2020 se centró en concretar la importancia de la libertad académica, como valor fundamental el EEES, este Comunicado, reafirma su compromiso con los valores fundamentales, en los que se hace posible la plena misión de las instituciones educación superior, y retoma la disertación de los otros cinco valores nucleares que configuran la identidad fundamental del mismo (integridad académica, autonomía institucional, participación de la comunidad en la gobernanza universitaria, responsabilidad pública para la educación superior y responsabilidad pública de la educación superior hacia la sociedad de la que forma parte).

3.3. El Anexo 1 del Comunicado de Tirana «EHEA STATEMENTS ON FUNDAMENTAL VALUES»

La protección y promoción de los valores fundamentales por parte del EEES se desarrolla en el Anexo 1 «EHEA STATEMENTS ON FUNDAMENTAL VALUES». Asimismo, se adquiere el compromiso de aceptar el marco de monitorización de estos valores, que se ha propuesto en el Informe Final del Fundamental Values Working Group. Sobre lo que desarrolla el Anexo 1 del Comunicado, cabe destacar, primero que se subraya la necesidad de entender los seis valores fundamentales como un todo, que si bien deben verse reflejados en leyes y marcos institucionales relativos a las instituciones de educación superior, lo elemental es que se lleven a la práctica. Es decir, que se cree un marco y un escenario que hagan realidad esos valores.

Interesa en este artículo focalizar aquello que el Anexo refiere sobre la integridad académica, pues dice literalmente, «incluye, aunque no se limita, la honestidad, la transparencia, la justicia, la confianza, la responsabilidad, el respeto y el coraje» (pág. 2). A su vez, especifica que la integridad académica necesita de una activa promoción dentro y a través de la educación superior, que conduzca al desarrollo de una cultura de la integridad, la ética y la transparencia, desde las más tempranas etapas educativas e investigadoras. Algo que adquiere mayor relevancia, si cabe, en el contexto de las emergentes tecnologías digitales, tal como la Inteligencia Artificial. Resulta por ello recomendado el desarrollo de códigos éticos que describan la integridad y la transparencia en un lenguaje plano y entendible. Lo mismo que se identifique las personas o cuerpos responsables en el marco universitario que garanticen su protección tutela, en casos de violación de estos valores. La cuestión central de este Anexo quizá sea que afirma que el personal académico tiene la especial responsabilidad de adherirse y promover la integridad académica, por cuanto son el ejemplo del que los estudiantes pueden aprender. A su vez, son referidos como responsables de crear un entorno de aprendizaje seguro para los estudiantes donde la cultura del error *(healthy error)* y la calidad, debiendo primar la equidad y la transparencia en su trabajo.

Tiene también relevancia las aportaciones que el Anexo vierte sobre la responsabilidad pública de la educación superior, por cuanto supone que todos los actores de la comunidad universitaria están conminados por la consecución de la verdad y por la producción, diseminación, transmisión y uso del conocimiento como bien público, de manera que se defiendan y desarrollen los estándares de docencia, aprendizaje e investigación. Conviene el texto aprobado en que la comunidad universitaria debe profundizar, y orientarse por la cultura de la democracia, la solidaridad y la ética. Debiendo proveer a la sociedad de la correcta información en cuanto a los riesgos relativos a su acción e inacción, sobre la base de su investigación y erudición. Conviene el Comunicado de Tirana en que los mayores retos de las sociedades modernas, incluidos los ODS, la paz, la democracia y la convivencia no serán sin la contundente contribución de la comunidad universitaria, mediante la investigación, la docencia, la innovación y la transferencia[15]. En ese sentido, se invoca el compromiso con la esfera pública, el debate público, de forma que se asegure que nuestras sociedades se desarrollan y gobiernan sobre la base de conocimientos objetivos, así como por el pensamiento y el razonamiento crítico y constructivo. Desde ese punto de vista, la misión universitaria debe permanecer fiel a la sociedad de la que es parte, especialmente en relación con su comunidad local, generando oportunidades y en plena concordancia con las misiones democrática y social de la educación superior. La proyección de los valores fundamentales sobre los egresados debe asegurar su conocimiento especializado y ético, apoyando el desarrollo de sus habilidades para actuar y decidir, tanto de forma activa como evitativa.

15 Evoca el servicio a la sociedad declarado en la Magna Charta Universitatum 2020.

4. La responsabilidad social universitaria en la formación integral de ciudadanos

4.1. La asunción institucional del compromiso cívico

La formación en valores como principio rector de la acción educativa debe asumirse institucionalmente. Desde la pedagogía, se considera que la dimensión ética que todas las profesiones tienen no puede dejar de planificarse, ni en manos de la espontaneidad del profesorado. Resulta oportuno trabajar sobre la propia percepción del profesorado como transmisor de valores, e incluso la responsabilidad que ostenta como modelo ético-profesional y educador de ciudadanos responsables[16]. La dimensión europea en el sector de la educación superior adquiere hoy un sentido renovado o potenciado porque existe la necesidad de pasar de una concepción de ciudadanía pasiva a otra de ciudadanía participativa y comprometida con los problemas del entorno[17]. El Comunicado de Tirana es plenamente consciente y expreso de la esencialidad de refrendar esta misión de la universidad y su responsabilidad para con la mejora de la sociedad. La definición y contribución a la ciudadanía crítica desde el ámbito universitario, de manera que los estudiantes se comprometan con el futuro de sus sociedades, constituye la prioridad en la tarea de la educación superior.

La participación ciudadana se garantiza formando ciudadanos críticos. Los valores democráticos no son contenidos específicos y autónomos que se pueden enseñar al margen de los demás contenidos del currículum. Hay dos vías para la educación democrátíca: enseñar directamente al hilo de los contenidos y metodologías propias de las disciplinas los valores de una vida y profesión cívica y democrática –con el apoyo de las metodologías de aprendizaje activo–, y por otro lado, que la institución esté organizada democráticamente de modo que permita la participación, la toma de decisiones y el compromiso activo con los valores democráticos. Si tomamos como referencia la universidad española, es cierto que los últimos años han supuesto un salto cualitativo en esta dirección, sin perjuicio de que se trate del principio de una nueva forma de implicación social de las instituciones superiores. Por ejemplo, en el caso de la Universitat Jaume I (UJI) –que por razones de vinculación académica resulta bien conocido–, es cierto que el desarrollo integral del alumnado encabeza los principios del Modelo Educativo UJI. La

16 que fomenten la diversidad y la inclusión, promuevan y protejan las prácticas democráticas, los derechos fundamentales y los valores académicos. Las implicaciones éticas del proceso de convergencia europea suponen la construcción de la cultura europea a través de la formación integral de ciudadanos.

17 Bolívar, A. «Educar democráticamente para una ciudadanía activa» *Revista Internacional de Educación para la justicia social* 5.1, 2016, págs.69-87.

UJI desea que su alumnado obtenga una formación integral, es decir que sean personas autónomas, críticas y responsables. También forma parte de este modelo el principio de fomento de la ética y la responsabilidad social, entendiendo la misión formativa como la capacidad para transformar y aportar valor a la sociedad desde los principios éticos, propios de una sociedad plural y democrática. No cabe duda de que el fomento del desarrollo sostenible es hoy parte de su función social. Por su parte, contamos con el Código ético de la UJI, el cual refuerza estos compromisos con el establecimiento de estándares mínimos tanto en el ámbito del Buen gobierno, la transparencia y la integridad institucional, como específicamente en el ámbito de la docencia universitaria en lo que se ha denominado Responsabilidad académica y de gestión. En línea con esto, el Plan de Acción de Gobierno de la Universitat Jaume I 2023-2026, incluye entre sus seis ejes estratégicos la Responsabilidad social, la gobernanza y la gestión sostenible de los recursos[18].

Con todo, la crítica es necesaria por cuanto faltan acciones directas sobre la formación del profesorado, clave de transmisión de los valores, de la difusión de estas herramientas. De igual modo, se precisa un foco más preciso sobre cómo formar y capacitar a la ciudadanía universitaria. La tesis aquí defendida, se basa justamente en cubrir tal parcela, dotando al estudiantado universitario de una formación ciertamente especializada en Gobierno abierto y participación pública, más de forma singularizada a aquellos perfiles, como los juristas cuya participación en la esfera pública es potencialmente más evidente.

4.2. Educación superior en Gobierno Abierto

Partiendo de los ODS, en concreto el número 16, preconiza las instituciones sólidas, la transparencia y el buen gobierno. En ese marco, la meta número 16.10 consiste en «Garantizar el acceso público a la información y proteger las libertades fundamentales, de conformidad con las leyes nacionales y los acuerdos Internacionales». Sin embargo, al tratarse de una cuestión relativamente propia o encauzada por el Derecho (constitucional y administrativo), tiene a no ser divulgada con la claridad y cercanía, que precisan asuntos de interés general como es esta materia. Si bien es cierto que, se han producido avances en lo que se denomina educación en gobierno abierto, pero todos ellos en el plano de la educación primaria y secundaria[19], sin que

18 La UJI desea consolidar el Marco de Integridad Institucional haciendo formación y dando difusión a los diversos instrumentos de responsabilidad social, en referencia a los siguientes Objetivos Estratégicos del Plan:
OE3 Impulsar las competencias transversales y el compromiso social del estudiantado.
OE30 Integrar e mpulsar la RSU con la Agenda 2030
OE31 Mejorar la transparencia, la integridad institucional y la participación.

19 En la Adminstración General del Estado se ha implementado la estrategia de Educación en Gobierno Abierto, para la educación primaria y secundaria, que ha logrado el reconoci-

se haya producido el salto cualitativo en la estrategia de las universidades. Principalmente, por desconocimiento del propio profesorado, ajeno en su mayoría a los avances que se están produciendo en este ámbito de crecimiento y empoderamiento de la ciudadanía[20].

4.3. El impulso legislativo sobre la promoción universitaria de la cultura de la transparencia y la participación

La Disposición Adicional quinta de la Ley 1/2022, de 13 de abril, de Transparencia y Buen Gobierno de la Comunitat Valenciana, en su apartado 4, establece precisamente la colaboración de las universidades en el impulso de la formación y sensibilización en la materia, todo ello en el marco de los convenios con la Conselleria competente, como el que opera actualmente a través de las Catedras de Transparencia, creadas en las distintas universidades valencianas, incluida la UJI a la que nos referíamos anteriormente. de la UJI. No cabe duda de que las leyes de transparencia necesitan apoyarse en la universidad para su implementación efectiva, sin embargo, como se ha visto también las universidades tienen, en su naturaleza y misión dentro del EEES, que implicarse en la formación integral de ciudadanos, formándoles en los valores democráticos, como la transparencia y la participación pública. Incluso cabe plantearse que las universidades son sujetos obligados por las leyes de información pública, que les imponen obligaciones en este sentido, por lo que la comunidad universitaria debe conocer sus derechos y obligaciones, quedando configurada como una suerte de laboratorio de ciudadanía, donde las buenas prácticas no sólo garantizan la calidad de la institución, sino que se proyectan como ejemplo fecundo para los estudiantes en tanto ciudadanos.

Merece igualmente traer a colación la Ley 4/2023, de 13 de abril, de Participación Ciudadana y Fomento del Asociacionismo de la Comunitat Valenciana. Ya que de forma totalmente novedosa en el panorama nacional incorpora en su Título II, la promoción de la participación ciudadana. Entre los medios de promoción, el artículo 36 regula la participación ciudadana en el sistema educativo valenciano, aunque no se refiere en este punto a las universidades, explícitamente reguladas en el artículo 38 sobre *Fomento de la investigación y la innovación en materia de participación ciudadana*, donde se establece el deber de promover la colaboración con las universidades en

miento de buena prácDca por la OCDE. Entendemos que las universidades, aunque en el marco de su propia naturaleza y autonomía deben seguir esta línea.

20 Falta una regulación de la formación docente del profesorado unversitario (tanto a nivel general como específica sobre formación ciudadana), que por el momento se caracteriza por ser voluntaria y asistemática (Pérez-Rodríguez, 2019).

la investigación sobre participación pública. No obstante, consisderaremos de aplicación el apartado segundo del artículo 36, por el que se fija que «La Generalitat, a través de la conselleria competente en materia de educación, implementará la formación continua del profesorado de *todas las etapas educativas* para la facilitación de la participación en las aulas; para ello, elaborará un plan formativo para el profesorado que le permita adquirir competencias en democracia participativa».

5. La aportación desde la docencia del Derecho Administrativo

Es evidente que la docencia jurídica tiene ante sí un amplio abanico de novedades legislativas que, en materia de gobierno abierto, participación e integridad, deben ser incorporadas y potenciadas en sus programaciones, con todo convenimos en que lo verdaderamente disruptivo está en la metodología empleada y su planificación. A luz de los avances y desarrollos que se están dando en la concepción del EEES referidos en los apartados anteriores, no cabe duda de la necesidad de orientar nuestra docencia desde y hacia la competencia ciudadana. Sin embargo, la adquisición de los valores y de la experiencia democrática aparece íntimamente vinculada a otra competencia clave, la de aprender a aprender (parte de la llamada LifeComp), que se ve concretada en el denominado pensamiento crítico[21].

Los estudiantes universitarios del EEES, deben convertirse en ciudadanos europeos, en el sentido de pensadores críticos. La competencia ciudadana según el marco europeo de referencia (2018) implica comprender los valores comunes europeos expresados en el artículo 2 TUE y la CDFUE; el conocimiento y comprensión crítica de los acontecimientos históricos y contemporáneos más destacados (cambio demográfico, integración europea, cambio climático...). Conlleva capacidades de participación constructiva en la comunidad y el respeto de los derechos humanos como base de la democracia, proyectando una actitud responsable. El pensamiento crítico como competencia implica la evaluación de la información y los argumentos que se nos presenten para llegar a conclusiones razonadas y desarrollar soluciones innovadoras. Los descriptores de esta competencia son la comparación, el análisis, la síntesis de datos e ideas. Por último, nos proponemos reforzar la competencia ciudadana a través de una tercera competencia, la denominada «lectoescritura». Las personas deben poseer las capacidades necesarias para comunicarse de forma oral y escrita en múltiples situaciones y adaptar su comunicación a los requisitos de la situación. Incluye las habilidades de bus-

21 Giráldez, M. C. y Sala, A. «LIFECOMP: El Marco de Referencia Europeo para la competencia personal, social y de aprender a aprender. Relevancia en el contexto de la Covid-19», en *Estudios de Deusto, 69*(1), 2021, págs. 109-140.

car, recopilar y procesar información, así como expresar los propios argumentos orales y escritos de forma convincente y adecuada al contexto. Una actitud de disposición al diálogo crítico y constructivo.

5.1. Especial mención al seminario

Introducir la competencia ciudadana en las asignaturas del área de Derecho administrativo bien puede hacerse sobre la base de una metodología clásica de las ciencias sociales, como es el SEMINARIO, que ha caído parcialmente en desuso, y que, revisada con los enfoques actuales del aprendizaje activo, significativo y dialógico, consideramos la más oportuna para realizar los objetivos de este proyecto. A continuación, se resumen los argumentos que justifican su implementación desde la dimensión cívica defendida en el presente trabajo.

- El seminario es por definición una «junta especializada» que tiene naturaleza técnica y académica, y cuyo objetivo es el de llevar a cabo un estudio profundo de determinadas cuestiones, cuando se permite una interactividad entre los especialistas y los participantes. Entendemos que debe configurarse como una actividad voluntaria[22].
- Permite desvincular la identificación de que aprender Derecho es sustancialmente un aprendizaje memorístico. Es una cualidad esencial del jurista la de saber discutir, polemizar y convencer, así como rebatir los argumentos contrarios. El recurso al debate es un imprescindible de la formación del jurista, que aquí nos permite reforzar la competencia ciudadana, más teniendo cuenta en cuenta la singular posición que éste ocupa en la esfera pública. El debate está en la raíz del desarrollo de competencias para una cultura democrática[23].
- Se trata de una forma docente-educativo-técnico-científico-académica, donde el objetivo principal es la colaboración a través de la interactividad entre docentes y alumnos. Nació en Baja Sajonia Alemania a fines del siglo XVIII. Se inculca a los estudiantes el trabajo independiente, también la habilidad para analizar los hechos y fenómenos de la vida social. Permite observar académicamente la sociedad y sus retos.

---

22 En relación a la definición de ciudadaní active contenida en el Glosario («Engagement of citizens in the economic, social, cultural and political arenas»), así como el comentario adicional sobre el énfasis de aprender las habilidades y competencias relativas a través de actividades voluntarias. Recuperado de: https://www.cedefop.europa.eu/es/tools/vet-glossary/glossary?letter=C#glossary-149938 (último acceso: 10 de junio 2024).

23 Curone Prieto, R. C., Jiménez-Delgado, M., De-Gracia-Soriano, P., Jareño-Ruiz, D., y Jiménez-Loaisa, F. J. «Desarrollo de Competencias para una Cultura Democrática en la Educación Superior», en *Redes de Investigación e Innovación en Docencia Universitaria*. Volumen 2021, págs. 73-82.

- En la educación superior un seminario tiene la función específica de enseñar a investigar. Es una forma de docencia e investigación al mismo tiempo, el discípulo ocupa en cierta manera el rol de profesor. El objetivo como bien destacaba Ortega y Gasset es hacer sentir la necesidad de ciencia al estudiante. La necesidad y utilidad de conocer en este caso los principios de Derecho administrativo, base de las sociedades democráticas.
- Favorece el desarrollo de capacidad para el manejo de las ideas, análisis, síntesis, crítica, relación. Se explora en profundidad la comprensión en un aspecto específico. Estimula la responsabilidad del individuo; la argumentación y la discusión técnica.
- Tiene encomendada una función crítica de los resultados obtenidos. Se establece una comunidad de trabajo, por lo que el seminario se define como una figura académica colectiva, basada en la interdependencia. Es un grupo de aprendizaje activo, ya que los participantes no reciben la información elaborada, sino que la buscan, indagan en un ambiente de recíproca colaboración. El éxito de los seminarios depende del grado de preparación de los estudiantes, de la organización del trabajo independiente de los estudiantes. Hay una base discursiva, puesto que culmina con una conversación dirigida, donde se pueden discutir problemáticas, dudas...
- El seminario permite flexibilizar las programaciones de las asignaturas y adaptarlas a las cuestiones y cambios sociales más relevantes para la formación de los estudiantes. Son como cápsulas de conocimiento. Desde el punto de vista de las indicaciones de la Comisión Europea y las estrategias de las universidades para 2030, el seminario conecta con la idea de los llamados «microcredenciales» y la formación a lo largo de la vida.
- Como toda metodología, está basada en un procedimiento de planificación, desarrollo y evaluación. De hecho son de suma importancia las orientaciones metodológicas previas. Hay que prepararlo aclarando los problemas esenciales del tema. Los planes de seminario contienen el listado de literatura esencial.
- El moderador del seminario en muchos casos no es el profesor sino un invitado especial. Conducir un seminario en la educación superior requiere agilidad y claridad en el pensamiento, expresarse con facilidad, capacidad analítica, imparcialidad, paciencia, ausencia de prejuicios, incluso sentido del humor, y, sobretodo, conocimiento práctico de los conocimientos. Debe asegurar y garantizar la participación de todos en forma democrática.
- La evaluación del seminario debe contemplar los aprendizajes significativos, el desarrollo de capacidades cognitivas, argumentativas, la postura crítica y el aprendizaje activo en «lectoescritura».

Se vuelve imprescindible la utilización de una rúbrica a estos efectos, y preferiblemente hacerla operativa a través de una evaluación entre pares.

6. Conclusiones

Según se ha relatado cronológicamente, se observa un salto cualitativo en la misión universitaria, con tendencia a potenciar los valores y el civismo, refrendado por el impulso más reciente del proceso de convergencia europeo en la Conferencia de Tirana 2024. Se considera que se trata de una tendencia de largo recorrido, que, si bien se ha consolidado en estos últimos cinco años, precisa en el futuro próximo de concreciones, que van desde formaciones y acciones puramente legislativas e institucionales dentro de la autonomía universitaria, resultando igualmente necesaria la divulgación científica en la materia, lo mismo que el impulso y las acciones de los docentes, en la planificación y diseño de su docencia. El artículo, culmina con una propuesta para aterrizar la competencia cívica en la universidad de hoy y en relación con lo que se ha denominado Educación superior en gobierno abierto. Desde el plano metodológico, se ha considerado oportuno trasladar y nutrir teóricamente la operatividad de los Seminarios en la docencia jurídica, como herramienta que se adapta considerablemente bien al desarrollo de las competencias ciudadanas y de la cultura democrática, en general, por su naturaleza eminentemente deliberativa.

Bibliografía

Bolívar, A. «Educar democráticamente para una ciudadanía activa» *Revista Internacional de Educación para la justicia social* 5.1, 2016, págs.69-87.

Curone Prieto, R. C., Jiménez-Delgado, M., De-Gracia-Soriano, P., Jareño-Ruiz, D. & Jiménez-Loaisa, F. J. «Desarrollo de Competencias para una Cultura Democrática en la Educación Superior», en *Redes de Investigación e Innovación en Docencia Universitaria*. Volumen 2021, págs. 73-82.

García López, R., Sales Ciges, A., Moliner García, O., & Ferrandez-Berrueco, R. «La formación ética profesional desde la perspectiva del profesorado universitario», en *Teoría de la Educación*, 21, 2009, págs. 199-222.

Giráldez, M. C., & Sala, A. «LIFECOMP: El Marco de Referencia Europeo para la competencia personal, social y de aprender a aprender. Relevancia en el contexto de la Covid-19», en *Estudios de Deusto, 69*(1), 2021, págs. 109-140.

Jerónimo Sánchez-Beato, E., et al. «La integración de las competencias éticas en los estudios universitarios» *Revista Tecnología, Ciencia y Educación* 25, 2023, págs. 53-74.

Martí Noguera, J.J., et al. «Responsabilidad social y ética en educación superior: marcos y experiencias», en *Ética profesional en educación superior: finalidades, estrategias y desafíos de la formación*, 2014, págs. 19-37.

Martínez Martín, M. M., Buxarrais Estrada, M. R., & **Estevan Bara, F.**, «La universidad como espacio de aprendizaje ético», en *Revista Iberoamericana de educación*, 29, págs. 17-43.

Martino, S. C., y **Durán, C. N.**, «La formación ética y cívica en la Universidad. El papel de los docentes», en *Edetania. Estudios y propuestas socioeducativos*, (43), 2013, págs.161-186.

Lozano Estivalis, L., Traver Martí, J. A., & **Segarra Arnau, T.**, «Responsabilidad educativa para un compromiso ciudadano crítico», en *Education Policy Analysis Archives*, 26, 2018, págs. 97-97.

Trenta, M.& **Santana Vega L.E.** & **González Morales M.G.**, «Proyecto ECCOPS Herramientas para la competencia ciudadana, la participación y la sostenibilidad», en *Innovación sin fronteras: una mirada transversal a la educación y la investigación*, págs. 583-598.

LA INTELIGENCIA EMOCIONAL Y LA EDUCACIÓN EN VALORES COMO HERRAMIENTAS DE INNOVACIÓN DOCENTE EN EL ENTORNO DIGITAL

Patricia Marco Vila
Profesora asociada de Derecho Civil
Universitat de València

Resumen: Las tecnologías digitales en el entorno universitario son herramientas preferenciales para el acceso a la comunicación y a la información actualizada, además de posibilitar una enseñanza más interactiva y dinámica. Sin embargo, pueden generar desconexión, desatención a necesidades individuales y dependencia excesiva. Es crucial abordar la inteligencia emocional y la educación en valores para rehumanizar la educación en entornos digitales. Se propone implementar herramientas digitales con enfoque emocional para preparar a los estudiantes universitarios para los desafíos actuales, fomentando un aprendizaje edificante. Al hacerlo, podemos asegurarnos de que la educación en la era digital no solo sea más accesible y efectiva, sino también más humana y transformadora.

1. Introducción

Las Tecnologías Digitales son herramientas prioritarias que no sólo simplifican el acceso a la información y la comunicación, sino que incluyen también otros aspectos como la transformación digital, la analítica de datos o la inteligencia artificial, entre otros. En el entono universitario, son abundantes y conocidas las ventajas y oportunidades que estas tecnologías digitales ofrecen a alumnos y profesores. Para los primeros, estos beneficios pasan por la flexibilidad en el aprendizaje, el acceso a conocimiento actualizado de forma inmediata, la asistencia en la resolución de problemas, la interactividad y participación o el desarrollo de habilidades digitales, entre otras. Para los docentes, nos permiten una enseñanza más interactiva y dinámica y una mejor gestión de docencia[1].

Pero las tecnologías digitales pueden ser también fuente de desconexión entre profesores y estudiantes (tecnología de intermediario), de desatención a las necesidades individuales del alumnado, de aislamiento o desconexión social entre ellos y sobre todo de dependencia, que llega anular el pensamiento crítico y la capacidad de resolución de problemas sin la ayuda de dispositivos digitales.

El presente estudio tiene por objeto abordar la relevancia de la inteligencia emocional y la educación en valores en la formación de los estudiantes universitarios, como instrumentos de rehumanización de la educación, especialmente en entornos digitales. Además, se propondrá la implementación de herramientas digitales con enfoque emocional que posibiliten una educación edificante para preparar al alumnado para los desafíos del mundo actual.

2. Las tecnologías digitales como fuente de deshumanización educativa en el ámbito universitario

Cuando se conectan contenidos con el proceso de aprendizaje en red, se diluye la presencia física y el contacto interpersonal y a menudo se entorpecen las relaciones humanas[2]. Las conversaciones se tornan más superficiales al no enriquecerse de los elementos propios de la comunicación no verbal (paralenguaje, la kinésica y la proxémica) presentes en la comunicación cara a cara y que posibilitan experiencias profundas en la recepción de información.

La excesiva dependencia de las herramientas digitales puede, también, despersonalizar el proceso de aprendizaje, reduciendo la interacción entre estudiantes y docentes. De esta forma, la falta de contacto humano y la mediación de pantallas pueden dificultar la construcción de relaciones significativas y la creación de un ambiente de aprendizaje cálido y humano. Asimismo, pueden

1 Algunos estudios han revelado que los docentes emplean las tecnologías digitales de diversas maneras, muchas de las cuales se enfocan en tareas administrativas o logísticas relacionadas con sus cursos. Sin embargo, estos mismos hallazgos indican que no se está aprovechando plenamente el potencial de las TIC para mejorar los entornos de aprendizaje.

2 García-Umaña, A., Ulloa, M. y Córdoba, E., «La era digital y la deshumanización a efectos de las TIC», *Reidocrea*, vol. 9, 2020, págs. 11-20. En línea, fecha de consulta 7 de junio de 2024. Disponible en: https://www.ugr.es/~reidocrea/9-2.pdf.

limitar el desarrollo de habilidades sociales y emocionales esenciales para el aprendizaje, como la comunicación efectiva, la empatía, la colaboración y la resolución de conflictos, cruciales para el éxito personal y profesional.

Esta deshumanización puede alcanzar también la docente y afectar incluso el proceso de evaluación. El uso de algoritmos para evaluar el aprendizaje puede desnaturalizar el proceso de evaluación, reduciendo la individualidad de cada estudiante y limitando la comprensión de sus fortalezas, debilidades y necesidades específicas. La retroalimentación algorítmica puede ser impersonal y carecer de la comprensión humana y de la orientación personalizada que un docente puede ofrecer.

Pero, además, en el ámbito educativo, también en el universitario, la abundancia de información disponible en internet puede abrumar a los estudiantes, dificultando la selección de fuentes confiables y el análisis crítico de la información y avocando a un aprendizaje superficial y fragmentado en detrimento de una comprensión profunda y de la aplicación del conocimiento. Todo ello, unido a la percepción de «no ser capaz» por uno mismo, sin la ayuda de los dispositivos digitales que puede generar en los alumnos sentimientos de inseguridad y estrés. La constante conectividad puede llevar a la fatiga digital, el estrés y otros problemas de salud mental. Es por tanto de suma importancia, que las universidades reconozcan estos riesgos y desarrollen estrategias para mitigarlos.

En el panorama educativo actual, la innovación docente debe ir más allá de la implementación de nuevas tecnologías. Las Tecnologías Digitales y las herramientas de inteligencia artificial pueden ser aliadas valiosas para la enseñanza, pero también representan un desafío cuando se utilizan para fines no éticos, como copiar, suplantar identidades, crear contenido inapropiado o violar la privacidad de los demás.

La deshumanización de la enseñanza puede ocurrir si se asume que las IA y las herramientas digitales son suficientes por sí solas para educar o que per se sirven para mejorar los ambientes de aprendizaje. Pueden ser herramientas poderosas para mejorar el proceso educativo si se utilizan de manera responsable, creativa y estratégica. La clave está en encontrar un equilibrio entre el uso de estas herramientas y la interacción humana, la experiencia directa y el desarrollo de habilidades socioemocionales. Para contrarrestar esta despersonalización, es esencial educar en valores y en inteligencia emocional y promover la comunicación cara a cara.

3. La inteligencia emocional: una ventaja significativa para el estudiante universitario

Cuando hablamos de enseñanza universitaria, estamos referenciando un período crucial en la vida de cualquier estudiante, un momento de aprendizaje académico, crecimiento personal y desarrollo profesional. A menudo nos enfrentamos a un sistema educativo que carece de sensibilidad emocional, centrado en satisfacer las demandas del sistema en lugar de priorizar las necesidades humanas. La medida del éxito se limita a la empleabilidad, tal como promocionan numerosas universidades en sus publicidades.

Arrastramos un modelo en el que hay que tener algo (un título) para hacer algo (ejercer una profesión jurídica) para ser alguien (un buen jurista). Una fórmula que puede que haya funcionado años atrás, pero que no sirve en un mundo cada vez más cambiante, más volátil. Lo que aprendamos hoy estará desactualizado mañana[3]. Por tanto, lo importante es la capacidad para aprender nuevos conocimientos, la capacidad de adaptarse y de aprender rápidamente. Enseñar a «ser», para hacer algo diferente, para tener algo. La universidad, ya lo sabemos, tiene que dar habilidades, no puede dar sólo información.

A decir verdad, la globalización ha transformado las estrategias y formas educativas y ello obliga a repensar la forma en que se prepara al alumnado, para que sean capaces de afrontar los desafíos, pero también aprovechar todas las bondades que trae consigo la globalización y la era digital[4]. Esta nueva forma de educar debe incluir necesariamente la educación en valores y en inteligencia emocional (IE). La educación debe aspirar al pleno desarrollo de la personalidad integral del individuo incluyendo el desarrollo cognitivo y el desarrollo emocional.

La inteligencia emocional (IE) se ha identificado como una ventaja significativa para los estudiantes universitarios. Daniel Goleman argumenta que la IE, que incluye habilidades como la autoconciencia, la autorregulación, la motivación, la empatía y las habilidades sociales, puede ser más determinante para el éxito académico y profesional que el coeficiente intelectual (IQ)[5]. Estas habilidades permiten a los estudiantes no solo manejar sus pro-

3 Según BAUMAN, Z., *Los retos de la educación en la modernidad líquida*, Gedisa, Barcelona, 2007, págs. 26 y ss., el conocimiento actual se caracteriza por su fugacidad y obsolescencia instantánea. Sometido a las leyes del mercado, se convierte en una mercancía cuyo valor se degrada rápidamente para dar paso a nuevas versiones «mejoradas», como las 2.0, 3.0, etc. La frase de antaño, «nadie podrá quitarte lo que has aprendido», se convierte en una amenaza en nuestros días. El conocimiento ya no se percibe como algo perdurable, sino como una tendencia pasajera. La idea de «aprender para siempre» se ve cuestionada, ya que el conocimiento adquirido puede perder valor rápidamente. El valor del conocimiento se ve afectado por las dinámicas del mercado, donde la novedad y la actualización constante son claves.

4 DURÁN CHINCHILLA, C. M., GARCÍA QUINTERO, C. L., y ROSADO GÓMEZ, A. A., «El rol docente y estudiante en la era digital», *Redipe*, vol. 10, núm. 2, 2021, págs 287-294. En línea, fecha de consulta 7 de junio de 2024. Disponible en: https://revista.redipe.org/index.php/1/article/view/1213.

5 Según GOLEMAN, D., *Inteligencia Emocional*, Kairós, 1995, págs. 43-44, la inteligencia emocional se organiza en cinco competencias principales:
1) Conocer las propias emociones: Implica ser consciente de nuestras propias emociones en el momento presente, lo que nos ayuda a evitar ser dominados por emociones descontroladas. Este conocimiento constituye «la piedra angular de la inteligencia emocional».

pias emociones, sino también comprender y responder adecuadamente a las emociones de los demás, creando un entorno educativo más positivo y productivo.

Como hemos visto, en el entorno universitario, la inteligencia emocional es particularmente beneficiosa debido a los múltiples desafíos académicos y personales que los estudiantes enfrentan. En primer lugar, Mayer y Salovey, enfatizan que la IE permite a los estudiantes manejar mejor el estrés y la presión académica, facilitando una mayor resiliencia y adaptabilidad[6]. Ello, sin duda, redunda en el bienestar general de los estudiantes reduciendo la incidencia de problemas de salud mental como la ansiedad y la depresión. Por ejemplo, un estudiante con alta IE se puede recuperar más rápidamente de un fracaso académico y utilizar la experiencia para mejorar su rendimiento futuro.

En la misma línea, la capacidad de gestionar las propias emociones y comprender las de los demás puede mejorar significativamente el rendimiento académico. Los estudiantes emocionalmente inteligentes pueden mantener la motivación incluso frente a dificultades académicas y personales. Esto se traduce en una mayor persistencia y un mejor desempeño académico. La autorregulación, una de las habilidades clave de la IE, permite a los estudiantes gestionar su tiempo de manera efectiva, establecer metas claras y mantenerse enfocados en sus estudios.

En segundo lugar, la inteligencia emocional también juega un papel crucial en la creación de un entorno de aprendizaje más colaborativo y menos competitivo. Los estudiantes con altas habilidades emocionales son más propensos a trabajar bien en equipo, resolver conflictos de manera constructiva y mostrar liderazgo empático. Este tipo de entorno no solo beneficia el aprendizaje académico, sino que también enriquece la experiencia educativa de toda la comunidad universitaria.

En tercer lugar, la IE prepara a los estudiantes para el éxito profesional. En el mundo laboral, las habilidades emocionales y sociales son altamente valoradas. Los empleadores buscan candidatos que puedan trabajar bien en

---

2) Manejar las emociones: La capacidad de controlar las emociones para expresar nuestros sentimientos de manera adecuada, lo que es esencial para relaciones interpersonales saludables.
3) Motivarse uno mismo: Una emoción tiende a impulsar hacia una acción. Por eso, emoción y motivación están íntimamente interrelacionados. Dirigir nuestras emociones hacia metas y objetivos, lo que nos impulsa a ser más productivos y creativos.
4) Reconocer las emociones de los demás: Capacidad de comprender las emociones de los demás, lo que nos permite conectar con ellos y ser más altruistas.
5) Establecer relaciones: Habilidad para establecer relaciones positivas con los demás, lo que es fundamental para el liderazgo y la eficacia interpersonal.

6 MAYER, J. D. & SALOVEY, P., «¿Qué es la inteligencia emocional?», en SALOVEY, P. & SLUYTER, D. (eds), *Desarrollo emocional e inteligencia emocional: Implicaciones para educadores,* Nueva York, págs. 3 a 31.

equipo, comunicarse efectivamente, ser empáticos y manejar el estrés. Los estudiantes con alta IE tienen una ventaja competitiva en el mercado laboral porque poseen estas habilidades.

Además, la IE contribuye a la formación de líderes efectivos. Los líderes emocionalmente inteligentes pueden inspirar y motivar a otros, gestionar conflictos y tomar decisiones informadas. En el entorno universitario, estos estudiantes a menudo asumen roles de liderazgo en grupos de estudio, organizaciones estudiantiles y proyectos colaborativos. Su capacidad para empatizar con los demás y comunicarse claramente les permite guiar a sus compañeros hacia el éxito colectivo.

Finalmente, la IE fomenta una cultura de respeto y comprensión en la universidad. Los estudiantes con alta IE son más capaces de establecer y mantener relaciones saludables, lo que contribuye a un entorno universitario más inclusivo y de apoyo. Cuando los estudiantes aprenden a reconocer y valorar las emociones de los demás, se crea un ambiente más armonioso y cooperativo. Esto es especialmente importante en un entorno tan diverso como la universidad, donde estudiantes de diferentes orígenes y culturas deben trabajar juntos. La empatía y las habilidades sociales desarrolladas a través de la IE promueven la inclusión y el respeto por la diversidad.

4. Educar con Emoción: la Clave para una Enseñanza Efectiva

La educación con emoción implica integrar la inteligencia emocional en el proceso de enseñanza-aprendizaje, también en entonos digitales. Según Hepp, Fernández y García, la incorporación de valores éticos y morales en la educación digital es crucial para formar ciudadanos responsables y críticos[7]. Educar con emoción no solo mejora el rendimiento académico, sino que también fomenta un ambiente de aprendizaje positivo y motivador. Se trata de crear un entorno donde los estudiantes se sientan emocionalmente seguros y apoyados, lo que es esencial para su desarrollo integral.

Se requiere comprender y abordar las necesidades emocionales de los estudiantes, reconociendo que la educación no solo trata de transmitir conocimientos, sino también de cultivar el crecimiento personal y emocional. En este sentido, trabajar la inteligencia emocional se convierte en un aspecto fundamental para lograr una educación más efectiva. La pasión y la ilusión son esenciales para crear conexiones significativas y duraderas con el conocimiento. Educar con emoción es educar mejor.

7 Hepp, P., Fernández, M., y García, M., «Educación en valores en el entorno digital», *Revista Iberoamericana de Educación,* vol. 67, núm. 1, 2015, págs. 83-102.

Esto puede incluir prácticas como la escucha activa, la empatía y el reconocimiento de los logros y esfuerzos de los estudiantes.

La escucha activa es una habilidad fundamental en la educación con emoción. Implica prestar atención plena a lo que el estudiante está diciendo, respondiendo de manera adecuada. Esto no solo ayuda a los estudiantes a sentirse escuchados y valorados, sino que también les enseña la importancia de la empatía y la comunicación efectiva. Para ello, resulta imprescindible fomentar la participación real de los estudiantes tanto en el aula como en el entorno digital.

En concreto y en relación con la escucha activa, no podemos perder de vista que la innovación digital puede venir más del alumno que del docente. Herramientas como Wuolah o Chat GPT, han sido adoptadas primeramente por los alumnos, lo que demuestra la capacidad de los estudiantes para buscar soluciones innovadoras a sus necesidades educativas y la importancia de escucharlos, dialogar con ellos y tomarlos en serio.

En cuanto a la empatía permite a los educadores entender y responder a las necesidades emocionales de los estudiantes, creando un ambiente de aula más inclusivo y comprensivo donde las emociones se validen y se comprendan y de conocer sus necesidades individuales.

Finalmente, el reconocimiento de los logros y esfuerzos de los estudiantes es otra práctica clave en la educación con emoción. Reconocer el esfuerzo y la perseverancia de los estudiantes puede aumentar su motivación y autoestima. Esto no solo mejora el rendimiento académico, sino que también fomenta un sentido de logro y competencia, que son esenciales para el bienestar emocional.

Por otra parte, un ambiente de aula positivo debe fomentar igualmente el sentido de pertenencia al grupo, titulación e incluso universidad y ello frente al individualismo muchas veces promovido por el entorno digital, y por los cambios constantes de grupo.

En un mundo cada vez más complejo y digitalizado, las habilidades emocionales y sociales son más importantes que nunca. Al integrar la inteligencia emocional en la educación, los educadores pueden ayudar a los estudiantes a desarrollar la resiliencia, la adaptabilidad y la empatía necesarias para navegar por un mundo en constante cambio. Esto no solo los prepara para el éxito académico y profesional, sino que también les ayuda a convertirse en ciudadanos responsables y empáticos, capaces de contribuir positivamente a la sociedad.

5. Partir desde el Interior: trabajar la Inteligencia Emocional de los Docentes

Los docentes juegan un papel crucial en la implementación de la IE y la educación en la Educación Superior. En este sentido, los docentes no solo deben estar al día con las últimas tecnologías, sino que también deben ser capaces de integrar principios éticos y emocionales en su uso pedagógico.

Para enseñar IE, los docentes primero deben desarrollar y practicar estas habilidades ellos mismos. Esto implica un compromiso constante con el crecimiento personal y profesional. La formación continua y el desarrollo profesional son esenciales para que los docentes puedan guiar a sus estudiantes en el uso ético de la tecnología. Los programas de desarrollo profesional deben incluir módulos sobre IE, ética digital y prácticas de enseñanza que promuevan un entorno de aprendizaje positivo. Antes de poder guiar a los estudiantes en el desarrollo de su inteligencia emocional, los docentes deben estar dispuestos a explorar y comprender su propio mundo emocional. **Partir desde el Interior, trabajando la inteligencia emocional de los docentes** implica conectarse con su «alumno interior», reflexionar sobre sus propias experiencias y emociones en el proceso de aprendizaje, y estar abiertos a crecer emocionalmente.

Los docentes deben servir como ejemplos de cómo gestionar emociones y actuar con integridad en el entorno digital, modelando comportamientos éticos y emocionales en sus interacciones diarias. La influencia de un docente va más allá de la transmisión de conocimientos; su comportamiento, actitud y manera de gestionar sus propias emociones son observados y replicados por los estudiantes. Por lo tanto, es fundamental que los docentes demuestren un alto nivel de IE en su vida cotidiana.

Además, los docentes deben ser conscientes de sus propias emociones y cómo estas pueden afectar su enseñanza. La autorreflexión y el autocuidado son componentes cruciales del desarrollo de la inteligencia emocional. Los docentes deben tomarse el tiempo para reflexionar sobre sus propias emociones, identificar sus desencadenantes y desarrollar estrategias para manejarlas de manera efectiva. Esto no solo mejora su bienestar personal, sino que también les permite ser más efectivos en su papel como educadores.

El autocuidado es esencial para mantener el equilibrio emocional y prevenir el agotamiento profesional. Los docentes están constantemente bajo presión para cumplir con diversas demandas académicas y administrativas, lo que puede llevar al estrés y al desgaste. Practicar el autocuidado, que incluye actividades como la meditación, el ejercicio físico, la nutrición adecuada y el descanso suficiente, ayuda a los docentes a mantener su salud mental y emocional.

Al invertir en su propio desarrollo emocional, los docentes estarán mejor equipados para apoyar a sus estudiantes y fomentar un ambiente de aprendizaje positivo y enriquecedor. Un docente emocionalmente inteligente puede identificar y abordar las necesidades emocionales de sus estudiantes, proporcionando apoyo y orientación cuando sea necesario.

La formación continua de los docentes también debe incluir estrategias para integrar la IA en el currículo.

Asimismo, los docentes deben estar preparados para utilizar la tecnología de manera ética y responsable. Esto implica no solo enseñar a los estudiantes sobre los riesgos y beneficios del uso de la tecnología, sino también modelar un comportamiento digital responsable. Los docentes deben ser conscientes de la privacidad y la seguridad en línea, y enseñar a los estudiantes a proteger su información personal y a comportarse de manera respetuosa en el entorno digital.

La tecnología es un importante complemento para transmitir los conocimientos teóricos, pero difícilmente podrá actuar por sí solo desde el terreno de las emociones, trabajando la empatía, el pensamiento crítico, el autocontrol, la resiliencia, gestión de los retos y de los fracasos, la adaptación, los cambios, comportamiento ético...este rol debe asumirlo el docente y elegir aquellas herramientas tecnológicas que mejor sirvan a esta finalidad.

6. Herramientas para la Innovación Docente con Enfoque Emocional

Para apoyar a los docentes en la integración de la IA en su práctica docente, existen diversas herramientas digitales y recursos formativos que pueden facilitar este proceso. RIBBLE, BAILEY y ROSS subrayan la importancia de abordar comportamientos tecnológicos apropiados y la responsabilidad digital como componentes cruciales de la educación moderna[8]:

- Programas de Aprendizaje Socioemocional (SEL), son diseñados específicamente para enseñar a los estudiantes habilidades emocionales y sociales. Los programas SEL pueden ser integrados en el currículo de manera estructurada, ofreciendo lecciones regulares y actividades que abordan aspectos específicos de la inteligencia emocional.
- Aplicaciones de Reflexión Emocional: Son herramientas digitales que promueven la autorreflexión y el reconocimiento emocional. Estas aplicaciones pueden ser integradas en el currículo digital para ayudar a los estudiantes a desarrollar una mayor autoconciencia. Algunas de estas aplicaciones incluyen ejercicios de mindfulness, también llamada atención o conciencia plenas consiste en atender de forma intencional a lo que hacemos, sin juzgar apegarse o rechazar la experiencia.
- Entornos Virtuales de Aprendizaje: ofrecen una plataforma interactiva donde los estudiantes pueden practicar la gestión emocional y la

8 RIBBLE, M., BAILEY, G. & ROSS, T., «Digital Citizenship: Addressing Appropriate Technology Behavior», *Learning & Leading with Technology*, vol. 32, núm. 1, 2004, págs. 6-9. En línea, fecha de consulta 7 de junio de 2024. Disponible en: https://files.eric.ed.gov/fulltext/EJ695788.pdf.

empatía. Estos entornos pueden incluir simulaciones y juegos educativos diseñados para enseñar habilidades emocionales[9].

- Plataformas de Retroalimentación[10]: pueden proporcionar comentarios en tiempo real, permitiendo a los estudiantes ajustar su comportamiento y mejorar continuamente. La retroalimentación debe ser constructiva y centrada en el desarrollo de habilidades emocionales y éticas. Los docentes pueden utilizar esta información para proporcionar una retroalimentación personalizada. Pueden facilitar la comunicación entre estudiantes y docentes, permitiendo a los estudiantes expresar sus preocupaciones y recibir apoyo emocional de manera oportuna.
- Herramientas de sistemas interactivos de respuesta: como Wooclap (menos competitivo, no hay puntos ni ranking), Kahoot (más competitivo, pues es un concurso y por tanto más lúdico en el que se genera más interacción estudiante-estudiante y estudiante-profesor) y Canva (para fomentar la creatividad) pueden ser útiles para promover la participación de los estudiantes y crear un ambiente de aprendizaje emocionalmente enriquecedor.
- Mentoría digital: Supone ayuda o guía en la adquisición de conocimientos, habilidades o competencias por el mentor al mentorizado, ayudando a desarrollar al máximo el potencial de cada uno. Constituye una importante herramienta para trabajar la inteligencia emocional mutua y además puede llevase a cabo en el entorno digital.

Finalmente me parece también muy importante trabajar en el aula la corporalidad. Somos seres racionales y somos seres emocionales que razonan y lo hacemos a través del lenguaje corporal (gesto, postura, mirada), lenguaje verbal (palabras) y la voz (volumen, tono, entonación…) por tanto todos recursos metodológicos, como debates, exposiciones orales o clases inversas que, aunque no sean herramientas digitales, trabajen la corporalidad, serán también herramientas eficaces para trabajar la inteligencia emocional en el aula, así como fomentar y mejorar los exámenes orales[11].

9 Por ejemplo, una simulación puede colocar a los estudiantes en situaciones emocionales desafiantes, permitiéndoles practicar cómo responder de manera constructiva.

10 Entre ellas podríamos citar Kaicena, Audacity, Flipgrid, Screencastify, Vocaroo o Talk and Comment. En «Seis herramientas digitales para las retroalimentaciones a estudiantes», disponible en: https://www.cypherlearning.com/es/blog/k-20/6-herramientas-digitales-para-las-retroalimentaciones-a-estudiantes.

11 Lo que se denomina autoeficacia social académica, o las creencias que las personas poseen acerca de sus capacidades para atender a las demandas interpersonales del ambiente educativo facilitan los procesos de aprendizaje y desempeño académico. El rendimiento en exámenes orales está directamente vinculado a la autoeficacia social académica. De ahí la importancia de trabajar de forma integral y en grupo las emociones como la vergüenza o la culpa Las universidades ya trabajan en la salud mental y deben fomentar la

7. Reflexiones finales

La integración de la inteligencia emocional y la educación en valores en el entorno digital es esencial para preparar a los estudiantes para los desafíos del siglo XXI. En un mundo donde la tecnología avanza rápidamente, los estudiantes no solo necesitan habilidades técnicas, sino también competencias emocionales y éticas para navegar de manera efectiva y responsable. Aunque existen numerosos desafíos, las estrategias y prácticas descritas en este artículo ofrecen un camino claro hacia el éxito. Al centrarse en el desarrollo integral de los estudiantes, los educadores pueden ayudar a formar ciudadanos responsables, empáticos y éticos en una sociedad cada vez más digitalizada.

Al combinar habilidades emocionales con tecnologías digitales y promover una educación emocionalmente inteligente, podemos formar una generación de estudiantes capaces de enfrentar los desafíos del mundo actual con empatía, creatividad y resiliencia.

Bibliografía

Bauman, Z., *Los retos de la educación en la modernidad líquida*. Gedisa, Barcelona, 2007.

Díaz-Barriga, F., «Educación y nuevas tecnologías de la información: ¿Hacia un paradigma educativo innovador?», *Sinectica. Revista electrónica de Educación*, núm 30, 2008.

Durán Chinchilla, C. M., García Quintero, C. L. y **Rosado Gómez, A. A.**, «El rol docente y estudiante en la era digital», *Redipe*, vol. 10, núm. 2, 2021.

García-Umaña, A, Ulloa, M y **Córdoba, E.**, «La era digital y la deshumanización a efectos de las TIC», *Reidocrea*, núm. 9, 2020.

Goleman, D., *Emotional Intelligence. Why it can matter more than IQ*, Bantam Books, New York, 1995. (Versión castellana: Inteligencia emocional, Kairós, Barcelona, 1996).

adquisición de recursos personales para hacer frente a la ansiedad que genera el examen oral mediante técnicas cognitivo-conductuales, de relajación o mindfulness, terapias de aceptación y compromiso, entre otras. Sistero Ródenas, S., «Apuntes sobre la funcionalidad del examen oral en el grado en derecho», en Andrés Segovia, B., Pedrosa López, C., Chaparro Matamoros, P. y Gómez Asensio, C. (dirs.), *Innovación docente en Derecho: herramientas digitales, nuevos desarrollos y perspectiva global*, Colex, A Coruña, 2023, pág. 77.

Jaramillo, P., Castañeda, P. & **Pimienta, M.**, «Qué hacer con la tecnología en el aula: inventario de usos de las TIC para aprender y enseñar», *Educación y Educadores*, vol. 12, núm. 2, 2009.

Mayer, J. D. y **Salovey, P.**, «What is Emotional Intelligence?», en Salovey, P. & Sluyter, D. (eds.), *Emotional Development and Emotional Intelligence: Educational Implications*, Basic Books, New York, 1997.

Ribble, M., Bailey, G. & **Ross, T.**, «Digital Citizenship: Addressing Appropriate Technology Behavior», *Learning & Leading with Technology*, vol. 32, núm 1, 2004.

Sistero Ródenas, S., «Apuntes sobre la funcionalidad del examen oral en el grado en derecho», en Andrés Segovia, B., Pedrosa López, C., Chaparro Matamoros, P. y Gómez Asensio, C. (dirs.), *Innovación docente en Derecho: herramientas digitales, nuevos desarrollos y perspectiva global*, Colex, A Coruña, 2023.

Valverde Macías, A., Ruiz de Miguel, C., García Jiménez, E. y **Romero Rodríguez, S.**, «Innovación en la orientación universitaria: la mentoría como respuesta», *Contextos Educativos. Revista de Educación*, núm. 6-7, 2004.

EL *FEEDBACK* DEL ALUMNADO COMO HERRAMIENTA DOCENTE EN EL ÁMBITO DEL DERECHO[1]

Jesús Palomares Bravo
Profesor Ayudante Doctor de Derecho Civil
Universidad Complutense de Madrid

RESUMEN: Cierto es que el alumnado durante su proceso de aprendizaje se ve inmerso en la realización de diferentes actividades, las cuales coadyuvan a lograr los objetivos que los docentes fijan de antemano en las asignaturas. Por esta razón resulta fundamental proporcionar una retroalimentación o *feedback* adecuado al alumno para saber cómo es su progreso en la consecución de esos objetivos de cara a señalar que aspectos debe o no mejorar. En este trabajo ofrecemos unas breves reflexiones sobre la importancia del *feedback* en el aula jurídica, con especial atención a posibles estrategias para que sea proporcionado en una forma eficaz.

---

1 El presente trabajo se enmarca en el Proyecto de Innovación Educativa Consolidado «La ludoteca jurídica», concedido por la Universitat de València (ref. UV-SFPIE_PIEC-2734629), del cual es coordinador el prof. Pedro Chaparro Matamoros, y en el Proyecto de Innovación Educativa «Nuevas estrategias para proporcionar feedback efectivo a nuestros estudiantes como herramienta clave en un proceso de evaluación continua, orientado al aprendizaje del Derecho», concedido por la Universidad de Málaga (ref. PIE 22-041) del cual es coordinadora la prof. Laura Zumaquero Gil

1. Introducción. El sentido de proporcionar *feedback*

Con el objetivo de afianzar el aprendizaje, una de las prácticas más efectivas que usamos los docentes son las pruebas de evaluación en sus diversas manifestaciones (práctica y/o teórica). Estas se enmarcan dentro de sistemas de evaluación continua previstos en las guías docentes universitarias que tratan de orientar al alumno a lo largo del curso para alcanzar determinadas destrezas.

A estas pruebas de evaluación les atribuimos dos funciones. En primer lugar, una función sumativa, en el sentido de certificar y verificar el grado de consecución de los objetivos de aprendizaje. En segundo lugar, una función formativa, es decir, obtener información del alumno que nos diga en qué situación se encuentra respecto a su proceso de aprendizaje y así poder tomar decisiones *a posteriori* para ayudarlo a mejorar. Normalmente la primera función es la más extendida, pero se ha de decir que apenas contribuye al aprendizaje[2]. Sin embargo, la segunda a nuestro juicio goza de un papel importante porque permite la opción de ofrecer *feedback* a los alumnos.

Si nos situamos, como sucede en el ámbito del derecho, ante aprendizajes procedimentales, entendidos como adquisición y/o mejora de nuestras habilidades, a través de la ejercitación reflexiva en diversas técnicas, destrezas y/o estrategias para hacer cosas concretas, el *feedback* adquiere todo su sentido.

En los procesos de enseñanza y aprendizaje que se basan en actividades de evaluación planificadas de manera continua y formativa, el *feedback* o retroalimentación pedagógica se convierte en una herramienta educativa crucial. Este *feedback* permite a los estudiantes entender cómo están progresando en relación con los objetivos que deben alcanzar y las competencias que deben desarrollar. De este modo, el *feedback* es un componente esencial de la acción educativa, ya que fomenta que los estudiantes reflexionen sobre lo que han hecho bien, lo que no, qué pueden hacer para mejorar y cómo pueden implementar estas mejoras[3].

2. Definición e importancia del *feedback*

El *feedback* es definido como practica educativa básica y natural que se fundamenta en la proporción al estudiante de datos sobre su desempeño y

2 Roediger, H. L. y Karpicke, J. D., «Test-enhanced learning: Taking memory tests improves long-term retention», *Psychological Science*, vol. 17, núm. 3, 2006, págs. 249 y ss.

3 Guasch, T. y Espasa, A., «Menos es más: menos correcciones y más *feedback* para aprender» en Sangrà, A. (coord.), *Decálogo para la mejora de la docencia online. Propuestas para educar en contextos presenciales discontinuos*, Editorial UOC, Barcelona, 2020, págs. 151-167.

apuntes sobre cómo mejorarlo. Podemos destacar que se trata de una práctica natural e inherente al proceso de aprendizaje que se ofrece a cada instante en el aula. En particular, durante la corrección de tareas, la calificación de pruebas de evaluación, en los momentos en los que conversamos con el alumno al finalizar la realización de una práctica, e incluso si cambiamos nuestra actitud o realizamos algún gesto expresivo ante una contestación en clase[4].

Uno de los rasgos más característicos es que se trata de una actividad que tiende a la inercia, pues se realiza constantemente y de manera inconsciente, lo que a su vez se revela como inherente al propio docente. Su origen tiene lugar ante la ineludible necesidad de fijar y evaluar cuales son los grados de consecución de los objetivos establecidos en la asignatura por parte de los alumnos. Esa valoración permite al profesorado determinar que se puede realizar para aproximarse a esos objetivos, o bien, entender que han sido logrados para formular otros.

En la formación jurídica, su importancia es especialmente relevante por varias razones.

En primer lugar, es significativo porque fomenta la reflexión crítica. El *feedback* ayuda a los estudiantes a reflexionar sobre sus propias habilidades y conocimientos, promoviendo una autoevaluación continua. Esta reflexión es crucial para desarrollar el pensamiento crítico necesario en el derecho.

Por otro lado, mejora del rendimiento académico. Ciertamente, a través de comentarios específicos, los estudiantes pueden identificar sus áreas de mejora y trabajar en ellas, lo que se traduce en un adecuado rendimiento académico.

En tercer lugar, promueve el aprendizaje continuo. El *feedback* regular mantiene a los estudiantes en un ciclo constante de aprendizaje y mejora, fundamental en una carrera que evoluciona tan rápidamente como el derecho.

Finalmente, el *feedback* brinda una futura preparación profesional. Los próximos operadores jurídicos deben estar preparados para recibir y actuar sobre el *feedback* de colegas y clientes. Esta habilidad se cultiva mejorando la capacidad de recibir y aplicar críticas constructivas durante su formación.

Asimismo, cabe destacar la importancia que tiene en el proceso evaluador si se realiza de forma constante. Si a este se agrega una acertada selección de contenidos teóricos que tengan un valor estratégico para la consecución de los objetivos de la asignatura, configuran elementos clave para un ulterior bienestar del alumnado[5].

---

4 Torres Ríos, L., Ruiz Torres, V. y López Tapia, F.J., «La presencia social a través del *feedback* en entornos online de aprendizaje de idiomas», *Foro de profesores de E/LE*, núm. 17, 2021, pág. 218; Ruiz Martín, H., ¿Cómo aprendemos? Una aproximación científica al aprendizaje y la enseñanza, Graó, Barcelona, 2020, págs. 288 y ss.

5 Gibbs, G. y Simpson, C., «Condiciones para una evaluación continuada que favorezca el aprendizaje», *Cuadernos de estrategia universitaria*, Octaedro, Barcelona, 2009, pág. 29.

Pero cabe advertir que el *feedback* no ha de ser en ningún caso unidireccional sino un proceso de diálogo y reflexión que se estructura en cuatro fases[6]. La primera fase de carácter generativo, en la que se provee el *feedback* que puede ser generado por el profesorado, pero también puede ser un alumno o alumna, o inclusive ser de antemano diseñado por el docente y proporcionado automáticamente. En segundo lugar, una fase receptiva y de comprensión del *feedback*. En base a esta serán implementadas las mejoras en el proceso de enseñanza o evaluación, lo que nos sitúa en la tercera fase la de introducción de cambios para mejorar estudiante y docente en relación a los contenidos de la asignatura. Finalmente, la última etapa consiste en planificar momentos para que el alumnado pueda plasmar la mejora con actividades que recojan los aspectos que el *feedback* haya revelado, pues de otra forma de nada sirve aquel sino podemos verificar su eficacia.

3. Tipologías

A la hora de abordar las distintas categorías de *feedback*, son numerosas las clasificaciones que por parte de la doctrina se han ofrecido. Estas dependerán de según en el aspecto en que se centre, es decir, las variables. Así puede destacarse según el grado alcanzado en la tarea distinguiéndose entre un *feedback* positivo o negativo; según donde se localice la acción del *feedback*; según el momento y frecuencia en que es ofrecido (inmediato o escaso) etc.

Nosotros hemos seguido una clasificación en función al *feedback* proporcionado en la formación jurídica atendiendo a diversos parámetros, en particular, en función del objetivo del *feedback* y el número de estudiantes al que va dirigido.

Dicho lo anterior, localizamos diferentes tipologías[7] que pueden ser usadas en la formación jurídica con particulares beneficios, así distinguimos:

1. *Feedback* Formativo: es aquel orientado a mejorar el proceso de aprendizaje en curso. Este tipo de *feedback* es detallado y específico, proporcionando consejos prácticos sobre cómo mejorar. Por ejemplo, en una práctica sobre una determinada institución jurídica, el profesor

6 Cabrera, N., *El feedback en la UOC,* Universitat Oberta de Catalunya, 2022, pág. 4.

7 Asimismo, existe quien categoriza los niveles diferentes de feedback en función del área al que el *feedback* vaya dirigido, así Hattie, J. y Timperley, H., «The Power of Feedback», *Review of educational research*, vol. 77, 2007, págs. 90-91, sostienen que Existe una distinción entre el feedback sobre la tarea (FT), sobre el de la tarea (PF), sobre la autorregulación (FR) y sobre el yo como persona (FS). Sostienen que el FS es el menos eficaz, el FR y el FP son potentes en términos de procesamiento profundo y dominio de la tarea. en términos de procesamiento profundo y dominio de las tareas, y el FT es potente cuando la de la tarea es útil para mejorar el procesamiento de estrategias o la autorregulación (lo que rara vez ocurre).

puede señalar la falta de un análisis profundo de ciertos precedentes legales y sugerir maneras de abordarlos. Igualmente cabe indicar que un *feedback* formativo debe incluir en las orientaciones un proceso comunicativo basado en la reflexión, la pregunta y la sugerencia[8].

2. *Feedback* Sumativo: se ofrece al final de un periodo de evaluación, como un cuatrimestre o curso. Este *feedback* tiende a ser más general y evalúa el rendimiento global del estudiante. Por ejemplo, una nota final acompañada de comentarios sobre el desempeño general en el curso. Este *feedback* es solo un conocimiento de los resultados. Así, si a un alumno se le informa que el resultado en una determinada prueba de conocimiento o práctica es de X puntos nos encontramos en esta categoría. No obstante, si informásemos sobre el porqué obtuvo este resultado nos situaríamos en la categoría precedente del *feedback* formativo[9].
3. *Feedback* Individual: se dice de aquel adaptado a las necesidades y circunstancias particulares de cada estudiante. Esto puede incluir tutorías personalizadas donde se discuten los puntos fuertes y áreas de mejora del estudiante. Además, podemos apuntar que no solo se da en una relación vertical descendente profesor-alumno, puede producirse a la inversa si aquel constructivamente indica al docente aquellos aspectos que pueden ser mejorados durante la impartición de la asignatura, la elaboración de prácticas o planificación de actividades entre otros extremos[10].
4. *Feedback* Colectivo: este se proporciona a un grupo de estudiantes. Esto puede ser útil cuando se observan problemas comunes dentro del grupo, permitiendo abordar estos problemas de manera efectiva. Una de sus ventajas a destacar es la rapidez en ser ofrecido[11]. Esto reviste una importancia significativa en el ámbito del Derecho, con

---

8 Sobre el *feedback* formativo son de interés las reflexiones de Acree Walsh, J., *Feedback formativo. Diálogo para mejorar el aprendizaje*, SM, Madrid, 2023, págs. 33 y ss.

9 Gómez Escoda, A., *El feedback sumativo y el feedback formativo en las clases de español en cuatro escuelas de Småland. Percepciones y preferencias de los alumnos*, Linnéuniversitetet, Småland, 2016, pág. 12.

10 Es importante apuntar a propósito de esta categoría que el *feedback* como afirman Black, P. y William, D., *Inside the Black Box. Raising standards through classroom assessment*, King's College London School of Education, Londres, 2001, pág. 6, que el *feedback* no debe ir orientado al alumno como persona, sino a las cualidades de su trabajo con lo que es importante procurar no hacer comparaciones entre ellos por los efectos perniciosos que conlleva. En igual sentido, Lundahl, C., *Bedömning för lärande*, Norstedts, Estcolomo, 2011, pág. 55, también advierte de esta casuística fijando en un 40 % los casos en su estudio con efectos negativos cuando el *feedback* va dirigido hacia la persona o su motivación.

11 Cano, E., Pons-Seguí, L. y Lluch, L., *Feedback en educación superior*, Universidad de Barcelona, Barcelona, 2021, pág. 14.

grupos numerosos, donde un *feedback* individualizado en ocasiones puede resultar tedioso o poco viable. De este modo, podemos hacerles llegar comentarios genéricos sobre los errores frecuentes, los mejores trabajos o bien, las principales formas de resolución de una determinada tarea. Igualmente, puede ser anticipado a los estudiantes antes de la realización de una práctica, indicando que errores son los más comunes que suele tener el alumnado en otras promociones, así como las dificultades detectadas en los años precedentes.

4. Facilitando el *feedback*: estrategias para una implementación efectiva

Las estrategias que vamos a explicar no son excluyentes, sino que se pueden usar juntas. En nuestras clases de derecho, combinamos todas.

4.1. Retroalimentación general para toda la clase

El profesor, al revisar las actividades y los resultados del grupo, crea un *feedback* general para todos. En este *feedback*, se destacan los puntos fuertes y débiles (lo que la mayoría hizo bien y lo que hay que mejorar) e identifica aspectos clave para mejorar. Si la actividad está relacionada con una futura, se remarcan estos vínculos para que los estudiantes puedan ver claramente cómo perfeccionar su conocimiento para la próxima. Esta retroalimentación se ofrece por escrito o en el foro de la clase.

Para facilitar la comprensión, se recomienda relacionar los objetivos de aprendizaje con la valoración de los aspectos positivos y negativos, para que los estudiantes entiendan la evaluación individual. Esto también ayuda al profesor a detectar áreas de mejora en la asignatura y permite a los estudiantes compararse con sus compañeros.

Usualmente solemos emplear esta estrategia al inicio y final de una práctica a realizar en clase. Así, al comienzo de su realización incidimos en qué errores son los más comunes tras haberlos detectado en cursos precedentes, con la finalidad que los estudiantes no incurran en los mismos. Posteriormente tras su realización y corrección en el aula se ofrece una retroalimentación positiva sobre que argumentaciones nos han parecido las más originales e igualmente que fallos han sido los más comunes en el grupo.

4.2. Autoevaluación con una solución modelo

La solución de la actividad se publica en el aula una vez que ha terminado el plazo de entrega. Se pide a los estudiantes que comparen la solución publicada con su propio trabajo. Esta solución debe incluir explicaciones sobre cómo resolver la actividad, no solo la respuesta correcta. El profesor debe asegurarse de que los estudiantes han realizado esta autoevaluación. Esta técnica es útil para clases grandes y actividades con respuestas únicas o patrones comunes. En suma, ayuda a los estudiantes a entender su proceso de aprendizaje.

A la hora de su aplicación en nuestra experiencia docente, usualmente planteamos una actividad práctica sobre una determinada institución jurídica, por ejemplo, el arrendamiento, con una serie de preguntas cortas. Se establece un plazo para su entrega a través de la Moodle. Vencido este, se ofrece al alumno las soluciones correctas y una breve explicación de cómo se ha llegado a aquellas, a fin de que pueda cotejar su ejercicio con las respuestas y observar en qué ha fallado.

4.3. Retroalimentación individual para cada estudiante

El profesor crea un *feedback* específico para cada estudiante, según los criterios de evaluación de la actividad. Este *feedback* incluye una valoración de los puntos fuertes y débiles, y ofrece indicaciones para mejorar. Si la actividad está relacionada con una futura, se destacan estos vínculos en el *feedback* para que los estudiantes sepan cómo mejorar para la siguiente. Se puede ofrecer por correo institucional, oralmente mediante audio o video, o por escrito.

Nosotros utilizamos en este caso una retroalimentación oral a través de pequeños audios que se adjuntan en el Campus Virtual a cada tarea. Consideramos que ello agiliza el proceso de evaluación del docente aportando dinamismo y comodidad.

A propósito de la retroalimentación individual, igualmente es recomendable planificar la frecuencia, por ejemplo, dar más retroalimentación a los estudiantes con peores notas o felicitarlos si obtuvieron excelentes resultados. Esta técnica es muy adecuada para actividades sin una solución única, como textos escritos, y se puede usar la herramienta de comentarios del procesador de textos (por ejemplo, Word).

4.4. Retroalimentación entre compañeros (coevaluación)

Los estudiantes se dan *feedback* entre sí, ya sea en parejas o en grupos. Para decidir quién evalúa a quién, se puede usar el orden de la lista de participantes o cualquier otra estrategia. Esto se puede hacer durante el proceso de evaluación continua o al final, dependiendo de si queremos centrarnos en el proceso o en el producto final. El *feedback* puede ser por escrito, oral, mediante video y se puede entregar en cualquier espacio de comunicación del aula o en espacios de trabajo en grupo. Es recomendable que los estudiantes tengan una guía con los aspectos a valorar (plantilla, lista de verificación o rúbrica). También es aconsejable que el profesor tenga acceso al *feedback* dado por los compañeros. Esta técnica ayuda a los estudiantes a desarrollar su capacidad crítica al evaluar a otros[12].

5. Desafíos que plantea

Aun a pesar de las ventajas y beneficios, que se han ido señalando al hilo de las diferentes estrategias expuestas para la implementación efectiva del *feedback* en derecho, la implementación del *feedback* en la formación jurídica presenta ciertos desafíos.

Dar *feedback* constante conlleva una carga elevada de trabajo del profesorado. Ciertamente, proporcionar *feedback* detallado y personalizado puede ser muy demandante en términos de tiempo y esfuerzo. Esto es especialmente cierto en cursos con gran cantidad de estudiantes. Es importante buscar un equilibrio y, si es necesario, utilizar recursos como asistentes de enseñanza o herramientas tecnológicas.

Otro de los retos pasa por la receptividad del estudiante. No todos los estudiantes reciben bien el *feedback*, especialmente si no están acostumbrados a admitir críticas. Por todo ello nos parece esencial desarrollar una cultura de *feedback* positivo y constructivo desde el inicio del curso. Los profesores pueden ofrecer orientación sobre cómo recibir y utilizar el *feedback* de manera efectiva.

Se ha de prestar atención a la formación del profesorado. Los docentes también necesitan una preparación específica para ofrecer *feedback* de manera efectiva. No todos los profesores están naturalmente capacitados para proporcionar comentarios que sean realmente útiles para los estudiantes. La formación continua y el intercambio de buenas prácticas entre colegas pueden ser muy útiles.

En último lugar es todo un reto evaluar detalladamente el impacto del *feedback*. Al situarnos en un entorno de trabajo con seres humanos es evidente que las opiniones serán siempre subjetivas. Resulta importante evaluar si el *feedback* está teniendo el impacto deseado. Esto puede incluir encuestas a los estudiantes, análisis del rendimiento académico y revisiones periódicas de las prácticas de *feedback*.

12 Hattie, J. y Clark, S., *Visible Learning: Feedback*, Routledge, Londres, 2018, pág. 128.

6. Reflexiones finales

Tras lo expuesto y nuestra experiencia personal en el aula, el *feedback* del alumnado es una herramienta invaluable en la formación jurídica. No solo mejora el rendimiento académico, sino que también prepara a los estudiantes para el mundo profesional, fomenta el desarrollo de habilidades críticas y aumenta la motivación y el compromiso.

Es necesario que los estudiantes conozcan en qué estado se encuentran respecto a su proceso individual y colectivo de aprendizaje. Se erige en un deber del docente proporcionar una retroalimentación crítica, constructiva y positiva que ayude al alumno a superarse y mejorar de cara a la consecución de los objetivos planteados en la asignatura. De esta forma también conseguimos humanizar aún más la relación docente-alumno de tal manera que no sea solo unidireccional, sino que también permitamos, a través de la réplica, que el alumno pueda participar en el proceso de retroalimentación, indicando al profesor que aspectos pueden ser mejorados en la docencia.

Aunque su implementación presenta desafíos, los beneficios superan con creces las dificultades. Es esencial que las instituciones educativas y los profesores se comprometan a integrar el *feedback* de manera efectiva y continua en sus prácticas pedagógicas. Solo así podremos formar juristas competentes, críticos y preparados para los desafíos del mundo real.

Por último, el *feedback* ha de situar al estudiante como protagonista del proceso de aprendizaje. Es decir, una vez recibido, debe posteriormente poder hacer alguna actuación creando oportunidades y momentos en el futuro para que puedan aplicar las mejoras que se le indiquen. Contrariamente, no sería *feedback* sino mera información que al no promover ninguna acción de mejora sería susceptible de perderse.

Bibliografía

Acree Walsh, J., *Feedback formativo. Diálogo para mejorar el aprendizaje*, SM, Madrid, 2023.

Black, P. y **William, D.**, *Inside the Black Box. Raising standards through classroom assessment*, King's College London School of Education, Londres, 2001.

Cabrera, N., *El feedback en la UOC*, Universitat Oberta de Catalunya, 2022.

Cano, E., **Pons-Seguí, L.** y **Lluch, L.**, *Feedback en educación superior*, Universidad de Barcelona, Barcelona, 2021.

Gibbs, G. y **Simpson, C.**, «Condiciones para una evaluación continuada que favorezca el aprendizaje», *Cuadernos de estrategia universitaria*, Octaedro, Barcelona, 2009.

Gómez Escoda, A., *El feedback sumativo y el feedback formativo en las clases de español en cuatro escuelas de Småland. Percepciones y preferencias de los alumnos*, Linnéuniversitetet, Småland, 2016.

Guasch, T. y **Espasa, A.**, «Menos es más: menos correcciones y más *feedback* para aprender», en Sangrà, A. (coord.), *Decálogo para la mejora de la docencia online. Propuestas para educar en contextos presenciales discontinuos*, Editorial UOC, Barcelona, 2020.

Hattie, J. y **Clark, S.**, *Visible Learning: Feedback*, Routledge, Londres, 2018

Hattie, J. y **Timperley, H.**, «The Power of Feedback», *Review of educational research*, vol. 77, 2007.

Lundahl, C., *Bedömning för lärande*, Norstedts, Estcolomo, 2011.

Roediger, H. L. y **Karpicke, J. D.**, «Test-enhanced learning: Taking memory tests improves long-term retention», *Psychological Science*, vol. 17, núm. 3, 2006.

Ruiz Martín, H., *¿Cómo aprendemos? Una aproximación científica al aprendizaje y la enseñanza*, Graó, Barcelona, 2020.

Torres Ríos, L., **Ruiz Torres, V.** y **López Tapia, F. J.**, «La presencia social a través del feedback en entornos online de aprendizaje de idiomas», *Foro de profesores de E/LE*, núm. 17, 2021.

COLECCIÓN

INNOVACIÓN DOCENTE EN CIENCIAS SOCIALES Y JURÍDICAS

COLEX

TÍTULOS PUBLICADOS

1. Innovación docente en Derecho: herramientas digitales, nuevos desarrollos y perspectiva global.
2. Prácticas educativas en ciencias sociales y jurídicas.
3. La innovación educativa en Derecho.

Made in United States
North Haven, CT
05 November 2026

21780737R10265